D1662708

Gutiérrez

Nachfolge Jesu und Option für die Armen

Studien zur christlichen Religions- und Kulturgeschichte

Herausgegeben von
Mariano Delgado (Universität Freiburg Schweiz)
und Volker Leppin (Universität Jena)

Band 10

Gustavo Gutiérrez

Nachfolge Jesu und Option für die Armen

Beiträge zur Theologie der Befreiung im Zeitalter der Globalisierung

Herausgegeben von Mariano Delgado

Academic Press Fribourg
W. Kohlhammer Verlag GmbH, Stuttgart

Bibliografische Information Der Deutschen Bibliothek

Die Deutsche Bibliothek verzeichnet diese Publikation
in der Deutschen Nationalbibliografie; detaillierte
bibliografische Daten sind im Internet über http://dnb.d-nb.de abrufbar.

Zum Titelbild:
Francisco de Goya, «Die Erschießung der Aufständischen am 3. Mai 1808»
(Prado-Museum, Madrid)

Veröffentlicht mit Unterstützung
des Hochschulrates Freiburg

Satzherstellung: Mariano Delgado
Herstellung: W. Kohlhammer Druckerei GmbH + Co., Stuttgart
ISBN 978-3-7278-1628-4 (Academic Press Fribourg)
ISBN 978-3-17-020526-0 (Kohlhammer)

Inhaltsverzeichnis

Vorwort

Gustavo Gutiérrez, geb. 1928 in Lima, gehört zu den Gründungsvätern der „Theologie der Befreiung“. Er ist den – nicht zuletzt von ihm selber gelegten – Fundamenten dieser Theologiebewegung stets treu geblieben. Er hat dabei das Gespräch mit anderen Theologen sowie mit dem Lehramt nicht gescheut, sondern vielmehr aktiv gesucht. Denn er ist davon überzeugt, dass jede „neue“ Theologie für Kritik und Selbstreinigung offen sein muss. So hat er die „Anstrengung des Begriffs“ (K. Rahner) praktiziert, seinen Ansatz durch ein Trinken „aus der eigenen Quelle“ (Auseinandersetzung u.a. mit Bartolomé de Las Casas) theologiehistorisch fundiert, die „vorrangige Option für die Armen“ und die „Gratuität“ der Liebe Gottes konsequent zusammen gedacht und christologisch fundiert: darin liegen die wichtigsten Merkmale seiner Theologie. Er weiß, dass es „ohne Kontemplation“ der Theodramatik jenes Gottes, „der uns zuerst geliebt hat“ (1 Joh 4,19), „weder Solidarität mit den Armen noch christliches Leben“ gibt.

Gutiérrez nennt seine Theologie einen Liebesbrief „an den Gott, an den ich glaube, an das Volk, dem ich angehöre, und an die Kirche, deren Mitglied ich bin. Den Brief einer Liebe, der Sprachlosigkeit und selbst Verdruss nicht fremd sind, die aber vor allem Quelle einer tiefen Freude ist“. Mit seiner Theologie hat er dazu beigetragen, in den Armen und Ausgestoßenen ein kritisches Bewusstsein ihrer Menschenwürde als Kinder Gottes wachzurufen. Die prophetische Vision Papst Johannes XXIII. am Vorabend des Konzils ist nicht zuletzt dank der Theologie der Befreiung Wirklichkeit geworden: Die Kirche erweist sich heute deutlich als das, „was sie ist und sein will, die Kirche aller, vornehmlich die Kirche der Armen.“

Zwischen 1973 und 1992 erschienen einige Werke Gutiérrez’ in deutscher Übersetzung, darunter sein Hauptwerk *Theologie der Befreiung*, das 1973 erstmals übersetzt wurde und 1992 die 10. Auflage erreichte. Aber seitdem sind nur noch einzelne Aufsätze Gutiérrez’ übersetzt worden. Vorliegendes Buch möchte nun – nicht zuletzt aus Anlass seines 80. Geburtstags – ausgewählte Beiträge Gutiérrez’ aus der Zeit zwischen 1993 und 2007 der interessierten deutschsprachigen Öffentlichkeit zugänglich machen. Sie kreisen um die erwähnten Hauptmerkmale seiner Theologie: die Option für die Armen als Ausdruck der Nachfolge Jesu, d.h. als Antwort auf die Gratuität seiner Liebe, im Zeitalter der Globalisierung. Auch wenn manche Redundanzen in der Natur der Sache liegen, bietet das Buch, so glauben wir, einen guten Einblick in das Spätwerk Gutiérrez’, in dem das frische Wasser der Anfänge immer noch sprudelt. Dazu gehört auch, dass seine Sprache eher eine literarische, ja poetische als die der üblichen deutschsprachigen Theologenprosa ist.

Nicht zuletzt aus diesem Grund wurde Gustavo Gutiérrez am 26. Oktober 1995 in die Peruanische Akademie der Sprache aufgenommen. Mit über zwanzig Ehrendoktoraten gehört er zu den meistgeehrten zeitgenössischen Theologen. Auch dies ist ein Zeichen dafür, dass seine Theologie breite Aufnahme gefunden hat.

Die Dokumente des römischen Lehramts sowie der Generalversammlungen des lateinamerikanischen Bischofsrates (CELAM) werden unter Verweis auf den Titel und die Nummer zitiert. Der Leser kann gedruckte Ausgaben leicht finden.

Ich danke den Verlagen Academic Press Fribourg und Kohlhammer Stuttgart für die gute Zusammenarbeit, dem Hochschulrat der Universität Fribourg für einen Druckkostenzuschuss, dem Bischöflichen Hilfswerk Misereor e. V. und seinem Hauptgeschäftsführer, Prof. Dr. Josef Sayer, für die großzügige Übernahme der Übersetzungs- und Redaktionskosten. Ebenso danke ich Dr. Michael Lauble für die Übersetzung jener Aufsätze dieses Bandes, die erstmals auf Deutsch erscheinen, dem Verlag Sankt Ulrich (Augsburg) für die freundliche Abdruckgenehmigung für zwei Texte (87–128, 163–172), die bereits auf Deutsch vorlagen. Nicht zuletzt danke ich Dr. David Neuhold, Wissenschaftlichem Mitarbeiter am Lehrstuhl für Mittlere und Neuere Kirchengeschichte an der Universität Fribourg, für das Erstellen des Registers.

Fribourg, zu Ostern 2009
Mariano Delgado

Die Theologie Gustavo Gutiérrez'

oder Das Recht der Armen auf ihre Gottes-Rede*

von Mariano Delgado

Die lateinamerikanische Theologie der Befreiung zählt bekanntlich „zu den bedeutsamsten Strömungen" der Theologie im 20. Jahrhundert.[1] Die römische Glaubenskongregation äußerte sich in den 1980er Jahren über einzelne Aspekte der Befreiungstheologie besonders kritisch – nicht zuletzt vor dem Hintergrund eines anderen Theologieverständnisses.[2] Aber der Kritik folgte die Aufnahme zentraler Inhalte der Theologie der Befreiung (Option für die Armen, Strukturen der Sünde) durch Papst Johannes Paul II. in die Enzyklika „Sollicitudo rei socialis".[3]

Derzeit tobt im Zusammenhang mit der Theologie der Befreiung ein neuer „Armutsstreit", unter dem die Fragen der letzten Jahrzehnte wiederkehren: ob sie ihren (spirituellen) Fundamenten treu geblieben ist; ob es ihr wirklich um das Ganze der Theologie geht, oder ob sie vielmehr eine vor dem Hintergrund

---

* Der Aufsatz basiert auf folgendem Beitrag: *M. Delgado*, Blutende Hoffnung. Zur „Gottes-Rede" von Gustavo Gutiérrez, in: *M. Delgado / O. Noti / H. J. Venetz* (Hg.), Blutende Hoffnung. Gustavo Gutiérrez zu Ehren, Luzern 2000, 35–53.

[1] *G. L. Müller*, Befreiende Erfahrung: Impulse für die europäische Theologie, in: *G. Gutiérrez / G. L. Müller*, Auf der Seite der Armen. Theologie der Befreiung. Mit einem Vorwort von Prof. Dr. Josef Sayer, Vorsitzender des Bischöflichen Hilfswerks Misereor e.V., Augsburg 2004, 29–52, hier: 29.

[2] Vgl. Libertatis nuntius. Instruktion der Kongregation für die Glaubenslehre über einige Aspekte der Theologie der Befreiung vom 6. August 1984 (Verlautbarungen des Apostolischen Stuhls 57, hg. vom Sekretariat der Deutschen Bischofskonferenz, Bonn 1984); Libertatis conscientia. Instruktion der Kongregation für die Glaubenslehre über die christliche Freiheit und die Befreiung vom 22. März 1986 (Verlautbarungen des Apostolischen Stuhls 70, hg. vom Sekretariat der Deutschen Bischofskonferenz, Bonn 1986).

[3] „Ich möchte hier auf eines davon [von den neuen Themen der kirchlichen Soziallehre] besonders hinweisen: auf die *Option* oder *vorrangige Liebe* für die Armen. Dies ist eine Option oder ein besonderer Vorrang in der Weise, wie die christliche Liebe ausgeübt wird; eine solche Option wird von der ganzen Tradition der Kirche bezeugt. Sie bezieht sich auf das Leben eines jeden Christen, insofern er dem Leben Christi nachfolgt; sie gilt aber gleichermaßen für unsere *sozialen Verpflichtungen* und daher auch für unseren Lebensstil sowie für die entsprechenden Entscheidungen, die hinsichtlich des Eigentums und des Gebrauchs der Güter zu treffen sind. [...] Es ist richtig hinzuzufügen, dass Streben nach Befreiung von jeder Form der Knechtschaft von Mensch und Gesellschaft ein edles und berechtigtes Anliegen ist. Darauf zielt gerade die Entwicklung hin oder, besser gesagt, die Befreiung *und* Entwicklung, wenn man die enge Verbindung zwischen diesen beiden Vorgängen berücksichtigt. [...] Das Haupthindernis, das es für eine wahre Befreiung zu überwinden gilt, sind die *Sünde* und die *Strukturen*, die sie schrittweise hervorbringt, wenn sie sich vermehrt und ausbreitet." *Johannes Paul II.*, Enzyklika Sollicitudo rei socialis vom 30. Dezember 1987 (Verlautbarungen des Apostolischen Stuhls 82, hg. vom Sekretariat der Deutschen Bischofskonferenz, Bonn 1987), 42 und 46 (Hervorhebung MD).

der sozialen Lage in den armen Ländern theologisch und spirituell fundierte Sozialethik ist; ob sie die nötigen epistemologischen Grundlegungen und sprachlichen Präzisierungen vorgenommen hat, um über die Konjunktur der letzten Jahrzehnte hinaus als originelle „Theologie", d.h. Rede von Gott – und den irdischen Wirklichkeiten – im Lichte der Offenbarung, dauerhaft bestehen zu können; ob sie bei der vorrangigen Option für die Armen den Primat der Liebe Gottes mit einer christologischen Theologie und Spiritualität ausreichend begründet hat; ob sie die Tendenz zur Säkularisierung bzw. NGO-isierung der Kirche angesichts der Armut wahrnimmt und mit einer konsequenten Ekklesiologie dagegen kämpft; ob sie sich dessen bewusst ist, dass ihr Verlust an Fruchtbarkeit eher mit ihren epistemologischen Schwächen und ihrem Hang zur Redundanz als mit der Kritik durch die Glaubenskongregation zusammenhänge usw.

Das wirklich Neue daran ist, dass nicht europäische Theologen mit einem anderen Theologieverständnis oder das kirchliche Lehramt diese Kontroverse entfacht haben, sondern selbstkritische Befreiungstheologen wie Clodovis Boff[4] – wohl in der Absicht, zu einer konstruktiven Selbstreinigung der Theologie der Befreiung beizutragen. Wir können uns hier nicht auf diese Kontroverse näher einlassen, da es den Rahmen dieses in die Theologie Gustavo Gutiérrez' einführenden Beitrags sprengen würde. Zwei kurze Bemerkungen seien aber erlaubt: zum einen, dass der wissenschaftliche Disput im Prinzip gut ist und freimütig geführt werden sollte, denn er ist der Weg zu der von Ignaz von Döllinger in seiner berühmten Rede „Über die Vergangenheit und Zukunft der katholischen Theologie" (1863) empfohlenen „Selbstrei-nigungskraft" der Theologie;[5] zum anderen, dass C. Boff nicht ohne Grund Gustavo Gutiérrez von seiner Kritik eingangs ausnimmt.[6] Denn Gutiérrez ist den – nicht zuletzt von ihm selber gelegten – Fundamenten der Theologie der Befreiung stets treu geblieben und hat sich zudem spätestens seit 1983 konse-quent bemüht, die erwähnte Selbstreinigung vorzunehmen: Er ist dabei nicht nur mit anderen Theologen, sondern auch mit dem Lehramt im Gespräch ge-blieben, ja er hat dieses Gespräch gesucht, die „Anstrengung des Begriffs" (K. Rahner) nicht gescheut, seine Theologie durch ein Trinken „aus der eigenen Quelle" (Auseinandersetzung u.a. mit Bartolomé de Las Casas) theologiehistorisch fundiert,

---

4 *C. Boff*, Theologie der Befreiung und die Rückkehr zu ihren Fundamenten, in: *L. Weckel* (Hg.), Die Armen und ihr Ort in der Theologie, Münster 2008, 20–49 (portugiesischer Originaltext zunächst erschienen in: REB 268 [Oktober 2007] 1001–1022). In diesem Band findet der Leser auch kritische Auseinandersetzungen mit der Position C. Boffs durch seinen Bruder L. Boff sowie durch F. J. Hinkelammert und andere Befreiungstheologen. Zum Hintergrund dieses neuen Armutsstreits vgl. darin den einführenden Beitrag von *L. Weckel*, „... das Werk der Erlösung in Armut und Verfolgung..." (LG 8). Zu einem befreiungstheologischen Streit über die Bedeutung der Armen in der Theologie: ebd., 5–19 (auch erschienen in: Orientierung 72 [2008] 214–218).

5 Vgl. die Rede in *J. Finsterhölzl*, Ignaz von Döllinger (Wegbereiter heutiger Theologie), Graz 1969, 227–263.

6 Vgl. *Boff*, Theologie (Anm. 4), 21.

die „vorrangige Option für die Armen" und die „Gratuität" der Liebe Gottes, die als die zwei wichtigsten Merkmale seiner Theologie zu betrachten sind, konsequent zusammen gedacht. Nach der Publikation des Bei-trags „Die kirchliche Koinonia angesichts der Globalisierung"[7] wurde ihm vom Lehramt am 1. September 2006 beschieden, dass der Klärungsprozess nunmehr abgeschlossen ist.

Die Theologie der Befreiung wird in der Regel damit identifiziert, dass sie eine „neue Art" Theologie zu betreiben ist, d.h. eine kritische Reflexion über den gelebten Glauben inmitten von Unrecht, Leid und Elend, die auf eine befreiende Praxis der Nachfolge Jesu (vgl. Lk 4,1ff; Mt 25,31ff) zur wirksamen Veränderung der Welt im Lichte seiner Ankündigung des nahen Reiches Gottes hinzielt.[8] Gustavo Gutiérrez' Hauptwerk *Theologie der Befreiung* endet ja mit der Paraphrase eines bekannten Textes von Pascal, wonach eine echte Initiative der Solidarität mit den Armen bzw. ein ernsthafter Akt des Glaubens, der Liebe und der Hoffnung zugunsten der Befreiung des Menschen von dem, „was ihn entmenschlicht und daran hindert, nach dem Willen des Vaters zu leben", viel wichtiger als jede Theologie sind.[9] Weniger bekannt ist, dass es Gutiérrez von Anfang an um die Überwindung des theologischen Aristokratismus durch die Verteidigung des elementaren Rechtes der Armen, nicht nur in der Gesellschaft, sondern auch in Kirche und Theologie als Subjekte wahrgenommen zu werden, geht, d.h., um die Verteidigung des Rechtes der Armen auf ihre Gottes-Rede, „die", wie Johann Baptist Metz betont hat, „sich angesichts der Not und des Elends den ‚Hunger und Durst nach Gerechtigkeit' nicht ausreden lässt".[10]

1. Das Recht der Armen auf ihre „Gottes-Rede"

Ebenfalls am Ende seines Hauptwerkes bemerkt Gutiérrez, wir wèrden „im Grunde nie zu einer echten Theologie der Befreiung kommen, wenn die Unterdrückten nicht selbst frei ihre Stimme erheben und sich unmittelbar und in schöpferischer Weise in Gesellschaft und Kirche äußern können. Sie selbst haben ‚Rechenschaft zu geben von der Hoffnung', die in ihnen ist".[11] Später hat er hinzugefügt, er verstehe seine Theologie als „Ausdruck des Rechts der Armen, über ihren Glauben nachzudenken".[12] Diese Worte bezeichnen m.E. den wahren Paradigmenwechsel, den die Theologie der Befreiung in der Theo-

[7] Angelicum 81 (2004) 851–866; vgl. unten in diesem Band, 229–245.

[8] *G. Gutiérrez*, Theologie der Befreiung. Mainz [10]1992, 83; vgl. darin auch: In die Zukunft blicken. Einleitung zur Neuauflage: 17–58.

[9] *Gutiérrez*, Theologie der Befreiung (Anm. 8), 362.

[10] *J. B. Metz*, Vorwort, in: *Gutiérrez*, Theologie der Befreiung (Anm. 8), 11.

[11] *Gutiérrez*, Theologie der Befreiung (Anm. 8), 362.

[12] *Gutiérrez*, In die Zukunft blicken (Anm. 8), 23.

logiegeschichte darstellt; denn das damit verbundene Hören auf die „Weisheit des Volkes“ bedeutet einen Abschied von jenem theologischen Aristokratismus und pastoralen Klerikalismus, die nach dem Konzil von Trient in der katholischen Welt triumphierten. Diese Worte Gutiérrez’ geben dem einfachen Christenmenschen seine Würde als Subjekt der Theologie zurück. Etwas Ähnliches meint wohl Karl Rahner, wenn er die Lehre des Ersten Vatikanischen Konzils von der grundsätzlichen Möglichkeit einer natürlichen Gotteserkenntnis als eine Art Menschenrechtserklärung der Kirche in Sachen Gottes interpretiert, und zwar als „das Recht aller vernunftbegabten und gutwilligen Menschen, bei der Gottesfrage gehört (und nicht nur belehrt) zu werden“.[13]

Dies konvergiert auch mit Paulo Freires Skizzen zu einer Pädagogik der Frage bzw. des Dialogs, um die Kultur des Schweigens aufzubrechen, zu der die Unterdrückten durch die kulturellen Eliten verurteilt sind. Eine solche Pädagogik geht davon aus, dass die Unterdrückten durchaus „Kultursubjekte“ sind und mitzureden haben, wenn es um den Aufbau einer befreienden Kultur des Lebens geht. Man muss nur auf sie gut hören lernen und das antidialogische indoktrinierende „Bankiers-Konzept“ aufgeben, wonach die Lernenden nur dazu da sind, das von den Lehrenden angebotene Wissenskapital in sich aufzunehmen und zu lagern. Erst im Rahmen einer Pädagogik des Dialogs kann zwischen Lehrer und Schüler eine gegenseitige Akkulturation als Praxis der Freiheit entstehen.[14]

Theologisch gewendet heißt dies: bevor wir die Botschaft verkünden, die wir zu tradieren haben, sollten wir demütig die Gotteserfahrung ausgraben und hören, die jeder Mensch immer schon macht, d.h., wir sollten eine maeutische „Anamnese der Gotteserfahrung“ unseres Gesprächspartners machen. Die Hauptaufgabe ist wirklich, wie die römische Instruktion von 1986 sagt, „erzieherischer Natur“;[15] aber befreiende Erziehung kann auch in der Kirche nur als eine „Pädagogik des Dialogs“ verstanden werden. Der spanische Dichter Antonio Machado hat zu Beginn des 19. Jahrhunderts die Quintessenz einer befreienden Pädagogik des Dialogs mit folgenden Worten ausgedrückt: „Um einen Dialog zu führen,/ fragt zuerst;/ und dann ... dann hört auch gut zu!“.[16]

---

[13] *J. B. Metz*, Karl Rahners Ringen um die theologische Ehre des Menschen, in: Stimmen der Zeit 212 (1994), 383–392, 387.

[14] Vgl. *P. Freire*, Dialog als Prinzip. Erwachsenenalphabetisierung in Guinea Bissau, Wuppertal 1980; *ders.*, Erziehung als Praxis der Freiheit, Berlin 1974; *ders. / A. Faundez*, Por uma pedagogia da pergunta, Rio de Janeiro 1985; vgl. dazu auch *M. Delgado*, Befreiung durch Erziehung? Überlegungen zum Gespräch zwischen Paulo Freires Pädagogik und der Theologie, in: *T. Knauth / J. Schroeder* (Hg.), Über Befreiung. Befreiungspädagogik, Befreiungsphilosophie und Befreiungstheologie im Dialog, Münster 1998, 227–240; vgl. dazu auch *D. Figueroa*, Aufklärungsphilosophie als Utopie der Befreiung in Lateinamerika. Die Befreiungstheorien von Paulo Freire und Gustavo Gutiérrez, Frankfurt/New York 1989.

[15] Libertatis conscientia (Anm. 2), 99.

[16] *A. Machado*, Vol. I: Poesías completas, Vol. II: Prosas Completas. Edición crítica *O. Macrì*, Madrid 1989, hier: Vol. I, 626.

Wie viel würde sich wohl in der Kirche ändern, wenn wir wirklich das Recht aller Menschen, von Gott zu reden, respektierten und – z.B. durch eine mystagogische Anamnese – mutig förderten! Und haben dabei nicht Anhänger und Kritiker der Theologie der Befreiung genug Anlass zur Selbstbesinnung? Die einen geben vor, auf den Schrei des Volkes zu hören, aber in Wirklichkeit hören viele ihn immer nur gefiltert durch den neuzeitlichen Utopiediskurs, dem sie anhängen;[17] der Erfolg der Pfingstler gerade unter den Armen Lateinamerikas müsste uns zu denken geben, ob wir denn wirklich gehört haben, was die Armen wollen. Die anderen führen den „Glaubenssinn der Armen" gegen den utopischen Diskurs an. Aber warum wird dieser Glaubenssinn immer im Sinne einer Marienfrömmigkeit interpretiert, der man den Stachel des „Magnificats" gezogen hat? Gutiérrez weiß, wie einst Las Casas, dass die harten Worte des Evangeliums, sollen sie befreiend wirken, an die richtige Adresse gerichtet werden sollen. In der römischen Instruktion „Libertatis nuntius" von 1984 über die Theologie der Befreiung wird hingegen das eigenartige Schauspiel geboten, gerade die Theologen der armen Länder daran zu erinnern, dass der Mensch nicht nur von Brot lebe.[18] Und ohne Brot?

Der mexikanische Dichter Vicente Leñero beschreibt in seinem Roman *Das Evangelium von Lucas Gavilán* das messianische Anliegen der Theologie der Befreiung sehr treffend. Der Pfarrer eines Dorfes hält eine Predigt über die christliche Ergebung:

> Gott kam in die Welt, liebe Brüder und Schwestern, um uns zu lehren, die Last des Lebens zu tragen, und um uns zu sagen, dass wir im Himmel mit seiner Liebe belohnt werden. Deshalb müssen wir im Glauben an Gott und an seine Heilige Mutter das Elend annehmen und unser Leid tragen, immer im Vertrauen auf die göttliche Verheissung des ewigen Lebens, das er uns angekündigt hat.' ‚Lüge', schallte es plötzlich wie ein Donner durch das heilige Gotteshaus. [...] Die kräftige Stimme von Jesucristo Gómez ließ die vor Langeweile eingenickten Gottesdienstbesucher erschrocken in die Höhe fahren und die Köpfe zur linken Seite der Apsis recken. [...] ‚Gott kam, um den Gefangenen die Freiheit zu geben, den Blinden das Augenlicht zu schenken und den Unterdrückten die Freiheit. Das sagt das Evangelium'.[19]

Weil Gutiérrez' *Theologie der Befreiung* den Armen Lateinamerikas diese Frohe Botschaft – nur für die Armen ist die Botschaft des Evangeliums wirklich eine frohe (Dominique Barthélemy) – in Erinnerung zu bringen versucht, kann von ihr gesagt werden, was Pedro Henríquez Ureña von der Adventspredigt des Dominikaners Antonio Montesino 1511 in der ersten Kirche Lateinamerikas (Santo Domingo) geschrieben hat: dass er damit dem Christentum seinen ureige-

---

[17] Zur Wirkung der Utopie in Lateinamerika vgl. *M. Delgado*, Wo Freiheit und Gerechtigkeit das Zepter führen sollen. Über Lateinamerika als Ort der Utopie, in: Neue Zürcher Zeitung vom 27./28. Januar 2007, 76.

[18] Vgl. Libertatis nuntius (Anm. 2), VI, 3.

[19] *V. Leñero*, El evangelio de Lucas Gavilán, México 1979, 65.

nen Charakter als messianische Religion oder Religion der Mühseligen und Beladenen zurückgibt.[20] In diesem Sinne stellt auch Gutiérrez' Theologie der Befreiung eine Wiederentdeckung des Evangeliums in Lateinamerika dar.

2. „Schleifsteine" der Gottes-Rede Gustavo Gutiérrez'

Ein weiteres Merkmal der Theologie Gustavo Gutiérrez' ist, so hieß es oben, das Wachhalten einer prohetisch-mystischen, ja „poetischen" Gottes-Rede, die inmitten von Unrecht, Leid und Elend sich den Hunger und den Durst nach Gerechtigkeit nicht ausreden lässt. Durch diese Gottes-Rede gewinnt seine Theologie eine apologetische Dimension gegenüber dem Marxismus selbst. Das Christentum ist demnach nicht Opium für das Volk oder ein ins Leere zielendes Seufzen der bedrängten Kreatur, sondern gelebte Gottes- *und* Nächstenliebe in dieser Welt *sowie* – mit den Worten des sterbenden César Vallejo ausgedrückt – eine begründete Hoffnung der Opfer der Geschichte auf einen Anwalt auch über den Tod hinaus: „Gott".[21] Weltbekannte peruanische Dichter dieses Jahrhunderts wie José María Arguedas und der erwähnte Vallejo, biblische Gottesringer wie Ijob, Propheten und Mystiker aus Spaniens Goldenem Zeitalter wie Bartolomé de Las Casas und Johannes vom Kreuz sind die „Schleifsteine", an denen Gutiérrez das unverwechselbare Profil seiner Gottes-Rede schärft.

2.1 José María Arguedas

Besonders in der Auseinandersetzung mit seinem Freund Arguedas kommt diese apologetische Dimension zum Vorschein. Arguedas, dem Marxisten und „Hoffenden" sui generis, der sich 1969 inmitten einer tiefen Depression das Leben nahm und der mit seinen ethnologischen und literarischen Arbeiten bereits zu Lebzeiten eine Ikone, eine Verkörperung der peruanischen Seele war,[22] hat Gutiérrez sein Hauptwerk *Theologie der Befreiung* bekanntlich gewidmet,[23] aber auch die zärtlichsten Zeilen, die seiner Feder entsprungen

---

[20] Vgl. *P. Henríquez Ureña*, Las corrientes literarias en la América hispánica, México 1964, 20.

[21] In seinem Buch „Von Gott sprechen in Unrecht und Leid – Ijob" (München/Mainz 1988, 99) zitiert Gutiérrez die Worte, die Vallejo kurz vor seinem Tod seiner Gattin Georgette diktierte: „Was immer auch die Sache sein mag, die ich über den Tod hinaus vor Gott verteidigen muss, ich habe einen Verteidiger: *Gott*." In der deutschen Übersetzung fehlt leider das letzte Wort (Gott), das ich anhand des spanischen Originals hinzugefügt habe.

[22] Vgl. dazu *M. Delgado*, José María Arguedas oder „Die halbierte Moderne". Die Welt der Quechua zwischen Romantik und Realismus, in: *M. P. Baumann* (Hg.), Kosmos der Anden. Weltbild und Symbolik indianischer Tradition in Südamerika, München 1994, 224–271.

[23] Vgl. *Gutiérrez*, Theologie der Befreiung (Anm. 8), 59.

sind.[24] Arguedas ist in Peru und ganz Lateinamerika ein Stein des Anstoßes geworden. Für seine Verehrer hat er die Kultur und die Mentalität des heutigen lateinamerikanischen Indio wie kein anderer auszudrücken vermocht;[25] für seine Kritiker hat er hingegen die Indiowelt romantisiert und eine „archaische“ indigenistische Utopie konstruiert, die er der modernen Welt grob entgegenstellt.[26] Als Gutiérrez im Juli 1968 in der peruanischen Hafenstadt Chimbote jenen berühmten Vortrag hielt, der seinem Hauptwerk zugrunde liegt,[27] arbeitete Arguedas ebendort an seinem letzten Roman *El zorro de arriba y el zorro de abajo*,[28] in dem die Theologie der Befreiung dann eine Schlüsselrolle spielt.

Arguedas träumte von einem neuen Túpac Amaru als andinem Lenin, der die indianischen Massen sammeln und zu einem Leben in Würde – wenn nötig auch zum Kampf gegen die Weißen, die falschen „Viracochas“ – anführen sollte. Diese Hoffnung projizierte er hinein in den alten Inkarri-Mythos des Volkes, den er in den fünfziger und sechziger Jahren in verschiedenen Versionen aus der mündlichen Überlieferung sammeln konnte. Erst nach der Kenntnisnahme des Inkarri-Mythos erhält die Literatur Arguedas' eine deutliche nativistische Grundlinie. Der Mythos erzählt von einem enthaupteten Inka (je nach Version Atahualpa 1534, Túpac Amaru I. 1572, Túpac Amaru II. 1781), der unterirdisch latent „lebt“ und dessen Haupt sich eines Tages mit dem Stamm wiedervereinigt; wenn die Zeit reif ist, d.h., wenn sein Volk stark genug sein wird, wird er dann wiederkehren, sein Volk sammeln und sein Reich neu errichten. Eigentlich handelt es sich dabei um einen „messianisch-restaurativen“ Mythos, der in vielen Völkern mit einer glorreichen Vergangenheit, die schicksalhaft zu Ende ging, vorkommt (so bei den Mongolen, Deutschen oder Portugiesen, und z.T. auch bei manchen Gruppierungen im Judentum).[29] Arguedas, der von sich sagt, er wisse nicht, wie weit er den Sozialismus seines Lehrers José Carlos Mariátegui verstanden habe, wisse aber sehr wohl, dass der Sozialismus in ihm nicht „das Magische“ getötet habe,[30] hat wohl erkannt, dass der Sozialismus nur im mythisch-magisch repristinierten

---

[24] Vgl. *Gutiérrez*, Entre las Calandrias, Lima 1982 (auch erschienen in: *P. Richard* (Hg.), Raíces de la teología latinoamericana, San José 1987, 345–363); vgl. auch die Stellungnahmen von *Gutiérrez* in: Arguedas: cultura e identidad nacional, Lima 1989.

[25] So u.a. *J. Lafaye*, Mesías, cruzadas, utopías. El judeocristianismo en las sociedades ibéricas, México 1984, 23.

[26] So u.a. *M. Vargas Llosa*, La utopía arcaica, in: Centre of Latin American Studies, Cambridge 1977, Working Papers No. 33; *ders.*, Literatura y suicidio: el caso Arguedas, in: Revista Iberoamaricana 46 (110–111/1980) 3–28.

[27] Vgl. *Gutiérrez*, Theologie der Befreiung (Anm. 8), 64, Anm. 1.

[28] 1971 in Buenos Aires posthum erschienen.

[29] Vgl. dazu *Delgado*, José María Arguedas (Anm. 21); *ders.*, Bin ich der Hüter meines Bruders? Erlösung in indianischer Perspektive angesichts des Dramas der Conquista. Eine Auseinandersetzung mit dem Gründungsmordmythos bei den Ketschua vor und nach der Ankunft des Christentums, in: *J. Niewiadomski / W. Palaver* (Hg.), Dramatische Erlösungslehre. Ein Symposion (Innsbrucker Theologische Studien 38), Innsbruck 1992, 251–272.

[30] *Arguedas*, El zorro de arriba (Anm. 27), 298.

Gewand die indianische Seele erreichen könnte. Daher sein Interesse für den Inkarri-Mythos, in dem er ein Mittel gesehen hat, die indianische, bäuerliche Seele zu erreichen und darin seine Überzeugung zu verpflanzen, dass mit den Bauernaufständen der fünfziger und sechziger Jahre Inkarris' Wiederkehr angefangen hatte. Dasselbe dachte auch der bei einem Flugzeugunglück zu früh verstorbene peruanische Dichter Manuel Scorza. Den Bauernaufständen hat dieser einen fünfteiligen Romanzyklus gewidmet, der ohne den Inkarri-Mythos unverständlich bleibt: *Trommelwirbel für Rancas* (1975), *Garabombo, der Unsichtbare* (1977), *Der schlaflose Reiter* (1984), *Der Gesang des Agapito Robles* (1984) und schließlich *La tumba del relámpago* (1979, bisher m.W. ohne deutsche Übersetzung).

Aber in den sechziger Jahren erkannte Arguedas auch, dass der von Mariátegui gepredigte „leuchtende Pfad" (sendero luminoso) einer marxistischen Anden-Revolution ohne Verbindung mit dem neuen „leuchtenden Pfad" der Kirche der Armen, den Johannes XXIII. eröffnet hatte, ins Leere laufen würde. Für Cardozo, den amerikanischen Priester und guten „gringo" in Arguedas' letztem Roman hat Johannes XXIII. einen leuchtenden Pfad eröffnet, auf dem die Kirche Transfusionen aus dem Blut von Che Guevara erhalten könnte.[31] Das Christentum in Lateinamerika verabschiede sich endlich vom Gott der Herren und entdecke seine messianische Dimension neu. Mitten in der tiefen Depression, die zu seinem Freitod führte, hat Arguedas die Arbeit an seinem Roman abgebrochen und sein rätselhaftes Testament verfasst:

> [...] in Peru beginnt vielleicht mit mir ein Zyklus sich zu schließen und ein anderer zu öffnen, mit allem was dazugehört: es schließt sich der der tröstenden Lerche, der Peitsche, der Maultiertreiber, des ohnmächtigen Hasses, der düsteren ‚Aufstände', der Furcht vor einem Gott und der Vorherrschaft eben dieses Gottes und seiner Schützlinge, seiner Erzeuger; es öffnet sich der des Lichtes und der befreienden unbesiegbaren Kraft des Menschen von Vietnam, der Feuerlerche, des befreienden Gottes, Desjenigen, der sich wiedervereinigt, um zu seinem Volk zurückzukommen. Vallejo war der Anfang und das Ende.[32]

Die meisten Arguedas-Deuter sehen darin bloß seine „marxistisch-mythische" Hoffnung auf einen andinen Volksaufstand nach dem Beispiel der Völker von Kuba und Vietnam ausgedrückt.[33] Dafür dass Arguedas' Hoffnung „auf das Licht, das niemand mehr zum Erlöschen bringen wird", wie er kurz vor seinem Tod in einer Postkarte an Gutiérrez schrieb,[34] rein immanent gemeint war, sprechen vor allem die Gedichte in Qechua-Sprache, die er in seinen letzten Jahren schuf: sie sind den heldenhaften Völkern von Kuba und

---

31 *Arguedas*, El zorro de arriba (Anm. 27), 276.

32 *Arguedas*, El zorro de arriba (Anm. 27), 286f.

33 Vgl. *W. Rowe*, Mito e ideología en la obra de José María Arguedas, Lima 1979; vgl. dazu auch meine in der Anm. 21 zitierte Studie, wo ich auf verschiedene Autoren hinweise.

34 *Gutiérrez*, Entre las Calandrias (Anm. 23), 253 (auf der letzten Seite findet sich eine faksimilierte Kopie der Postkarte).

Vietnam gewidmet, aber auch „unserem Schöpfervater Túpac Amaru", dem großen revolutionären „Zittern" vor dem letzten Kampf, der Blut, viel Blut kosten wird, und dem „Jet" als technisches Wunder der prometheuschen Schaffenskraft des „neuen Menschen", der sich definitiv von den alten und neuen Göttern, von Inkarri und Jesus Christus, emanzipiert hat und sogar über den Wolken zu fliegen vermag.[35] Das indianische Volk wird darin aufgefordert, sich zu vereinen, um im Kampf gegen die Weißen weiter als Túpac Amaru zu gelangen, und an sich selbst zu glauben, um mit Hilfe der Technik eine Welt des Menschen aufzubauen.

Gutiérrez entwirft jedoch eine andere, „apologetische" Interpretation. Arguedas, der bereits in seinen vor dem Konzil geschriebenen großen Romanen *Los ríos profundos* (dt.: Die tiefen Flüsse, 1980) und *Todas las sangres* (dt.: Trink mein Blut, trink meine Tränen, 1983) mit der Gottesfrage rang und ganz im Sinne der prophetischen Götzendienstkritik, die sich die Theologie der Befreiung später zu Eigen machen wird, dem Gott der Herren und ihres herrschenden status quo einen Gott der Hoffnung, Freude und Trost für die Armen entgegenstellte, würde im zitierten Testament seine Hoffnung auf den befreienden Gott ausdrücken, von dem die neue lateinamerikanische Theologie nach dem Konzil redet. Im Bewusstsein dessen, dass wir in das letzte Geheimnis einer menschlichen Existenz nicht ganz eindringen können, bejaht Gutiérrez Arguedas' letzte Frage – „ist die Hoffnung, die wir in uns spüren, größer als alles, was wir (über Gott) wissen?"[36] – und deutet seinen lebenslangen Hunger und Durst nach Gerechtigkeit als „anonyme suchende Christologie".[37]

Vielleicht ist dies in der Tat die Spur, auf die Arguedas hinweisen wollte, als er am Ende seines Orakels hinzufügte: „Vallejo war der Anfang und das Ende". Niemand kann es wirklich besser wissen als Gustavo Gutiérrez.

2.2 Ijob

Anfang der 1980er Jahre, als sich in Peru zur Plage der Armut und sozialer Ungerechtigkeit der Terrorismus der maoistischen Bewegung „Leuchtender Pfad" gesellte und die Theologie der Befreiung zwischen die Fronten geriet (für die einen war sie zu marxistisch, für die anderen zu fromm), wendet sich Gutiérrez der Ijob-Gestalt zu. Während in Mitteleuropa verlegen gefragt wird, wie „nach" Auschwitz von Gott zu reden sei, geht es in Lateinamerika eher darum, wie „in" Auschwitz, d.h. inmitten von Unrecht, Leid und Elend, von

---

[35] Vgl. die Gedichte in: Llaqtaq takiy. Lieder und Legenden der Ketschua. Ausgewählt und übertragen von *W. Böhringer* und *A. Wagner* unter Mitarbeit von *C. Muñoz*, Frankfurt/M. 1988, 126–136, 141–145. Meine Interpretation findet sich in: *Delgado*, José María Arguedas (Anm. 15), 252–255.

[36] *Arguedas*, El zorro de arriba (Anm. 27), 269.

[37] Vgl. *Gutiérrez*, Entre las calandrias (Anm. 23), 276.

Gott gesprochen werden kann.[38] Pedro Casaldáliga, der hispanobrasilianische Bischof und Dichter, hat dies in einem Gedicht so ausgedrückt:

Wie von Gott nach Auschwitz reden?,
fragt ihr euch,
dort, auf der anderen Seite des Meeres, im Überfluss.
Wie von Gott innerhalb von Auschwitz reden?,
fragen sich hier die compañeros,
beladen mit Vernunft, Tränen und Blut
inmitten des täglichen Todes von Millionen...[39]

Das Buch Ijob ist, wie Gutiérrez sagt, „von einem mit Tränen getränkten und mit Blut geröteten Glauben" geschrieben worden. Ijob erscheint Gutiérrez in diesem Licht vor allem als ein leidgeprüfter Gottesringer, „der die Ungeschuldetheit der Liebe Gottes meisterlich versteht",[40] eines Gottes, auf den er hinter seinem tiefen Schmerz immer noch hofft. Auf die Müllhalde geworfen, widersteht er dennoch den windigen Worten (Ijob 16,3) seiner Freunde (Wo ist dein Gott? Viele Sünden musst du begangen haben...), lässt sich seine Hoffnung auf den guten und gerechten Gott seiner mystischen Erfahrung nicht nehmen, und erntet schließlich noch in diesem Leben die Früchte seiner Hoffnung. Ijob ist somit glücklicher als die vielen Opfer der Geschichte, deren Leid hier zumeist unabgegolten bleibt; aber sein Schicksal ist keine Ende-gut-alles-gut-Moral, damit alles so bleibt, wie es ist, sondern eine prophetisch-mystische Parabel über Gott als Zuflucht der ungerecht Leidenden: Dieser Gott ermahnt uns diesseits zum Schutz der Gerechtigkeit und wird eines Tages den unbeirrbar auf ihn Hoffenden auch die Leiden der Vergangenheit abgelten.

Angesichts des Leidens so vieler Unschuldiger in Geschichte und Gegenwart, auch und gerade in Lateinamerika, stellt sich Gutiérrez natürlich auch die Frage „Wo bleibt Gott?", die ironische „Frage" der Freunde Ijobs und der Spötter Christi am Kreuz, aber auch die redliche Frage des Indio Guamán Poma im 16. Jahrhundert und der nach Gerechtigkeit Hungernden und Dürstenden. Aber Gutiérrez reagiert darauf nicht mit einer Reduktion der Theologie auf die Theodizeefrage, die letztlich in den Schrei der Klagegebete mündet, in ein Gott-Vermissen im trostlosen Karsamstag der Geschichte, wie Johann Baptist Metz es bekanntlich tut.[41] Gutiérrez antwortet eher mit dem österlichen, starken und einfachen Glauben eines Alltagschristen, der, wie Las Casas im 16. Jahrhundert, um die Gegenwart des mitleidigen Gottes in den unschuldig Leidenden und um der Gerechtigkeit willen Verfolgten weiß. Sein Buch über Ijob ist letztlich ein

---

[38] Vgl. *Gutiérrez*, Von Gott sprechen (Anm. 21), 150ff.

[39] *P. Casaldáliga*, Dentro de Auschwitz, in: *ders.*, Todavía estas palabras, Estella 1989, 45.

[40] *Gutiérrez*, Von Gott sprechen (Anm. 20), 41.

[41] Vgl. dazu *M. Delgado*, Jüdisches Korrektiv. Das Christentum von Johann Baptist Metz, in: *ders.* (Hg.), Das Christentum der Theologen im 20. Jahrhundert. Vom Wesen des Christentums zu den Kurzformeln des Glaubens, Stuttgart 2000, 246–258.

österliches Bekenntnis: dass wir das Leid ernst nehmen und solidarisch mit den Leidenden sein sollen, aber im festen Bewusstsein dessen, dass die tröstende Kraft Gottes das letzte Wort haben wird:

> Nur wer imstande ist, zu Schweigen und sich für die Überwindung der Not der Armen einzusetzen, kann auch aus der Kraft ihrer Hoffnung reden. Nur wenn wir den Schmerz der Menschheit und das Leid des Unschuldigen ernst nehmen und unter diesen Bedingungen auch das Geheiminis des Kreuzes im Licht von Ostern leben, werden wir verhinden können, dass aus unserer Theologie ‚windige Worte' (Ijob 16,3) werden. Nur dann werden wir es verdienen, dass uns die Armen von heute nicht mit den Worten tadeln, die Ijob seinen Freunden ins Gesicht sagte: ‚Leidige Tröster seid ihr alle' (16,2).[42]

2.3 Las Casas

Parallel zu der Beschäftigung mit Ijob wendet sich Gutiérrez Las Casas zu, dem unerschrockenen Verteidiger der Indianer im 16. Jahrhundert, von dem der Franziskaner Jerónimo de Mendieta damals schrieb:

> Ohne jeden Zweifel bin ich davon überzeugt, dass er in der Herrlichkeit des Himmels einen besonderen Platz hat und mit einer sehr ruhmreichen Krone gekrönt ist: *wegen des Hungers und Durstes nach Gerechtigkeit*, die er hier verspürte, und wegen des sehr heiligen und bis zu seinem Tod beharrlichen Eifers, mit dem er um Gottes willen alles ertrug und sich für die Armen und Elenden einsetzte, die ansonsten jeder Gunst und Hilfe entbehrten. Nachahmer hat er viele gefunden, weil er die Wahrheit freimütig sagte.[43]

Gutiérrez' Studien über diese Gestalt der Weltgeschichte und -literatur kreisen wiederum um die Gottesfrage.[44] Las Casas spürte eine moralische Unruhe angesichts des an den Indianern begangenen Unrechts und hörte bekanntlich nicht auf, für Gerechtigkeit und Recht gegenüber den bedrängten Völkern der Neuen Welt hier und jetzt einzutreten. Aber die letzte Quelle seines Kampfes war seine Gotteserfahrung. Denn Las Casas war kein Philanthrop,

---

[42] *Gutiérrez*, Von Gott sprechen (Anm. 21), 153f.

[43] *J. de Mendieta*, Historia eclesiástica indiana, 2 Bde. (Biblioteca de autores españoles 260–261), Madrid 1973, Buch IV, Kap. 1: Bd. 2, 12f (Hervorhebung MD). Vgl. dazu *Bartolomé de Las Casas*, Werkauswahl, hg. von *M. Delgado*, 4 Bde., Paderborn u.a. 1994–1997; *M. Delgado*, Hunger und Durst nach der Gerechtigkeit. Das Christentum des Bartolomé de Las Casas, Freiburg Schweiz 2001.

[44] Vgl. in diesem Band den Beitrag „Erinnerung Gottes und Ansage des Evangeliums bei bartolomé de Las Casas"; vgl. auch folgende Arbeiten *Gutiérrez*': En busca de los pobres de Jesucristo. El pensamiento de Bartolomé de Las Casas, Lima 1992 (Salamanca 1992); Gott oder das Gold. Der befreiende Weg des Bartolomé de Las Casas, Freiburg i. Br. 1990; Wenn wir Indianer wären..., in: *E. Schillebeeckx* (Hg.), Mystik und Politik. Theologie im Ringen um Geschichte und Gesellschaft. Johann Baptist Metz zu Ehren, Mainz 1988, 32–44; Auf der Suche nach den Armen Jesu Christi. Evangelisierung und Theologie im 16. Jahrhundert, in: *G. Collet* (Hg.), Der Christus der Armen. Das Christuszeugnis der lateinamerikanischen Befreiungstheologen, Freiburg i. Br. 1988, 37–56.

sondern ein Gottesringer und Prophet. Er ging vom messianischen Programm Jesu in der Synagoge von Nazareth (Lk 4,18ff) aus, einem Programm, das uns zugleich zum Kampf um Gerechtigkeit in dieser Welt verpflichtet und vom zynischen Defätismus befreit, wenn der Erfolg sich nicht einstellen sollte. In der Nachfolge Jesu hoffte Las Casas auf einen mitleidigen Gott, der als Vater des Erbarmens und Gott allen Trostes (2 Kor 1,3) das kleinste und vergessenste Leid der Geschichte ganz frisch im Gedächtnis hat; er war – wie einst Ijob – von windigen Worten umgeben, auch aus den Kreisen akademischer Theologen und kirchlicher Würdenträger; aber dem kirchlichen Heilsexklusivismus und dem „Vae-victis-Gott“ seiner Gegner zum Trotz hoffte er beharrlich auf Gott im Gericht (Mt 25,31ff) als Anwalt der armen Indianer, auch wenn sie ohne Taufe starben und als Besiegte auf der Müllhalde der Geschichte landeten. Kein anderer Las-Casas-Forscher hat seine Hoffnung im Gericht so deutlich herausgearbeitet wie Gustavo Gutiérrez: „Und es könnte sein, dass von diesen [Indios], die wir hienieden so sehr verachten, sich am Tag des Gerichts zur Rechten Hand [Gottes] mehr finden als von uns“.[45] Nur in dieser Hoffnung fand Las Casas letztlich Trost angesichts eines Geschichtsverlaufs, der (nicht erst in unserer Zeit) nach dem Gesetz des Stärkeren Berge von Leichen und eine Landschaft voller Trümmer hinter sich lässt.

Durch die intensive Auseinandersetzung mit Las Casas hat Gutiérrez ein Postulat seiner eigenen Theologie eindrucksvoll realisiert: *Aus der eigenen Quelle trinken*.[46] Dabei ist deutlich geworden, dass diese historische Vertiefung seinem befreiungstheologischen Ansatz gut getan hat. Müsste dann freilich nicht der eingangs erwähnte eigene Anspruch relativiert werden, wonach die Theologie der Befreiung eine „neue“ Art sein will, Theologie zu betreiben, nämlich eine Theologie, die sich nicht mehr darauf beschränkt, die Welt gedanklich zu ergründen, sondern sie wirksam zu verändern versucht? War nicht die Verbindung des Rechtes (= Theorie) mit dem Tatbestand (= Praxis) die Denkform des Las Casas und der Schule von Salamanca im 16. Jahrhundert, die darauf hin tendierte, eine unmoralische Praxis in eine zu verwandeln, die Gerechtigkeit und Recht entspricht?[47] Neu, wirklich neu, ist freilich das Gespräch mit den Sozialwissenschaften, die uns zu einem besseren Verständnis der Geschichte und der Gesellschaft – und so auch der von Menschen gemachten Ursachen der Ungerechtigkeit – verhelfen.

---

[45] *Bartolomé de Las Casas*, Historia de las Indias, in: *ders*. Obras Completas, Bd. 5, hg. v. *I. Pérez Fernández*, Madrid 1994, 2398.

[46] München/Mainz 1986.

[47] Zu dieser Denkform der Schule von Salamanca vgl. u.a. *F. Grunert / K. Seelmann* (Hg.), Die Ordnung der Praxis. Neue Studien zur Spanischen Spätscholastik (Frühe Neuzeit 68), Tübingen 2001.

2.4 Johannes vom Kreuz

Auf den ersten Blick mag seltsam anmuten, dass Gutiérrez auch Johannes vom Kreuz seit Anfang der achtziger Jahre wachsende Aufmerksamkeit schenkt. Dem spanischen Mystiker war jeder politische Messianismus nach Art einer Religion des Exodus und des Reiches (E. Bloch) fremd, ja selbst zentralen Belegstellen des messianischen Programms Jesu und der Theologie der Befreiung wie Lk 4,18ff oder Mt 25,31ff widmet er keine Aufmerksamkeit. Gutiérrez[48] findet dennoch zumindest drei Gründe, warum Johannes vom Kreuz ein unentbehrlicher „Schleifstein" befreiungstheologischer Gottes-Rede sein sollte:

Zum einen, weil er uns eindrucksvoll zeigt, dass Gott allein dem menschlichen Verlangen zu genügen vermag und in seiner Freiheit die Kleinen der Geschichte bevorzugt, d.h.: Die Option für die Armen ist eine spirituelle theozentrische Option, die auf die freie „Freundschaft" mit den Armen um Gottes willen hinausläuft,[49] nicht weil sie besonders gute Menschen wären – die unfreiwillige Armut fördert bekanntlich nicht gerade die Tugendhaftigkeit; ohne Freundschaft mit den Armen (Johannes vom Kreuz war selber radikal arm und sagte seinen Novizen, wer sich vor den Armen ekele, tauge nicht zum Ordensmann) können diese und die soziale Gerechtigkeit zum Götzen verkommen und nach Belieben instrumentalisiert oder idealisiert werden.

Zum anderen, weil die dunkle Nacht des Johannes vom Kreuz mit ihrem Dreischritt (der hoffnungsvolle Aufbruch, der Glaube als Abenteuer der Liebe und das Licht der Morgenröte am Ende der dunklen Nacht) eine strukturelle Ähnlichkeit mit der historischen Exoduserfahrung Israels aufweist: Die persönlich-mystagogische und die historisch-gesellschaftliche Bibelinterpretation sind also innig verbunden und bereichern sich gegenseitig – genauso wie die platonisch-augustinische Mystik, die Gott im Seelengrund sucht, und die prophetische Mystik, die Gott im Antlitz der Leidenden entdeckt. Wer heute in Lateinamerika die dunkle Nacht der Ungerechtigkeit in Treue zum verborgenen Gott aushalten will, der kann aus der spirituellen Erfahrung des Johannes vom Kreuz nur lernen.

Schließlich auch, weil Johannes vom Kreuz in der Tradition der negativen Theologie uns daran erinnert, dass Gott immer größer ist, als wir erfahren und denken können, dass in der Gottesfrage unser Wissen kleiner ist als unser Nicht-Wissen, dass wir ein gesundes Misstrauen gegenüber jenen Theologen haben sollten, die gleich Frühstückspartnern Gottes so vieles über ihn zu berichten wissen. Für Gutiérrez, der bereits in seinem Hauptwerk *Theologie der Befreiung*

---

[48] Vgl. unten in diesem Band (194–204) den Beitrag „Johannes vom Kreuz – von Lateinamerika aus gesehen".

[49] Im Zusammenhang mit Gottes Bevorzugung der Armen spricht Gutiérrez immer wieder von der Gratuität (gratuidad) oder dem ungeschuldeten Charakter der göttlichen Gnade. Vgl. *J. Freitag*, Engagement und Gelassenheit. Die Rolle der *gratuidad* in der Theologie der Befreiung, in: Münchener Theologische Zeitschrift 48 (1997) 71–82.

mit Bonhoeffer den Gott der Mystiker den einzigen glaubhaften Gott nennt,[50] ist die Auseinandersetzung mit Johannes vom Kreuz kein zeitbedingter Exkurs, sondern ein notwendiger Durchgang seiner Gottes-Rede.

3. Schluss

Die prophetische und zugleich mystische Gottes-Rede Gustavo Gutiérrez' muss heute ebenso mit den windigen Worten der Frömmelnden und Selbstgerechten wie der Verächter der Religion unter den Gebildeten fertig werden. An dieser doppelten apologetischen Front kämpfend, nimmt Gutiérrez Zuflucht zu dem apokalyptischen Erbe der jüdisch-christlichen Überlieferung, die keine billige Vertröstung auf das Jenseits sein, sondern allen ungerecht Leidenden Trost und Ermutigung in Zeiten der Gefahr zusprechen will. Hierfür greifen die apokalyptischen Schriften auf Bilder zurück, die von der grenzenlosen Zärtlichkeit Gottes mit den Betrübten handeln: Eines Tages wird Gott „alle Tränen" von unseren Augen abwischen (vgl. Jes 25,8 und Offb 7,17). Zu dieser Gerichtshoffnung will der Gottesringer aus den Anden alle Menschen ermutigen, die – nach Gerechtigkeit dürstend und hungernd – eine offene Wunde durch die Geschichte tragen. Diese tröstende „Hoffnung wider alle Hoffnung" findet Gutiérrez zärtlich ausgedrückt in einem Gedicht seines Landsmanns Vallejo:

> Und Gott, erschrocken, fühlt uns
> den Puls, ernst, stumm,
> wie ein Vater seinem Töchterchen,
> ein wenig,
> aber nur ein wenig lüftet er den blutigen Verband
> und nimmt in die Finger die Hoffnung.[51]

Gustavo Gutiérrez nennt seine Theologie einen Liebesbrief „an den Gott, an den ich glaube, an das Volk, dem ich angehöre, und an die Kirche, deren Mitglied ich bin. Den Brief einer Liebe, der Sprachlosigkeit und selbst Verdruss nicht fremd sind, die aber vor allem Quelle einer tiefen Freude ist".[52] Mit der spirituellen, christologischen Vertiefung der vorrangigen Option für die Armen (die er immer wieder betont, da man hier nicht redundant genug sein kann) will er sagen, dass es „ohne Kontemplation" der Theodramatik jenes Gottes, „der uns zuerst geliebt hat" (1 Joh 4,19), „weder Solidarität mit den Armen noch

---

[50] Vgl. *Gutiérrez*, Theologie der Befreiung (Anm. 8), 265.

[51] *C. Vallejo*, Obra poética completa, Madrid ²2006; Trilce. Gedichte. Spanisch/deutsch, übertr. von C. Meyer-Clason, Aachen 1998, XXXI (hier in eigener Übertragung zitiert).

[52] Vgl. unten in diesem Band, 162, sowie Theologie der Befreiung (Anm. 8), 58.

christliches Leben" gibt.[53] Er hat auch dazu beigetragen, in den Armen und Ausgestoßenen ein kritisches Bewusstsein ihrer Menschenwürde als Kinder Gottes wachzurufen. Die prophetische Vision Papst Johannes' XXIII. am Vorabend des Konzils ist nicht zuletzt dank der Theologie der Befreiung Wirklichkeit geworden: Die Kirche erweist sich heute deutlich als das, „was sie ist und sein will, die Kirche aller, vornehmlich die Kirche der Armen."[54]

---

[53] *Gutiérrez*, La evangelización de América Latina ante el año 2000, in: Ciencia Tomista 116 (1989) 365–378, hier: 377.

[54] *Johannes XXIII.*, Rundfunkbotschaft vom 11. September 1962, in: Herder Korrespondenz 17 (1962/63) 43–46, 45; vgl. AAS 54 (1962) 678–685.

I. TEIL

DER GOTT DER ARMEN
IN EINER GLOBALEN WELT

Nachfolge Jesu und Option für die Armen*

Die Fünfte Konferenz des lateinamerikanischen und karibischen Episkopats wird 2007 in Brasilien stattfinden. Das für diese Versammlung gewählte Thema ist die Nachfolge Jesu, ein zentraler Punkt in der evangelischen Botschaft, auf den man immer wider zurückkommen muss, weil die Rede von der Jüngerschaft die Rede von etwas Dynamischem, in seinen Optionen und konkreten Umsetzungen in ständigem Wandel Begriffenem ist. Will man das Zeugnis Jesu aktualisieren, so schließt dies einen intensiven Dialog mit dem Evangelium und den historischen Umständen ein. In diesem Sinn bewertet das *Documento de participación* der Konferenz die Bedeutung der vorrangigen Option für die Armen, weist aber auch darauf hin, dass es heute, ausgehend von ihr, viel zu tun gibt (Nr. 34 und 126).

Auf den folgenden Seiten möchten wir Überlegungen über den Zusammenhang zwischen dieser Option und der Nachfolge Jesu vortragen. Vor einigen Jahren hat Gregory Baum sie die „zeitgenössische Form der Jüngerschaft" genannt.[1] Wenn wir ihre Bedeutung und ihren Einfluss näher betrachten, wird uns das helfen, ihren Beitrag zum Sein und Handeln der Kirche auf dem Kontinent und konkret zum Thema der Bischofskonferenz besser zu umreißen.

Das Verständnis des christlichen Lebens, das sich in der These und der praktischen Umsetzung der „vorrangigen Option für die Armen" bekundet, ist der substantiellste Beitrag des kirchlichen Lebens und der theologischen Reflexion Lateinamerikas zur Weltkirche. Es ist daher nicht möglich, diese Option von der kirchlichen Entwicklung und von dem pastoralen, theologischen und spirituellen Kontext abzulösen, der sie in unseren Tagen auf die Tagesordnung gebracht hat. Die Theologie, die in Lateinamerika und in der Karibik betrieben wird, steht in enger Verbindung mit dem, was wir mit dieser Option ausdrücken. Das Terrain, auf dem diese Perspektive entsteht und Nahrung findet, liegt an den Wegen, die man um der Nachfolge Jesu willen einschlägt: im martyrialen Leben, in den Erfahrungen mit der Verkündigung des Evangeliums und der Solidarität mit den Armen, aber auch im theologischen Verständnis dieses Engagements. Ihre Wurzeln hat sie in diesen Erfahrungen und Reflexionen, und auf diese muss man zurückgreifen, will man den Sinn dieser Einstellung begreifen.[2]

---

* Der Aufsatz wurde erstmals publiziert in: Páginas Nr. 201 (October 2006) 6–21; deutsch: Zeitschrift für Missionswissenschaft und Religionswissenschaft 92 (2008) 164–176 (das Heft enthält Beiträge verschiedener Autoren zur Konferenz von Aparecida).

[1] *G. Baum*, Essay in Critical Theology, Kansas City 1994, 67.

[2] Einige Bemerkungen über die Entwicklung, die zu dem Ausdruck „vorrangige Option für die Armen" geführt hat, finden sich im Aufsatz „Armut und Theologie": s.u. 69–86.

Diese Sicht hat in den Jahren vor Medellín begonnen, sie hat sich in der Zeit danach gefestigt, und die Aufnahme, die sie in den Konferenzen von Medellín und Puebla fand, hat ihr eine Durchschlagskraft und einen Stellenwert verschafft, den sie sonst nicht gehabt hätte. Heute findet sie sich wieder in verschiedenen Äußerungen des lateinamerikanischen Episkopats, Johannes Pauls II. und verschiedener Episkopate der katholischen Kirche.[3] Ebenso hat sie – was bezeichnend ist – Eingang in wichtige Texte verschiedener christlicher Konfessionen gefunden. Und sie ist im heutigen christlichen Bewusstsein präsent, inspiriert zahlreiche Erfahrungen und Engagements, die das Zeugnis und das Bild der Kirche insbesondere in den armen Gebieten der Menschheit stark verändert haben.

Dieser Kontext erlaubt uns, die Tragweite der Option für die Armen zu sehen. Es handelt sich um eine Solidarität mit den Armen und Unbedeutenden dieser Welt, die sich jedoch nicht auf eine Zuteilung von pastoralen Kräften an die Armutsgebiete beschränkt. In vielen Fällen ist sie das wohl, und als solche ist sie auch wichtig, aber die Option für die Armen ist umfassender und von höherem Anspruch. Sie trifft ins Mark des christlichen Lebens und entfaltet sich auf verschiedenen Gebieten: in der Spiritualität, im fachlichen Tun der Theologie und in der Verkündigung des Evangeliums.

Diese dreifache Dimension verleiht der vorrangigen Option für die Armen Kraft und Perspektive. Bevor wir die verschiedenen Aspekte betrachten, sollten wir die biblische Forderung nach dem Empfinden für den Anderen in Erinnerung rufen, das die radikale Dezentrierung durch das Evangelium lenkt.

1. Von der Welt des Anderen her

Die Welt der Armen und Bedeutungslosen stellt sich heute gegenüber den herrschenden sozialen Sektoren, Personen, Kriterien und Ideen als die Welt des Anderen dar.

Dies ist die Erfahrung, die jeder macht, der sich wirklich auf sie einlässt. Es ist ein Engagement für konkrete Personen, die ihre sozialen Beziehungen in einem Umfeld aufbauen, das sich durch Kultur und Religion, Sitten, Denk- und Redeweisen spezifisch auszeichnet. Die Solidarität mit dem Armen setzt voraus, dass man in diese Welt eintritt, was ein langer und schwieriger, für ein echtes Engagement aber unverzichtbarer Prozess ist. Das sogenannte Gleichnis vom barmherzigen Samariter, das im christlichen Gedächtnis so lebendig ist, betont den Primat des Anderen, eine der Kraftlinien der Botschaft Jesu (vgl. Lk 10,25–37).

---

[3] *F. Chamberlain* hat einige dieser Spuren verfolgt: La opción preferencial por los pobres en el magisterio de la Iglesia universal, in: *G. Gutiérrez* u.a., El rostro de Dios en la historia, Lima 1996, 185–198.

Die Frage „Wer ist mein Nächster?" stellt den Fragenden ins Zentrum eines Raums, in dem der Nächste sich unter denen befindet, die ihm nahe stehen, die gewissermaßen einen Kreis um ihn bilden und seine Aufmerksamkeit erheischen, in diesem Fall der Mann, der unter die Räuber gefallen war. Jesus kommt auf das Ausgangsanliegen zurück und antwortet mit einer Gegenfrage: „Wer von diesen dreien hat sich als der Nächste dessen erwiesen, der von den Räubern überfallen wurde?" So werden wir auf die Funktion hingewiesen, die die Passanten, speziell der Samariter, haben. Jetzt haben wir ein anderes Szenario vor uns: Im Zentrum steht der Misshandelte, an den Rand Geschobene, damit wird der Gesprächspartner Jesu auf einen Platz an der Peripherie verwiesen, an dem in der Eingangsfrage das Opfer des Unrechts seinen Ort zu haben schien. So haben wir es mit einer Verschiebung zu tun, die vom Ich zum Du, von meiner Welt zu der des Anderen geht – eine Bewegung, die das Herz des Gleichnisses bildet. Habe ich zuerst den Nächsten als das Objekt, als den Adressaten meiner Hilfe gesehen, so trete ich jetzt in eine Reziprozität ein, die mich den Nächsten als Subjekt der Handlung der Proximität sehen lässt.

Doch täuschen wir uns nicht! Die zentrale Figur der Erzählung ist nicht der Samariter, sondern jener, der „ein Mann" genannt wird, der Verletzte, Namenlose ohne besonderes Kennzeichen, der Andere. Seine Situation als Misshandelter und Vernachlässigter fordert diejenigen heraus, die mitten im alltäglichen Verkehr stehen, die sich fortbewegen, die unterwegs sind zu einem Ort, an dem sie eine Aufgabe zu erfüllen haben. Man muss den Text von dem Gequälten, von seiner unmenschlichen Lage her lesen. Eine solche Lektüre wird eine Richtungsänderungen bewirken – hin zu einem authentischen und gläubigen christlichen Leben. Der Kurs ist vorgegeben: „Dann geh und handle genauso!" sagt Jesus: Übe Barmherzigkeit (V. 37) im besten, originären Sinn des Wortes, indem du dein Herz in den Notleidenden legst.

Nächster ist also nicht der Mensch, mit dem wir auf unserem Weg oder auf unserem Gebiet übereinstimmen, sondern jener, dem wir in dem Maße begegnen, in dem wir unsere Straße verlassen und auf den Weg des Anderen, in seine Welt treten. Es geht darum, den Fernen zum Nächsten zu machen, den, der nicht unbedingt unseren geographischen, sozialen oder kulturellen Koordinaten entspricht. Man kann in gewissem Sinn sagen, wir „hätten" keine Nächsten, sondern wir „machten" sie durch Initiativen, Gesten und Einsatz, die uns für andere zu Nächsten machen. Wenn wir uns zum Anderen in unserem Nächsten bekehren, dann macht das uns selbst zu Nächsten. Am Ende der Erzählung fragt Jesus: „Wer von diesen dreien hat sich als Nächster verhalten (*gegonénai*)?" (V. 36). Die Verbform *gegonénai* ließe sich auch wörtlicher übersetzen mit „machte sich zum Nächsten" oder „wurde Nächster". Das „Nächster-Sein" ist nämlich das Ergebnis eines Handelns, einer An-Näherung, und nicht eine bloße physische oder kulturelle Nähe.

Diese Fokussierung wird unterstrichen durch den Kontrast zwischen den Gestalten des Priesters, des Leviten und des Samariters. Die ersten beiden gehen nicht von ihrem Weg ab, sie nähern sich nicht der Lage der anonymen, kriminell verletzten Person, vielmehr entfernen sie sich von ihr, machen einen Umweg; der letzte dagegen, der verachtete Samariter, der den Zuhörern Jesu als religiöser Dissident gilt, nähert sich, ergreift die Initiative, indem er von seinem Weg abgeht und zu dem Verletzten hintritt, ohne dass dieser ihn darum bäte und ohne dass ihn irgendetwas Besonderes mit ihm verbände. Er tut das nicht aus kalter, äußerer Pflichterfüllung (wie Nazarín, die Figur aus dem gleichnamigen Film von Luis Buñuel), sondern aufgrund der Lage des misshandelten Menschen. Was sein Handeln bestimmt, ist Compassio, Mitleid, Teilen des Leidens des Anderen. Lukas wählt ein starkes Wort, um dieses Empfinden zu kennzeichnen: *splanchnízomai*, in den Eingeweiden aufgewühlt werden.[4] Eine Liebe, die buchstäblich Fleisch wird, die nicht auf einer abstrakten, neutralen Ebene verbleibt. Die synoptischen Evangelien greifen verschiedentlich zu diesem Terminus, um das Mit-Leiden Jesu zu beschreiben. Es ist die Gegenwart, die Gnade Gottes, die sich in der menschlichen Liebe inkarniert, in den unterschiedlichen Formen, in denen Menschenwesen ihre Liebe ausdrücken.[5] Diese physische Regung ist eine wesentliche Komponente der Nächstenliebe.

Der Primat des Anderen – und niemand repräsentiert diese Daseinslage eindeutiger als der Arme – ist ein Hauptkennzeichen der Ethik des Evangeliums. Antonio Machado sagt es treffend in einem seiner Gedichte:

Christus lehrt: deinen Nächsten
sollst du lieben wie dich selbst,
doch vergiss nie, dass er ein Anderer ist.[6]

Von der Welt des Armen her können wir, indem wir von unserem Weg abgehen und uns dem Anderen nähern, die verschiedenen Dimensionen der vorrangigen Option für die Armen verstehen: spirituelle, theologische und evangelisatorische. Sie alle setzen voraus, was das Evangelium eine Bekehrung, eine *metánoia* nennt: einen Weg zu verlassen und einen anderen einzuschlagen. Dazu sind wir aufgerufen.

---

4 Vgl. Mt 9,36; 14,4; 15,32; 20,34; Mk 1,41; 5,19; 6,34; 8,2; Lk 7,13 und im Gleichnis vom verlorenen Sohn: 15,20. Daher sahen viele Kirchenväter in dem Samariter ein Abbild Jesu.

5 „Es gibt keine Nächstenliebe außer der menschlichen Liebe [...]. Die Nächstenliebe steht nicht einfach neben der menschlichen Liebe [...], sie universalisiert sie, läutert und vervollkommnet sie, indem sie die Grenzen der menschlichen Liebe sprengt“, welche ja manchmal in „Partikularismus und Egoismus“ verfallen kann. *G. Gutiérrez,* Caridad y amor humano, in: Caridad y amor humano. Estudio bíblico, Lima 1965, 9).

6 *A. Machado*, Vol. I: Poesías completas, Vol. II: Prosas Completas. Edición crítica *O. Macrì*, Madrid 1989, hier: Vol. I, 634 (CLXI/XLII).

2. Jesus nachfolgen

Christ sein heißt, bewegt vom Heiligen Geist unterwegs sein in den Fußstapfen Jesu. Diese Nachfolge, die *sequela Christi*, wie sie traditionell heißt, ist die Wurzel und der letzte Sinn der vorrangigen Option für die Armen.

2.1 Ein globaler und alltäglicher Sinn

Diese Option – der Ausdruck ist modern, sein Inhalt ist biblisch – ist eine wesentliche Komponente der Jüngerschaft. In ihrem Kern steckt eine spirituelle Erfahrung des Mysteriums Gottes, der, wie Meister Eckhart sagte, gleichzeitig der „Unnennbare" und der „Allnennbare" ist. Bis hierhin muss man gehen, um den tiefsten Sinn der Option für die Abwesenden und Namenlosen der Geschichte zu begreifen. Die ungeschuldete und fordernde Liebe Gottes spricht sich in dem Gebot Jesu aus: „Liebt einander, wie ich euch geliebt habe" (Joh 13,34). Eine universale Liebe, aus der nichts ausgeschlossen ist und die doch zugleich mit Vorrang den Letzten der Geschichte, den Unterdrückten und Bedeutungslosen gilt. Gleichermaßen die Universalität und den Vorrang zu leben, das offenbart den Gott der Liebe und vergegenwärtigt das seit jeher verborgene und jetzt enthüllte Geheimnis: Es ist die Proklamation Jesu als des Christus, wie Paulus sagt (vgl. Röm 16,25f). Darauf zielt die vorrangige Option für die Armen, das heißt: mit Jesus, dem Messias, auf dem Wege zu sein.[7]

Puebla erinnert deshalb – und in gewisser Weise hat das auch Medellín getan – daran, dass „der Dienst an den Armen vorrangiger, wenn auch nicht ausschließlicher Bestandteil unserer Nachfolge Christi" ist (Nr. 1145). Die Erfahrung, die viele Christen auf den verschiedenen Wegen der Solidarität mit den Marginalisierten und Bedeutungslosen der Geschichte machen, hat gezeigt, dass der Einbruch des Armen – seine neue Präsenz auf der historischen Bühne – letztlich einen wahren Einbruch Gottes in unser Leben bedeutet. So haben sie es erlebt – in den Freuden, Wechselfällen und Bestrebungen, die dieses Geschehen mit sich bringt.

Wenn wir das sagen, nehmen wir damit nicht dem Armen sein historisches leidendes Fleisch, seine menschliche, soziale, kulturelle Konsistenz und seine Forderung nach Gerechtigkeit; es ist keine kurzsichtige „Spiritualisierung", die diese Dimensionen vergäße. Wohl aber wird so sichtbar, was beim Engagement für den Nächsten der Bibel zufolge auf dem Spiel steht. Gerade weil wir die Dichte des historisch sich ereignenden Einbruchs des Armen als solchen achten und ernst nehmen, sind wir imstande, sie im Glauben zu interpretieren.

---

[7] Die Quelle dieser Position ist biblisch, der nähere Referenzpunkt ist die bekannte Wendung *Johannes' XXIII.*: „die Kirche aller und vornehmlich die Kirche der Armen". Rundfunkbotschaft vom 11. September 1962, in: Herder Korrespondenz 17 (1962/63) 43–46, 45; vgl. AAS 54 (1962) 678–685.

Das heißt, sie zu verstehen als ein Zeichen der Zeit, das wir im Licht des Glaubens prüfen müssen, um den Anruf des Gottes zu entdecken, der sein Zelt unter uns aufgeschlagen hat, wie Johannes sagt (1,14). Solidarität mit dem Armen ist die Quelle einer Spiritualität, eines kollektiven – oder gemeinschaftlichen, wenn man lieber will – Unterwegsseins zu Gott. Sie ereignet sich in einer Geschichte, die sich in der unmenschlichen Situation des Armen in ihrer ganzen Grausamkeit zeigt, die aber auch Möglichkeiten und Hoffnungen zu entdecken gibt.

Die Nachfolge Jesu ist eine Antwort auf die Frage nach dem Sinn des menschlichen Daseins. Sie ist eine Gesamtsicht unseres Lebens, die aber auch das Alltägliche und Kleine dieses Lebens betrifft. Die Jüngerschaft lässt uns unser Leben in seiner Beziehung zum Willen Gottes sehen und setzt uns Ziele, zu denen wir unterwegs sind im Alltag der Beziehung zum Herrn, die die Beziehung zu anderen Menschen impliziert. Die Spiritualität bewegt sich auf dem Feld der Praxis des christlichen Lebens, der Danksagung, des Gebets und des historischen Engagements, der Solidarität, insbesondere mit den Armen. Kontemplation und Solidarität sind die beiden Ströme einer Praxis, die von einem umfassenden Verständnis des Daseins beseelt ist, aus dem Hoffnung und Freude erwachsen.

2.2 In den Gesichtern der Armen das Angesicht Jesu entdecken

Der tiefste Sinn des Einsatzes für den Armen ist die Begegnung mit Christus. Puebla greift die Perikope vom Endgericht bei Matthäus auf und lädt uns ein, „das Leidensantlitz Christi, unseres Herrn", zu erkennen, „der uns fragend und fordernd anspricht" (Nr. 31). Und Santo Domingo erklärt: „Im leidenden Antlitz der Armen das Antlitz des Herrn zu entdecken (vgl. Mt 25,31–46) ist etwas, was alle Christen zu einer tiefen persönlichen und kirchlichen Umkehr herausfordert" (Nr. 178). Der Matthäustext ist zweifellos ein Haupttext der christlichen Spiritualität und folglich wichtig zum Verständnis der Tragweite der Option für die Armen; von daher denn auch seine zentrale Stellung in der theologischen Reflexion Lateinamerikas und der Karibik. Er liefert uns ein Grundelement, mittels dessen wir den Weg der Treue zu Jesus finden und einschlagen können.

Mons. Romero sagte in einer seiner Homilien: „Es gibt ein Kriterium, das uns wissen lässt, ob Gott uns nahe oder fern ist: Wer immer sich um den Hungernden, Nackten, Armen, Verschwundenen, Gefolterten, Gefangenen, Leidenden kümmert, der ist Gott nahe" (5. Februar 1978). Die Geste gegenüber dem Anderen, die Annäherung an den Verlassensten entscheidet über die Gottesnähe oder -ferne, sie lässt das Warum jenes Urteils verstehen und macht sichtbar, was der Terminus „Spiritualität" in einem evangelischen Kontext bedeutet.

In seiner ersten Enzyklika über die Liebe als Quelle des christlichen Lebens sagt Papst Benedikt XVI. zu diesem Punkt klar und deutlich: „Die Liebe [wird] zum Maßstab für den endgültigen Entscheid über Wert oder Unwert eines Menschenlebens [...]. Jesus identifiziert sich mit den Notleidenden: den Hungernden, den Dürstenden, den Fremden, den Nackten, den Kranken, denen im Gefängnis. [...] Gottes- und Nächstenliebe verschmelzen: Im Geringsten begegnen wir Jesus selbst, und in Jesus begegnen wir Gott" (Deus caritas est 15). Die Identifikation Christi mit den Armen führt direkt zur Erkenntnis der fundamentalen Einheit dieser beiden Liebesbewegungen und stellt Forderungen an Jesu Nachfolger. Sie ist eine Aussage von großer Tragweite.

Die matthäische Perikope vom Endgericht spricht von sechs Handlungen (viermal werden sie litaneihaft aufgezählt). Der Text lädt uns ein, die Liste durch Aktualisierung ihrer Aussage zu verlängern. Dem Hungern zu essen zu geben, bedeutet in der Welt von heute, sich dem Notleidenden direkt zuzuwenden, aber auch sich dafür zu engagieren, dass die Ursachen beseitigt werden, die Menschen zu Hungernden machen. Der „Kampf für die Gerechtigkeit", um ein Wort Pius' XI. zu gebrauchen, gehört zu den Gesten gegenüber dem Armen, die uns Jesus begegnen lassen. Das Nein zur Ungerechtigkeit und zu der Unterdrückung, die sie voraussetzt, ist verankert im Glauben an den Gott des Lebens. Diese Option ist unterzeichnet mit dem Blut derer, die, wie Mons. Romero sagte, gestorben sind im „Zeichen des Martyriums". Das traf speziell für ihn zu, aber auch für zahlreiche Christen auf einem Kontinent, der angeblich christlich ist. In einer Reflexion über die Spiritualität in Lateinamerika kann man diese martyriale Situation nicht außer Acht lassen.

Pueblas Text *Vorrangige Option für die Armen* macht hinreichend deutlich, dass die Solidarität mit dem Armen eine Bekehrung verlangt; sechs Mal wird das Thema in dem Dokument erwähnt.[8] Es ist eine Mentalitäs- und Lebensänderung; Bekehrung ist den Evangelien zufolge eine Bedingung dafür, dass man auf den Spuren Jesu das Reich Gottes empfangen kann. Das gilt für jeden Menschen, aber auch für die Kirche insgesamt. „Wir bestätigen die Notwendigkeit der Umkehr der gesamten Kirche im Sinne einer vorrangigen Option für die Armen mit Blickrichtung auf deren umfassende Befreiung" (Nr. 1134). Dies setzt voraus, dass man sich den offenen und verdeckten Schwierigkeiten, den Feindseligkeiten und dem Unverständnis stellt, die neben der Erfahrung des Friedens des Herrn, der Freude und der persönlichen Nähe zum Weg des Jüngers gehören, wie die Evangelien andeuten. Nicht alle haben es so verstanden, daher rühren die Versuche, diese Forderung zu vergessen oder zu verdrängen. Es ist sicher nicht leicht zu akzeptieren, was Bonhoeffer den Preis der Nachfolge nennt. Viele in der Kirche Lateinamerikas und der Karibik wissen das sehr genau, und diejenigen, die bis zur Hingabe ihres Lebens gegangen sind, sind privilegierte Zeugen dafür, sie sind aber auch Zeugen für die Hoff-

---

[8] Vgl. Puebla Nr. 1134, 1140, 1147, 1155, 1157, 1158.

nung, die aus der Nachfolge Jesu erwächst. Die Fünfte Generalversammlung in Aparecida weist uns mit der Wahl ihres Themas den Weg, wie wir neu aufzunehmen und zu vertiefen vermögen, was es bedeutet, heutzutage Jünger Christi zu sein.

Die Option für die Armen ist Hauptbestandteil einer Spiritualität, die keine Oase und noch weniger ein Flucht- oder Ruheort in schwierigen Stunden sein will. Sie ist ein Unterwegssein mit Jesus, das sich nicht von der Realität loslöst, das nicht auf Abstand geht zu den Pfaden der Armen und das dazu beiträgt, das Vertrauen auf den Herrn lebendig zu halten und die Heiterkeit zu wahren, auch wenn die Stürme heftiger blasen.

3. Eine Hermeneutik der Hoffnung

Wenn die Nachfolge Jesu von der vorrangigen Option für die Armen gekennzeichnet ist, so gilt das auch für das Verständnis des Glaubens, das von diesen Erfahrungen und Notwendigkeiten her erarbeitet wird.[9] Dies ist die zweite Dimension der Option für die Armen, die wir hervorheben wollen.

3.1 Theologie und Geschichte

Der Glaube ist eine Gnade, die Theologie ist das Verständnis dieses Geschenks. Sie ist eine Sprache, die ein Wort über die geheimnisvolle, unaussprechliche Realität zu sagen sucht, welche die Glaubenden Gott nennen. Sie ist ein *logos* über *theós*.

Den Glauben denken, das ist etwas, was in einem Gläubigen ganz natürlich entsteht, eine Anstrengung, motiviert durch den Willen, das Leben des Glaubens tiefer und authentischer zu machen. Der Glaube ist die letzte Quelle der theologischen Reflexion, er verleiht ihr ihre Besonderheit und steckt ihr Gebiet ab. Sein Anliegen ist es und muss es sein, durch das Zeugnis der Christen zur Vergegenwärtigung des Evangeliums in der Menschengeschichte beizutragen. Eine Theologie, die sich nicht von dem Weg nährt, auf dem Jesus uns vorangegangen ist, verliert ihren Horizont. Das haben die sogenannten Kirchenväter sehr genau verstanden; für sie war jede Theologie eine spirituelle Theologie.

Zum andern ist sie keine rein individuelle Leistung; sowohl der Glaube als auch die Reflexion darüber werden in Gemeinschaft gelebt. Die Instanz, die das Verständnis des Glaubens voranbringt, ist letztlich ein kollektives Subjekt:

---

[9] Vor einigen Jahrzehnten hat *M. D. Chenu* (Le Saulchoir. Eine Schule der Theologie, Berlin 2003, 146) gesagt: „Letztlich sind die theologischen Systeme nichts anderes als der Ausdruck von Spiritualitäten. Darin liegen ihre Bedeutung und ihre Größe." Und umgekehrt: „Eine Theologie, die diesen Namen wirklich verdient, ist eine Spiritualität, die rationale Instrumente gefunden hat, welche ihrer religiösen Erfahrung adäquat sind".

die christliche Gemeinschaft; das heißt, auf die eine oder andere Weise sind alle Mitglieder der Kirche an ihr beteiligt. Das macht den Diskurs über den Glauben zu einer Arbeit, die in Beziehung steht zur Verkündigung des Evangeliums, welche wiederum dieser Gemeinschaft ihre Daseinsberechtigung verleiht. Das Subjekt dieser Reflexion ist nicht der von seiner Gemeinschaft isolierte Theologe.

Jeder Diskurs über den Glauben entsteht an einem ganz bestimmten Ort und zu einer bestimmten Zeit, wo es darum geht, auf geschichtliche Situationen und Fragestellungen zu antworten, in denen die Christen das Evangelium leben und verkündigen. Er ist eine permanente Aufgabe, weil er das vom Geschenk des Glaubens selbst geforderte Bemühen um Verständnis ist, und gleichzeitig ist er eine sich verändernde Aufgabe, insofern er auf konkrete Herausforderungen und auf eine gegebene kulturelle Welt antwortet. Dies erklärt das Entstehen neuer Theologien in der Geschichte des Christentums; der Glaube wird auf unterschiedliche Weise gelebt, gedacht und vertreten, je nach den historischen Bedingungen und den Anfragen, die sich jeweils daraus für das christliche Leben ergeben.

Wenn man also sagt, eine Theologie sei kontextuell, ist das streng genommen eine Tautologie. Auf die eine oder andere Weise ist jede Theologie kontextuell. Auch diejenige, welche in Europa entwickelt wird, selbst wenn so mancher es nicht zugeben will.[10] Wahrscheinlich stammt dieser ungenaue und reduktionistische Ausdruck daher, dass in den christlichen Kirchen lange Zeit eine dem geschichtlichen Bewusstsein distanziert, wenn nicht sogar fremd gegenüberstehende Theologie vorgeherrscht hat.[11] Es gibt nicht einige kontextuelle Theologien und andere, die das nicht sind, der Unterschied liegt vielmehr darin, dass die einen ihren Kontext ernst nehmen und diese Situation anerkennen, und andere es nicht tun.

3.2 Die Herausforderung der Armut

Wenn man – wie die Theologie der Befreiung und andere Reflexionen über die christliche Botschaft, die von der Welt der sozial Bedeutungslosen ausgehen – postuliert, der Diskurs über den Glauben bedeute, dessen Beziehung zur menschlichen Geschichte und zum Alltagsleben der Menschen anzuerkennen

---

[10] Wir können uns nicht erinnern, je eine Darstellung der zeitgenössischen Theologie oder einen Lexikonartikel gelesen zu haben, der die in Europa oder in Nordamerika betriebene Theologie (sofern sie nicht von den dortigen Minderheiten entwickelt worden ist) unter den Titel „kontextuell" gestellt hätte.

[11] In einem bemerkenswerten Aufsatz über die theologische Methode hat *Karl Rahner* (Überlegungen zur Methode der Theologie, in: Schriften zur Theologie, Bd. 9, Einsiedeln u.a. 1970, 79–126, hier: 85) geschrieben: „Zum ersten Mal in der theologischen Geistesgeschichte ist die Theologie nicht nur geschichtlich bedingt, sondern sich auch ihrer Bedingtheit bewusst und dazu der Unausweichlichkeit dieser Bedingtheit".

und in gewissem Maß zu akzentuieren und aufmerksam zu sein für den Anruf der Armut, so setzt das einen wichtigen Wandel in der theologischen Arbeit voraus. Lange Zeit haben wir nämlich die Armut als etwas betrachtet, was in ein Schubfach der sozialen Fragen gehört. Heute ist die Wahrnehmung, die wir von ihr haben, tiefer und komplexer. Ihr inhumaner und antievangelischer Charakter, wie Medellín und Puebla sagen, ihre Beschaffenheit, die letztlich vorzeitigen, ungerechten Tod produziert, lässt überdeutlich hervortreten, dass die Armut über den sozio-ökonomischen Bereich hinausgeht und dass sie zu einem globalen Menschheitsproblem und folglich zu einer Herausforderung an die gelebte Verkündigung des Evangeliums wird. Sie ist eine theologische Frage. Die Option für die Armen macht das bewusst und entwickelt einen Weg zur Betrachtung des Themas.

Wie jede Herausforderung an den Glauben ist die Daseinsbedingung des Armen eine Frage und Infragestellung und liefert doch gleichzeitig Elemente und Kategorien für ein neues Verständnis und für die Vertiefung der christlichen Botschaft. Es kommt vor allem darauf an, sich Vorderseite und Rückseite jeder Infragestellung zu vergegenwärtigen. Die theologische Arbeit besteht darin, sich den Herausforderungen, so radikal sie auch sein mögen, wirklich zu stellen, die Zeichen der Zeit zu erkennen, die in ihnen stecken, und in ihnen im Licht des Glaubens das neue Feld der Glaubensinterpretation auszumachen, das sich für das Denken des Glaubens und für eine die Menschen unserer Zeit ansprechende Rede über Gott auftut.

In dieser Perspektive spielt die Option für die Armen eine wichtige Rolle in der theologischen Reflexion. Die Theologie ist der Glaube auf der Suche nach Einsicht, gemäß der klassischen Formel *fides quaerens intellectum*, die Jon Sobrino als Einsicht der Liebe zu den Armen (*intellectus amoris*) in der Geschichte verstanden wissen möchte.[12] Da der Glaube nach dem Paulus-Wort „in der Liebe wirksam ist“ (Gal 5,6), geschieht diese Reflexion in dem Bestreben, den Weg eines Volkes in seinen Leiden und Freuden, seinem Engagement, seinen Frustrationen und Hoffnungen zu begleiten, ebenso aber auch in seinem Bewusstsein von dem sozialen Universum, in dem es lebt, und in seiner Entschlossenheit, seine eigene kulturelle Tradition besser kennenzulernen. Eine theologische Sprache, die das ungerechte Leiden nicht auf der Rechnung hat und die nicht mit lauter Stimme das Recht aller und jedes Einzelnen auf Glück einfordert, gewinnt keine Substanz und verrät den Gott, von dem sie zu reden beansprucht, nämlich den Gott der Seligpreisungen. Letztlich ist die Theologie, jede Theologie, eine Hermeneutik der Hoffnung, ist sie das Verständnis der Motive zur Hoffnung, die wir haben. Die Hoffnung ist in erster

[12] *J. Sobrino,* Teología en un mundo sufriente: la teología de la liberación como *intellectus amoris*, in: Revista Latinoamericana de Teología 15 (1988) 243–266. Siehe dazu auch die Bemerkungen von *C. Boff*, Retorno à arché da teologia, in: Sarça ardente. Teologia na America Latina. Prospetivas, São Paulo 2000, 175–177.

Linie eine Gabe Gottes; daran erinnert Jeremia, wenn er die Botschaft des Herrn weitergibt: „Denn ich, ich kenne meine Pläne, die ich für euch habe – Spruch des Herrn –, Pläne des Heils und nicht des Unheils; denn ich will euch eine Zukunft und eine Hoffnung geben" (29,11). Indem er diese Gabe annimmt, öffnet sich der Jünger Jesu für die Zukunft und für das Vertrauen. Sieht man die theologische Arbeit als ein Verstehen der Hoffnung, so wird dies noch dringlicher, wenn man von der Situation des Armen und von der Solidarität mit ihm ausgeht. Es ist keine leichte Hoffnung, aber so zerbrechlich sie auch scheinen mag – sie kann Wurzeln schlagen in der Welt der sozialen Bedeutungslosigkeit, in der Welt der Armen, sie kann sich entzünden inmitten schwieriger Situationen, und sie kann lebendig und kreativ bleiben. Doch Hoffen heißt nicht Abwarten; es muss uns zum Einsatz bewegen, mit dem wir aktiv Gründe zur Hoffnung schmieden. Wir sollten hinzufügen, dass sie streng genommen nicht zu verwechseln ist mit einer Geschichtsutopie oder einem Gesellschaftsprojekt, dass sie dieselben aber wohl voraussetzt oder hervorbringt, sofern diese den Willen ausdrücken, eine gerechte, brüderliche Gesellschaft aufzubauen.

Die Theologie, sagt Paul Ricœur, entsteht aus einer Überschneidung eines „Erfahrungsraums" und eines „Hoffnungshorizonts". Eines Raums, in dem Jesus uns einlädt, ihm nachzufolgen in der Erfahrung der Begegnung mit dem Anderen, insbesondere mit den geringsten seiner Brüder und Schwestern. Und in der Hoffnung, dass wir uns in dieser jedem Menschen, gläubigen wie nichtgläubigen, offenstehenden Begegnung in den Horizont des Dienstes am Anderen und in die Gemeinschaft mit dem Herrn stellen, wie das zitierte Evangelium sagt (Mt 25,31–46).[13]

4. Ein prophetisches Wort

Die vorrangige Option für die Armen ist mit Sicherheit auch eine wesentliche Komponente der prophetischen Botschaft des Evangeliums, die die Verbindung zwischen der ungeschuldeten Liebe Gottes und der Gerechtigkeit einschließt. Wichtig daran ist das Bemühen darum, dass die Ausgeschlossenen Akteure ihres Schicksals werden.

4.1 Evangelisierung und Kampf für die Gerechtigkeit

Es ist unmöglich, die Welt des Armen, der in einer unmenschlichen Situation des Ausschlusses lebt, zu betreten und nicht zu bemerken, dass die Verkündi-

[13] Zu diesem zentralen Evangelientext siehe unten in diesem Band (43–59): „Wo der Arme ist, da ist Jesus Christus".

gung der Frohen Botschaft befreiend und humanisierend und genau deshalb eine Forderung nach Gerechtigkeit ist. Sie ist ein Kernthema in der prophetischen Tradition des Ersten Testaments, das wir auch in der Bergpredigt wiederfinden – als ein Gebot, das dieses Thema zusammenfasst und dem Leben des Glaubenden Sinn verleiht: „Sucht zuerst das Reich Gottes und seine Gerechtigkeit“ (Mt 6,33).

Das Herzstück der Botschaft Jesu ist die Verkündigung der Liebe Gottes, die sich in der Ansage seiner Herrschaft ausdrückt, eines Reiches, das den Sinn der menschlichen Geschichte über diese hinaus zu seiner vollen Erfüllung trägt und doch zugleich jetzt schon in ihr anwesend ist. Und von dieser seiner „Nähe“ sprechen die Evangelien. Diese doppelte Dimension, auf die die Gleichnisse vom Gottesreich abzielen, kommt zum Ausdruck in der klassischen Formel „schon jetzt, aber noch nicht“. Schon gegenwärtig, aber noch nicht in Fülle. Genau deshalb manifestiert sich das Reich Gottes als Gabe, als Gnade und zugleich als Aufgabe und Verantwortung.

Im Rahmen des bisweilen spannungsreichen, immer aber fruchtbaren Verhältnisses zwischen ungeschuldeter Gabe und geschichtlichem Einsatz spielt sich das Leben des Jüngers Jesu ab und folglich auch das Sprechen über den Gott des Reiches, den wir im Glauben empfangen. Die matthäische Perikope von den Seligpreisungen enthält die Verheißung des Reiches für all jene, die in ihrem Alltagsleben die ihnen angebotene ungeschuldete Gabe annehmen und so zu seinen Jüngern werden. Das Gottesreich wird in den Evangelien auf vielfältige Art in Wendungen und Bildern von großer biblischer Reichhaltigkeit dargestellt: Erde, Trost, Sättigung, Barmherzigkeit, Gottesschau, Gotteskindschaft. Bestimmendes Kennzeichen dieser Vokabeln ist das Leben, das Leben in all seinen Aspekten. Das Besondere der Jüngerschaft seinerseits wird in der ersten und wichtigsten Seligpreisung angedeutet: Armut im Geiste. Alle anderen handeln von Variationen und Schattierungen. Die Jünger sind diejenigen, die sich die Verheißung des Reiches zu eigen machen, indem sie ihr Leben in die Hände Gottes legen; dass sie die Gabe des Gottesreichs (an)erkennen, macht sie frei gegenüber jedem anderen Gut. Und es bereitet sie auf die evangelisatorische Sendung vor, mit der zusammenhängt, was Paulus in Jerusalem empfiehlt: an die Armen zu denken (Gal 2,10).

Welche Stelle nimmt aber nun der Aufbau einer gerechten Welt in der Verkündigung des Reiches ein? Wenn man sich anschaut, welchen Weg dieses Verhältnis in den letzten Jahrzehnten in der Theologie und im Lehramt der Kirche genommen hat, kann man eine interessante Entwicklung zu einer immer mehr von der Einheit bestimmten Konzeption feststellen, zu einer komplexen Einheit, in der nichts leichtfertig vermischt wird. Mitte des letzten Jahrhunderts hat Y. Congar zwei Sendungen der Kirche ausgemacht: das Evangelium zu verkünden und, abgeleitet davon, das Zeitlich-Irdische zu beseelen, ihm eine Seele zu geben. Das war ein Fortschritt gegenüber Theologien, die postulierten, Evangelisierung und soziale Verbesserung gingen sozusagen an getrennten Leinen. Die Position Congars kam in den Dokumenten des II. Vaticanums sehr deutlich zur Geltung. Doch verschiedene Faktoren erschöpften die Definition der Tragweite der Evangelisierung für die menschliche Geschichte und das soziale Zusammenleben.

In der Zeit nach dem Konzil insistierten unterschiedliche theologische Überlegungen darauf, dass die christliche Botschaft in der öffentlichen Sphäre präsent sein und dass man die Relevanz der Glaubensverkündigung von der Rückseite der Geschichte, von der Welt der Ungerechtigkeit und sozialen Bedeutungslosigkeit her betrachten müsse, in der die Armen leben. Diese Anliegen und Perspektiven spiegelten sich natürlich auch in verschiedenen Texten des kirchlichen Lehramts wider. Medellín (1968) sagt, Jesus sei gekommen, um uns von der Sünde zu erlösen, deren Folgen in Form von Knechtschaft aller Art in der Ungerechtigkeit gebündelt seien (Medellín, Gerechtigkeit 3). Wenig später bekräftigt die römische Synode über Gerechtigkeit in der Welt (1971), zur Sendung der Kirche gehörten „die Verteidigung und gegebenenfalls der kämpferische Einsatz für die personale Würde und die Grundrechte des Menschen“ (Gerechtigkeit in der Welt 38). Paul VI. sagt in einem Text, der der Synode über die Evangelisierung entspricht:

> Darum fordert die Evangelisierung eine klar formulierte Botschaft [...] über die Rechte und Pflichten jeder menschlichen Person, über das Familienleben [...], über den Frieden, die Gerechtigkeit, die Entwicklung; eine Botschaft über die Befreiung, die in unseren Tagen besonders eindringlich ist. (Evangelii nuntiandi 29)

In seiner Eröffnungsansprache in Puebla hebt Johannes Paul II. in Anlehnung an das Gleichnis vom barmherzigen Samariter hervor, dass zur evangelisatorischen Sendung der Kirche „als unverzichtbarer Bestandteil das Handeln für die Gerechtigkeit und die Förderung des Menschlichen“ gehört (III 2). Eine Aussage, die mehrere Dokumente dieser Generalversammlung beeinflusst hat.[14]

Wie man sehen kann, haben sich die Begriffe, in denen von der Evangelisierungsaufgabe gesprochen wird, mehr und mehr präzisiert, und es hat ein globales und der Einheit verpflichtetes Verständnis Raum gewonnen. Die Frohe Botschaft, die Jesus, den die Evangelien mehrfach als Propheten bezeichnen, verkündete, erhält ihren Charakter als prophetisches Wort zurück, das die Liebe Gottes zu allen Menschen und besonders zu den Bedeutungslosen und

---

14 Wir wollen zwei weitere Interventionen *Johannes Pauls II.* zitieren; auch sie stehen in Zusammenhang mit Lateinamerika. In einer Predigt Kuba sagte er am 25. Januar 1998: „Wir müssen weiter davon sprechen, solange es in der Welt eine Ungerechtigkeit gibt, und sei sie noch so klein, denn anders wäre die Kirche der ihr von Jesus Christus aufgetragenen Sendung nicht treu“. Und in einer Ansprache an die Bischöfe von Honduras (einem der ärmsten Länder des Kontinents) sagte er 2001: „Man darf nicht vergessen, dass die ‚Sorge um das Soziale‘ ein Teil der evangelisatorischen Sendung der Kirche ist“.

Unterdrückten ansagt und ebendeshalb mit Nachdruck die Ungerechtigkeit im Umgang mit dem Armen anklagt, nicht nur auf einer persönlichen Ebene, sondern auch und besonders auf dem sozialen Gebiet.

Die Förderung der Gerechtigkeit wird zunehmend als wesentlicher Teil der Verkündigung des Evangeliums gesehen; natürlich ist sie nicht die ganze Evangelisierung, aber sie bleibt auch nicht an der Schwelle zur Evangelisierung stehen, sie ist keine Prä-Evangelisierung, wie einmal gesagt wurde. Sie ist vielmehr Bestandteil der Verkündigung des Gottesreiches, auch wenn sie dessen Inhalt nicht ausschöpft. Es war kein leichter Weg bis zu diesem Ergebnis, aber es ist doch klar, dass seine heutige Formulierung sowohl schlechte Spaltungen als auch mögliche Vermischung vermeidet.

4.2 Akteure ihres Schicksals

Die Solidarität mit den Armen erhebt eine fundamentale Forderung: die Anerkennung ihrer vollen Menschenwürde und ihrer Eigenschaft als Söhne und Töchter Gottes. In der Tat wächst unter den Armen die Überzeugung, dass es ihnen, wie jedem Menschen, zusteht, die Zügel ihres Lebens selbst in die Hand zu nehmen. Die Kirche hat mit Johannes XXIII., dem II. Vaticanum und Medellín einen wichtigen Schritt in diese Richtung getan, sie hat das Engagement inspiriert, dringliche Unterscheidungen getroffen und Wege abgesteckt; manche von ihnen sind versperrt oder verengt, andere sind erstmals begangen worden.

Lenker seines eigenen Schicksals zu sein, ist kein theoretisches Postulat und auch kein rhetorischer Kunstgriff, sondern eine gewiss schwierige und kostspielige, aber unerlässliche Erfahrung. Und sie ist dringlich, wenn wir bedenken, dass heute in Lateinamerika nach einer langen Zeit der Unterdrückung popularer Bewegungen auf subtilere Weise versucht wird, Skepsis in Bezug auf die Durchsetzungsfähigkeit der Armen zu säen oder ihnen einzuflüstern, angesichts der neuen Realitäten, der Globalisierung, der internationalen Wirtschaftslage, der politischen und militärischen Unipolarität sei ein radikaler Kurswechsel angesagt. Doch das hat nicht verhindert, dass die von vielen Armen eingenommene Einstellung trotz aller Bestreitung und Beschimpfung auf neuen Wegen lebendig bleibt.

Es gibt keinen wahren solidarischen Einsatz für die Armen, wenn man sie nur als Menschen betrachtet, die tatenlos auf Hilfe warten. Sie selbst als Akteure ihres Schicksals zu respektieren, ist eine notwendige Bedingung echter Solidarität. Dazu ist es nicht angezeigt, dass man – außer in äußerst dringenden Fällen und dann auch nur für kurze Zeit – zur „Stimme derer wird, die keine Stimme haben", wie es manchmal, sicherlich großherzig, heißt; angemessen ist vielmehr, dass man auf irgendeine Weise dazu beiträgt, dass diejenigen, die heute ohne Stimme sind, eine bekommen.[15] Das setzt voraus, dass man schweigen kann, um ein Wort hören zu können, das um Gehör ringt. Für jeden Menschen ist es ein Ausdruck der Freiheit und Würde, wenn er Subjekt seiner eigenen Geschichte ist; es ist Ausgangspunkt und Quelle einer authentisch humanen Entwicklung.

Die Bedeutungslosen der Geschichte waren und sind großteils noch immer die Schweigenden.

Aus diesem Grund ist eine Bemerkung angebracht: Die Option für die Armen ist nichts, was nur jene tun müssen, die nicht arm sind. Die Armen selbst sind aufgerufen, vorrangig für die Bedeutungslosen und Unterdrückten zu optieren. Viele tun es, doch man muss zugeben, dass sich nicht alle für ihre Brüder und Schwestern gleicher Rasse, gleichen Geschlechts, gleicher sozialer Klasse oder Kultur engagieren. Sie erleben wie alle den Druck des Milieus und der Medien, der individualistische Zielsetzungen vorgibt, die Frivolität fördert und die Solidarität herabsetzt. Der Weg zur Identifikation mit den Letzten der Gesellschaft, den sie einschlagen müssen, wird anders aussehen als der, den Menschen anderer sozialer Schichten nehmen, aber er ist notwendig und ein wichtiger Schritt, wenn sie Subjekte ihres eigenen Schicksals sein wollen.

Die ersten Schritte zur Betrachtung der Armen als Akteure ihres Schicksals auf der sozialen Ebene haben eine kirchliche Entsprechung im Aufkommen der christlichen (oder kirchlichen) Basisgemeinden. Dieses Phänomen ist mehr als eine schlichte chronologische Koinzidenz; die Gemeinden sind vielmehr Teil eines umfassenderen historischen Geschehens, ohne das ihre Entstehung sich nur schwer verstehen lässt. Die Kirche lebt nicht in einer anderen Geschichte, sie besteht aus menschlichen Wesen, die sozialen und kulturellen Universen angehören, in denen sie mit Menschen anderer menschlicher und geistiger Horizonte zusammenleben.

Von daher legen sowohl die Gemeinden als auch die Theologie, die auf diesem Kontinent betrieben wird, den Akzent auf die Rolle, die dem Volk als Träger und nicht nur Adressat des Evangeliums zukommt und die mit dem Recht des Volkes verknüpft ist, seinen Glauben zu denken und seiner Hoffnung Ausdruck zu verleihen. Es ist eine Perspektive, die aus den Erfahrungen der lateinamerikanischen Ortskirchen stammt; so sieht es Puebla: „Das Engagement für die Armen und Unterdrückten und das Entstehen der Basisgemeinden haben der Kirche dazu verholfen, das evangelisatorische Potenzial der Armen zu entdecken“ (Nr. 1147).[16] Fundamentale Erfahrungen, die Medellín be-

---

[15] Mons. Romero sagte, die Befreiung werde nur kommen, wenn die Armen „selbst Akteure und Protagonisten ihres Kampfes und ihrer Befreiung sind und so die tiefste Wurzel falscher, auch kirchlicher Paternalismen aufdecken“ (2. Februar 1980).

[16] Die unmittelbare, wenn auch vielleicht nicht einzige Quelle dieses Textes war der Beitrag der peruanischen Bischofskonferenz zu Puebla. Der dem Thema „Der Arme in Lateinamerika als Adressat und Akteur der Evangelisierung“ gewidmete Abschnitt bezieht sich auf den Prozess, durch den die Kirche dazu bewegt wurde, „das Evangelisierungscharisma, dessen Träger die Ar-

stätigt und verstärkt hatte und die uns daran erinnern, dass die Jüngerschaft im gemeinschaftlichen Teilen gelebt wird.

Wir haben drei Dimensionen (spirituelle, theologische und evangelisatorische) der vorrangigen Option für die Armen unterschieden, um nacheinander ihr jeweiliges Profil umreißen zu können; es liegt allerdings auf der Hand, dass wir sie, wenn wir sie trennen, schwächen und ausdünnen. Sie sind miteinander verwoben und speisen sich gegenseitig; betrachtet man sie als hermetisch abgeschlossene Größen, dann verlieren sie ihren Sinn und ihre Kraft.

Die vorrangige Option für die Armen ist Teil der Nachfolge Jesu, des „Wandelns gemäß dem Geist" (Röm 8,4), das der menschlichen Existenz ihren letzten Sinn verleiht und in dem wir „Rechenschaft von der Hoffnung" geben (1 Petr 3,15). Sie hilft uns, das Verständnis des Glaubens als eine Hermeneutik der Hoffnung zu sehen, als eine Interpretation, die im Lauf unseres Lebens und der Geschichte immer wieder neu unternommen werden muss und Gründe für die Hoffnung schmiedet. Und uns dazu drängt, die für eine prophetische Verkündigung des Reiches Gottes geeigneten Wege einzuschlagen und eine Kommunikation zu finden, die Communio, Brüderlichkeit und Gleichheit unter den Menschen und Gerechtigkeit achtet und schafft.

In Kohärenz und Kontinuität mit Medellín, Puebla und Santo Domingo nimmt sich die Generalversammlung, die in Aparecida tagen wird, vor, das Thema „Jüngerschaft" unter den neuen und alten Bedingungen in Lateinamerika und in der Karibik neu zu bedenken. Die Kirche muss, wie der Samariter, immer wieder von ihrem Weg abgehen, die Solidarität mit den Ärmsten praktizieren und ihre Nähe, ihre Proximität, zu ihnen erneuern – auf der Suche nach dem Reich Gottes und nach der Gerechtigkeit. Und wie der Schriftgelehrte, der Jünger des Reiches wurde, muss sie aus ihrem Vorrat „Neues und Altes hervorholen" (Mt 13,52). Neues und Altes.

Aus dem Spanischem übersetzt von Michael Lauble

men und Unterdrückten sind, zu entdecken und zu schätzen" (Aporte de la Conferencia episcopal peruana, Nr. 435–441, Zitat: Nr. 439).

Wo der Arme ist, da ist Jesus Christus*

Einer der am intensivsten untersuchten und am heißesten umstrittenen Texte aus den Evangelien ist sicherlich Mt 25,31–46. Als Haupttext für die Interpretation der gesamten Botschaft Jesu hat er eine höchst bedeutsame Ausstrahlung auf das Verständnis des Verhältnisses zwischen Gnade und Werken, der Christologie, der Ekklesiologie, der evangeliumsgemäßen Ethik und der christlichen Spiritualität. Genau deshalb ist er auch so wichtig für die theologische Bedeutung der Solidarität mit den Letzten der Gesellschaft und ein Schlüssel für die Sicht der vorrangigen Option für die Armen.[1] Diese neutestamentliche Passage bietet so manche Überraschung; daher denn auch die Faszination, die sie auslöst.[2]

Kardinal Carlo M. Martini, Seelsorger und Bibliker, stellt in sehr persönlichen, bewegenden Worten den herausfordernden Charakter dieses Textes dar. Er meint, die irrigen Interpretationen, die manchmal von ihm gegeben werden, dürften uns nicht davon dispensieren, unser Leben an seinen Forderungen zu messen, ist sich dabei aber sehr wohl bewusst, welch radikale Veränderung er von uns verlangt. „Ich muss zugeben", bekennt er, „dass diese Passage mich seit geraumer Zeit verfolgt. Ich bemühe mich, mich vor ihr zu schützen, weil ich sehe, dass sie Entscheidungen verlangt, die ich vielleicht noch nicht zu treffen vermag. Doch seine Lektüre stellt mich nun einmal in Frage und versetzt mich in eine Krise."[3]

Eine aufrichtige und demütige Annäherung an den matthäischen Text ist die unverzichtbare Bedingung dafür, dass er seine ganze Bedeutung für die Nachfolge Jesu entfaltet. Nicht alle würden es so schlicht ausdrücken, aber es ist nun einmal die angemessene Haltung für eine fruchtbringende Lektüre.

---

* Der Aufsatz wurde erstmals publiziert in: Páginas 197 (Februar 2006) 6–22.

[1] Genau deshalb wurde diese Perikope besonders ausführlich behandelt in: *G. Gutiérrez*, Theologie der Befreiung, München/Mainz [10]1982, 152–261, und in: *ders.*, El Dios de la vida, Lima 1989, 174–182. Das heißt allerdings nicht, dass damit die Relevanz des Exodus-Themas in der Bibel und in der theologischen Reflexion geleugnet wäre; darauf weist richtig hin *N. Lohfink,* Option for the poor. The Basic Principles of Liberation Theology in the Light of the Bible, Berkeley 1987, 63.

[2] Eine Darstellung der Hypothesen über das Verhältnis zwischen Tradition und Redaktion in Mt 25: *J. Lambrecht,* Out of the Treasure, Grand Rapids 1991, 265–287. Natürlich ist das ein kontrovers diskutiertes Thema. Eine der Hypothesen besagt, der aktuelle Text sei eine Komposition des Matthäus auf der Grundlage eines auf Jesus zurückgehenden Gleichnisses über das Gericht und die Mahnung, dem Armen zu dienen. Vgl. *D. D. Kupp*, Matthew's Emmanuel, Cambridge 1996, 232).

[3] *C. M. Martini*, Ich bin bei euch. Leben im Glauben nach dem Matthäusevangelium, Freiburg i.Br. 1993.

1. Die Tiefe der Begegnung mit dem anderen

Im ersten Evangelium steht dieser Text am Ende der Predigttätigkeit Jesu. Er ist gewissermaßen deren Zusammenfassung (vor allem in Verbindung mit Mt 28,16–20). Dabei will er nicht die ausgefeilte Beschreibung einer Tatsache sein, sondern mittels des Themas vom Gericht im Licht des Gottesreichs den Sinn der menschlichen Existenz und Geschichte enthüllen. Dies ist der Weg, den Matthäus schon mit Kapitel 24 einschlägt, indem er eine Fokussierung wählt, die in der Szene des Endgerichts kulminiert. Deren Ergiebigkeit und Bedeutsamkeit für die biblische Sicht des Themas, das wir hier behandeln, gibt Anlass, immer wieder auf sie zurückzukommen. Andererseits haben die zahlreichen Studien, die in jüngster Zeit zu unserem Gegenstand erschienen sind, neue oder erneuerte Erwägungen und Argumente zu seiner Interpretation geliefert; sie halten die Diskussion in Gang und müssen berücksichtigt werden.

1.1 Die Identifikation Christi mit dem Armen

Der Kern, um den herum die verschiedenen Elemente der Perikope sich kristallisieren, ist die Behauptung der Identität Jesu mit den Notleidenden, dem Nächsten, der wir schon in den ersten Worten begegnen, die der König an die vor ihm Stehenden richtet: „Denn ich war hungrig und ihr habt mir zu essen gegeben…“ (V. 35, vgl. V. 42). In feierlicher Form wird sie angesichts der Überraschung der Betroffenen in V. 40 ratifiziert (ebenso im Parallelvers 45, allerdings mit kleinen Unterschieden): „Amen, ich sage euch: Was ihr für einen meiner geringsten Brüder getan habt, das habt ihr mir getan.“ Das Geschenk der Begegnung mit Jesus wird gewährt in der historischen Begegnung mit den Armen; es ist eine Gnade, die einem genau dann widerfährt, wenn man mit der Forderung nach einer Praxis der Solidarität mit ihnen konfrontiert ist. Von da aus lässt sich die gesamte Passage, einschließlich der Betonung der Werke, neu in einer spirituellen und theologischen Perspektive lesen, die ihre Auswirkungen für die Verkündung des Gottesreichs sichtbar macht, welche ihrerseits die Gemeinschaft der Jünger Jesu konstituiert, die der Geist „in die ganze Wahrheit führen“ (Joh 16,13) soll.

Die Endgerichtsszene stellt eine starke Aufwertung der menschlichen Geschichte wie auch der Menschenwürde und der Praxis echter Gerechtigkeit dar, verstanden im Licht des christlichen Glaubens. Die Szene ereignet sich in eschatologischer Zeit, jedoch im geschichtlichen Werden, in der Gegenwart, in der durch den Dienst an anderen Menschen, insonderheit an den Vergessensten, der Glaube an Jesus Christus, den Weg zu Gott Vater und Mutter, seinen Ausdruck findet. Jesus erscheint als der *Menschensohn,* als einer aus unserer Geschichte; diesen Ausdruck legen ihm die Evangelisten in den Mund, wenn er über sich selbst spricht. Er tritt aber auch als *Hirt* seiner Herde auf, der sie dem entscheidenden Augenblick zuführt, in dem sich die Scheidung vollzieht, er ist der *Richter,* der das gerechte Urteil fällt, er ist der *Herr* der Geschichte, der sich in ihr engagiert, er ist der *König*, der die Verheißung seines Reiches einlöst und von ihm aus die Geschichte durchmustert. Und schließlich *teilt* er dem Vater *mit,* dass er „seit der Erschaffung der Welt" das Reich vorbereitet hat (Mt 25,31–34); der Ausdruck weist besonders auf die Befähigung hin, den Gang der Geschichte in seiner Bedeutung zu verstehen.

Die christologische Konzentration, die aus der Fülle dieser verschiedenen Titel resultiert, verleiht dem Text eine enorme Kraft und enthüllt seinen tiefsten Sinn. Die menschliche Geschichte soll auf eine Gemeinschaft und Brüderlichkeit zugehen, die sich in der Nachfolge Jesu und in der Begegnung mit ihm entwickelt, in dem wir uns als Töchter und Söhne Gottes erkennen. Kindschaft und Geschwisterlichkeit sind die beiden Seiten einer einzigen Wirklichkeit. Durch beide ist Jesus, der Sohn Gottes, in der Geschichte gegenwärtig, und genau so wird er als Herr der Geschichte (an)erkannt.

Der matthäische Text stellt sich mittels verschiedener feiner Anspielungen in einen alttestamentlichen Horizont, der jedoch von der Botschaft Jesu her mit einer überraschenden Originalität gesehen und überarbeitet wird. Kontinuität und Neuheit – wie in jeder fruchtbaren Beziehung. Im Ersten Testament wird die enge Verbindung zwischen dem Armen und Gott hervorgehoben; sie soll das Verhalten des Gläubigen normieren. So findet sich etwa im Buch der Sprüche die Aussage: „Wer den Geringen [hebr. *dal* = bedürftig, schwach] bedrückt, schmäht dessen Schöpfer" (14,31); „Wer den Armen [hebr. *rash* = bedürftig, Not leidend] verspottet, schmäht dessen Schöpfer" (17,5); „Wer Erbarmen hat mit dem Elenden [*dal*], leiht dem Herrn; / er wird ihm seine Wohltat vergelten" (19,17). Auf dieser Linie liegt auch der Anruf „Warum verfolgst du mich?", den Paulus zu hören bekommt (Apg 9,4f). Und so heißt es, wiewohl nicht immer so präzis, auch in anderen biblischen Texten.

Durch die Identifizierung Christi mit den Kleinsten vertieft Matthäus die Wortbedeutung des Emmanuel, des „Gottes mit uns". Das Thema durchzieht sein Evangelium von Beginn an (vgl. 1,23, ausgehend von einem Zitat aus Jes 7,14) und schließt mit der erneuten Bekräftigung von Jesu Gegenwart inmitten seiner Jünger: „Seid gewiss: Ich bin bei euch alle Tage bis zum Ende der Welt" (Mt 28,20). Diesen Vorgang nennt man „Inklusion". Innerhalb dieses Prozesses stellt unser Text einen Kulminationspunkt dar: Es geht darum, den Schritten dessen zu folgen, der gesagt hat, er sei nicht gekommen, um sich bedienen zu lassen, sondern zu dienen (vgl. 20,18), der dazu aufruft, umsonst zu geben, was wir umsonst empfangen haben (vgl. 10,8), der auf die Suche nach allem geht, was sich verirrt hat („und wenn er es findet – amen, ich sage euch: er freut sich über dieses eine mehr..."; 18,12–14), der die Marginalisierten mit Achtung behandelt („Was soll ich euch tun?"; 20,32), der die anonymen Menschen anspricht und ermuntert („Hab keine Angst, meine Tochter, dein Glaube hat dir geholfen“; 9,22) und der gelehrt hat, auch das wenige, was man besitzt, zu teilen („und alle aßen und wurden satt“; 14,20).

In manchen Passagen deutet sich eine intime Nähe zu Jesus an: „Wer euch aufnimmt, der nimmt mich auf“ (10,40), „Und wer ein solches Kind um meinetwillen aufnimmt, der nimmt mich auf“ (18,5).[4] Doch nur in unserem Text finden wir die ausdrückliche Gleichsetzung zwischen Christus und dem Armen und Bedeutungslosen. Sie ist eines der Fundamente dessen, was M. D. Chenu „das Gesetz der Inkarnation“ nannte, und das Kriterium für das Verständnis der Botschaft Jesu.

Wir haben es mit einem in der ganzen Heiligen Schrift einzigartigen Text zu tun. Er ist neuartig dank der Schärfe und der Tragweite der Identifikation, die er vollzieht; zugleich aber ist er in der biblischen Botschaft verankert. Daher ist er keine isolierte Passage, vielmehr konvergieren in ihm zahlreiche Strömungen, die in ihrem Zusammenfluss einen gewaltigen Strom von herausfordernder Kraft bilden.

1.2 Die Praxis des Dienstes

Was an dieser Perikope schon immer die Aufmerksamkeit geweckt hat, ist die starke Präsenz der Werke, der Praxis des Christen; sie sind das Kriterium für die Unterscheidung der wahren Nachfolger des Herrn und unverzichtbar für die Aufnahme dessen, was die Evangelien das Reich Gottes nennen. Dieses Thema kommt im Matthäusevangelium sehr häufig zur Sprache.[5] Ein Text aus der Schlusspassage der Bergpredigt steht dem Text, mit dem wir uns befassen, sehr nahe. Wir meinen Mt 7,21–23 (siehe auch 5,13.16). Darin wird ein Kontrast aufgemacht zwischen einem Glaubensbekenntnis und religiösen Handlungen, die mit dem Willen Gottes, der Liebe und Dienst vorschreibt, nichts mehr zu tun haben: „Nicht jeder, der zu mir sagt: Herr! Herr!, wird in das Himmelreich kommen.“ Und er schließt, indem er denen, die die unverzichtbare Beziehung zwischen Bekenntnis (Orthodoxie) und Verhalten (Orthopraxis) vergessen, die strengen Worte zuruft: „Weg von mir, ihr Übertreter des Gesetzes!“

Die Perspektive der Werke wird in unserem Text noch verstärkt durch das vierfache Auftreten der Liste von Gesten gegenüber den Not Leidenden. Ge-

---

[4] Ein jüdischer Text geht noch weiter: „Meine Kinder, wenn ihr dem Armen Nahrung reicht, sehe ich es so an, als hättet ihr sie mir gereicht“. *M. Tannaim* XV 9, zit. bei *D. R. Catchpole*, The Poor on Earth and the Son of Man in Heaven. A Re-Appraisal of Matthew XXV, 31–46, in: Bulletin of the John Rylands Library, Manchester 61 (1979), 391.

[5] Und zwar so häufig, dass sich mache Leute schon – fälschlich – gefragt haben, ob das erste Evangelium nicht das Gnaden- und Heilshandeln Gottes an die zweite Stelle rücke. Fälschlich geschah das, weil die Akzentuierung der Werke bei Matthäus die gnadenhafte Initiative Gottes nicht herabsetzt, sie steht vielmehr in engem, klar beibehaltenem Zusammenhang mit dieser (vgl. z. B. 5,3; 18,23–35). Für eine wohl ausgewogene Sicht des Themas aus lateinamerikanischer Perspektive siehe *W. Altmann*, Libertação e justificação, in: Perspectiva Teológica 11 (1979).

wiss ist dies also ein wichtiges Thema im Text, aber seine Tragweite wird nur sichtbar, wenn wir zum tiefsten Sinn der Erzählung vordringen: der Begegnung mit Jesus, von der im vorausgehenden Abschnitt die Rede ist. Dieser Zusammenhang ist der Hauptgrund für unser Interesse an dem Text.[6]

In Mt 25 spielt das Tun (*poieo*), ein in der Passage mehrmals wiederholtes Verb, eine wichtige Rolle. Es geht um eine Praxis, die das Kennzeichen des Dienstes für den andern trägt; so ist denn auch in V. 44 die Rede vom Dienen (*diakoneo*), einem für das ganze Evangelium wichtigen Wort. Genau darum geht es. Die Szene von Weltgericht zeigt uns, dass in den Gesten der Solidarität und Brüderlichkeit der Dienst an Christus und die Begegnung mit ihm geschieht.

Im Zusammenhang mit dieser Praxis hat die Reaktion der vor dem Richter Stehenden auf dessen überraschende Identifikation mit den Not Leidenden schon immer die Aufmerksamkeit geweckt; sie fragen nämlich: „Herr, wann haben wir dich hungrig gesehen und dir zu essen gegeben, oder durstig und dir zu trinken gegeben?“ (V. 37). Man kann sich denken – und das entspricht genau einem Topos des Matthäusevangeliums –, dass mit dieser Frage der absichtslose Charakter des Dienstes betont wird, den die Betreffenden anderen Menschen erwiesen und diese so in ihrer Würde wertgeschätzt haben, ohne dabei auf einen Lohn zu schielen. Die Gnade geht dem Werk voraus und fordert die Praxis der Gerechtigkeit. Die Verkündigung Jesu situiert sich im Matthäusevangelium zwischen dem Geschenk des Gottesreichs (den Seligpreisungen) und dem Dienst an den anderen (mit unserem Text schließt die Verkündigungstätigkeit Jesu), in dem sich eine unerwartete Begegnung mit Jesus vollzieht. Zwischen der Gnade und der Aufgabe, zu der alle gerufen sind, hat die christliche Existenz ihren Ort. Diese Beziehung ist entscheidend für das Verständnis unserer Passage. Wie der bekannte Matthäustext 6,33 sagt, geht es darum, das Reich Gottes und seine Gerechtigkeit zu suchen, und genau diesen Begriff „Gerechtigkeit“ darf man nicht um seine offenkundige sozialen Dimension verkürzen.

Die Perikope, die wir untersuchen, stellt eine kraftvolle Bejahung des privilegierten Ortes dar, den die Armen und Bedeutungslosen in der Botschaft des Evangeliums einnehmen. Er ist in der Tat privilegiert, weil die Antwort des Königs erklärt: „Amen, ich sage euch: Was ihr für einen meiner geringsten Brüder getan habt, das habt ihr mir getan“ (V. 40). Die Aufzählung von Handlungen im Geiste der im Ersten Testament aufbewahrten Traditionen, die zu verlängern wir aufgerufen sind, lässt keinen Zweifel zu: Es handelt sich um Menschen in äußerster Notlage. Der Nachdruck, der darauf gelegt wird, macht deutlich, wie wichtig die Gesten einer gewährten oder verweigerten Solidarität

---

[6] *U. Luz* (Das Evangelium nach Matthäus, Bd. 3 [EKK 3/1], Zürich u.a. 1997, 523) hat das sehr genau gesehen: „Dabei ist für die Befreiungstheolog/innen Mt 25,31–46 nicht in erster Linie Grundtext für die Ethik, sondern für die Ekklesiologie und die Christologie“.

mit den Ärmsten sind: Sie werden Jesus selbst erwiesen oder vorenthalten. Das ist, wie wir sahen, das Herzstück des Textes. Es sagt uns zudem, dass sich von ihnen her diese Haltung auch für andere Menschen öffnen soll.

Wer aber sind diese „geringsten Brüder"? Vom Verständnis dieser Bestimmung wird die Tragweite abhängen, die wir ihr zuschreiben.

Es gibt zwei biblische Antworten auf die besagte Frage. Die eine können wir *universal* nennen; sie nimmt an, dass der Ausdruck jeden Not leidenden Menschen im Zustand sozialer Bedeutungslosigkeit meint, ob er nun Christ (oder Jude) ist oder nicht. Die andere, die man als *restriktiv* bezeichnen könnte, hält dafür, dass es um die Christen, die Jünger Jesu, geht; manche gehen sogar noch weiter auf diesem Weg und vertreten die Auffassung, es seien ausschließlich die Christen mit ihrer missionarischen Aufgabe gemeint. In beiden Positionen gibt es feine Unterschiede und Differenzierungen,[7] für unser Vorhaben genügt es jedoch, ihren gemeinsamen Kern zu vergegenwärtigen.

Wir neigen unsererseits der ersten Interpretation zu.[8] Wenn wir das Thema wieder aufnehmen und dabei die neueren Studien und Diskussionen im Blick behalten, wird uns das die Möglichkeit geben, die Gründe für unsere Option darzulegen.

2. Eine universale Perspektive

S. W. Gray[9] hat in einer minutiösen Studie über Mt 25,31–46 gezeigt, dass die Position, die V. 40 in einer universalen Perspektive liest, im Lauf der Geschichte so viel stärker wurde, dass sie seit dem 19. Jahrhundert nun mehrheitlich ist.[10] Diese Tatsache schreibt der Autor, der für die restriktive Interpretation eintritt, dem sozialen und kirchlichen Klima der Zeit zu.

2.1 Die geringsten Schwestern und Brüder

In den letzten Jahrzehnten sah es zeitweilig so aus, als stünde die Mehrheitsposition in Frage. Für diese Jahre haben wir zwar keine statistische Untersuchung

[7] Manche sind beispielsweise der Ansicht, in der vormatthäischen Tradition sei die Perspektive möglicherweise universal gewesen, habe sich dann im Evangelium geändert und sich nur mehr auf die Christen beschränkt. Ein Repräsentant dieser Position ist der wichtige Matthäusspezialist *G. N. Stanton* (A Gospel for a New People, Edinburgh 1992), der annimmt, die Tradition vor Matthäus gehe u. U. bis auf Jesus zurück.

[8] Dies war unsere Position in „Theologie der Befreiung" (Anm. 1); wir greifen sie jetzt mit den durch die Beiträge der letzten Jahre veranlassten Präzisierungen wieder auf.

[9] *S. W. Gray*, The least of my brothers. Matthew 25:31-46. A History of Interpretation, Atlanta/Georgia 1987.

[10] *Luz*, Evangelium (Anm. 6), 525, meint, sie sei „heute die verbreitetste und fast Allgemeingut geworden".

(die gewiss nicht das einzige und auch nicht das wichtigste Argument in der Sache ist), die mit der erwähnten vergleichbar wäre. Wir meinen aber, dass man in den neusten Arbeiten eine starke Präsenz der These feststellen kann, die in den geringsten Brüdern und Schwestern jeden marginalisierten und vergessenen Menschen erblickt.

Die Vertreter der restriktiven Interpretation werfen zur Stützung ihrer These Fragen der terminologischen und theologischen Kohärenz bei Matthäus selbst auf; immer wieder greifen sie auf einen Text zurück, der dem von uns untersuchten nahe kommt: Mt 10,40–42. In ihm äußert sich Jesus ebenfalls im Sinne einer Identifikation: „Wer euch aufnimmt, der nimmt mich auf" (V. 40), und schließt mit einer Aussage, die in einigen Punkten mit dem übereinstimmt, was Mt 25 ausführt: „Und wer einem von diesen Kleinen auch nur einen Becher frisches Wasser zu trinken gibt, weil es ein Jünger ist – amen, ich sage euch: Er wird gewiss nicht um seinen Lohn kommen" (V. 40). In den Texten der Kapitel 10 und 25 benutzt Matthäus zwar nicht denselben griechischen Ausdruck, um die „Geringen" zu bezeichnen, wohl aber äquivalente Wörter. Andererseits werden ja im Matthäusevangelium mehrfach „Jünger" und „Bruder" synonym verwendet (vgl. 12,50; 18,15.21.35), woraus man schließen kann, dass unter den in 25,40 erwähnten „geringsten Brüdern" die Jesus-Jünger zu verstehen sind und folglich die vor dem Richterstuhl Stehenden die Heiden sind, die nach ihrem Verhalten gegenüber den Christen beurteilt werden.[11]

Zweifellos ist die Anspielung auf die innere Kohärenz des Evangeliums wichtig, aber man muss sie doch in einer umfassenderen Perspektive sehen. Im Folgenden wollen wir näher erwägen, weshalb uns die universale Sicht triftiger scheint.

a) Beginnen wir damit, das Terrain zu bereinigen, was die Beziehung zwischen den Versen der Kapitel 10 und 25 angeht. Dazu können wir einige Beobachtungen machen. Xabier Pikaza[12] zufolge macht *eláchistoi* (die Gerings-

---

[11] *N. Lohfink* hat sich (Option for the Poor, Anm. 1) dieser Deutung angeschlossen. Er tritt für die Option für die Armen ein, um die, wie er zu Recht sagt, die lateinamerikanische Theologie der Befreiung kreist (1). Mit dieser Intention geht er anhand der Bibel das Thema „Gott und der Arme" durch. Indem er sich dem Matthäustext mit aller gebotenen intellektuellen Redlichkeit nähert, sagt er, er wolle keinesfalls ein die Armen unterdrückender Exeget sein, müsse aber „aus exegetischen Gründen" von der Position abrücken, die er „in den Arbeiten der Theologie der Befreiung" finde (63). Seiner Meinung nach zielen die Seligpreisungen in ihren beiden Versionen durchaus auf die Überwindung der Armut, erinnern aber ebenso daran, dass die Christen verfolgt werden. Beide Elemente finden sich in Mt 25 und erlauben es, die Szene als Gericht über die heidnischen Nationen (nicht über die gesamte Menschheit) entsprechend ihrem Verhalten gegenüber den Jüngern Jesu zu verstehen, das heißt gegenüber den Christen, den „Armen Jahwes", und eben nicht gegenüber den „Armen dieser Welt" (ebd.). Aufgrund der Kürze und des Einführungscharakters, die seinen Aufsatz kennzeichnen, hat Lohfink die Argumente für seinen Textzugang nicht ausgebreitet.

[12] Verfasser einer der umfassendsten Studien zu dem Matthäustext, der uns beschäftigt. In diesem Abschnitt folgen wir den Ausführungen von *X. Pikaza*, Hermanos de Jesús y servidores de los más pequeños (Mt 25,31–46), Salamanca 1984.

ten), ursprünglich Superlativ von *mikrós,* einen Bedeutungswandel durch: hin zu „unbedeutend“ und „unwichtig“. In diesem Sinn verwendet Matthäus es in Bezug auf Betlehem: „Du, Betlehem im Gebiet von Juda, bist keineswegs die unbedeutendste unter den führenden Städten von Juda“ (2,6) oder wenn er von „den kleinsten Geboten“ spricht (5,19). Mt 25 ist jedoch die einzige Stelle, an der der Terminus gebraucht wird, um Menschen als die Geringsten zu bezeichnen. In den genannten Fällen unterstreicht das Wort die Bedeutungslosigkeit von Personen, Orten und Vorschriften und hebt hervor, dass Gott sich von dieser Kleinheit her und in dieser Kleinheit überraschend offenbart.[13]

Andererseits trifft es zu, dass Beziehungen zwischen den Versen der Kapitel 10 und 25 bestehen, aber gleichzeitig lassen sich Differenzen beobachten, die der Berücksichtigung bedürfen. Sehr aufschlussreich ist, dass die Präzisierung, die wir in 10,42 finden: „wer einem von *diesen Kleinen* [*mikroí*] auch nur einen Becher frisches Wasser zu trinken gibt, *weil es ein Jünger ist*“,[14] in Kap. 25 fehlt. Dieses Detail ist entscheidend für ein Verständnis des Textes, das diejenigen gemeint sieht, die Jesus nachfolgen. Dass der Jünger in Kap. 25 nicht erwähnt wird, lässt folglich die Möglichkeit offen, den Ausdruck „einen meiner geringsten Brüder“ anders zu verstehen, nämlich in einem weiteren Horizont als dem der Passage aus Kap. 10.

b) Der Terminus *adelphoí* (Brüder und Schwestern) wird natürlich primär im Zusammenhang familiärer Beziehungen gebraucht. Gelegentlich benützt ihn Matthäus, um damit die Jünger Jesu zu bezeichnen. Die Nennung in 25,40 (in V. 45 kommt *adelphoí* nicht vor) weist eine Bedeutung auf, die über diesen Rahmen hinausgeht und weder Matthäus noch den anderen Evangelisten fremd ist. Sie liegt zum Beispiel in Mt 5,22–24 und in 5,47 vor, Texten, die zur Bergpredigt gehören und von einer menschlichen Brüderlichkeit sprechen, die die Grenzen des Familiären und Nationalen überschreitet. In 18,21 und 35 wird die Brüderlichkeit mit der christlichen Gemeinde verknüpft, aber auch in diesem Fall lässt sich eine offenere und umfassendere Perspektive nicht ausschließen.

---

[13] *Pikaza* (Hermanos, Anm. 12, 307–318) bietet einen Überblick über die verschiedenen Termini aus dem semantischen Feld von *eláchistoi,* wie sie in den Evangelien zur Bezeichnung der Geringen verwendet werden. Die untersuchten Ausdrücke lauten: *ptochós, paidíon, népios* und *mikrós;* obwohl sie, die einen mehr, die anderen weniger, primär auf die soziale Bedeutungslosigkeit und auf die Not Leidenden zielen, können sie doch auch eine religiöse Färbung annehmen, wobei sie ihre ursprüngliche Bedeutung jedoch nicht verlieren. Seine Schlussfolgerung ist klar: „Nichts an den Wörtern aus Mt 25,31–46 deutet auf die Gläubigen [...], gemeint sind vielmehr mit einem völlig neutralen Terminus ohne kirchliche Bezüge (*eláchistoi*) nur die Geringen ganz allgemein“ (ebd., 316).

[14] *C. Rowland* (Apocalyptic, the Poor, and the Gospel of Matthew, in: The Journal of Theological Studies, New Series, Bd 45 [Oktober 1994], Teil 2, 514, Anm. 28) hat festgestellt, dass die Gleichsetzung zwischen „Geringen“ und „Jüngern“ in Mt 10,42 nicht sicher ist. Die Uneindeutigkeit der griechischen Formulierung erlaubt auch eine andere Version (die wir tatsächlich in verschiedenen Übersetzungen finden): „Wer immer als Jünger zu trinken gibt...“, nämlich in seiner Eigenschaft als Jünger. In diesem Fall wäre der Jünger nicht derjenige, der den „Becher frisches Wasser“ empfängt, sondern der, der ihn gibt.

In diesem weiten Horizont des Wortes „Brüder“ können wir nun auch andere Texte sehen, die dem Kapitel 25 näher stehen. Im Matthäusevangelium kommt der Ausdruck „meine Brüder“ dreimal vor. In 12,50 ist derjenige, „der [...] für mich Bruder und Schwester und Mutter“ ist, der also meine Familie bildet, jener, der „den Willen meines himmlischen Vaters erfüllt“; das gilt natürlich für die Jünger, kann aber weiter gehen. In 28,10 sind „meine Brüder“ eindeutig die Jünger, die die Frohe Botschaft allen Völkern bringen sollen. Die dritte Stelle findet sich in unserem Vers 25,40. In diesem letzten Fall deutet nichts darauf hin, dass die behauptete Bruderschaft sich auf diejenigen beschränkt, die Jesu nachfolgen, da sie sich primär und unmittelbar auf Menschen in äußerster Not bezieht. In diesen Zusammenhang hat man eine Unterscheidung zwischen zwei Auffassungen des Begriffs „Brüder und Schwestern“ getroffen. Im aktiven Sinn sind es diejenigen, welche sich für die Botschaft des Evangeliums einsetzen, indem sie den Willen des Vaters zu dem ihren machen, also die Christen. Es sind aber auch diejenigen, für die sich Jesus bis hin zur Identifikation einsetzt, ohne dass sie ein besonderes Verdienst besäßen, sondern einfach nur, weil sie arm und bedeutungslos sind. Sie sind es, die Mt 25,40 meint. Der Menschensohn nennt sie Brüder, weil sie sich in ungerechter, unmenschlicher Lage befinden, die dem Willen Gottes zuwiderläuft, was sie zu den Ersten in seiner Liebe macht, einer Liebe, die sich hier als eine Solidaritätsinitiative von Seiten des Herrn ausdrückt.[15]

c) Außerdem harmoniert es nicht mit der Tiefe der Botschaft vom Gottesreich zu denken, die Völker würden danach beurteilt, wie sie die Jünger Jesu behandelt haben. Es ist sogar anstößig. Besonders wenn wir bedenken, dass die Verkündigung Jesu über die Grenzen einer Nation und über den Kreis der Mitglieder der christlichen Gemeinde hinausgeht, wie es ja in einem gewissen Sinn bei dem Gebot der Feindesliebe (Mt 5,43f) oder im Gleichnis vom barmherzigen Samariter (Lk 10,29–37) geschieht. So ist es auch bei dem Text, der uns beschäftigt. Man darf außerdem nicht vergessen, dass, wie oben gesagt, die Botschaft Jesu Christi innerhalb der Heiligen Schrift selbst für Kontinuität, aber auch für einen Bruch steht. Und Matthäus, der von dem „Hausherrn, der aus seinem reichen Vorrat Neues und Altes hervorholt“ (13,52 – vielleicht sein Fingerabdruck im Evangelium...), zu uns spricht, weiß das genau.

---

[15] Vgl. *Pikaza*, Hermanos (Anm. 12), 319–323. Der Fall von *J. Lambrecht*, der unserem Text viele Seiten gewidmet hat, ist besonders interessant. Vor Jahren verteidigte er noch die Position, die wir als die restriktive bezeichnet haben (so erscheint sie in der Darstellung von *Gray*, The least of my brothers, Anm. 9, 267). Doch eine erneute Befassung mit dem Thema hat ihn dazu bewegt, ganz klar die universale Sicht des Matthäustextes zu übernehmen. Jetzt denkt er: Die Verbindung der geringsten Brüder „mit dem Menschensohn ist nicht der Glaube an ihn, sondern ihre Elendssituation“, und setzt hinzu: „Dass der verherrlichte Menschensohn sie die geringsten meiner Brüder und Schwestern nennt, ist nicht die Wirkung ihres Glaubens, sondern der Tatsache, dass er während seines irdischen Lebens um ihre Lage besorgt war und es noch immer ist“. *J. Lambrecht*, Out of the treasure. The parabels in the Gospel of Mathew, Löwen 1992, 276 und 279).

d) Der Kontext der Perikope, ihr Ort im Evangelium, die – bereits angesprochene – Thematik des Gerichts, die Matthäus in Kap. 24 und 25 bringt, ist besonders wichtig und gibt den Rahmen für die grandiose Szene des Endgerichts. All das lenkt unsere Überlegung in Richtung eines universalen Sinnes von „meine Brüder und Schwestern“, entsprechend der Dimension, die Jesus seiner Botschaft hat geben wollen, der es ja – was zumal im Fall des Matthäus bedenkenswert ist – nicht an alttestamentlichen Wurzeln fehlt. Mehr noch: In diesen Horizont mündet die Erinnerung an Jesus, die dieses Evangelium wachhält. Das betont auch eine Passage, die, was die verwendete Terminologie angeht, unserem Text durchaus nahe steht: „Geht hin und macht alle Völker (*pánta tà éthne*) zu Jüngern“ (28,19). Alle Völker – ohne Grenzen und ohne Einschränkung. Es ist also nicht mit dem universalen, fordernden Geist des Gerichts vereinbar, die Erwähnung der geringsten Brüder auf die Kategorie der Mitglieder der christlichen Gemeinde oder gar allein auf die missionarisch tätigen Christen zu reduzieren.[16]

2.2 Alle Völker

Die Erwägungen über Mt 28,19 weisen uns auf das zweite Verständnisproblem hin, das der Text aufwirft: den Sinn des Ausdrucks „alle Völker“ (25,32). Es besteht weithin Konsens, dass die Wendung „alle Völker werden vor ihm zusammengerufen werden“ die gesamte Menschheit einbezieht. Den Beweis führt Gray in seiner Untersuchung. Es gibt allerdings eine – ebenfalls in den letzten Jahren von manchen vertretene – minoritäre Position, die den Terminus „Völker“ im Sinn seines alttestamentlichen Gebrauchs versteht. Matthäus soll sich diesem Gebrauch angeschlossen haben. Demnach hätten wir es nur mit der heidnischen Welt zu tun, nicht mit der jüdischen und daher auch nicht mit der christlichen. Doch diese Lektüre berücksichtigt nicht alles. Der Gebrauch, den Matthäus von diesem Ausdruck macht, ist nämlich komplexer. Gewiss bezeichnet der matthäische Text mit ihm gelegentlich die Heidenvölker (vgl. 6,23; 12,21 mit einem Jesaja-Zitat), aber an anderen Stellen nimmt die Bedeutung eine andere Wendung und erlangt eine universale Dimension (vgl. 28,19 und unseren Text 25,32). Um uns seiner Bedeutung in der uns beschäftigenden

---

[16] Wie *D. Patte* (The Gospel according to Matthew. A Structural Commentary of Matthew's Faith, Philadelphia 1987, 52, Anm. 28) sagt, „gibt es keinen Grund, diese Identifikation des Menschensohns mit den Jüngern, die in einer Notlage sind, einzuschränken“. *G. Theissen* (Das Neue Testament, München 2002) denkt seinerseits, wenn man die Tragweite des Textes auf die Christen einenge, so sei das eine Unterbewertung des menschlichen Gehalts des matthäischen Ethos. Zahlreich sind die Arbeiten aus den letzten Jahrzehnten, die die universale Deutung vertreten; eine der jüngsten Studien ist *M. Díaz Mateos,* Ustedes todos son hermanos. La Iglesia en Mateo, Lima 2005.

Passage anzunähern, müssen wir zudem über die terminologische Ebene hinauskommen.

Die Horizonterweiterung, die die erwähnte Perspektive bedeutet, zu der noch andere, weniger gewichtige Gründe hinzutreten, ohne dass damit ein totaler Konsens zu behaupten wäre, erlaubt immerhin zu sagen, dass eine beeindruckende Mehrheit die universale Bedeutung von Vers 32 vertritt. Man muss wohl nicht eigens betonen, dass die Deutungen der „geringsten Brüder" und „aller Völker" sich gegenseitig verstärken.

Im Zusammenhang damit verdient besondere Aufmerksamkeit die Position eines Exegeten, der intensiv über diesen Text gearbeitet und in den letzten Jahren viel zum Studium des Matthäusevangeliums beigetragen hat, nämlich Ulrich Luz. In seinem Matthäus-Kommentar widmet er sich speziell der Passage, die wir untersuchen. Er geht von den Problemen aus, die V. 31 einerseits und V. 40 (und 45) andererseits aufwerfen, und lässt die verschiedenen Interpretationen, deren Grunddaten wir referiert haben, im Einzelnen Revue passieren. Seinerseits ist er, mit zahlreichen Nuancierungen, der Auffassung, wenn wir uns auf die wörtliche Ebene des Textes stellten, müsse man sagen, dass er von christlichen Missionaren spricht; Luz akzeptiert eine Ausweitung auf alle Jünger Jesu, aber nicht auf jeden Menschen.

Dennoch bleibt er nicht dabei stehen, sondern fügt ein interessantes Moment hinzu, das es hervorzuheben gilt. Er ist ein Wissenschaftler mit ausgeprägter Sensibilität für die Wirkungs- oder Rezeptionsgeschichte, wenn es darum geht, einen biblischen Text zu verstehen. Daher trägt er in dem Abschnitt „Heutiger Sinn", mit dem er die vielen dieser Passage des Matthäusevangeliums gewidmeten Seiten abschließt, seine definitive Auffassung vor. Auf der wörtlichen Ebene vertritt er die kritische Position, erweitert aber den Blick; er erkennt den tief evangelischen Kern des Textes an und hält dafür, dass es in der „Geschichte Jesu" Elemente gibt, die die universale Interpretation, insbesondere den Begriff der „grenzenlosen Liebe", rechtfertigen. Folglich lautet die Frage, die zu stellen ist: „ob eine neue Interpretation eines biblischen Textes Liebe bewirkt". Sodann fragt er sich: „Tut das die universale Interpretation?" Die Antwort ist eindeutig und von großer Tragweite: „Ja! Sie schenkt Augen, die Armen der Welt, die Nichtchrist/innen, ja Gott selbst auf eine Weise neu zu entdecken, dass daraus die Liebe entsteht, von der der Text spricht." Wir haben es Luz zufolge nicht mit einem Sonderfall zu tun; die Liebe als funktionales Kriterium der Wahrheit spielt eine wichtige Rolle bei der Interpretation.[17] Von diesem Blickpunkt aus ist auch nach seiner Auffassung die universale Deutung, die sich im Lauf der Christentumsgeschichte bei vielen bedeutenden Theologen und Exegeten findet, gerechtfertigt.

---

[17] *Luz*, Evangelium (Anm. 6), 542–543 (die gesamte Untersuchung unseres Textes findet sich auf den Seiten 515–561). Zu den Leitgedanken seiner Interpretation siehe *U. Luz*, Studies in Matthew, Grand Rapids 2005.

Es handelt es sich hier um eine methodologische Perspektive von hohem Interesse; doch natürlich darf und soll auch sie diskutiert werden. Die Argumente für die universale These, wie wir sie oben dargestellt haben, scheinen uns relevant und gut begründet. Die Schlussstellungnahme von Luz beweist es.

3. Der Nächste: Sakrament Gottes

Der Text des Matthäus ist im Lauf der Geschichte des Christentums immer wieder gelesen und neu gelesen worden, und zwar nicht nur von den Bibelwissenschaftlern, und hat Verhaltensweisen und Engagement inspiriert. Daher ist es zwar wichtig, die Interpretationen zu berücksichtigen, die auf der Ebene des biblischen Textes erfolgen, aber ebenso wichtig ist es, für jene anderen Lesarten aufmerksam zu sein, wenn wir ihre Bedeutung für das christliche Bewusstsein und die Lehre der Kirche begreifen wollen. Sie haben nämlich einen wichtigen Beitrag zu der oben skizzierten, eher theoretischen Debatte zu leisten. Schauen wir uns, gewissermaßen als Beispiel, einige Punkte an.

3.1 Der Gott aus Cajamarca

Die trostlose Lage der malträtierten Einwohner des damaligen Westindiens hat vor Jahrhunderten auf dem Kontinent selbst die ersten theologischen Überlegungen zur Verteidigung dieser Menschen veranlasst.

In dem langen Kampf des Bartolomé de Las Casas war der Hauptausgangspunkt die Perikope Mt 25,31–46. Er deutete die Situation dieser Völker im Licht des Evangeliums, das uns zur Solidarität mit den Ärmsten aufruft. Schon früh sieht Las Casas in den Indios Christus, „tausendfach geißelt, quält, ohrfeigt und kreuzigt".[18] Im selben Geist nimmt er mehrmals auf diese Passage aus dem Evangelium Bezug. An anderer Stelle beruft er sich auf sie, um vom Glauben her in der geschichtlichen Gegenwart „Westindiens" Unterscheidungen treffen zu können. In seiner Polemik gegen diejenigen, welche die Ureinwohner jener Länder schmähen und verachten, schreibt er kühn: „Und es könnte sein, dass von diesen [Indios], die wir hienieden so sehr verachten, sich am Tag des Gerichts eher zur Rechten Hand [Gottes] mehr finden als von uns."[19] Beachten wir, dass „diese" in ihrer übergroßen Mehrheit nicht getaufte Indios sind, die als Götzendiener galten; „wir" hingegen sind diejenigen die sich Christen nennen. Der Gedanke scheint in Las Casas' Werk mehrmals wider; die Geste gegenüber dem Armen hat letztlich Jesus selbst zum Adres-

---

[18] *Bartolomé de Las Casas*, Werkauswahl, Bd. 2: historische und enthographische Schriften, hg. v. *M. Delgado*, Paderborn u.a. 1995, 139–324, hier: 291.

[19] *Bartolomé de Las Casas*, Obras Completas, Bd. 5: Historia de las Indias, hg. v. *I. Pérez Fernández* u.a., Madrid 1994, 2398.

saten. Dies ist der Punkt, um den herum seine Spiritualität und seine Theologie kreisen.

Die akademische Theologie seiner Zeit warf das Problem der Identität des Einwohners jener Länder auf; einige Theologen behaupteten recht mutig, auch sie seien menschliche Personen, doch aufgrund der Umstände und der geschichtlichen Entwicklung könne es so aussehen, als stünden sie menschlich unter den Abendländern. Keiner aber vermochte so wie Las Casas bis zu den evangelischen Wurzeln des Problems vorzustoßen, das heißt bis zu der Identifikation, die Matthäus vertritt, und damit bis zu der vorzüglichen Liebe Gottes für die Letzten der Geschichte und zu der klaren Wahrnehmung der daraus sich ergebenden Konsequenzen.

Allerdings gab es kurz nach Las Casas einen Christen der ersten Generation, den Indio Guamán Poma, der zwar keine systematische theologische Bildung besaß, aber ein eifriger und mit einer treffsicheren evangelischen Intuition begabter Bibelleser war. Guamán hatte ein Gespür für die Leiden der Indios und die Misshandlungen, die sie erlitten, und so nahm er den Matthäustext als Fundamentalkriterium für eine Prüfung dessen, was in den alten Landen des Inkareichs vorging. „Den Armen", so sagt er, „schätzen die Reichen und Hochmütigen gering, weil es ihnen so vorkommt als wäre der Arme nicht da, wo Gott und die Gerechtigkeit sind". Man muss aber im Glauben wissen, dass „dort, wo der Arme ist, Jesus Christus selbst ist, und dort, wo Gott ist, Gerechtigkeit ist". Genau darum geht es ihm wie auch Las Casas in der Tat: um eine Frage der Gerechtigkeit. Sie, die Ausdruck der Liebe ist, inspiriert das christliche Verhalten: „Gott, unserem Herrn, zu dienen", schreibt er, „und den Armen Jesu Christi zu helfen", sind untrennbare Aspekte. Es ist eine authentische, ganz direkte Lektüre des Evangeliums ohne Winkelzüge; sie hat Guamán dazu veranlasst, sich als Indio für Jahre unter die Indios zu begeben, „auf der Suche nach den Armen Jesu Christi".[20]

Beide versuchten die geschichtliche Realität, die die Indios als „Unpersonen", als Vergessenen und Misshandelte erlebten, zu deuten und ebenso die christliche Botschaft vom biblischen Thema der Gegenwart Christi in diesen Menschen aus zu lesen, so wie Matthäus es vorträgt. Ihre Fälle zeigen, dass diese biblische Perspektive und speziell die matthäische Passage in der theologischen Reflexion auf unserem Kontinent schon alt ist.

Sie hat denn auch das populare Christentum beeinflusst, wie manche Erzählungen zeigen, in denen von einem armen Menschen die Rede ist, den die einen aufnahmen und die anderen nicht. Später erst wird man erkennen, dass er Gott selbst war. So drückt es eine mündlich überlieferte Erzählung aus Cajamarca (Peru) aus; sie spricht von einer armen Witwe, die für einen Greis, der

---

[20] Siehe den Kontext sowie weitere Zitate und Referenzen zu anderen Autoren bei *G. Gutiérrez,* En busca de los pobres de Jesucristo. El pensamiento de Bartolomé de Las Casas, Lima 1992, 44-47, 179–184 und 329–331.

sie um ein bisschen Essen bittet, ein Huhn schlachtet, damit er etwas zu beißen bekommt. Der Alte sagt ihr, sie solle die Federn nicht wegwerfen, sondern vergraben. Am nächsten Tag stellt die Frau fest, dass die Federn zu Hühnern, Hähnen und Küken geworden sind, und hat nun genug zu essen ihr Lebtag lang. Die letzte Zeile lautet: „Bestimmt war es Gott, der damals unterwegs war…“[21]

In allen diesen Erwähnungen eher spontanen Charakters zeigt sich die Überzeugung, dass die Menschen, mit denen Gott sich identifiziert, die Ärmsten und Unbedeutendsten und nicht nur die Christen sind. Dazu gehören auch die indigenen Völker.

3.2 Eine kirchliche Lektüre von heute

Unsere Matthäusperikope findet sich in zahlreichen kirchlichen Dokumenten aus den letzten Jahren, und zwar sowohl in lehramtlichen Texten als auch in Äußerungen christlicher Gemeinden, die ihr Engagement aus ihr zu speisen suchen. Schauen wir uns einige von den Ersteren an.

Johannes XXIII. zitiert Mt 25,40, um in Erinnerung zu rufen, dass „der göttliche Meister als ihm selbst erwiesen [ansieht], was den Armen getan worden ist“ (Mater et magistra 121). In verschiedenen Dokumenten aus der Konzilszeit finden wir das Zitat von Mt 25,40 zur Untermauerung einer Solidarität mit allen Not leidenden Menschen (Lumen gentium 8, Gaudium et spes 27, Apostolicam actuositatem 8) und der dringlichen Forderung, das Antlitz Christi im Angesicht jedes Menschen zu erkennen, insbesondere in dem der Leidenden (Ansprache von Paul VI. ans Konzil, 7. Dezember 1965).

Es ist ganz normal, dass die Herausforderung der Armut und der Wille zum Engagement für die Not Leidenden in lateinamerikanischen Texten zu einer häufigen und nachhaltigen Bezugnahme auf dieses Thema aus dem Evangelium führen. Das geschieht etwa in einer Botschaft, die Paul VI. in den Tagen vor der Eröffnung der Konferenz von Medellín (im August 1968) in Bogotá an die Campesinos richtete. Darin kennzeichnet er als „Humanismus Christi“, was wir das universale Verständnis der Endgerichtsszene genannt haben. Der Papst sagt: „Jesus selbst hat es uns an einer wichtigen Stelle des Evangeliums gesagt, wo er erklärt, dass jeder leidende, hungernde, kranke, unglückliche, des Mitleids und der Hilfe bedürftige Mensch Er selbst ist, als wenn gemäß der geheimnisvollen, wirkmächtigen Soziologie (vgl. Mt 25,35), gemäß dem Humanismus Christi Er selbst dieser Unglückliche wäre“. Medellín nimmt die Lehre

---

[21] Una viuda feliz, in: *A. Mires Ortiz* (Hg.), Dios cajacho. Tradición cajamarquina, Cajamarca 1987 („cajacho“ nennt der Volksmund die Leute aus Cajamarca). Der Text ist eine Erzählung, die der biblischen Episode von Elija und der Witwe von Sarepta nahe steht, die viele als eine biblische Vorläuferin des Matthäustextes betrachten. Sie weist im Übrigen auch Ähnlichkeiten mit der bekannten Erzählung „Wo die Liebe ist, da ist auch Gott“ von Lew N. Tolstoj auf.

Pauls VI. auf und bekräftigt, dass „überall dort, wo man ungerechte soziale, politische, wirtschaftliche und kulturelle Ungleichheiten findet, die Friedensgabe des Herrn, mehr noch: der Herr selbst zurückgewiesen [Mt 25,31–46]" wird (Medellín, Frieden 14).

Ähnlich bezieht sich Johannes Paul II. in der Eröffnungsansprache in Puebla vom Januar 1979 auf die von Jesus vollzogene Identifikation „mit den Enterbten, den Kranken, Gefangenen, Hungernden, Einsamen, denen die Hand zur Hilfe gereicht wurde" (Mt 25,31ff). Puebla und Santo Domingo vertiefen diese Perspektive mit starken Worten. Von Anfang an lädt Puebla alle ein, die Sache der Armen zu übernehmen, „als ob es sich um ihre eigene Sache, nämlich die Sache Christi, handelte. ‚Alles, was ihr für diese meine Brüder, auch die geringsten, getan habt, das habt ihr für mich getan' (Mt 25,40)" (Puebla 3). Und bald darauf sagt es in einem schönen Text – der im Leben der christlichen Gemeinden Lateinamerikas weithin angenommen worden ist –, dass in den von der äußersten Armut gezeichneten Gesichtern „wir das Leidensantlitz Christi, unseres Herrn erkennen sollten, der uns fragend und fordernd anspricht" (Puebla 31). Und es stellt annäherungsweise eine Liste dieser Angesichter auf: Kinder, Jugendliche, Indigene und Afroamerikaner, Kleinbauern, Arbeiter, Arbeitslose, Marginalisierte, Alte (Puebla 32–39).[22] Sie decken verschiedene Situationen der sozialen Inferiorität und Marginalisierung ab.

Santo Domingo übernimmt und verlängert diese Gedankenlinie, indem es erklärt: „Im leidenden Antlitz der Armen das Antlitz des Herrn entdecken (vgl. Mt 25,31–46) ist etwas, was alle Christen zu einer tiefen persönlichen und kirchlichen Umkehr herausfordert". Realistisch setzt es die neuen Situationen von sozialer Bedeutungslosigkeit und Exklusion hinzu: Gesichter, die entstellt sind vom Hunger, enttäuschte Gesichter, erniedrigt aufgrund ihrer eigenen Kultur, von der Gewalt in Schrecken versetzte Gesichter, leidende Gesichter von erniedrigten und zurückgesetzten Frauen und die erschöpften Gesichter der Migranten... (vgl. Santo Domingo 178). Und Santo Domingo lädt ein, die Liste der Leidensgesichter, die der Herr uns in seinem Antlitz zu entdecken bittet, noch zu verlängern (Santo Domingo 179). An anderer Stelle erinnert es unter Bezugnahme auf ein zentrales Thema des Matthäustextes: „Am Ende der Zeiten wird er [Jesus] in Liebe über uns richten (vgl. Mt 12)" (Santo Domingo 159).

Johannes Paul II. hat mehrmals unseren Text aus dem Matthäusevangelium erwähnt. Er hat das von Beginn seines Pontifikats an getan. Doch die wichtigste Bezugnahme seinerseits findet sich in einer Homilie über diese Passage, in der er deren Bedeutung für unsere Zeit aufzeigt. „Christus tritt uns als

[22] Bekanntlich nannte der von den Bischöfen in Puebla verabschiedete Text die indigenen und Afroamerikaner an erster Stelle dieser Liste. Die Reihenfolge wurde nachträglich für die offizielle Ausgabe geändert. Der Entwurf zu diesem Text stammt von zwei großen bischöfen und Freunden: Leonidas Proaño und Germán Schmitz.

Richter entgegen. Er hat ein besonderes Recht, dieses Gericht zu vollziehen, weil er einer von uns, unser Bruder geworden ist. [...] Daher urteilt er im Namen seiner Solidarität mit jedem Menschen und auch im Namen unserer Solidarität mit ihm, unserem Bruder und Erlöser, den wir in jedem Menschen erblicken." Der Papst stellt die Endgerichtsszene in den Kontext der heutigen Situation und erklärt, Christus beziehe sich „auf die universale Dimension der Ungerechtigkeit und des Bösen. Er spricht von dem, was wir heute den Nord-Süd-Gegensatz nennen. Nicht nur West-Ost, sondern auch Nord-Süd, wobei der Norden immer reicher und der Süden immer ärmer wird". Und er zieht – über die augenblickliche Lage hinaus – Konsequenzen, die für die reichen Nationen und Menschen von beunruhigender Dringlichkeit sind: „Im Licht der Worte Christi wird dieser arme Süden den wohlhabenden Norden richten. Und die armen Völker und armen Nationen – die arm nicht nur sind, weil ihnen die Nahrungsmittel fehlen, sondern auch weil sie der Freihit und anderer Menschenrechte beraubt sind – werden diejenigen richten, die ihnen diese Güter entreißen und ihretwegen das imperialistische Monopol der ökonomischen und politischen Vorherrschaft auf Kosten anderer anhäufen."[23]

Der Kommentar spricht deutlich genug und schärft ein, dass es bei dem Thema um das Handeln zugunsten der Armen und Ausgeschlossenen geht. Der Gedanke wird noch dadurch akzentuiert, dass es heißt, die armen Völker würden beim Gericht mitwirken. In unseren Tagen hat sich nicht nur die Lage der Ärmsten in vieler Hinsicht verschlechtert, der Gegensatz, von dem die Homilie sprach, ist noch krasser geworden, weil auch die durch die ökonomische und politische Macht diktierten Abstände, die sich in verschiedenen Bereichen des gesellschaftlichen Lebens manifestieren, größer geworden sind.

Das Verständnis des Matthäustextes, wie es, neben Las Casas, Guamán Poma und der christlichen Volksphantasie, das II. Vaticanum, die zitierten kirchlichen Dokumente und die Homilie Johannes Pauls II. zeigen, sieht das Evangelium offen für alle, deren Lebensumstände ihres Menschseins und ihres Standes als Söhne und Töchter Gottes nicht würdig sind. Genau das haben wir die universale Interpretation genannt.

Wir sprechen nicht von Abstraktionen oder vom großen Allgemeinen, sondern von greifbaren, alltäglichen historischen Situationen. Denken wir zum Beispiel an das Gericht, das die in den vergangenen Jahrzehnten unter uns aufgebrochene Gewalt verdient, deren Opfer heute schon vergessen sind, weil sie zu den ärmsten, marginalisiertesten Sektoren unserer Gesellschaft gehörten. So auch die wachsende Feindschaft, die die Information der Wahrheitskommission in manchen Bereichen des Landes hervorruft, die sich weigern, einen Stand der Dinge – und ihrer eigenen Sache – zu sehen, der uns ins Auge springt. Jenseits politischer oder ideologischer Differenzen geht es um das

[23] Homilie auf dem Flughafen von Edmonton (Kanada), 17. September 1984, 3–4.

Schicksal und das Leiden derer, die Jesus „die geringsten meiner Brüder und Schwestern“ genannt hat.

In der Tat scheint in dieser Lesart, in Treue zu Matthäus, die Begegnung mit Christus im Armen und Bedeutungslosen, die Wahrnehmung, dass – wie Guamán Poma sagte –, „wo der Arme ist, Jesus Christus ist“, als das Kriterium für die Unterscheidung und sogar für das Gericht über die alltäglichen historischen Realitäten.

Aus dem Spanischem übersetzt von Michael Lauble

Freunde des Herrn, Freunde der Armen*

Beim Abschluss des Zweiten Vatikanischen Konzils hat Paul VI. eine eindringliche, bedeutungsvolle Ansprache gehalten, in der er den Sinn dieser Zusammenkunft erläuterte.

„Die alte Geschichte vom Samariter", sagte der Papst, „war die spirituelle Richtschnur des Konzils. Eine tiefe Sympathie hat es insgesamt durchwaltet. Die Entdeckung der menschlichen Bedürfnisse [...] hat die Aufmerksamkeit unserer Synode auf sich gezogen." Das war in der Tat die Einstellung des Konzils gegenüber den Menschen in unserer Welt, an die sich die Verkündigung des Evangeliums richtet. Paul VI. geht auf mögliche irrige Interpretationen des Konzils ein, indem er hervorhebt, dass diese Inspiration zutiefst religiös ist: „Im Antlitz jedes Menschen, besonders, wenn es durch seine Tränen und seine Schmerzen transparent geworden ist, können und müssen wir das Antlitz Christi, des Menschensohnes, erkennen (vgl. Mt 25,40)." „Daher", so fährt er fort, „wird unser Humanismus Christentum, und unser Christentum wird theozentrisch, sodass wir auch sagen können: Um Gott zu kennen, muss man den Menschen kennen."[1] So hat das Konzil neue Wege zur Hoffnung eröffnet.

Die Worte Pauls VI. lassen sich auch auf die jüngsten Generalkongregationen der Gesellschaft Jesu anwenden, die gerade versucht haben, der vom II. Vaticanum gelegten Spur zu folgen. Die 34. Generalkongregation (im Folgenden abgekürzt GK 34), die 1995 stattgefunden hat,[2] greift nachdrücklich und ganz bewusst auf die beiden vorangegangenen Zusammenkünfte zurück und speist sich zugleich aus der gesamten ignatianischen Tradition. Diese Generalkongregationen nehmen sich vor, die Wege zum Dienst am Herrn zu finden; das aber führt notwendig zu einem Engagement für die von ihm besonders Geliebten: die Armen. Ihre Sorge um die Gerechtigkeit ist wesentlich theozentrisch, aber sie wissen, dass man, um Gott zu kennen, den Menschen kennen muss.

Die folgenden Seiten werden sich mit den vier Dekreten der GK 34 befassen, die auf die Einleitung folgen und unter dem Titel „Unsere Sendung" stehen. Es sind dichte Texte, aus denen nur einige zentrale Punkte herausgehoben werden sollen, die vielleicht dazu beitragen können, die Bedeutsamkeit weiterer Momente zu erkennen.

---

* Der Aufsatz wurde erstmals publiziert in: Cuadernos de Espiritualidad 73 (Januar–März 1996) 47–56.

[1] Ansprache während der letzten öffentlichen Sitzung des Konzils (7. Dezember 1965).

[2] Vgl. Dekrete der 31. bis 34. Generalkongregation der Gesellschaft Jesu, hg. von der Provinzilaskonferenz der Zentraleuropäischen Assistenz, München 1997. Zitiert wird nach eigener Übersetzung.

1. Die Zeichen der Zeit unterscheiden

Die prophetische Leitfigur Johannes' XXIII. hat dem Konzil den Kurs vorgegeben. Wenn wir heute sagen möchten: „Dein Reich komme", müssen wir aufmerksam sein – sagte der Papst – für die Geschichte, indem „wir uns die Aufforderung Jesu zu eigen machen, die Zeichen der Zeit zu unterscheiden (Mt 16,4)".[3] Der Gedanke war Johannes XXIII. teuer; kurz vor seinem Tod hat er ihn wiederholt und ihn zudem mit einer für ihn ganz entscheidenden Perspektive verknüpft: der Dringlichkeit, als Kirche „weit zu blicken".[4] Das Konzil hat diese Intuition des Papstes übernommen und sie zu der Methode gemacht, mit der es sich der menschlichen Geschichte näherte, um das Wort Gottes zu vernehmen (vgl. Gaudium et spes 4).

Die GK 34 stellt sich dar als ein großer und fruchtbarer Versuch, in Gemeinschaft die Zeichen unserer Zeit zu erkennen. Sie erklärt nämlich, die Deutung dieser Zeichen sei „das Bemühen, die Gegenwart und das Handeln Gottes in den augenblicklichen Ereignissen der zeitgenössischen Geschichte zu erkennen, um entscheiden zu können, was wir als Diener des Wortes tun müssen" (GK 34, Dekret 16,7).[5] Diese Einstellung ist verschwistert mit einem großen ignatianischen Thema, das zum frühesten, schöpferischen Kern der *Geistlichen Übungen* gehört: der Unterscheidung der Geister. Es geht darum, wie man dem Wort zu dienen hat, wie das Evangelium zu verkündigen ist. Dies ist die Sendung der Kirche und folglich die Sendung all derer, die zu ihr gehören. Von dieser Sendung und ihren Anforderungen heute handeln die oben genannten vier Dekrete.

Die Sendung, die es zu verstehen gilt, ist ein weiterer großer Beitrag des II. Vaticanums im umfassendsten und tiefsten Sinn. Eine der besten theologischen Passagen des Konzils, die ersten fünf Nummern des Dekrets über die Missionstätigkeit, „Ad Gentes", verbindet die Sendung der Kirche mit den trinitarischen Sendungen des Sohnes und der Heilige Geistes – eine Perspektive, mit der sich die ignatianische Mystik, die ja vor allem eine trinitarische Mystik ist (vgl. sein *Geistliches Tagebuch*), in voller Übereinstimmung weiß.

Der Begriff der Sendung, den „Ad Gentes" vorlegt, geht über die reine Verkündigung des Evangeliums an die Nichtchristen hinaus; das Konzilsdokument nennt die Kirche selbst „ihrem Wesen nach missionarisch" (Ad gentes 2). Es handelt sich dabei um eine Aufgabe, die in der Zeit verrichtet wird; folglich variieren die konkreten Wege, die sie einschlägt, je nach den Herausforderungen der einzelnen Epochen. Die Sendung der Kirche ist eine einzige, nämlich

---

[3] Sodass „wir trotz aller Finsternis nicht wenige Anzeichen entdecken können, die uns bessere Zeiten für die Kirche und die Menschheit anzukündigen scheinen" (Apostolische Konstitution zur Einberufung des Konzils, „Humanae salutis", vom 25. Dezember 1961).

[4] Vgl. *Johannes XXIII.*, Geistliches Tagebuch und andere geistliche Schriften, Freiburg i.Br. [2]1964.

[5] Vgl. auch GK 32, Dekret 4,10.

„die prophetische Verkündigung der Frohen Botschaft"; getragen wird sie von verschiedenen Diensten (GK 34, Dekret 2,5–6). Es geht nun darum zu wissen, zu welchem Dienst der Herr uns ruft „an den Scheidewegen kultureller Konflikte, sozialer und ökonomischer Auseinandersetzungen, religiösen Wiedererwachens und neuer Möglichkeiten". Und so drängt die Generalkongregation dazu, die Situation mit den Augen des Glaubens deuten, um in den Ereignissen die Pfade ausmachen zu können, die man beschreiten muss „zur Verkündigung der Frohen Botschaft an die Völker überall auf der Erde" (Dekret 2,2).

Dies also ist die Unterscheidung, welche die Generalkongregation zu treffen sich vornimmt. Dabei beschränkt sie sich nicht auf die intellektuelle Ebene, sondern schließt ausdrücklich auch den festen Willen ein, sich im Bewusstsein der zentralen „Bedeutung, die im Einklang mit unserem ignatianischen Charisma unserem Arbeiten in Solidarität mit den Armen" (Dekret 2,8) zukommt, in den Dienst am Glauben zu stellen. Ein Charakterzug an diesem Charisma ist der Eifer in dem, was der „gegenwärtigen irdischen Pilgerschaft" zum Vater ihren Sinn gibt.[6] Eine Anekdote aus dem Leben des Ignatius kann illustrieren, wovon soeben die Rede war; sie lässt uns sehen, wie ernst „der Pilger", wie er sich gern nannte (vgl. seine Autobiographie *Der Bericht des Pilgers*), seinen irdischen Weg nahm.

Pater Ribadeneira erzählt, Ignatius habe einmal (der Autor teilt sogar das genaue Datum mit) Diego Láinez gefragt: „Was würdet Ihr tun, wenn Gott unser Herr Euch diesen Fall vorlegte und Euch sagte: Wenn du bald sterben möchtest, befreie ich dich aus dem Kerker dieses Leibes und schenke dir die ewige Herrlichkeit, wenn du aber noch leben willst, gebe ich dir keine Gewissheit darüber, was mit dir geschehen wird, sondern deine Zukunft ist offen [...]. Was würdet Ihr da antworten?" In seiner Antwort entscheidet sich Magister Láinez für die erste Alternative. Darauf erwidert Ignatius: „Ich würde gewiss nicht so handeln, sondern wenn ich meinte, ich könnte in diesem Leben unserem Herrn noch einen besonderen Dienst erweisen, würde ich ihn inständig bitten, er möge mich so lange am Leben lassen, bis ich jenen Dienst getan hätte; und ich würde die Augen auf ihn richten und nicht auf mich, ohne auf meine Gefahr oder meine Sicherheit Rücksicht zu nehmen."[7]

Der etwas altmodische Anhauch dieser Erzählung sollte uns nicht daran hindern, die Kühnheit der Position des Ignatius zu bemerken. Natürlich heißt das nicht, dass er nicht bald das genießen möchte, was Paulus das „Von-Angesicht-zu-Angesicht" mit Gott nennt (etwas später sagt Ignatius nämlich, genau dies gebe seinem Leben seinen Sinn). Die Anekdote zeigt vielmehr in aller Schlichtheit seine tiefe Liebe zu einem Gott, der in der Geschichte handelt und an dessen Werk er mitwirken will. Die Unterscheidung der Zeichen der Zeit

---

[6] *Ignatius von Loyola,* Brief an Antonio Enríquez, in: Obras de Ignacio de Loyola, Madrid 1991, 993; dt.: Briefe und Unterweisungen, übs. und hg. von *P. Knauer*, Würzburg 1993, 573.

[7] Vida de San Ignacio de Loyola, Madrid 1951, 404–405.

muss von der Bereitschaft zum Dienen, von einem soldatischen Geist beseelt sein. Anders wäre sie nicht mehr als eine selbstgenügsame Erkenntnis und würde nicht in eine Engagement für diejenigen einmünden, die der Herr liebt und die er mit seinem Wort erreichen will. Nichts liegt dem ignatianischen Geist ferner.

2. Das integrierende Prinzip

Die Erinnerung an die Unterscheidung gab Anlass zu präzisieren, was die GK 34 „das integrierende Prinzip unserer Sendung" nennt, das heißt den Faktor, der es ermöglicht, „allen unseren Diensten" (Dekret 2,14) einen organischen Charakter zu verleihen. Der Punkt ist folglich von überragender Bedeutung. Er ist gewissermaßen durch die geschichtliche Realität diktiert, in der es den Ruf des Herrn zu vernehmen gilt. Die GK 34 beschreibt jenes integrierende Prinzip als „das unlösbare Band zwischen dem Glauben und der Förderung der Gerechtigkeit des Gottesreiches" (Dekret 2,14). Auf diese Weise greift es die zentrale Intuition der GK 32 (1974–1975) auf, die im Leben der Gesellschaft Jesu eine deutliche Spur hinterlassen hat.[8] Das Engagement für die „Förderung der Gerechtigkeit" gilt dem Orden als „integrierender Bestandteil seiner Sendung", eine Sicht, die der Forderung des II. Vaticanums entspricht (Dekret 2,1).

Glaube und Gerechtigkeit werden so zu den beiden Polen einer starken Spannung, die nicht gefeit ist gegen Unverständnis oder vereinfachende Interpretationen (vgl. Dekret 2,3). Die Neuartigkeit der Formulierung (die Idee selbst ist allerdings biblischen Ursprungs) rief geradezu zwangsläufig solche Schwierigkeiten hervor. Die GK 34 trägt ihnen Rechnung und wählt deshalb ihr Vokabular klug, um nicht Missverständnissen Vorschub zu leisten; gleichzeitig aber weitet der Text seine Sicht aus und gewinnt eine Ausgewogenheit, die die in der Sache verlangte Festigkeit der Position nicht schwächt. Das Wichtigste ist, dass die besagte Spannung es ermöglicht, die Forderungen des Evangeliums heute klarer zu sehen.

Zur Sorge um die Gerechtigkeit kommen also neue Dimensionen hinzu. Zwei von ihnen wollen wir hervorheben, weil sie bei uns von besonderer Be-

[8] „Die Sendung der Gesellschaft Jesu heute ist Dienst am Glauben, zu dem die Förderung der Gerechtigkeit notwendig dazugehört" (GK 32, Dekret 4,2). Dieselbe Generalkongregation setzt darum etwas später hinzu: „Die Evangelisierung ist die Verkündigung des Glaubens, der in der Liebe zu den Menschen tätig wird (Gal 5,5; Eph 45,15); ohne Förderung der Gerechtigkeit kann sie sich nicht wahrhaft verwirklichen" (Dekret 4,28). Die GK 32 erkennt ihre Pflicht gemeinsam mit den Synoden „De iustitia in mundo" und „Evangelisierung in der Welt von heute" (vgl. Dekret 4,32). Man darf aber auch den „Brief der Provinziale der Gesellschaft Jesu von Lateinamerika" vom Mai 1968 nicht vergessen, der mit deutlichen Worten zu den Problemen von Armut und Ungerechtigkeit einsetzte.

deutsamkeit sind. Zunächst die Menschenrechte, die im Peru unserer Tage so sehr mit Füßen getreten werden; die Generalkongregation sieht in ihnen die Rechte der Einzelpersonen und zugleich die Rechte der Völker (vgl. Dekret 3,6). Ebenso wertet der Text das ökologische Gleichgewicht und die gerechte Nutzung der weltweiten Ressourcen als „wichtige Bausteine auf dem Weg zur Gerechtigkeit"; er gründet diese Sicht auf „den Schutz der Unversehrtheit der Schöpfung" (Dekret 3,9). Diese Aspekte sind, neben anderen, zweifellos eine starke Herausforderung für die evangelisierende Kirche. Wir sind daher gerufen, konkrete Wege einzuschlagen, um das zu Ende zu führen, was Pius XI. und seine Nachfolger den „edlen Kampf für die Gerechtigkeit" nannten – eine Verpflichtung, die bei uns ihre ganze Dringlichkeit bewahrt hat.

In diesem Zusammenhang schlägt die GK 34 vor, „Gemeinschaften [zu] schaffen, die sich solidarisch für Gerechtigkeit einsetzen" (Dekret 3,19), und ist der Auffassung, deren Entwicklung habe „volle menschliche Befreiung für die Armen und für uns alle" zum Zweck (Dekret 3,10). Die Idee ist hoch interessant, aber heute müssen in dieser Frage viele Dinge präzisiert werden, wenn es nicht beim frommen Wunsch bleiben soll. Vor allem ist es notwendig, diese Gemeinschaften in Gang zu setzen; das Kriterium der „größeren Frucht" (wie die Konstitutionen sagen) wird das Urteil über den Wert und die Tragweite der Erfahrung in der komplexen Lebensrealität unseres Landes ermöglichen (vgl. Dekret 3,22).

Der Weg ist seit der GK 32 gebahnt der Einsatz für jene, die unter der Ungerechtigkeit leiden, führt zu der Erkenntnis, dass „unsere Sendung zum Dienst am Glauben und zur Förderung der Gerechtigkeit erweitert werden muss" (Dekret 2,20). Diese Erweiterung ist eine der wichtigsten Leistungen der GK 34. Sie versucht die „inkulturierte Verkündigung des Evangeliums und den Dialog mit anderen religiösen Traditionen" in das „integrierende Prinzip" Glaube-Gerechtigkeit einzuschreiben (Dekret 2,15).[9] Ein weitsichtiger Gedanke: Kulturen und Religionen spielen eine wichtige Rolle in der Förderung der Gerechtigkeit. Dies ist ein entscheidender Grund dafür, dass das Evangelium in Dialog mit ihnen tritt (vgl. Dekret 2,17).[10]

Es geht wirklich um Dialog. Er setzt zwei Stimmen und ein beiderseitiges Schweigen voraus, das es überhaupt erst möglich macht, dass man aufeinander hört. „Inkarnation des Wortes Gottes in die Vielfalt der menschlichen Lebenserfahrung" (Dekret 4,3) – das bedeutet, dass man aufmerksam ist für die Kulturen und ihre Äußerungen und dass man ihre Werte schätzt. Es bedeutet auch, dass man sich „nicht an eine einzelne Kultur bindet" (Dekret 4,2). Dieses Letztere ist nicht leicht in die Praxis umzusetzen in einer Kirche, die so stark in

---

[9] Schon die Bischofskonferenz von Santo Domingo (1992) hatte die Inkulturation des Evangeliums zu einem ihrer zentralen Themen gemacht.

[10] Ein zusammenfassender Abschnitt stellt die Beziehungen zwischen Evangelisierung, Gerechtigkeit, Kulturen und Religionen sehr schön dar (vgl. Dekret 2,19).

der europäischen Kultur verwurzelt ist. Es ist eine aufwühlende, immer unabgeschlossene Aufgabe; in ihr kommt das ins Spiel was Karl Rahner „die wahre Universalität“ der Kirche genannt hat, die ihm zufolge mit dem Zweiten Vatikanischen Konzil begann.[11]

In diesem Rahmen zeigt sich der Text sensibel gegenüber einer Angelegenheit, die für ein Land wie das unsere höchst folgenreich ist: „In den eingeborenen Völkern ist das Bewusstsein für die Besonderheit ihrer eigenen Kulturen wiedererwacht; sie müssen dabei durch die befreiende Kraft des Evangeliums unterstützt werden“ (Dekret 4,5.4). Eine Feststellung, die zwar über unsere Grenzen hinausreicht, aber der Aufmerksamkeit der Kirche Perus nicht entgehen darf und eine rücksichtsvolle Evangelisierung innerhalb der jeweiligen Landesgrenzen nahelegt.

Die Gegenwart der Kirche – und der Gesellschaft Jesu – in verschiedenen Gegenden der Menschheit führt zu einem weiteren wichtigen Thema: dem interreligiösen Dialog. Auch hier hatte das II. Vaticanum einen Weg eingeschlagen, und Johannes Paul II. hat diesen Dialog zu einem seiner Hauptanliegen gemacht. Es geht darum, sich durch die religiöse Erfahrung der Menschheit zu bereichern und ihr mit Überzeugung, aber in aller Demut das Evangelium Jesu Christi darzubieten. Das setzt die Anerkenntnis voraus, „dass diese Religionen mit einer authentischen Erfahrung der Selbstmitteilung des göttlichen Wortes und der rettenden Gegenwart des göttlichen Geistes beschenkt sind“ (Dekret 5,6). Diese Auffassung beeinträchtigt das evangelische Zeugnis nicht, vielmehr hilft sie, die geeigneten Formen und Wege zu finden, wie es vollzogen werden kann.

Für beide Fälle (von Kultur und Religionen) erinnert der Text immer wieder an ihr Verhältnis zur Förderung der Gerechtigkeit im Rahmen eines authentischen Dienstes am Glauben. Es lässt sich viel lernen von diesem Willen zur Einheit, der die Unterschiede zwischen den verschiedenen Aspekten, mit denen er umgeht, nicht vergisst, aber gleichzeitig auch die gemeinsame Quelle und den einzigen Endzweck dieser menschlichen Dimensionen nicht aus dem Blick verliert.

3. Solidarität mit den Armen

Die geistliche Unterscheidung, an die wir erinnert haben, führt dazu, Position zu beziehen angesichts einer gewichtigen Tatsache: der Armut in der Welt. Die ebenfalls erwähnte Vertiefung und Erweiterung der Bande zwischen Glaube und Gerechtigkeit liefert uns den angemessenen Ansatz für das Bewusstsein von der einschneidenden Herausforderung, die die Armut darstellt. Die Erfah-

---

[11] *K. Rahner*, Schriften zur Theologie, Bd. 14, Einsiedeln u.a. 1980, 235–432: „Zukunft der Kirche“.

rung hat es gezeigt, und der Text spricht es gleich zu Beginn an: „Unser Dienst, besonders unter den Armen, hat unser Glaubensleben vertieft" (Dekret 2,1).

Und er hat für einen neuen Blick gesorgt. Genau das geschieht mit einem berühmten Brief, den Ignatius an die Jesuitengemeinschaft von Padua gerichtet hat und den das Dokument der GK 34 ausführlich zitiert. Es nennt ihn einen „für uns geradezu prophetischen Text" (Dekret 2,8). „Das Auge unserer Absicht", wie Ignatius in der „Hinführung, um eine Wahl zu treffen" (Geistliche Übungen 169) sagt, schärft die Sicht und erlaubt es, in diesem alten, so viele Male und während so langer Zeit gelesenen Text eine bislang ungeahnte Bedeutung zu entdecken, die jedoch mit den Anforderungen unserer Epoche, durch die sich der Wille des Herrn kundtut, durchaus in Einklang steht.

Der Brief erinnert daran, dass Christus „besonders" zu den Armen gesandt worden ist, die er „den Reichen vorgezogen" und die er zu seinen Mitarbeitern und „Beisitzern" gemacht hat. So kann Ignatius schließen: „Die Freundschaft mit Armen macht zu Freunden des ewigen Königs."[12] Das Dekret kommentiert mit Recht: „‚Freunde des Herrn' zu sein bedeutet also ‚Freunde der Armen' zu sein" (Dekret 2,9). Der Einleitungstext der GK 34 hat die Mitglieder der Gesellschaft Jesu als „Freunde im Herrn" vorgestellt (Dekret 1,10 und Dekret 2,1); jetzt wird der Gedanke präzisiert: „Wir sind eine Gemeinschaft in Solidarität mit ihnen [den Armen], weil Christus sie bevorzugt liebt" (Dekret 2,9).[13] Diese Solidarität muss „unsere vielschichtige Welt" (Dekret 3,18) im Bewusstsein behalten. Der Arme ist nämlich nicht nur der, dem es an ökonomischen Mitteln fehlt, er ist auch Mitglied einer Kultur, einer Religion, eines Geschlechts. Die Situation ist komplex, daher denn auch die facettenreiche Herausforderung, die von ihr ausgeht.

Das Dokument spricht hier von der realen Armut (von manchen lieber „materiell" genannt), die menschliche und historische Ursachen hat und an deren Ursprung der Bruch der Freundschaft mit Gott, die Sünde, steht. Der Text lässt es an Deutlichkeit nicht fehlen: „Wir verstehen besser, dass die Sündhaftigkeit der Welt, die zu heilen Christus gekommen ist, in unserer Zeit ihren hohen Intensitätsgrad durch soziale Strukturen erreicht hat, die die Armen – die Mehrheit der Weltbevölkerung – von der Teilhabe an den Segnungen der göttlichen Schöpfung ausschließen" (Dekret 2,9). Die Armut hat strukturelle Ursachen, und diese sind – nicht ohne Widerstreben und Anfeindung – in den vergangenen Jahrzehnten von der Kirche angeklagt worden (vgl. dazu die Lateinameri-

12 Juan de Polanco im Auftrag an die Mitbrüder in Padua, Rom, 6. August 1547, in: *Ignatius von Loyola*, Briefe und Unterweisungen (Anm. 6), 184–189, hier: 186.

13 „Solidarität mit den Armen", heißt es etwas später, „kann nicht nur die Sache einer Handvoll Jesuiten sein; sie muss unser Leben und unsere Dienste charakterisieren" (Dekret 9,16). Siehe auch den wichtigen Text Dekret 26,14.

kanischen Bischofskonferenzen und besonders eindrücklich das Lehramt von Papst Johannes Paul II.).[14]

Die Armut und das, was sie verursacht, stehen im Widerspruch zum Willen Gottes, der dem Leben und der Brüderlichkeit gilt und seinem Schöpfungswerk eingeschrieben ist. Das Dokument zitiert dazu einen treffenden Text von Pater Kolvenbach: „Gott [ist] immer der Gott der Armen gewesen [...], weil die Armen der sichtbare Beweis eines Mangels im Werk der Schöpfung sind" (Dekret 2,9). Man darf die Armut nicht idealisieren, sie ist – wie Medellín (Armut 4) sie genannt und als was die lateinamerikanische Theologie sie behandelt hat – „ein Übel". Diese Präzisierung ist unanfechtbar, aber leider nicht so anerkannt, wie es wünschenswert wäre.

Von hierher ist es möglich, auch weitere wichtige Erwähnungen der Armut eindeutig zu verstehen, die sich in GK 34 und in verschiedenen Texten aus christlichen Kreisen finden. Wir denken beispielsweise an die Notwendigkeit, die Armut als Glaubwürdigkeitsbedingung für die Evangelisierungsarbeit zu akzeptieren (vgl. Dekret 9,6), oder an die Wahl der „Armut mit dem armen Christus" als Unterscheidungsmerkmal des Jüngers und als Ausdruck seiner geistlichen Armut (Dekret 1,5). Die Rede ist von der freiwilligen Armut aus Liebe zu Gott und zum Armen; diese aber bedeutet mitnichten den Verzicht auf die Kritik und die Ablehnung, die in den Augen eines an den Gott Jesus Glaubenden die Armut verdient, unter der so viele Menschen in der Welt von heute leiden.

Die Dekrete der GK 34 schließen mit einigen konkreten Empfehlungen. Sie sind Leitlinien, anhand deren die von der Versammlung gefassten Entschließungen sich in die Praxis umsetzen lassen. Sie setzen etwas Entscheidendes voraus: „die Bekehrung des Herzens", auf die Pater Kolvenbach in der Schlussansprache der Generalkongregation anspielte und ohne die die Texte nicht ihren ganzen Wert gewinnen. Die Reflexionen und Normen zeigen einen Weg an, geben dem Marsch Richtung, schaffen Konsens; aber für die Aussagen der GK 34 gilt, was Ignatius im Vorwort zu den Konstitutionen der Gesellschaft sagt: „Mehr als irgendeine äußere Verfassung muss das innere Gesetz der (Nächsten-)Liebe helfen, das der Heilige Geist fest in die Herzen schreibt" (Nr. 134). Der Pfad, den der Geist unter uns bahnt, wird uns helfen, auch ohne vorherigen Plan den richtigen Weg zum Vater und zu den Brüdern zu finden.

Darin besteht die christliche Freiheit unter dem Handeln des Geistes, die Freiheit von Menschen, die frei sind zu lieben, wie Paulus mit einer die ignatianische Spiritualität trefflich charakterisierenden Formulierung sagen würde (vgl. Gal 5,1 und 13). Es geht in der Tat um Liebe, und wie Ignatius zu Beginn der „Betrachtung, um Liebe zu erlangen" sagt: „Die Liebe muss mehr in die Werke als in die Worte gelegt werden" (Geistliche Übungen 230). Hier stehen

---

[14] Eine ähnliche Sicht findet sich in GK 32, Dekret 4,32, und in GK 33, Nr. 83. In der GK 34 wird angedeutet, dass der „entfesselte Kapitalismus" Anlass zum Ausschluss der Armen ist.

die Freundschaft zu den Armen und die Freundschaft zu Gott auf dem Spiel – in einer Welt, die sie so vielfach negiert.

Es ist eine anspruchsvolle und inspirierende Leitlinie, die sich gegen Trägheit wendet und von allen, die sich die Dekrete der 34. Generalkongregation zu eigen machen und in unseren Tagen eine Evangelisierungsaufgabe übernehmen, tief greifende Änderungen verlangt.[15] Sie öffnet sich für die Zukunft und liegt in dem Maß in unseren Händen, in dem wir sie in die väterlichen Hände Gottes legen.

Aus dem Spanischem übersetzt von Michael Lauble

---

[15] Im Bewusstsein der Wende, die in der GK 32 stattfand, sprach Pater *P. Arrupe* (L'espérance ne trompe pas, Paris 1981, 112) bezüglich der Solidarität mit den Armen von „einem Mentalitätswandel [...]: unsere Seinsweise zu verändern, um unsere Handlungsweise zu verändern".

Armut und Theologie*

Am Ausgangspunkt der Theologie steht die Gabe des Glaubens. Theologie ist eine Reflexion, die der Notwendigkeit entspricht, die gläubige Erfahrung zu formulieren und mitzuteilen, die aus dem Empfang der Frohen Botschaft erwächst. Sie findet pflichtgemäß inmitten vielfältigen und komplexen menschlichen Erlebens statt. Eine ganze soziale, kulturelle und psychische Welt nimmt folglich Einfluss auf die Erarbeitung des Diskurses über den Glauben.

Wenn extreme menschliche Verhältnisse zu durchleben sind – Leiden, Benachteiligung, Ungerechtigkeit – wie in Lateinamerika und der Karibik, bohren die Fragen tief und treffen ins Herz der Dinge; gleichzeitig erwirbt sich das theologische Sprechen Respekt vor der Verschiedenheit der sozialen, kulturellen und religiösen Situation von Menschen und Völkern. Die Infragestellung, die von ihnen ausgeht, stellt uns schonungslos vor die Grundfragen der menschlichen Existenz. Wenn wir nämlich die Welt des täglichen Schmerzes, der Verletzung elementarster Rechte, der verzehrenden Sorge nicht betreten, wenn wir aber auch die Erfahrungen schlichter Freuden, der Hoffnung, die sich inmitten inhumaner Verhältnisse trotz allem immer wieder neu entzündet, wenn wir das alles nicht durchmachen, gewinnt unser theologisches Tun keine Substanz. Und nur allzu leicht wird es beschädigt von einem gewissen Bürokratismus und einem Willen zur Macht, die beide dem Geist des Evangeliums zuwider sind.

Auf den folgenden Seiten geht es uns darum, einige Momente zu überprüfen, die die Sprache über Gott in der Welt der sozialen Bedeutungslosigkeit charakterisieren. An erster Stelle werden wir näher anschauen, was wir unter der Herausforderung verstehen, welche die Armut speziell die extreme Armut – die manche lieber Elend nennen – für das Sprechen von Gott bedeutet; sodann werden wir einen Blick werfen auf den Sinn und den Ort, den wir, abhängig vom oben Gesagten, der Perspektive des Vorrangs für den Armen zumessen. Und schließlich schneiden wir die Frage nach der Einheit und Verschiedenheit des Sprechens über Gott an.

1. Die Armut verstehen

Die Armut ist eine vielgesichtige, unmenschliche und ungerechte Realität, die Folge vor allem der Form, wie das Leben in Gesellschaft gedacht und organisiert wird.

---

* Der Aufsatz wurde erstmals publiziert in: Páginas Nr. 191 (Februar 2005) 12–28.

1.1 Eine komplexe Tatsache

Die Armut ist eine komplexe Tatsache. Sie beschränkt sich daher nicht auf den ökonomischen Bereich, womit dessen Wichtigkeit nicht geleugnet ist. Die Realität der vielrassischen und plurikulturellen Länder, wie es die lateinamerikanischen, darunter Peru, zum großen Teil sind, stellt uns schnell und unvermittelt vor diese Diversität.[1] Diese Sicht wird bestätigt durch das komplexe Verständnis, das die Heilige Schrift beider Testamente von den Armen hat: jene, die betteln, um zu überleben, die Schafe ohne Hirten, die des Gesetzes Unkundigen, die im Johannesevangelium (7,49) „verflucht" genannt werden, die Frauen, die Kinder, die Fremden, die öffentlichen Sünder, die an schweren Krankheiten Leidenden.

Diese Komplexität wurde von Anfang an erkannt, sie war Problem und Brennpunkt, und heute wird sie von internationalen Organen mehr und mehr unterstrichen; die lateinamerikanische theologische Reflexion hat sie in der Folgezeit in verschiedene Richtungen vertieft. Das Bewusstsein von dieser Multidimensionalität hat zu den zeitweilig gebrauchten Ausdrücken „Nichtperson" und „Bedeutungsloser" zur Bezeichnung des Armen geführt. Damit sollte hervorgehoben werden, was allen Armen gemeinsam ist: das ökonomisch, rassisch, sexuell, kulturell, religiös oder sonstwie begründete Fehlen der Anerkennung ihrer Menschenwürde und ihrer Eigenschaft als Söhne und Töchter Gottes.[2]

Beides sind menschliche Lebensbedingungen, die die herrschende Mentalität unserer Gesellschaft nicht schätzt, womit sie ungleiche und ungerechte Verhältnisse schafft.

---

[1] In der theologischen Reflexion Lateinamerikas ergibt sich die Behauptung der Komplexität oder des multidimensionalen Charakters der Armut aus der Betrachtung von deren „ökonomischen, sozialen, kulturellen und rassischen Koordinaten"; so wird der Arme gesehen als Mitglied von „Völkern, Rassen und sozialen Klassen" (vgl. *G. Gutiérrez*, Theologie der Befreiung, Mainz [10]1992, 343–361) sowie der „ausgebeuteten popularen Klassen, unterdrückten Kulturen und diskriminierten Rassen" (*ders.*, Praxis de la liberación y fe cristiana, in: Signos de liberación. Testimonios de la Iglesia en América Latina 1969–1973, Lima 1973); hinzuzufügen ist auch: „Die Frau aus diesen sozialen Sektoren ist zweifach ausgebeutet, marginalisiert und missachtet" (*ders.*, Teología desde el reverso de la historia, Lima 1977, 34, Anm. 36). Dies sind frühe Aussagen, die in der unmittelbaren Folgezeit vertieft wurden. (Zitate deutsch vom Übersetzer.)

[2] Mit dem Ausdruck „Nichtperson" haben wir den Gesprächspartner der Theologie der Befreiung und der aus den unterschiedlichen Situationen von Unterdrückung und Marginalisierung entstandenen Theologien bezeichnet – im Gegensatz zum „Nichtglaubenden", dem Gesprächspartner der modernen Theologien. Der Terminus „Bedeutungsloser", ein Synonym für „Nichtperson", unterstreicht die Marginalisierung und Bedeutungslosigkeit des Armen in der Gesellschaft.

1.2 Ungerechtigkeit, nicht Unglück

Die Armut ist kein Schicksalsschlag, sie ist ein Zustand; sie ist kein Unglück, sie ist eine Ungerechtigkeit. Sie ist das Ergebnis sozialer Strukturen und mentaler und kultureller Kategorien, sie hängt mit der Art und Weise zusammen, wie die Gesellschaft in ihren verschiedenen Bereichen aufgebaut ist. Sie ist Frucht menschlicher Hände: ökonomischer Strukturen und sozialer Atavismen, im Lauf der Geschichte gewachsener rassischer, kultureller, sexueller und religiöser Vorurteile, immer ehrgeizigerer wirtschaftlicher Interessen;[3] damit aber liegt auch ihre Abschaffung in unseren Händen.

Heute verfügen wir über die – streng kritisch geprüften – Instrumente, die es erlauben, die wirtschaftlich-sozialen Mechanismen und die im Spiel befindlichen Kategorien besser zu erkennen. Die Ursachen zu analysieren ist eine Ehrensache und offen gesagt auch der gebotene Weg, wenn wir einen ungerechten und unmenschlichen Zustand wirklich überwinden wollen. Dieser Blickpunkt macht sichtbar, dass bei der Armut der Völker zwar verschiedene Faktoren zum Tragen kommen, dass es in dieser Sache jedoch eine kollektive Verantwortung gibt, und vor allem eine Verantwortung derer, die die meiste Macht in der Gesellschaft haben.

Erkennt man an, dass die Armut keine unausweichliche Tatsache ist, dass sie menschengemachte Ursachen hat und dass sie eine komplexe Realität ist, so führt das dazu, dass man die klassischen Formen des Umgangs mit der Notsituation der Armen und Bedeutungslosen überdenkt. Die direkte und unmittelbare Hilfe für denjenigen, der in einer Situation der Bedürftigkeit lebt, behält ihren Sinn, aber sie muss neu ausgerichtet werden und gleichzeitig weiter ausgreifen: durch die Beseitigung dessen, was diesen Zustand überhaupt entstehen lässt.

Trotz der Evidenz des Ganzen kann man allerdings nicht sagen, dass diese strukturelle Betrachtung zu einer in der Welt von heute oder in christlichen Kreisen allgemein anerkannten Auffassung geworden sei. Von den Ursachen der Armut zu sprechen, heißt immer auch sichtbar zu machen, wie heikel, ja konfliktgeladen das Thema ist, weshalb ja auch viele es zu verdrängen suchen.

---

[3] Um als Beispiel nur die neuesten Vorgänge anzuführen, erinnern wir an die aggressive Haltung unlängst in Europa entstandener politischer Parteien gegenüber den ausländischen Arbeitnehmern. Die Dinge beschränken sich aber nicht auf repressive Gesetze und Einstellungen, die durch die erwähnten Gruppen hervorgerufen werden. Sie äußern sich auch in theoretischen, ausformulierten Stellungnahmen, wie etwa in den Vereinigten Staaten, wo *Samuel Huntington* (der Autor des Buches: Kampf der Kulturen. Die Neugestaltung der Weltpolitik im 21. Jahrhundert, München [6]2002) ein neues Buch über die Immigration in die USA veröffentlicht hat, deutsch: Who are we. Die Krise der amerikanischen Identität, München 2006.

1.3 Eine sich verschärfende Situation

Zum bisher Gesagten treten noch andere Elemente unserer augenblicklichen Wahrnehmung der Armut, die der Beachtung bedürfen.

Eines davon ist die *planetarische* Dimension der Lage, in der sich die große Mehrheit der Weltbevölkerung befindet. Dies gilt für die Gesamtheit dessen, was wir unter Armut verstehen, auch wenn die Wissenschaftler seinen ökonomischen Strang oft mehr betonen, weil er ohne Zweifel am leichtesten zu messen ist. Lange kannten die Menschen nur die Armut in ihrer unmittelbaren Umgebung: in ihrer Stadt oder höchstens in ihrem Land; ihre Sensibilität, wenn sie denn über eine solche verfügten, beschränkte sich auf das, was sie vor Augen hatten, und buchstäblich auf die Reichweite ihrer Hand (beispielsweise um eine direkte Hilfe zu leisten). Die Lebensumstände von damals erlaubten es nicht, ein zureichendes Verständnis der Ausbreitung dieser Verhältnisse zu gewinnen. Das hat sich mit der Erleichterung des Informationsflusses qualitativ geändert; was früher weit weg war, ist nahe gerückt und alltäglich geworden. Zudem mehren sich die Daten und Studien über die massenhafte Armut, die in unseren Tagen von zahllosen Organisationen besorgt werden, und ihre Forschungsmethoden werden ständig verbessert. Sie lassen sich nicht mehr ignorieren.

Ein anderes Moment, das ebenfalls unsere Annäherung an die Armut verändert hat, ist deren Verschärfung und die Vertiefung der Kluft zwischen den reichsten und den ärmsten Einzelpersonen und Nationen. Dies wird nach Meinung mancher Wirtschaftswissenschaftler zum sogenannten Neodualismus führen: Die Weltbevölkerung sammelt sich mehr und mehr an den beiden Enden des ökonomischen und sozialen Spektrums. Eine der Demarkationslinien ist das wissenschaftlich-technische Wissen, das zur wichtigsten Akkumulationsachse in der wirtschaftlichen Aktivität geworden ist und dessen Fortschritte die ohnehin schon entfesselte Ausbeutung und Ausplünderung der natürlichen Ressourcen des Planeten, dieses gemeinsamen Erbes der Menschheit, noch beschleunigt haben. Diese Faktoren haben den Abstand, den wir feststellen mussten, vergrößert.

Dessen ungeachtet beschränkt sich das Problem nicht auf den ökonomischen Aspekt der Armut und Bedeutungslosigkeit. In dem Raum, der durch diese zunehmende Disparität entstanden ist, kommen die oben erwähnten Elemente zusammen und überlagern sich: einerseits diejenigen, die aus dem ökonomischen Bereich stammen, und andererseits die mit den Problemen von Kultur, Rasse und Geschlecht zusammenhängenden. Gerade dieses letztere Moment hat dazu geführt, dass man von einer Feminisierung der Armut spricht; die Frauen bilden nämlich den am stärksten von Armut und Diskriminierung betroffenen Sektor, vor allem wenn sie benachteiligten Kulturen oder Ethnien angehören. Die Frage hat zwar jetzt skandalöse Ausmaße angenommen,[4] der Prozess der Verschärfung dieser Zustände ist aber schon seit Jahrzehnten im Gang, was die Alarmrufe erklärt, die er schon damals hervorrief.

Heute – und dieses Heute dauert schon eine geraume Weile – lassen sich die Unmenschlichkeit und Ungerechtigkeit der Armut, die Unkenntnis ihrer Ursachen und ihrer Komplexität, Ausdehnung und Tiefe, ob wir nun eine unmittelbare Erfahrung von ihr haben oder nicht, nicht mehr entschuldigen. Das Wissen um diese Dinge wird zu einer wichtigen Richtschnur, anhand deren sich die menschliche und christliche Qualität und Effizienz der Solidarität mit dem Armen einschätzen lässt.

2. Anfrage an Glauben und Verkündigung

Die Armut ist eine unmenschliche, ungerechte und zugleich überwindbare Realität. Jede Toleranz oder theoretische Bequemlichkeit, jede zweideutige Haltung, jeder spiritualistische Umgang mit ihr ist eine Beleidigung für die konkreten Menschen, die unter ihr leiden. Ja, die Armut, die Daseinsbedingung der menschlichen Bedeutungslosigkeit und des vorzeitigen, ungerechten Todes ist ein Zustand, der dem Lebens- und Liebeswillen des Gottes der Bibel entgegengesetzt ist.

2.1 Herausforderungen und Chancen

Es geht um eine ernste Herausforderung für die Art und Weise, wie der Gaube zu verstehen und zu bezeugen ist. Die Termini „Nichtperson" und „Bedeutungsloser" drücken, wie oben schon gesagt, nicht nur den gemeinsamen Nenner der verschiedenen Aspekte der Armut aus, sondern zeigen auch die Tiefe der Ungerechtigkeit und die drückende Schwere dieser Verhältnisse an. Die soziale und menschliche Bedeutungslosigkeit ist keine Sache, die sich in einer Schublade der ökonomischen und sozialen Probleme ablegen lässt, sie geht weit darüber hinaus: Das Ausmaß ihrer Globalität und Komplexität veranlasst uns dazu, den christlichen Glauben neu zu deuten.

Wenn wir den theologischen Charakter der durch die Armut aufgeworfenen Fragen betonen, vergessen wir darüber doch keineswegs, dass die Armut und die soziale Ungerechtigkeit, deren Produkt sie ist, eine konstitutive sozio-ökonomische und kulturelle Dimension haben. Das ist ganz klar. Das Problem beschränkt sich jedoch nicht auf das, was man früher „die soziale Frage" nannte. Armut und Unterdrückung samt ihrer Last an ungerechtem, vorzeitigem Tod

---

[4] Die jährlichen Informationen des Entwicklungsprogramms der Vereinten Nationen und der Weltbank belegen es Jahr für Jahr.

sind eine radikale Anfrage an das Gewissen und Bewusstsein, an den Lebensstil und an die Einstellung zum christlichen Glauben, der ja in der Verweigerung der Liebe zum Anderen die Sünde und letzte Wurzel der Armut und Entmenschlichung sieht.

Bei alldem darf man jedoch nicht vergessen, dass die großen Herausforderungen, die sich dem christlichen Glauben stellen, zugleich auch wichtige Elemente für die Entwicklung einer Hermeneutik liefern, die uns zu einer Relektüre der biblischen Botschaft führt und uns den Weg zu einem Selbstverständnis als Jünger Christi weist. Das ist etwas, was früher schon häufig geschehen ist, und wenn wir uns daran erinnern, können wir den Sinn einer Theologie wie der Befreiungstheologie verstehen, die die Herausforderung durch die Armut im Heute unserer Geschichte ernst zu nehmen sucht.[5]

Kurz gesagt: Die Lage der Armen stellt das Herzstück der christlichen Botschaft in Frage und liefert Perspektiven für eine kreative Antwort.[6] In diesen Horizont kommt zu stehen, was wir die vorrangige Option für die Armen nennen.

2.2 Unterscheiden, um zu vereinen

Die Wurzeln dieser Formulierung, die in den Jahren vor Puebla entstand, liegen in den Anfängen einer theologischen Reflexion um 1967, die auf die Herausforderung der Armut antworten wollte. Bis zu diesen Quellen muss man zurückgehen, wenn man die Bedeutung der Formel erfassen will. In der besagten Reflexion haben sich drei Wahrnehmungen von Armut herausgeschält, die Medellín sich zu eigen gemacht und entscheidend unterstützt hat. Später sind diese Unterscheidungen mit der einem geflügelten Wort eigenen Dynamik in Form von drei Wörtern aufgegriffen worden: Armut, Vorrang und Option. Puebla hat diese Formel übernommen und ihr so eine Resonanz verliehen, die sie nicht bekommen hätte, wenn sie ausschließlich im Bereich theologischer Publikationen und in bestimmten kirchlichen Kreisen verblieben wäre.

Ein zentraler Punkt der theologischen Ausarbeitung, von der jene Option getragen wird, sozusagen das Stockwerk, über dem sie errichtet ist, bestand in der ungeschminkten Aussage, dass die reale Armut derer, die als die „Bedeutungslosen" gelten und als „das Andere" der herrschenden Sektoren dieser Gesellschaft angesehen werden, eine unmenschliche Situation ist, die der Gott

---

[5] *J. M. Vigil* spricht deshalb von einer „geschichtlichen Lektüre des Christentums" und stellt sie den ungeschichtlichen Deutungen gegenüber: ¿Cambio de paradigma en la teología de la liberación?, in: Christus 701 (1997) 12.

[6] In diesem Zusammenhang ist daran zu erinnern, dass die Blickrichtung der Option für die Armen mit der Betrachtung der Armen nicht nur als Adressaten der Evangelisierung, sondern auch als Träger der Frohen Botschaft einhergeht. Puebla hat diesen Gesichtspunkt unter dem Titel „evangelisatorisches Potenzial der Armen" aufgenommen.

der Bibel ablehnt. Daher muss sie in der Sicht des Glaubens als ein Übel qualifiziert werden; und das gilt, wie auch immer die Formen dieser Situation der Ungerechtigkeit und Bedeutungslosigkeit aussehen mögen. Somit ist jede Idealisierung der realen Armut ausgeschlossen, und es werden Grenzen abgesteckt, die es erlauben, zum einen den Sinn dessen zu verstehen, was das Evangelium „geistliche Armut" nennt, und zum anderen zu sehen, was Einsatz an der Seite der Armen heißt. Diese Folgerungen werden zu einer Art geistiger Hygiene in einer Sache, die sich häufig als verwickelt, wenn nicht gar verwirrend erweist.

Schauen wir, wie sich die Dinge darstellen. Um der Vereinfachung willen werden wir eine Parallele zwischen Medellín und Puebla aufstellen, die ja beide das erwähnte theologische Elaborat übernehmen.

(a) Die reale oder materielle Armut ist ein skandalöser und ungerechter Zustand, von dem oben die Rede war, ein Attentat auf die Menschenwürde und ein Widerspruch zum Lebenswillen Gottes. Sie ist „als solche ein Übel" und „eine Frucht der Ungerechtigkeit und der Sünde" (Medellín, Armut der Kirche 4). Die Menschen, die sich in dieser Situation befinden, sind die Armen, für die man, Puebla zufolge, optieren muss.

(b) Die geistliche Armut ist zunächst einmal ein Synonym für geistliche Kindschaft, eines der tiefsinnigsten Themen der biblischen Botschaft und ein zentraler Charakterzug dessen, was wir unter Heiligkeit verstehen. Sie ist „die Haltung der Öffnung zu Gott, die Bereitschaft dessen, der alles vom Herrn erwartet" (ebd.). In ihr leben die „Armen Jahves", jene, die die liebevolle Absicht Gottes für ihr Leben akzeptieren; die Entäußerung von materiellen Gütern erwächst aus dieser Grundposition. Ihr ist der Terminus „Vorrang" zugeordnet,[7] insofern sich der geistlich Arme die Gerechtigkeitsliebe und ungeschuldete Zuwendung Gottes zu eigen macht (vgl. Mt 6,33), die allen gilt, der man aber vorzüglich in der Beziehung zu den Armen begegnet.[8] Und schließlich:

---

7 Der Terminus „Präferenz" oder „Vorrang" kommt schon in Medellín vor. Im Dokument *Armut der Kirche* gibt es einen Abschnitt, der den Vorrang mit dem Einsatz an der Seite der Armen verknüpft; er ist exakt „Vorrang und Solidarität" überschrieben. Darin wird ausgeführt, die primäre Aufgabe des Christen sei die evangelisatorische, die „den ärmeren und bedürftigeren [...] Sektoren wirklichen Vorrang" geben müsse; und weil die Armut sich eben nicht auf das ökonomische Moment beschränkt, heißt es noch: „und aus irgendwelchem Grunde ausgeschlossenen [Sektoren]" (Medellín, Armut 9).

8 Der Gedanke findet sich in den Jahren zwischen Medellín und Puebla auf verschiedene Weise formuliert. Beispielhaft hier einige Belege. In der Schlussansprache bei der Konferenz von Medellín schärft einer der Präsidenten der Versammlung, Kardinal Landázuri, ein: „Unsere *Prioritäten* sind die Armen dieses Kontinents, das heißt der in ihnen gegenwärtige Christus" (Signos de renovación. Recopilación de documentos post-conciliares de la Iglesia en América Latina, Lima 1969, 252). In Texten aus der Zeit unmittelbar nach Medellín stoßen wir auf Aussagen aus verschiedenen Gegenden des Erdteils, so etwa: „mit *Vorrang* für die Bedürftigsten" (Convención de presbíteros, Ecuador 1970, in: Signos de liberación, Anm. 1, 143b); „wir solidarisieren uns mit der Lage der Unterdrückten und räumen ihnen *Vorrang* in unserem Dienst ein" (Declaración de la Asociación de sacerdotes, Puerto Rico 1972, in: Signos de liberación, Anm. 1, 225). Dieselbe Idee

(c) Der Terminus „Option" stammt daher, dass man die „Armut als Engagement" sieht (ebd. 4c).[9] Nun hat aber in der theologischen Reflexion das Engagement zwei Aspekte: Solidarität mit den Armen und Protest gegen die Armut als unmenschliche Situation. Das ist das, was wir unter Aneignung des anderen Universums des Armen verstehen. Es geht, wie Medellín deshalb sagt, darum, die Lage des Armen zu der unseren zu machen, „Zeugnis zu geben von dem Übel, das sie [die Armut] darstellt" (ebd.).[10] Diese zweifache Dimension des Engagements (Solidarität und Protest) ist wesentlich für das Verständnis des Terminus „Option".

3. Eine Achse des Lebens und der Reflexion

Die vorrangige Option für die Armen erinnert uns an eine fundamentale Achse des christlichen Lebens. Sie entfaltet sich auf drei Ebenen: (a) als Botschaft und Zeugnis vom Gottesreich, das in der menschlichen Geschichte bereits anwesend ist und sie umgestalten soll, (b) als Verständnis des Glaubens, der uns wesentliche Aspekte des Gottes unseres Glaubens offenbart und eine Perspektive für die theologische Arbeit liefert, und (c) als Nachfolge Jesu, als Spiritualität im tiefsten Sinne, auf der alles Übrige aufruht. Diese dreifache Dimension gibt der Perspektive, die uns die Option für die Armen vermittelt, Kraft und Tragweite. Auf diesen Seiten, liegt der Akzent, wie schon gesagt, auf dem zweiten Strang, dem theologischen; ihn werden wir natürlich nicht verstehen, wenn wir ihn von den beiden anderen, in dessen Dienst er steht, loslösen.

3.1 Eine Erinnerung

Die Blickrichtung der Option für die Armen ist nicht und kann auch gar nicht sein eine Sache nur einer bestimmten Theologie. Die Notwendigkeit und die Bedeutung der Geste gegenüber dem Armen, die ja die Folge davon ist, dass

---

wird auch schon früh mit Synonymen des Wortes „Vorrang" ausgedrückt: „Da die Evangelisierung Befreiungsarbeit auf der Suche nach Verdeutlichung ist, richtet sie sich *prioritär* an den Armen und Unterdrückten aus. Sie sind die *privilegierten* Geladenen des Reiches" (Asamblea episcopal zonal de Ica, Peru 1972, in: Signos de liberación, Anm. 1, 204); „*prioritärer* Einsatz an der Seite der Armen und Marginalisierten unseres Landes" (El presbiterio de Asunción, Paraguay 1972, in: Signos de liberación, Anm. 1, 74b). In anderen Texten aus dieser Zeit ist die Rede ebenso von Privileg oder Prädilektion. (Kursivierungen in den Zitaten vom Verfasser.)

[9] Ein Engagement freilich, das nicht nur den Nichtarmen gilt, vielmehr sind ja auch die Armen selbst aufgerufen, es zu übernehmen.

[10] Der Text von Puebla (1156) übernimmt die Originalausdrücke dieser Reflexion, wenn er präzisiert, wir stünden vor der „Forderung des Evangeliums nach Armut als Solidarität mit den Armen und als Ablehnung der Situation, in der die Mehrheit des Kontinents lebt".

jemand die Gabe des Gottesreichs annimmt, sind wesentlicher Bestandteil der christlichen Botschaft, und folglich müssen sie auf die eine oder andere Weise in jedem Sprechen über den Gott Jesu Christi präsent sein.[11] Zu den Texten aus jüngerer Zeit, die unsere Formel inspiriert haben, gehört die bekannte, aber nicht beachtete Anregung Johannes' XXIII. für das II. Vatikanische Konzil: „Die Kirche ist und will sein die Kirche aller und vornehmlich die Kirche der Armen."[12]

Der Ausdruck „vorrangige Option für die Armen" ist als Formel zwar neu. Aber was den Inhalt angeht, ist sie lediglich eine Erinnerung, die in unserer Zeit ein Hauptdatum der biblischen Offenbarung wiederbelebt: die Initiative der Liebe Gottes. „Gott hat uns zuerst geliebt" (1 Joh 4,19). Im Lauf seines Lebens muss der Jünger Jesu auf diesen ersten Schritt antworten. Von der Liebe Gottes sprechen heißt von der Gabe des Lebens sprechen, von der Forderung, „Gerechtigkeit und Recht" aufzurichten – Themen, die die Bibel immer in enger Verbindung mit der Lebenssituation des Volkes anschneidet. Ohne die Gerechtigkeit und das Recht ist es nicht möglich, von Frieden und Brüderlichkeit zu sprechen.[13]

Wenn der Vorrang den Armen gilt, dann deshalb, weil sie sich in einer ungerechten, dem Willen Gottes entgegengesetzten und daher für einen Gläubigen unannehmbaren Situation befinden. Der Vorrang ist eine Anklage gegen Ungleichheit und Marginalisierung in der Gesellschaft; er will deshalb erreichen, dass das Ja zur Universalität der Liebe Gottes nicht zu einer frommen Decke wird, die die gesellschaftliche Ungleichheit verschleiert.

Die Theologie, die um diese Option kreist, ist ein Diskurs über den Glauben, der es ermöglicht, die Bedingungen in der Welt von heute noch einmal neu zu sichten, mit all dem Neuen, das sie uns über etwas enthüllen, was – dank eindringlicher Forderungen, aber auch mit erheblichen Einschränkungen – trotz allem auf dem langen historischen Weg des Volkes Gottes einen Platz gefunden hat. Wir meinen den Platz oder Ort, den die Letzten der Geschichte im Befreiungs- und Humanisierungsprojekt des Gottesreichs einnehmen. Das muss man eigens hervorheben – nicht um den gegenwärtigen Beitrag des christlichen Lebens und der theologischen Reflexion, die auf der einen Wel-

---

[11] Es sei an die Aussage von *Karl Barth* erinnert: „[...] darum steht Gott jederzeit unbedingt und leidenschaftlich auf dieser und nur auf dieser Seite: immer gegen die Hohen, immer für die Niedrigen, immer gegen die, die ihr Recht schon haben, immer für die, denen es geraubt und entzogen ist" (Kirchliche Dogmatik II/1, Zollikon/Zürich 1948, 434). Ein paar Zeilen später: „Gottes Gerechtigkeit, die Treue, in der er sich selbst treu ist, offenbart sich als Hilfe und Erlösung, als rettendes göttliches Eintreten für die Menschen an den Armen, Elenden, Hilflosen als solchen und nur an ihnen, während ermit den Reichen, Fetten und Sicheren als solchen seinem Wesen nach nichts zu tun haben kann" (ebd., 435).

[12] *Johannes XXIII.*, Rundfunkbotschaft vom 11. September 1962, in: Herder Korrespondenz 17 (1962/63) 43–46, 45; vgl. AAS 54 (1962) 678–685.

[13] Siehe dazu: *G. Gutiérrez,* El Dios de la vida, Lima 1986, insbes. Kap. II und 103–108, 203–211, 304–308, mit den Texten über die Gerechtigkeit und Heiligkeit Gottes, die wir zitieren.

lenlänge der Befreiung ihr Schicksal an den biblischen Sinn der Solidarität mit dem Armen gebunden haben, herabzusetzen, sondern um das Umfeld gebührend zu umreißen, in dem ebendieser Beitrag in Kontinuität und Bruch mit früheren Theologien geleistet wird. Und vor allem mit der christlichen Erfahrung und den alltäglichen Wegen, die eingeschlagen wurden, um Zeugnis zu geben vom Reich, dem Ausdruck der ungeschuldeten Liebe des Gottes Jesu Christi, das, mit der klassischen Wendung gesagt, in der Geschichte *schon*, aber *noch nicht* vollends gegenwärtig ist.

Die programmatische Formel „vorrangige Option für die Armen" manifestiert, weil sie aus dem Kern der christlichen Botschaft kommt, das Substantiellste am Beitrag des Lebens der Kirche in Lateinamerika und der Karibik und der Theologie der Befreiung zur Weltkirche. Die Fragen, die manchmal nach der Zukunft dieser theologischen Reflexion gestellt werden, sollten beachten, dass diese sachlich und zeitgleich mit all dem zu tun hat, was die besagte Position beinhaltet, das heißt mit ihrer Präsenz im heutigen kirchlichen Bewusstsein und sogar darüber hinaus. Daher ist es nicht möglich, jene Option ohne weiteres von der pastoralen und theologischen Perspektive zu trennen, die – mit den bekannten Erfolgen und Schwierigkeiten – sie in unseren Tagen aufs Tapet gebracht hat. Wenn von der Option für die Armen die Rede ist, dann verweist das aufs Herzstück dieser Theologie.

Vergessen wir aber nicht, dass der Ausdruck „vorrangige Option" nicht nur eine Frage der pastoralen Strategie bezeichnet, so wichtig diese im Zusammenhang mit konkreten Entscheidungen auch sein mag. Es geht vielmehr um eine umfassendere Frage, die ins Zentrum des christlichen Lebens zielt und verschiedene Stränge der christlichen Existenz angeht. Wir haben es mit einem Verhältnis zu tun, das gewiss nicht frei von Spannungen, aber letztlich enorm fruchtbar ist.

3.2 Vorrang und Solidarität

Den Begriff des Vorrangs muss man in seinem Verhältnis zum Begriff der Universalität der Liebe Gottes verstehen; von daher ist er aufs Engste mit der Forderung nach Solidarität mit den Armen und Unterdrückten verknüpft. Nur auf diese Weise erscheint seine Relevanz, und nur so lässt sich Risiken begegnen, die manche Leute beunruhigen. Es sind beachtenswerte Bedenken, die man berücksichtigen muss und die Anlass geben, auf wichtige Punkte zurückzukommen.

Präferenz und Universalität implizieren sich gegenseitig. Präferenz, Vorrang, zielt darauf ab zu verhindern, dass wir uns in einer verengten und letztlich wenig fruchtbaren Vorstellung der Solidarität mit den Letzten der Geschichte verschließen. Wird diese Priorität in Erinnerung gehalten, so trägt das dazu bei, der Option für die Armen ihre Radikalität und Schärfe zu geben. Ihre

Quellen sind biblisch, darin besteht die wahre Radikalität, sie verweisen auf den Horizont der zugleich universalen und vorrangigen Liebe Gottes. Einerseits stellt die Universalität das Privileg der Armen auf einen breiten Weg und verlangt, dass es unablässige seine Grenzen überschreitet; andererseits verleiht der Vorrang für die Armen dieser Universalität geschichtliche Konkretion und Tragweite und warnt sie vor der Gefahr, auf einem abstrakt-undeutlichen Niveau zu verharren.[14]

Der Terminus „Vorrang" beabsichtigt keineswegs, die klare Forderung nach Einsatz und Solidarität mit dem Armen abzuschwächen. In der Erfahrung und Reflexion der lateinamerikanischen Kirche hat man in den Jahren vor Puebla in Kontinuität mit Johannes XXIII. und Medellín und vor allem unter Berücksichtigung seiner biblischen Wurzeln auf ihn zurückgegriffen. Er ist nicht heimlich eingeführt worden, um die Reichweite der Option für die Armen einzuschränken, und ist auch nicht in letzter Minute gekommen. Wenn Puebla zu Beginn seiner Arbeiten eines seiner Dokumente „Vorrangige Option für die Armen" überschrieben hat, dann deshalb – wir sprachen davon –, weil schon in den Jahren vor dieser Konferenz mehr und mehr dieselben oder ähnliche Wörter in vielen christlichen Gemeinden, lokalen Papieren und theologischen Schriften gebraucht wurden.[15]

Faktisch ist der Text dieses Dokuments ganz klar in seiner Aussage, dass das Engagement für die Unterdrückten und Marginalisierten notwendig und dringlich ist. Die Praxis vieler in der lateinamerikanischen und karibischen Kirche hatte diesen Kurs schon seit Medellín eingeschlagen, und ihr Weg wurde von Puebla beglaubigt.[16] Der Vorrang bezeichnet in der von uns untersuchten Formel die Notwendigkeit der Solidarität mit dem Armen und die Ablehnung der Armut und ihrer Ursachen.

Genau aus diesem Grund gibt es Leute vom entgegengesetzten Ende des Spektrums, die wegen der unangemessenen Reduzierung, zu der der Terminus „Vorrang" führe könnte, ihre Sorge bekunden; sie meinen, die fundamentale Bejahung der Universalität der Liebe Gottes könne in Vergessenheit geraten. Es sei zu befürchten, dass diese Redeweise eine Haltung umreiße, die die umfassende Weite der christlichen Liebe einschränke, sich nur an einen – gewiss

---

[14] „Damit Universalität greifbar werden kann, muss sie sich dem Partikulären zuwenden, das heißt für die eintreten, die Opfer von Ungerechtigkeit sind" (*G. Gutiérrez,* Die historische Macht der Armen, München/Mainz 1984, 78).

[15] Diesen Prozess spiegelt das in Puebla vorgelegte *Documento de trabajo* wider, das Ergebnis der vom *Documento de consulta* ausgelösten mühsamen Debatte (und Ablehnung), das einen Abschnitt mit genau dem Titel „Vorrangige Option für die Armen" enthält und daran erinnert, dass die Kirche diese Option bestätigt (Nr. 614, die angegebenen Quellen sind die Beiträge aus Bolivien, Peru, Venezuela, Ecuador, Mexiko und Guatemala; das Dokument selbst ist abgedruckt in: Puebla, Madrid 1982, 300–301).

[16] „Der Standpunkt des Armen und die vorrangige Option für ihn sind heute in der lateinamerikanischen Kirche nicht mehr wegzudenken". *J. Sobrino,* Puebla, serena afirmación de Medellín, in: Christus 520–521 (1979) 52.

zahlenmäßig starken – Sektor der Menschheit wende und folglich andere Menschen von unserer Sorge ausschließe. Daher sind sie der Ansicht, zumindest müsse man hinzufügen, dass dieser Vorrang nicht exklusiv sei.

Genaugenommen ist diese Furcht unbegründet, was den Text selbst angeht (vielleicht nicht, was mögliche irrige Interpretationen betrifft); denn die Vokabel „Prä-Ferenz", „Vor-Rang" spricht ja – in Übernahme eines zentralen biblischen Gedankens – von prioritärer Sorge, von etwas, was primär, also nicht einzig ist; von Prädilektion und nicht von Exklusion.[17] Manches Verständnis des Ausdrucks, nicht jedoch die Wendung selbst, hat Anlass zu der Warnung gegeben, wir hätten eine Option mit Zügen der Exklusivität vor uns.

Auf jeden Fall handelt es sich weder um das eine noch um das andere: Der Vorrang verkürzt weder die radikale Forderung der Option für die Armen nach Solidarität und Gerechtigkeit, noch schließt er diejenigen aus, die nicht zu dieser gesellschaftlichen Schicht gehören. Wir haben es nicht mit einem Vorrang zu tun, den man bejahen oder lassen kann; wäre es so, dann würde sich das Misstrauen, das wir erwähnt haben, rechtfertigen. Aber es handelt sich auch nicht um eine Präferenz, die die universale Liebe Gottes vergisst, wie der andere Standpunkt behauptet. Keine von beiden Positionen wird, wie uns scheint, der Geschichte und der Bedeutung der zur Rede stehenden Formel ganz gerecht.[18]

Andererseits müssen wir uns davor hüten, die bei diesen Themen verwendeten Termini zu überschätzen; sie geben eine Richtung an, und das ist das Entscheidende. Wenn man im Zusammenhang mit Gottes Liebe zu jedem Menschen von seiner Vorliebe spricht, kann man das gar nicht anders als unter Verwendung einer anthropomorphen Sprache. Es ist eine demütige und begrenzte Annäherung an das Geheimnis seiner Liebe, die nicht so betrachtet werden darf, als sagte sie auf Anhieb alles zum Thema. Die verwendeten Vokabeln sind Zeichen, die uns – nicht ohne Mängel – auf ein Bezeichnetes verweisen, das wir nicht in Wörtern und Begriffen einfangen können. Sie sind der Weg, nicht das Ziel. Diejenigen aber, die unter Einsatz ihres Lebens aus der Option für die Armen eine alltägliche Praxis gemacht haben – wie zum Bei-

---

[17] Der Text „Vorrangige Option für die Armen" hat diesen Typ von Interpretation und die aus ihm sich ergebenden Reaktionen bereits vorausgesehen und zweimal festgehalten, dass die Option für die Armen „vorrangig, aber nicht ausschließlich" ist (Puebla 1156; vgl. 1145). Eine Bemerkung, die gewissen Lesern anscheinend entgangen ist.

[18] Unnötig, hier noch darauf hinzuweisen, dass es keine vollkommenen Formeln gibt. Es fehlt nicht an Leuten, die etwa meinen, der Terminus „Option" verflüssige übermäßig, was eine feste Entscheidung sein müsste. Wir haben es aber nicht mit einem optionalen Engagement zu tun, sondern mit einer auf eine unausweichliche evangelische Forderung gestützten Entscheidung: Solidarität und Protest, wie wir oben festgehalten haben. *M. Díaz Mateos* (El grito del pobre atraviesa las nubes, in: *G. Gutiérrez* u.a., El rostro de Dios en la historia, Lima, 1996, 159) sagt treffend: „Es ist eine nichtoptionale Option, weil sie die Verifikation unserer kirchlichen und christlichen Identität ist".

spiel Mons. Romero (1917–1980), dessen Martyrium wir in lebhafter Erinnerung haben –, sprechen von ihrer wahren Bedeutung zu uns.

3.3 Aus der Lage der sozialen Bedeutungslosigkeit

Der Vorrang bedeutet, und das ist unabdingbar, in die Welt des Armen einzutreten, in Solidarität mit den Unterdrückten und Marginalisierten zu leben, die Ungerechtigkeit ihrer Lebenssituation abzulehnen und ihre Forderung nach Anerkennung als Personen zu teilen.[19] Und von diesem Boden aus das Evangelium jedem Menschen zu verkündigen. Die echte Universalität im christlichen Zeugnis geht von dieser Partialität aus.[20] Die Verkündigung der Frohen Botschaft, die „bis an die Enden der Erde" (Apg 1,8) gehen soll, beginnt, den Evangelien zufolge, in der Partikularität Galiläas, einem Land am Rande, verachtet von den Einwohnern Judäas, in deren Gebiet Jerusalem lag, zur Zeit Jesu das Zentrum der religiösen und politischen Macht. Für die Leute in Judäa zeigte sich das kulturelle Gemisch der Bevölkerung von Galiäa in deren sprachlichen Mängeln (vgl. Mt 26,73) und kennzeichnete auch ihre Bräuche und ihre wenig orthodoxen religiösen Praktiken.

Von dieser Heimatregion Jesu aus, aus diesem von Bedeutungslosigkeit und Marginalität charakterisierten Winkel, von dem es hieß, von dort könne nichts Gutes kommen (vgl. Joh 7,52), gibt der Herr Zeugnis vom Reich Gottes. Eine Aufgabe, die seine Nachfolger weiterführen sollen: In Galiläa werden die Jünger berufen, und von dort ziehen sie aus, um Zeugen der Auferstehung des Herrn zu sein und „alle Völker zu Jüngern zu machen" (Mt 28,19; Mk 16,15f). Aus dem Land der Misshandelten und Vergessenen kommt die Botschaft von der universalen Liebe des Gottes Jesu Christi. Diese Aspekte lassen sich nicht trennen, sie sind im selben Bereich verortet.

Sie sprechen von der Liebe Gottes, der definitiven Richtschnur für unsere Liebe: „Liebt einander, wie ich euch geliebt habe" (Joh 13,34). Dies ist das letzte Fundament der Liebe zu jedem Menschen und zugleich des vorrangigen Einsatzes für die Armen. Damit ist natürlich nicht ausgeschlossen, dass es auch andere Motive für diese Solidarität gibt, ebendeshalb sprechen wir ja vom letzten Motiv. Für einen Christen geht es, wie schon oft gesagt worden ist, um

---

[19] „Für den Armen optieren, sich mit seinem Schicksal identifizieren, sein Los teilen heißt diese Geschichte zu einer Geschichte echter Brüderlichkeit gegenüber allen Menschen machen". *G. Gutiérrez*, Befreiungspraxis, Theologie und Verkündigung, in: Concilium 10 (1974) 408–419, hier: 412.

[20] Thema und Terminologie finden sich mehrfach bei *J. Sobrino,* Jesucristo liberador, San Salvador 1991, 43–49. „Medellín bekennt die Gottheit und Menschheit Christi, führt aber in sie das Prinzip der *Partialität* ein: die Armen und die Armut. [...] Die primäre Korrelation ist nicht die zwischen Jesus (und Gott) und den Menschen im Allgemeinen, sondern die zwischen Jesus (und Gott) und den Armen dieser Welt, durch welche nachher die universale Korrelation entstehen kann" (43 und 48; Hervorhebung vom Verfasser).

eine theozentrische, eine um den von Jesus Christus verkündigten Gott zentrierte Option.[21] Das heißt, dass sie ihr Zentrum in seiner Liebe hat, die einem Felsen gleicht, wie die Psalmen beten. Von der Liebe Gottes zu sprechen, heißt aber, von Gratuität zu sprechen, wie es die Heilige Schrift ständig tut, und das ist ein Quell- und Urthema der Theologie der Befreiung.

Die konkreten Formen, wie die vorrangige Option für die Armen zu leben ist, sind natürlich verschieden, je nach Situation und historischem Prozess. Daher müssen sie ständig überprüft und erneuert werden. Wenn man jedoch ihre Letztbegründung aus dem Blick verliert, verstümmelt man sie mit einem Schlag und bringt sie in totale Abhängigkeit von der jeweiligen Konjunktur, und zwar so weit, dass man in ihr nur noch den Ausdruck einer historischen Situation sieht, der zudem, wie manche meinen, gar nicht mehr dem entspricht, was wir heute in der Menschheit erleben. Abgesehen von der Ungenauigkeit der (sozialen, ökonomischen und kulturellen) Analyse in einer solchen Auffassung, spiegelt die darin zum Ausdruck kommende Position vor allem einen Mangel an Verständnis für den biblisch-theologischen und damit für einen Glaubenden grundlegenden Sinn der Gerechtigkeit und Liebe Gottes.

4. Zwei Sprachen

Es gibt keine schärfere Inragestellung für den Diskurs über den Glauben als jene, die vom Leiden des Unschuldigen ausgeht. Wie soll man verstehen, dass Gott Liebe ist, wenn die Welt den Stempel der Ungerechtigkeit, des Völkermords, der terroristischen Gewalt, der Missachtung der elementarsten Menschenrechte trägt? So einfach ist das und so bedrückend. Dabei handelt es sich gewiss um eine Frage, deren Gewicht größer ist als die Fähigkeit der Theologie, auf sie zu antworten. Und doch ist es eine Frage, der wir nicht ausweichen können. Insbesondere wenn wir in armen und marginalisierten Ländern leben. Die Armut und ihre Folgen sind *die* große Herausforderung unserer Zeit. Eine Armut, die Menschen, Familien und Nationen zerstört.

Die Bibel, unter anderem das Buch Ijob, weiß von zwei Weisen des Sprechens über Gott, die ihren vollen Sinn nur erlangen, wenn sie zusammenkommen, einander herausfordern und sich gegenseitig nähren.

[21] Die theologische Reflexion über die Armut, die in Medellín und Puebla ihren Ausdruck findet, insistiert drauf, dass Person und Botschaft Jesu Christi das Fundament der Option sind, von der wir hier sprechen.

4.1 Die Sprache der Gerechtigkeit

Die Gerechtigkeit ist ein großes biblisches Thema. Häufig wird es mittels des Binoms Recht und Gerechtigkeit dargestellt; es zum Lebenskern des Volkes Gottes zu machen, ist eine Forderung, die im Willen Gottes wurzelt. Die prophetische Dimension de Bibel, die ja weit über den Rahmen der sogenannten prophetischen Bücher hinausgeht, erinnert immer wieder daran, dass der Glaube an Gott mit der Aufrichtung von Recht und Gerechtigkeit verknüpft ist. Ja, es geht dabei um ein Tun, dessen letztes Subjekt Gotte selbst ist: „Recht und Gerechtigkeit sind die Stützen deines Thrones“ singt der Psalmist (Ps 89,15). Es ist Ausdruck seiner Heiligkeit: Gott ist nicht gerecht, weil er Gerechtigkeit übt, sondern er übt Gerechtigkeit, weil er gerecht ist.

Die Gerechtigkeit üben, das Recht aufrichten – das sind Forderungen, die mit der Heiligkeit Gottes verwandt sind. Sie sprechen zu uns von Gott. Um „auf der Erde das Recht zu begründen“ (Jes 42,4), salbt der Herr seinen Knecht und legt seinen Geist auf ihn (vgl. Jes 42,1). Eine Aufgabe, die sich in der prophetischen Sprache bekundet – *dabar* ist zugleich Ereignis und Wort –, einer Sprache der Gerechtigkeit, die uns dazu bewegt, uns auf die Liebe Gottes zu jedem Menschen, besonders aber zu den Unterdrückten und Ausgeschlossenen einzulassen. Der Vorrang für die Letzten der Geschichte bringt die Gerechtigkeit als unausweichlichen Anspruch des Gottes der Bibel ins Spiel, er richtet sich gegen die ungerechten Ungleichheiten in unserer Gesellschaft. Wir haben weiter oben gesagt, dass die Armut die Menschen ihres Menschseins beraubt und ein Angriff auf ihre Eigenschaft als Söhne und Töchter Gottes ist.

Der Vorrang ist ein Nein zu dieser Situation, eine Richtschnur, um Recht und Gerechtigkeit aufzurichten um der Menschenwürde und der Gotteskindschaft eines jeden Menschen willen. Ohne das Nein zur Armut (das ja, wie wir sahen, die unverzichtbare Kehrseite der Option für die Armen ist), ohne Einsatz für die soziale Gerechtigkeit, ohne Verteidigung der elementarsten Menschenrechte gibt es keine echte Option für die Armen und auch keine Präferenz, die versucht, die soziale Ungleichheit zu korrigieren und so in der Geschichte die Gleichheit aller Menschen vor Gott zu verkörpern.

Dies ist der Grund, weshalb die Gerechtigkeit Gottes und die Forderung nach ihrer praktischen Umsetzung durch die Gläubigen in der Bibel stets im Zusammenhang mit dem Armen dargestellt werden. Die Verteidigung des Armen, die Anklage und Ablehnung der Qualen, unter denen er leidet, die Solidarität mit seiner Sache sind nicht nur Ausdruck dieser Gerechtigkeit, sondern ihre unerlässliche Bewahrheitung. Aus dieser Praxis und dieser Forderung erwächst eine Sprache, die uns erlaubt, überhaupt von Gott zu sprechen. Ijob entdeckt das ganz allmählich und eröffnet den Ausgang aus einer Welt von Lohn und Strafe, die ihn in sich selbst einschloss und ihn daran hinderte, richtig über Gott zu sprechen. Er begreift, nicht ohne persönliche Kosten, dass sich den Anderen zu öffnen, „Vater für die Armen" zu sein (29,16; eine Wendung, die die Bibel gewöhnlich nur auf Jahve anwendet) bedeutet, dem Herrn zu begegnen.

Die primäre Quelle für das Sprechen von Gott ist seine Selbstmitteilung, die Frohe Botschaft. Doch dieses Sprechen erwächst auch und unablösbar aus der Art, wie die göttliche Selbstmitteilung unter ganz bestimmten historischen Bedingungen aufgenommen wird. Die Situation der Armut und Ungerechtigkeit, wie sie in Lateinamerika und in der Karibik erlebt wird, verleiht dem Sprechen von Gott einen eigenen Akzent und einen Ton der Dringlichkeit, der nicht zu überhören ist.

4.2 Die Sprache der Gratuität

Dennoch darf diese Dringlichkeit nicht dazu führen, dass wir die andere Dimension des Sprechens von Gott unterbewerten. Wir meinen damit das, was aus dem Herzen der biblischen Botschaft erfließt: die ungeschuldete Liebe Gottes, die unsere Werke und Verdienste übersteigt. Sie ist gewiss Gegenstand der Kontemplation und des Gebets, weshalb sie auch Thema der christlichen Mystik wird, wie die Geschichte der Spiritualität zeigt. Aber sie ist auch ein starker Anspruchsfaktor. Nichts ist nämlich fordernder als die Gratuität: Die liebende Initiative Gottes verlangt eine Antwort. Paulus weiß darum, wenn er wegen Onesimus an Philemon schreibt: „Ich weiß, dass du mehr tun wirst, als was ich gesagt habe" (V. 21). Der Grund liegt in dem Satz aus dem Evangelium: „Umsonst habt ihr empfangen, umsonst sollt ihr geben" (Mt 10,8).

Der Vorrang für die Armen resultiert nicht in erster Linie daraus, dass er moralisch oder religiös besser wäre (eine unangebrachte Idealisierung), sondern daraus, dass er sich in einer unmenschlichen, ungerechten Situation befindet, die dem Willen Gottes widerspricht. Der letzte Grund dieses Vorrangs ruht in Gott, in seiner ungeschuldeten und universalen Liebe. Es ist eine Frage der Gerechtigkeit, sagten wir, aber nicht einer Gerechtigkeit, die äußere Normen meint, wie es in unserer Gesellschaft und in der Welt der Religion (für die Ijobs Freunde stehen) zur Genüge der Fall ist, sondern einer radikalen und fordernden Gerechtigkeit, die ans Mark der Ungerechtigkeit und der Conditio humana rührt. Wie jene, die sichtbar wird im Gleichnis vom Arbeiter der elften Stunde (vgl. Mt 20,1–16). In diesem Fall gilt das schneidende Wort Jahves: „Meine Gedanken sind nicht eure Gedanken / und eure Wege sind nicht meine Wege" (Jes 55,8).

Wir sprechen von der Gratuität der Liebe Gottes, der uns zuerst geliebt hat, noch „vor der Erschaffung der Welt" (Eph 1,4). Natürlich nicht aus Willkür oder Laune. Gratuität heißt nicht Herrschaft des Willkürlichen und Überflüssigen. Nichts ist dem Thema der Liebe in der christlichen Botschaft fremder. Sicher wird die Gratuität im gängigen Sprachgebrauch als Willkür verstanden, aber diese Bedeutung ist, sieht man richtig hin, in dem, was wir über die Gratuität der Liebe Gottes gesagt haben, ausgeschlossen.[22]

4.3 Singend unterwegs sein

Auch wenn es nützlich ist, von den beiden Dimensionen des Glaubensverständnisses zu sprechen, von den beiden Sprachen (der prophetischen der Gerechtigkeit und der kontemplativen der Gratuität), deren es bedarf, um auf Gott hinzuweisen und das Evangelium Jesu zu vermitteln, müssen wir doch wiederholen, dass sie getrennt nicht in ihrem Vollsinn verstanden werden können. Würden sie auseinandergerissen, so verlören sie ihren Gehalt und ihre Authentizität.

Die Sprache der Gratuität erkennt an, dass „alles Gnade ist", wie Therese von Lisieux sagte (und Georges Bernanos übernimmt); das prophetische Sprechen klagt die Situation von Ungerechtigkeit und Ausbeutung des Armen samt ihren Ursachen an. Ohne die Forderung nach Gerechtigkeit läuft die Sprache der Gratuität Gefahr, an der Geschichte, in der Gott gegenwärtig ist, vorbeizugehen oder sich gar aus ihr zu verabschieden. Das Sprechen von Gratuität seinerseits bewirkt, dass die Sprache der Gerechtigkeit nicht der Versuchung erliegt, ihr Bild von der Geschichte und von Gott zu verengen. Beide Sprachen wurzeln in den Lebensbedingungen, im Leiden und in der Hoffnung der Bedeutungslosen Lateinamerikas und der Karibik und anderer armer Gebiete der Menschheit. Sie verbinden sich miteinander, bereichern einander und werden zu einem einzigen Sprechen.

Die Sprache der Gratuität ist Lobpreis und Danksagung, die sich mit der Stimme des Kosmos vereint:

> Ein Tag sagt es dem andern,
> eine Nacht tut es der andern kund,
> ohne Worte und ohne Reden,
> unhörbar bleibt ihre Stimme.
> Doch ihre Botschaft geht in die ganze Welt hinaus,
> ihre Kunde bis zu den Enden der Erde."
> Die prophetische Sprache ist Weg der Solidarität, auf dem erkannt wird:
> „Die Befehle des Herrn sind richtig,
> sie erfreuen das Herz; das Gebot des Herrn ist lauter,
> es erleuchtet die Augen.

---

[22] So wie auch die pejorative Bedeutung eines Sich-Herablassens, die dem Terminus „Barmherzigkeit" zugeschrieben wird – was manche Leute zu der Äußerung veranlasst: „Gerechtigkeit will ich, nicht Barmherzigkeit" –, nicht dazu führt, dass wir das Wort „Barmherzigkeit", das so gehaltvoll und in der christlichen Tradition so fest verankert ist, außer Acht lassen.

Zwei theologische Sprachen sind es, die einander durchdringen, um vielleicht eines Tages mit diesem großartigen Psalm sagen zu können:

> Die Worte meines Mundes mögen dir gefallen;
> was ich im Herzen erwäge, stehe dir vor Augen,
> Herr, mein Fels und mein Erlöser.
> (Ps 19,3–5.9.15)

Aus dem Spanischem übersetzt von Michael Lauble

Wo werden die Armen schlafen?*

Eine Reihe von Ereignissen der vergangenen Jahre (wirtschaftliche, politische, kulturelle und kirchliche) haben in einem überraschenden Rhythmus das Bild einer völlig neuen Situation entstehen lassen. Sie wurde als Epochenwechsel bezeichnet, auch wenn wir noch nicht die nötige geschichtliche Distanz haben, um sie letztgültig einzuordnen. Aber es besteht kein Zweifel über das bisher noch nie Dagewesene des gegenwärtigen Standes der Dinge.

Es handelt sich um eine Situation, die Anlass gibt, viele Dinge zu überdenken. Eine große Zahl an Analysen und Empfehlungen, die kürzlich veröffentlicht wurden, haben ihre Gültigkeit verloren, zahlreiche Diskussionen und Präzisierungen jener Zeit geben auf die derzeitigen Herausforderungen keine volle Antwort. Diese Veränderungen zu übersehen würde bedeuten, sich in der Vergangenheit einzuschließen, aus einer Nostalgie heraus zu leben[1] und sich selbst dazu zu verurteilen, mit dem Rücken zu den Menschen von heute zu leben. Es geht dabei nicht um ein leichtfertiges „auf der Höhe seiner Zeit sein", sondern um eine Frage der Ernsthaftigkeit hinsichtlich der Solidarität und Aufmerksamkeit, die wir den Anderen schulden. Im Übrigen geht es für einen Christen darum, offen zu sein auf das hin, was der Herr uns durch die geschichtlichen Ereignisse sagen will, die in der Linie Johannes' XXIII. und des Konzils als Zeichen der Zeit gelesen und unterschieden werden müssen.

Eine Untersuchung der Merkmale, die nun diese Epoche ausmachen, drängt sich auf. Das schließt Offenheit und die innere Haltung des Hörens mit ein. Gleichzeitig ist es mit Bezug auf die Aufgabe, das Gottesreich zu verkünden und über den Glauben zu reden, notwendig, die neue Situation vom Evangelium her zu untersuchen. Ausgehend von der vorrangigen Option für die Armen, einer Frage, die das Mark der Theologie der Befreiung betrifft, werden wir das sehr konkret tun.

Ein kurzer Abschnitt aus dem Buch Exodus kann uns in dieser Hinsicht erleuchten. Unter den Vorschriften, die Mose von Jahwe erhält, um sie an sein Volk weiterzugeben, wird mit einfachen und ausdrucksreichen Begriffen auch die Vorschrift formuliert, dass man sich um den Ort kümmern solle, wo diejenigen schlafen, die keine Decke haben (vgl. Ex 22,26). Der Text lädt uns ein,

---

* Der Aufsatz wurde erstmals publiziert in: *G. Gutiérrez* u.a., El rostro de Dios en la historia, Lima 1996, 9–69; deutsch: *G. Gutiérrez / G. L. Müller*, An der Seite der Armen. Theologie der Befreiung. Mit einem Vorwort von Prof. Dr. J. Sayer, Vorsitzender des Bischöflichen Hilfswerks Misereor e. V., Augsburg 2004, 111–162.

[1] Für eine umfassende Vorstellung und Analyse dieser Zeit vgl. *E. Hobsbawm*, Towards the Millennium, in: *ders.*, Age of extremes, London 1994, 558-585 (deutsch: Das Zeitalter der Extreme, München 1998). Für den Autor hat das 21. Jahrhundert bereits 1992 begonnen.

eine Frage zu stellen, die hilft, das zu sehen, was zum gegenwärtigen Zeitpunkt auf dem Spiel steht: Wo werden die Armen schlafen in der Welt, die in Vorbereitung ist und die in gewisser Weise schon ihre ersten Schritte gemacht hat? Was wird in der Zukunft aus den Bevorzugten Gottes werden?

Wird es in der Welt der technischen Revolution und der Informatik, der „Globalisierung" der Wirtschaft, des Neoliberalismus und der vorgeblichen Postmoderne für diejenigen Platz geben, die heute arm sind und am Rande stehen und versuchen, sich aus den unmenschlichen Bedingungen zu befreien, die ihr Personsein und ihre Stellung als Kinder Gottes mit den Füßen treten? Welche Rolle spielen das Evangelium und der Glaube der Armen in einer Zeit, die gegenüber allen Prinzipien und besonders der menschlichen Solidarität abweisend ist? Was bedeutet es heute, die vorrangige Option für die Armen als einen Weg hin zu einer umfassenden Befreiung zu verfolgen? Es ist klar, dass es uns hier nur möglich sein wird, angesichts der Herausforderungen der Gegenwart mit dem Versuch einer Antwort zu beginnen.

1. Theologie und Verkündigung des Evangeliums

Der Glaube ist eine Gnade. Diese Gabe anzunehmen bedeutet, sich auf die Spur Jesu zu setzen, indem man seine Lehren in die Praxis umsetzt und die Verkündigung des Reiches fortsetzt. Am Ausgangspunkt jeder Theologie steht der Akt des Glaubens. Den Glauben zu denken ist etwas, das spontan im Glaubenden aufkommt, eine Reflexion, die durch den Willen motiviert ist, sein eigenes Glaubensleben mit mehr Tiefe und Treue zu versehen. Das ist aber keine rein individuelle Angelegenheit, der Glaube wird immer in Gemeinschaft gelebt. Beide Dimensionen, die persönliche und die gemeinschaftliche, bezeichnen sowohl den gelebten Glauben als auch den Glauben, der mit dem Verstand erfasst wird.

Die Aufgabe der Theologie ist eine Berufung, die im Schoß der kirchlichen Gemeinschaft gestiftet und ausgeübt wird. Diese steht im Dienste der Sendung der Kirche, zu evangelisieren. Dieser Ort und dieses Ziel geben ihr Sinn und umschreiben ihre Reichweite.[2] Die Theologie ist ein durch den Glauben begründetes Sprechen über Gott; Gott ist in Wahrheit das erste und das letzte Thema der theologischen Sprache.[3] Viele andere Punkte können von diesem Sprechen berührt werden, aber das geschieht nur in dem Maße, in dem diese Themen ihre Beziehung zu Gott aussagen.

Die theologische Annäherung ist immer ungenügend. Es ist notwendig, bereit zu sein, neue Wege zu gehen, Begriffe zu verfeinern, die Herangehens-

---

[2] Vgl. unten in diesem Band (163–172): „Die Theologie: eine kirchliche Aufgabe".

[3] Das brachte *Thomas von Aquin* (vgl. Summa theologiae I q.1 a.7) kraftvoll und hellsichtig in Erinnerung.

weise an die Probleme zu verändern. Von daher kommt inmitten der Einheit des Glaubens der Kirche die Vielfalt der Zugänge zu dem Wort, das sich die ganze Geschichte über offenbart. Tatsächlich kann der Glaube nicht mit der einen oder anderen Theologie gleichgesetzt werden, wie eine traditionelle Behauptung lautet. Die verschiedenen Bemühungen, den Glauben verstehend zu durchdringen, sind nützlich und fruchtbar, aber unter der Bedingung, dass sich keine unter ihnen als die einzig gültige vorstellt. Der Sinn und die Reichweite dieser Überlegungen verlangen ein klares Bewusstsein von dem bescheidenen Beitrag, den sie zu den vorrangigen Aufgaben der Kirche liefern können.

Wie schon gesagt wurde, steht die theologische Reflexion zuallererst im Dienste des christlichen Lebens und der Sendung der kirchlichen Gemeinschaft, zu evangelisieren; und dadurch stellt sie auch einen Dienst an der Menschheit dar. Die Kirche ist in der Welt präsent und muss in einer herausfordernden, aber auch die Menschen erreichenden Sprache sowohl die wirkende Anwesenheit des Gottesreiches im Heute des geschichtlichen Werdens als auch sein Nahen in Zukunft und in Fülle verkündigen. Diese Perspektive ist einer der zentralen Punkte des Zweiten Vatikanischen Konzils (vgl. Gaudium et spes 44). In diesem Auftrag spielen der Einsatz der Christen und die theologische Reflexion eine Hauptrolle.

Evangelisieren heißt, in Taten und Worten die Rettung in Christus zu verkünden. Nachdem der Sohn Gottes die Kräfte der Sünde, die den „alten Menschen“ beherrschen, durch seine Hingabe bis zum Tod und seine Auferstehung durch den Vater an ihrer Wurzel überwunden hat, ebnet der menschgewordene Gottessohn den Weg für den „neuen Menschen“, damit er seine Berufung zur Gemeinschaft mit Gott im paulinischen „von Angesicht zu Angesicht“ erfülle (1 Kor 13,12).

Aber gerade weil diese Befreiung von der Sünde ins Herz der menschlichen Existenz geht, dorthin, wo die Freiheit eines jeden die sich schenkende und die erlösende Liebe Gottes annimmt oder ablehnt, entgeht niemand dem rettenden Wirken Jesu Christi. Dieses erreicht alle menschlichen, personalen und sozialen Dimensionen und gibt ihnen ihr Gepräge. Die Theologien sind notwendigerweise von der Zeit und von dem kirchlichen Zusammenhang geprägt, in dem sie entstehen. Sie sind lebendig, solange die wesentlichen Bedingungen, unter denen sie entstanden sind, weiter gültig sind.[4] Natürlich überschreiten die großen Theologien auf eine gewisse Weise diese Grenzen der Zeit und der Kultur. Weniger bedeutende Theologien, so bedeutungsvoll sie zu ihrer Zeit auch sein mochten, werden eher dem Augenblick und seinen Umständen unterworfen sein. Sicherlich beziehen wir uns mit dieser Aussage auf die beson-

[4] Manchmal wird von kontextuellen Theologien gesprochen wie von einem besonderen Typ der Einsicht in den Glauben. Das hängt von dem ab, was ausgesagt werden soll, denn in gewisser Weise ist jede Theologie kontextbezogen, ohne dass dies ihr Bemühen um dauerhafte Geltung in Frage stellen würde.

deren Modalitäten einer Theologie (unmittelbare Anreize, Forschungsinstrumente, philosophische Begriffe und andere), nicht auf die grundlegenden Aussagen, die die geoffenbarten Wahrheiten betreffen. Die Geschichte der Theologie veranschaulicht das, was wir gerade aufgezeigt haben.

Auf der anderen Seite sollte man beachten, dass jede theologische Reflexion trotz ihrer Grenzen und Mängel, ihrer Leidenschaften und Absichten, in einen Dialog mit anderen Versuchen, Einsicht in den Glauben zu nehmen, tritt. Das Eigentliche einer Theologie ist es, den Gläubigen zu helfen, das Bewusstsein hinsichtlich ihrer Begegnung mit Gott und hinsichtlich dessen, was die Frohbotschaft für die christliche Gemeinschaft und für die Welt einschließt, zu erhellen. Jeder tut dies mit seinen Möglichkeiten und Begrenztheiten, er bereichert sich am Beitrag anderer Theologien und trägt zu ihnen bei. Das Wichtigste für einen Glaubensdiskurs ist nicht, auf eine Dauer ausgerichtet zu sein und noch weniger zu überdauern, sondern sein Wasser zu breiteren und wasserreicheren Flüssen zu tragen, zum Leben der Gesamtheit der Kirche.

Aus allen diesen Gründen müssen uns die Leiden und Ängste, Freuden und Hoffnungen der Menschen von heute wie auch die derzeitige Situation des Auftrags der Kirche, zu evangelisieren, mehr als die Gegenwart und die Zukunft einer Theologie interessieren.

1.1 In der Perspektive der Theologie der Befreiung

Natürlich gilt das, was über die Funktion des Diskurses über den Glauben im Allgemeinen gesagt wurde, auch für die Theologie der Befreiung. Wie jede Einsicht in den Glauben entsteht sie an einem genauen Ort und zu einer genauen Zeit, indem sie auf geschichtliche Situationen eine Antwort zu geben versucht – Zusammenhänge, die gleichzeitig herausfordern und neue Wege für die Aufgabe der Evangelisierung der Kirche einschlagen. Deshalb ist die Theologie von Dauer, insofern sie ein Bemühen um ein Verstehen ist, wie es die Gabe des Glaubens fordert, und gleichzeitig dem Wandel unterworfen, insofern sie Antworten auf konkrete Anfragen und eine gegebene kulturelle Welt gibt.

1.1.1 Ein Kriterium gemäß dem Evangelium

Wie man weiß, war die Theologie der Befreiung, die aus einer intensiven Bemühung im Bereich der Seelsorge entstand, seit ihren Anfängen verbunden mit dem Leben der Kirche, mit ihren Dokumenten, ihrer gemeinschaftlichen Feier, ihrer Sorge um die Evangelisierung und mit ihrem befreienden Einsatz für die lateinamerikanische Gesellschaft, besonders für die Ärmsten ihrer Mitglieder. Die lateinamerikanischen Bischofskonferenzen jener Jahrzehnte (Medellín,

Puebla, Santo Domingo), zahlreiche Texte der Bischofskonferenzen einzelner Länder und andere Dokumente stehen für diese Aussage, auch wenn sie uns zu einer kritischen Unterscheidung gegenüber grundlosen Behauptungen und Stellungnahmen einladen, die einige aus dieser theologischen Perspektive ableiten wollten.

Vom Ziel des Themas aus gesehen, das wir auf diesen Seiten angehen wollen, würden wir gerne den Nachdruck auf einige Aspekte legen, die den Beitrag des Lebens und der Reflexion der gegenwärtigen Kirche in Lateinamerika im Hinblick auf kommende Zeiten betreffen. Uns scheint, dass sich ihr grundlegender Beitrag um die so genannte vorrangige Option für die Armen dreht. Diese Option ist der Oberbegriff für das viele Engagement, das die Kirche in diesen Jahren geleistet hat. Unter diesem Begriff werden das Engagement wie auch die theologischen Reflexionen, die mit ihm verbunden sind, vertieft und gegebenenfalls korrigiert. Die Option für die Armen entspricht von Grund auf dem Evangelium. Sie ist ein wichtiges Kriterium des Evangeliums und wirkt in den sich überstürzenden Ereignissen und geistigen Strömungen unserer Tage wie ein Filter.

Die von Johannes XXIII. vorgeschlagene Vorstellung von der „Kirche aller, vornehmlich der Armen“[5] ist in Lateinamerika und in der Karibik auf fruchtbaren Boden gefallen. Unser Kontinent ist der einzige gleichzeitig hauptsächlich christliche und arme Kontinent. Die Anwesenheit einer massenhaften und unmenschlichen Armut führte dazu, sich nach der biblischen Bedeutung der Armut zu fragen. Um die Mitte der sechziger Jahre wird im theologischen Bereich die Unterscheidung zwischen drei Bedeutungen des Begriffs Armut formuliert: a) die tatsächliche Armut (oft materiell genannt) als ein ärgerniserregender Zustand, den Gott nicht wünscht; b) die geistliche Armut, als geistliches Kindsein, deren einer Ausdruck – es ist nicht der einzige – die Entäußerung gegenüber den Gütern dieser Welt ist; c) die Armut als Verpflichtung: Solidarität mit dem Armen und Protest gegen die Armut.

Medellín übernahm mit Autorität diese Unterscheidung (Medellín, Armut 4), so dass sie eine enorme Tragweite im Umfeld der lateinamerikanischen Kirche und darüber hinaus erhielt. Diese Einstellung inspirierte den Einsatz und die Reflexion vieler christlicher Gemeinschaften und verwandelt sich in die Grundlage dessen, was im Umfeld von Puebla und in den Texten dieser Bischofskonferenz mit der Wendung: vorrangige Option für die Armen ausgedrückt wird. Tatsächlich begegnen uns in den drei Begriffen von diesem Ausdruck nacheinander die drei in Medellín unterschiedenen Auffassungen. Später sollte die Konferenz von Santo Domingo diese Option bestätigen, an der wir uns „nach dem Beispiel Jesu Christi“ bei „jeder Evangelisierungstätigkeit in

---

[5] *Johannes XXIII.*, Rundfunkbotschaft vom 11. September 1962, in: Herder Korrespondenz 17 (1962/63) 43–46, 45; vgl. AAS 54 (1962) 678–685.

der Gemeinde und als Einzelpersonen" orientieren sollen (Santo Domingo 178).

Die genannte Option greift eine durchgehende biblische Linie auf und ruft sie, die auf die eine oder andere Weise immer in der christlichen Welt vorhanden war, in Erinnerung.[6] Gleichzeitig gibt ihr die vorliegende Formulierung unter den derzeitigen Umständen neue Kraft, sie hat ihren Weg genommen und begegnet in universellen kirchlichen Lehräußerungen. Johannes Paul II. hat sich bei zahlreichen Gelegenheiten auf sie bezogen, nur zwei Erwähnungen seien aufgeführt. In „Centesimus annus" bestätigt er, dass man bei einer Relecture von „Rerum novarum" im Licht der zeitgenössischen Wirklichkeiten beobachten kann, dass der Inhalt der Enzyklika „ein sprechendes Zeugnis für die Kontinuität dessen in der Kirche, was man heute „die vorrangige Option für die Armen nennt", ist (Centesimus annus 11).[7] Und in dem Schreiben „Tertio millennio adveniente", das von besonderem Interesse für unser Thema ist, wird eingedenk der Tatsache, dass Jesus kam, um den Armen die Frohbotschaft zu bringen, mit Bezug auf Mt 11,5 und Lk 7,22 gefragt: „Wie sollte man nicht auf entschiedenste Weise die vorrangige Option der Kirche für die Armen und die an den Rand Gedrängten unterstreichen?" (Tertio millennio adveniente 51).

1.1.2 Vorrang und Gratuität

Die Thematik der Armut und der Marginalisierung lädt uns ein, von der Gerechtigkeit zu sprechen und die diesbezüglichen Verpflichtungen des Christen im Bewusstsein zu behalten. Wahrlich, so ist es, und diese Einstellung ist zweifelsohne fruchtbar. Aber man darf das, was die vorrangige Option für die Armen zu einer derart zentralen Perspektive macht, nicht aus den Augen verlieren. An der Wurzel dieses Vorrangs steht die Gratuität der Liebe Gottes. Das ist das tiefste Fundament dieses Vorrangs.[8]

Der Begriff des Vorrangs selbst lehnt jede Ausschließlichkeit ab und versucht herauszuarbeiten, wer die ersten – nicht die einzigen – Adressaten unserer Solidarität zu sein haben. Um den Sinn des Vorrangs zu erörtern, gilt in unserer theologischen Reflexion häufig der Satz, dass die große Herausforderung in der Notwendigkeit besteht, gleichzeitig an der Allumfassendheit der Liebe

---

[6] Vgl. zum Beispiel im Fall der methodistischen Kirchen *Th. W. Jennings*, Good News to the Poor, Nashville 1990.

[7] Die Fortsetzung des Textes lautet: „[...] eine Option, die ich als einen besonderen Vorrang in der Weise, wie die christliche Liebe ausgeübt wird', definiert habe" (Centesimus annus 11). Zur Präsenz der Option für die Armen in der Soziallehre der Kirche vgl. *D. Dorr*, Option for the poor, Dublin/New York 1983.

[8] Aus diesem Grund und aus den Gründen, an die auf den folgenden Zeilen erinnert werden wird, hat der Begriff „Vorrang" eine Schlüsselfunktion in der Formulierung, die wir kommentieren.

Gottes und an seiner besonderen Liebe zu den Letzten der Geschichte festzuhalten. Nur auf einem dieser Extreme zu beharren, bedeutet die Botschaft des Evangeliums zu verstümmeln.

Es ist wichtig, dass in einem letzten Schritt die Option für die Armen eine Option für den Gott des Reiches ist, das Jesus uns verkündigt. Der endgültige Grund für den Einsatz für die Armen und Unterdrückten liegt folglich nicht in der Gesellschaftsanalyse, derer wir uns bedienen, auch nicht in der direkten Erfahrung, die wir mit der Armut machen können, oder in unserem menschlichen Mitleid. All dies sind gültige Begründungen, die zweifelsohne eine bedeutsame Rolle in unserem Leben und in unseren Beziehungen spielen. Dennoch baut dieser Einsatz für die Christen grundlegend auf dem Glauben an den Gott Jesu Christi auf. Er ist eine theozentrische Option und eine prophetische Option, die ihre Wurzeln in die Gratuität der Liebe Gottes schlägt und von ihr gefordert wird. Und wie wir wissen, gibt es nichts Fordernderes als die Gratuität (vgl. Phlm 21).

Der Arme soll den Vorrang erhalten, nicht weil er vom moralischen oder religiösen Standpunkt aus notwendigerweise besser wäre als andere, sondern weil Gott Gott ist. Die ganze Bibel ist durchdrungen von der Vorliebe Gottes für die Schwachen und Misshandelten der menschlichen Geschichte. Sie offenbaren uns in großer Deutlichkeit die Seligpreisungen des Evangeliums, sie sagen uns, dass die Bevorzugung der Armen, Hungernden und Leidenden ihr Fundament in der sich verschenkenden Güte des Herrn hat.[9] Die vorrangige Option für die Armen ist deshalb nicht nur eine Norm für die Seelsorge und eine Perspektive der theologischen Reflexion, sie ist auch und an erster Stelle eine geistliche Gangart, im starken Sinn dieses Ausdrucks: eine Beschreibung des Wegs zur Begegnung mit Gott und der Gratuität seiner Liebe, ein Wandeln „vor dem Herrn im Land der Lebenden" (Ps 116,9). Wenn die Spiritualität diesen Punkt, die Nachfolge Jesu, nicht erreicht; das heißt das Herz des christlichen Lebens, ist die Reichweite und Fruchtbarkeit der genannten Option nicht wahrzunehmen.

Ein Philosoph von tiefer biblischer (und talmudischer) Verwurzelung hat ein Denken, konkreter noch eine Ethik (für ihn die Erste Philosophie) entwickelt, die vom Anderssein, die unsere Erwägungen erhellen kann. Wir spielen auf E. Lévinas an.[10] „Die Bibel", sagt er uns, „ist die Priorität des Anderen im Verhältnis zu mir." Was von jeder Person gilt, wird radikalisiert, wenn es sich um den Armen handelt: „in den Anderen", fährt Lévinas fort, „sehe ich immer die

---

[9] Dieser Punkt wurde mit aller wünschenswerten Klarheit präzisiert von *J. Dupont*, Les Béatitudes, 3 Bde., Paris 1964-1969. In derselben Richtung siehe *J. Schlosser*, Le Règne de Dieu dans les dits de Jésus, Paris 1980.

[10] In dieser Perspektive des Andersseins und in Beziehung mit dem Gleichnis vom barmherzigen Samariter haben wir *E. Lévinas* zitiert in: *G. Gutiérrez*, Theologie der Befreiung. Mit der neuen Einleitung des Autors und einem neuen Vorwort von Johann Baptist Metz, Mainz [10]1992, 260.

Witwe und die Waise. Immer gehen die Anderen vor".[11] Die Witwe, der Waise und der Fremde konstituieren die Dreiheit, die in der Bibel für den Armen steht. Dass der Andere den Vorrang hat, ist etwas, das zu seiner Verfassung als anderer gehört, das muss auch noch dann so sein, wenn der Andere mich übersieht oder mir mit Gleichgültigkeit gegenübersteht. Nicht um eine Frage der Gegenseitigkeit geht es, wir stehen vielmehr vor einem Primat des Anderen, worauf das folgt, was unser Autor die Disymmetrie der interpersonalen Beziehung oder die ethische Asymmetrie nennt. Theologisch würden wir sagen, dass, wenn der Andere und – besonders anspruchsvoll – der Arme Vorrang haben müssen, dann aus dem Geschenktsein heraus – weil es notwendig ist, zu lieben, wie Gott liebt. Geben also nicht als Vergütung dessen, was man erhalten hat, sondern weil man liebt. „Gott hat uns zuerst geliebt", sagt uns Johannes (1 Joh 4,19). Christsein bedeutet, auf diese Initiative eine Antwort zu geben.

Eine anspruchsvolle Ethik, wie sollte man das bezweifeln? Die Beziehung zum anderen gewinnt für den Christen darüber hinaus an Tiefe, wenn man sich des Glaubens an die Menschwerdung und seiner Ausstrahlung bewusst ist.[12] Die Bibel betont die Verbindung zwischen der Gottes- und der Nächstenliebe, auf verschiedene Weisen sagt sie uns, den Armen zu misshandeln bedeutet Gott zu verletzen (Anm. d. Übers. „Was ihr dem geringsten meiner Brüder getan habt, das habt ihr mir getan"; Mt 25,40). Dieser Grundzug zieht sich durch die Evangelien und hat seinen Höhepunkt in dem Matthäustext vom Weltgericht (Mt 25,31–46). Das Verhalten gegenüber dem Armen ist eine Handlung, die sich an Christus selbst richtet. Wie es in Puebla heißt, müssen wir in den „sehr konkreten Antlitzen" der Armen „die leidenden Züge Christi, des Herrn, der uns anfragt und anruft", wiedererkennen (Puebla 31).[13] Das christliche Leben bewegt sich zwischen Gnade und Forderung.

Diese zutiefst biblische Wahrnehmung hält die Unterscheidung zwischen Gott und dem Menschen deutlich aufrecht, trennt sie aber nicht. Der Einsatz für den Armen beschränkt sich nicht auf den gesellschaftlichen Raum der Gegenwart, sondern die genannte Solidarität schließt einen zutiefst geistlichen Inhalt und ein christologisches Fundament mit ein und zwar als etwas Grundlegendes. Der Einsatz für den Armen hat eine enge und unauflösliche Beziehung mit den grundlegenden Wahrheiten unseres Glaubens. Nur vor diesem Hintergrund läßt sich die Bedeutung der vorrangigen Option für die Armen hochschätzen. So haben viele Christen in Lateinamerika diese vorrangige Op-

---

[11] *E. Lévinas*, Wenn Gott ins Denken einfällt, Freiburg 1985, 116.

[12] Wir befinden uns hier auf einer Ebene, die sich von der rein philosophischen unterscheidet. *E. Lévinas* (Totalität und Unendlichkeit, Freiburg 1987, 277–318) bearbeitet in tiefgehender Weise den Aufruf, der uns vom „Antlitz des Anderen" zugeht, aber natürlich nicht die Beziehung zur Menschwerdung des Gottessohnes, die außerhalb seines Horizonts liegt.

[13] Ein in Santo Domingo (178–179) wiederaufgegriffener und vertiefter Text.

tion gelebt und leben sie. Daraus geht ein fruchtbares Hauptkriterium hervor, um die gegenwärtige Zeit vom Glauben her zu verstehen.[14]

2. Einer globalen Wirtschaft entgegen

Ein häufiges Thema dieser Zeit ist die so genannte „Globalisierung" der Wirtschaft. In den vergangenen Jahrhunderten haben die Menschen auf ihrem Weg bereits angenommen, dass die Welt eins sei, aber heute verstärkt sich dieser Zug.

2.1 Ein faszinierendes und grausames Jahrhundert

Kürzlich sagte Enrique Iglesias, Präsident der „Interamerikanischen Entwicklungsbank" (BID), dass unser Jahrhundert „ein faszinierendes und grausames Jahrhundert" sein werde. Wie alle etwas paradoxen Sätze scheint uns dieser fragwürdig und anziehend. Wenn wir uns die Mühe machen, ihn näher zu betrachten, offenbart er uns dennoch die tragische Wirklichkeit, die er ausdrückt.

Tatsächlich hat dank der außerordentlichen Entwicklung der Wissenschaft und der Technik eine faszinierende Epoche begonnen: mit Möglichkeiten der Kommunikation (oder wenigstens der Information) zwischen Menschen, wie sie die Menschheit niemals kannte, und mit einer Fähigkeit, die Natur zu beherrschen, die die Grenzen unseres Planeten überwindet und das, was bis vor kurzem noch Science-fiction schien, zur Wirklichkeit macht. Dazu zählen auch Möglichkeiten des unbegrenzten Verbrauchs und leider auch ein Vernichtungspotential, das das ganze Menschengeschlecht in Mitleidenschaft ziehen kann. Als Menschen und als Gläubige können wir diese Fortschritte nur schätzen und bewundern, trotz der großen dunklen Wolken, die ebenfalls am Horizont auszumachen sind.

Dessen ungeachtet wird aus der heutigen Perspektive die Zukunft ganz konkret faszinierend sein für die Menschen, die einen gewissen gesellschaftlichen Standard erreicht haben und die an der Spitze der technologischen Erkenntnis partizipieren. Die im Besitze dieser Möglichkeiten sind, haben die Tendenz, eine internationale Schicht zu bilden, die in sich selbst verschlossen ist und jene vergisst – einschließlich derer, die mit ihnen im selben Land leben –, die nicht Mitglieder ihres Clubs sind.

Diese letzteren sind die Armen. Sie werden hauptsächlich mit dem Adjektiv „arm" identifiziert. Tatsächlich wird für die „Unbedeutenden" der Geschichte

---

[14] *J. C. Scannone* (La irrupción del pobre y la pregunta filosófica en América Latina, in: *ders.* u.a., Irrupción del pobre y quehacer filosófico, Buenos Aires 1993, 123–140) hat die Fruchtbarkeit dieser Ansicht in der philosophischen Arbeit gezeigt.

das kommende Jahrhundert schrecklich werden. Ihre Armut und ihre Randständigkeit werden – wenn wir uns nicht übermäßig um Solidarität bemühen – zunehmen, es wird größeres Elend geben, und diejenigen, die in ihm leben, werden zahlreicher sein, wie dies alle Indizes der diesbezüglichen internationalen Organisationen belegen.

Mit anderen Worten: Die unmittelbare Zukunft wird wahrlich nicht für dieselben Personen faszinierend und grausam sein. Das macht die Herausforderung unserer Zeit dringlicher und den Anruf an den Glauben an den Gott Jesu Christi, der alle liebt und aufruft, die Kleinsten zu beschützen, größer.

2.1.1 Ein bedingungsloser Markt

Wir leben in einer Epoche, die immer mehr von der liberalen oder, wenn man so will, neoliberalen Wirtschaft beherrscht wird. Der schrankenlose Markt, der sich aus eigenen Kräften regeln soll, ist dabei, zum beinahe uneingeschränkten Grundsatz des wirtschaftlichen Lebens zu werden. Vertreter des berühmten und klassisch gewordenen Wortes vom „Laissez faire" aus den Ursprüngen der liberalen Wirtschaft behaupten heute weltweit – zumindest in der Theorie –, dass jeglicher Eingriff der politischen Macht, um den Markt zu regulieren und auch den sozialen Notwendigkeiten entgegenzukommen, auf Kosten des Wirtschaftswachstums gehe und allen zum Schaden gereiche. Wenn es Schwierigkeiten in der Wirtschaft gibt, sei die einzige Lösung deshalb ein Mehr an Markt. Nach einigen schicksalhaften Wechselfällen[15] hat die liberale Welle in der vergangenen Zeit wieder Anlauf genommen und wächst grenzenlos. Die großen transnationalen Unternehmen, das dominierende Element in der gegenwärtigen Wirtschaftsordnung, und die reichen Länder üben Druck auf die ärmsten aus, damit sie ihre Märkte öffnen, ihre Wirtschaft privatisieren und das zu Ende führen, was man als strukturelle Anpassungen bezeichnet. Die inter-

---

[15] Der „wilde Kapitalismus" der ersten Zeiten rief die Reaktion der Arbeiter hervor, „die sozialmoralisch gerechtfertigt war" (Laborem exercens 8), die sich organisierten, um ihre Rechte zu verteidigen. Er wurde wegen seines unbarmherzigen Charakters hart kritisiert, im Namen menschlicher und religiöser Grundsätze, die den Wert der menschlichen Person ins Zentrum der Wirtschaft stellten (vgl. die Soziallehre der Kirche). Ihm setzten auch die sozialistischen Bewegungen zu, die die Arbeiterorganisationen ideologisch auszurichten suchten. Und er sah sich eher schlecht als recht der großen Krise von 1929 ausgesetzt. Eines der Ergebnisse dieser Situationen und Debatten war das, was als sozialer Wohlfahrtsstaat bekannt ist, der versuchte, einige der größten Probleme bei der Anwendung des wirtschaftlichen Liberalismus zu dämpfen, der aber nie wirklich in den armen Ländern angewandt wurde. Die großen neoliberalen Wirtschaftswissenschaftler (Hayek, Friedman und andere) unterzogen ihrerseits den Wohlfahrtsstaat einer kritischen Energie, der begonnen hatte, in wirtschaftlicher Hinsicht auf Schwierigkeiten zu stoßen (vgl. die kluge Analyse dieser Kritiken von *A. Hirschman*, Denken gegen die Zukunft, München 1992). Wir befinden uns derzeitig, und das hat besondere Folgen für die armen Nationen, vor einem Rückfall in die ursprünglichen Forderungen des Kapitalismus, mit der Stärke der weltweiten Dimensionen, die er angenommen hat.

nationalen Organisationen (Weltbank, Internationaler Währungsfonds) sind wirkungsvolle Vertreter dieser Integration der schwachen Wirtschaften in den einzigen Markt gewesen. Das Bewusstsein von der gegenseitigen Abhängigkeit als solcher kann viel Positives an sich haben, aber ihre derzeitige Form drückt eine Asymmetrie aus, die die bestehenden ungerechten Ungleichheiten unterstreicht.[16] Das Hauptelement in der Globalisierung ist das Finanzkapital, das über die Welt huscht: auf der Suche nach neuen und größeren Gewinnen und mit unglaublicher Beweglichkeit alle Grenzen überschreitend. Die Grenzen der nationalen Wirtschaften, auch die der großen Länder, verschwimmen.[17]

Ein Aspekt dieser Globalisierung, für die armen Länder einer der schmerzlichsten und brennendsten, ist der der Außenschulden, die die Schuldnernationen in Unterwerfung und Unterdrückung halten. Wenn diese Angelegenheit nicht bald eine angemessene Lösung findet, gibt es kaum eine Möglichkeit, dass die armen Länder der Situation entkommen können, in der sie sich gegenwärtig befinden.[18]

Verschiedene Faktoren haben in den Prozess eingegriffen, der zu diesem Ergebnis geführt hat. Zwei davon seien erwähnt. Auf politischer Ebene war es der Zusammenbruch des autoritären Sozialismus. In Russland und den Ländern des Ostens lehnte er es ab, die Komplexität der Dimensionen des Menschen zu sehen und verletzte systematisch das Recht auf Freiheit, zweifelsohne folgenreich.[19] Von einer bipolaren Welt sind wir zu einer unipolaren Welt, eher im Politischen und Militärischen als im Wirtschaftlichen, übergegangen. Der andere Faktor, der einen längeren Atem hat, ist die Rolle des technologischen Wissens (neue Materialien, neue Energiequellen, Biotechnologie); die Informatik ist eine der dynamischsten Quellen dieses Wissens.[20] Dieser Punkt hat bemerkenswerte Veränderungen im Produktionsprozess mit sich gebracht. Darüber hinaus zeigt sich immer deutlicher, dass im Wirtschaftsleben heute das Wissen der wichtigste Pfeiler für die Akkumulation ist. Die Fortschritte auf

---

[16] Die Situation ist derart offenbar, dass selbst der Geschäftsführer des Internationalen Währungsfonds, trotz seiner Verteidigung des Marktes anerkennt, dass man „das Potential, das die Schwachen und Vernachlässigten erdrückt, nicht übersehen kann, das aus dem Wettlauf des Marktes unter den Umständen der Welt von heute“ hervorgeht. *M. Camdessus*, Economia ¿para qué futuro?, in: La cuestión social año 4, Nr. 1, März–Mai 1996, 67.

[17] Zu diesem Punkt der Nationalökonomien und der globalen Ökonomie siehe *R. B. Reich*, The Work of Nations, New York 1992.

[18] Vgl. *J. Iguiñiz*, Deuda externa en América Latina. Exigencias éticas desde la Doctrina Social de la Iglesia, Lima 1995.

[19] Diese Tatsache öffnete einen neuen Raum auf internationaler Ebene, aber in ihm wurden nicht automatisch „die Situationen von Ungerechtigkeit und Unterdrückung in der Welt“ beseitigt (Centesimus annus 42).

[20] In dieser Hinsicht sprach man von einer dritten revolutionären Welle in der Geschichte der Menschheit. Das Thema wurde durch die Werke von A. und H. Toffler zum Gemeingut gemacht. Vgl. dazu auch *T. Sakaiya*, Historia del futuro: la sociedad del conocimiento, Santiago de Chile 1994. Das sind Arbeiten mit einem eher optimistischen Ton, vielleicht weniger aufmerksam auf die derzeitige Kehrseite dieser Wissensrevolution für die ärmsten Sektoren der Weltbevölkerung.

diesem Gebiet haben es ermöglicht, auf das Gaspedal der bereits entfesselten Ausbeutung – und Verwüstung – der natürlichen Ressourcen des Planeten, die ein gemeinsames Erbe der Menschheit sind, zu drücken. Das hat in unseren Tagen den Ernst der ökologischen Frage zum Vorschein gebracht.

Mit seinen Erfolgen und Zwängen, seinen Fortschritten und Schrecken, seinen Möglichkeiten und seiner Vergessenheit hat sich das zeitgenössische Panorama der Wirtschaft und der Sozialstruktur in den vergangenen Jahren mit schwindelerregender Schnelligkeit verändert, wie es das in Jahrhunderten nicht getan hatte. Die neue Situation ruft nach einer Erneuerung der Untersuchungsmethoden, die es erlauben sollen, sich der Vielgestaltigkeit der Faktoren bewusst zu werden, die in die gesellschaftliche und wirtschaftliche Verwobenheit unserer Zeit hereinspielen.[21] Sie ruft uns aber auch dazu auf, sie von einer christlichen Ethik und einer theologischen Reflexion aus im Hinblick auf eine notwendige Unterscheidung zu betrachten.

2.1.2 Ethik und Wirtschaft

Hat die Ethik und ganz konkret die christliche Ethik der Welt der Wirtschaft etwas zu sagen?

Die Frage hätte im 16. Jahrhundert keinen Sinn gehabt. Die überraschten Moraltheologen der Epoche (Francisco de Vitoria unter anderem), die sich mit den Fragestellungen beschäftigten, die der entstehende Kapitalismus aufwarf (manchmal wurde er als merkantilistischer Kapitalismus bezeichnet), hätten wohl gesagt, dass die Frage positiv zu beantworten sei. Noch im 18. Jahrhundert finden sich philosophische und ethische Abhandlungen der Klassiker der Wirtschaftslehre, die sich in das neue Feld zwischen Ethik und Wirtschaft hineinbegeben.

Aber allmählich tendiert die entstehende Disziplin dazu, sich dem Vorbild und der Vernunftdurchdrungenheit der Naturwissenschaften anzupassen, und beginnt, ihre Eigengesetzlichkeit hinsichtlich der Politik einzufordern. Sie gibt selbst vor, diese zu ersetzen, weil man denkt, dass sich alles, was für das Leben in der Gesellschaft wichtig ist, im Bereich der Wirtschaft abspielt. Wenn wir

---

[21] Die Dependenztheorie (in Wirklichkeit eher eine Sichtweise als eine systematische Theorie), in den Anfängen der Befreiungstheologie in dem Kapitel gegenwärtig, das der Analyse der sozio-ökonomischen Wirklichkeit entspricht, erscheint heute, trotz ihrer unbezweifelbaren Beiträge in den 60er und 70er Jahren, als ein zu kurz greifendes Werkzeug, um die neuen Tatsachen, die neuen Formen der Dependenz zu erklären und um die enorme Komplexität des gegenwärtigen Standes der Dinge zu überblicken (vgl. die Studie von *C. Kay*, Latinoamerican theories of development and underdevelopment, London/New York 1989). Eines jedoch ist die Tatsache der Dependenz, die in vielen Aspekten gewachsen ist, das andere die Theorie, die in einem gegebenen Moment diese Wirklichkeit deutete. Das Eigentliche einer Erkenntnis, die für sich strikte Geltung einfordert, auch auf unsicherem Grund wie dem Sozialen, ist es, für neue Hypothesen und Möglichkeiten offen zu sein.

die aktuelle Situation der politischen Welt bei diesem Thema bedenken, müssen wir in dem Punkt übereinstimmen, dass sich dies in den Augen der meisten Bürger so verhält. Die Politik verwandelt sich immer weiter in ein Szenario, in dem sich bedeutungslose Dinge abspielen. Von daher rührt ihr wachsender Ansehensverlust in der Welt von heute, gewiss einschließlich Lateinamerikas und der Karibik.

Aber es geht um mehr, die moderne Wirtschaft fordert die moralischen Normen heraus, die allgemein und nicht nur in den Kreisen, die wir traditionell nennen können, akzeptiert sind. Neid, Egoismus, Habsucht werden zum Motor der Wirtschaft; die Solidarität und die Sorge um die Ärmsten werden im Gegenzug als Hemmnisse für das Wirtschaftswachstum angesehen und sind schließlich unzweckmäßig, um eine Wohlstandssituation zu erreichen, von der eines Tages alle profitieren könnten.

Einige scharfsinnige Wirtschaftswissenschaftler liberaler Tradition waren sich dieses Werteumsturzes bewusst, aber sie akzeptierten ihn, da sie in ihm etwas Notwendiges und Unausweichliches sahen. Das ist der Fall bei J. M. Keynes, der in einem Text aus den Jahren 1928 bis 1930 mit haarsträubender Deutlichkeit bestätigte:

> Wenn die Akkumulation von Wohlstand nicht länger von hoher sozialer Bedeutung ist [...] sollten wir in der Lage sein, uns von vielen pseudomoralischen Prinzipien zu befreien, die uns 200 Jahre lang schikaniert haben [...] Die Liebe zum Geld als Besitz [...] wird als das anerkannt werden, was es wirklich ist: eine etwas ekelhafte Krankhaftigkeit.[22]

Keynes denkt, dass der Augenblick kommen wird, in dem es uns möglich sein wird, die Dinge beim Namen zu nennen und zu sagen, „dass die Habsucht ein Laster, dass das Eintreiben von Wucherzinsen ein Vergehen und dass die Liebe zum Geld abscheulich ist“. Aber mit einer entzauberten und beunruhigenden Resignation behauptet er: „Aber Achtung! Wir sind noch nicht so weit. Für mindestens weitere hundert Jahre müssen wir uns und jedem anderen gegenüber so tun, als ob gut böse und böse gut sei.“ Der Grund für diese Vertauschung der Werte wurzelt in der Tatsache, dass „böse nützlich ist und gut nicht. Der Geiz, der Wucher und die Vorsorge müssen noch für einige Zeit unsere Götter sein. Tatsächlich können nur sie uns aus dem Tunnel der wirtschaftlichen Notwendigkeit ans Tageslicht führen“.[23]

---

[22] Der Text fährt fort mit sehr harten Begriffen: Die Liebe zum Geld ist „eine jener halb kriminellen, halb krankhaften Neigungen, die man mit einem Schaudern in die Hände von Spezialisten für Geisteskrankheiten legt“.

[23] Wörtlich: „fair is foul and foul is fair“, wie bei Shakespeares' Macbeth (Anm. des Übers.). Economic possibilities for our grandchildren, in: *J. M. Keynes*, The collected writings. Essays in Persuasion, Bd. 9, London [3]1972, 329, 330f und 331. Zu einer ethischen und wirtschaftlichen Kritik des wirtschaftlichen Liberalismus siehe unter anderen Arbeiten *N. Douglas Meeks*, Gott, der Ökonom, Neukirchen-Vluyn 2004; *H. Assmann / F. Hinkelammert*, Götze Markt, Düsseldorf 1992; *J. de Santa Ana*, O amor e as paixôes, Aparecida/São Paolo 1989; *J. Mo Sung*, Deus numa Economia sem Coração, São Paulo 1992.

Das Zitat war etwas ausführlich, wir entschuldigen uns dafür, aber es ist sehr erhellend für die kurzgesagt schwierigen Beziehungen zwischen Ethik und Wirtschaft nach dem Urteil eines der größten Wirtschaftswissenschaftler unserer Zeit. Nicht alle liberalen Denker, auch wenn Keynes als ein gemäßigter unter ihnen gilt, haben seinen Scharfblick und seine Freimütigkeit; sie nehmen eher ohne Umschweife die Haltung ein, die aus den Erfordernissen einer Wirtschaft hervorgeht, welche durch eine aggressiv individualistische Einstellung geprägt ist.

Das Thema ist nicht neu, es ist bei vielerlei Gelegenheiten angegangen worden, die große Zahl an Untersuchungen zu diesem Thema sind ein Beweis für die Bedeutung einer grundlegenden Behandlung der Wirtschaft aus ethischer und theologischer Perspektive, und zwar ganz konkret ausgehend von der vorrangigen Option für die Armen. Sicherlich muss man die Autonomie respektieren, die einer Disziplin eigen ist, die strengstmöglich das Feld der wirtschaftlichen Aktivitäten zu erforschen sucht. In dieser Hinsicht hat es in der Vergangenheit viele ungebührliche Kreuzungen gegeben, und es ist notwendig, aus dieser Erfahrung zu lernen. Aber das bedeutet nicht, dass die Wirtschaft ein völlig von der Existenz losgelöster Bereich wäre, genausowenig wie sie deren Kern oder deren Ganzheit wäre. Die wirtschaftliche Bewegung muss notwendigerweise im Zusammenhang mit dem menschlichen Leben im ganzen und im Licht des Glaubens gesehen werden. Das Kriterium der unmittelbaren Wirksamkeit ist nicht das letztgültige.

„Populorum progressio" entwarf schon 1967 die Notwendigkeit einer „wahren Entwicklung" (Populorum progressio 20–21). Indem Johannes Paul II. zugleich überlieferte Elemente der kirchlichen Soziallehre aufnahm und zu den biblischen Wurzeln ging, setzte er mit Nachdruck den Eckstein einer christlichen Einstellung: den Vorrang des Menschen gegenüber den Dingen, woraus die Priorität der Arbeit im Verhältnis zum Kapital hervorging (vgl. Laborem exercens, passim; dieses Konzept war bereits in Redemptor hominis 16 vorgestellt worden[24]).

Wie wir schon gesagt haben, vervielfältigen sich heute und kommen von ganz unterschiedlichen Seiten die Arbeiten über ethische Regeln, die für die wirtschaftlichen Aktivitäten vonnöten sind, und über die Umkehrung religiöser

---

[24] Vgl. den Kommentar von *R. Antoncich*, Trabajo y libertad, Buenos Aires 1988, 76–95. Seit sechs Jahren veröffentlicht eine Abteilung der Vereinten Nationen (Entwicklungsprogramm der Vereinten Nationen, PNUD) jährlich einen Bericht (Bericht über die menschliche Entwicklung), der „den Menschen ins Zentrum der Entwicklung zu stellen" versucht (Bericht 1995, 15). Das ist ein Grundsatz, der zu der Einsicht führt, dass Wachstum ein notwendiges Mittel zum Zweck der menschlichen Entwicklung ist, das eine aber nicht mit dem anderen zu verwechseln ist. Sich anderer menschlicher Dimensionen bewusst zu sein, erlaubt es, ernsthaft und nachhaltig die Einstellung der entwickelten Länder und der Länder auf dem Weg der Entwicklung zu erneuern sowie auch die Strategie, aus der Unterentwicklung herauszukommen. Vgl. in dieser Hinsicht die bekannten Arbeiten des Wirtschaftswissenschaftlers A. Sen.

Werte, welche sich in speziellen Rechtfertigungen jener Wirtschaft ausdrückt, die auf die ungezügelten Kräfte des Marktes ausgerichtet ist. Anerkannt werden die Werte der Freiheit, die persönliche Initiative, die Möglichkeiten, die der Menschheit technische Fortschritte eröffnen, und obendrein die Funktion, die der Markt innerhalb bestimmter Parameter erfüllt. Entschieden jedoch lehnt man die Logik eines Marktes ab, der sowohl durch seinen Drang zur Vereinheitlichung als auch durch die neuen gesellschaftlichen Brüche, die er hervorruft, Menschen, Völker und Kulturen unterwirft. Diskutiert wird auch die Heuchelei eines wirtschaftlichen Liberalismus, der den Diktaturen und Totalitarismen gegenüber nicht gerade zimperlich ist und mit Leichtigkeit die wirtschaftliche Freiheit von anderen Freiheiten loslöst.[25]

Eine wichtige Aufgabe für die theologische Reflexion auf diesem Gebiete ist es zu zeigen, welche „Strukturen der Sünde" (Sollicitudo rei socialis 36) es in der derzeitigen Wirtschaftsordnung gibt: das heißt, welche Elemente eines Bruchs der Freundschaft mit Gott in den sozio-ökonomischen Strukturen gegenwärtig sind, die ungerechte Ungleichheiten zwischen den Menschen schaffen und aufrechterhalten. Die Sünde, durch eine einfache gesellschaftliche Analyse nicht zu erfassen, ist für eine christliche Reflexion tatsächlich die Wurzel aller gesellschaftlichen Ungerechtigkeit. Eine besondere Aufmerksamkeit müssen die götzendienerischen Elemente des Primats des Gewinnes, die im Handeln und seinen Rechtfertigungen stecken, und die des absoluten Marktes verdienen.

In diesem Zusammenhang interessiert uns ganz besonders die Frage noch dem Ausschluss der Ärmsten, die für das vorherrschende Wirtschaftssystem bedeutungslos sind. Der folgende Abschnitt ist diesem Punkt gewidmet.

2.2 Zur Bedeutungslosigkeit bestimmt

Das Evangelium nach Lukas stellt uns ein in die Thematik einführendes Gleichnis vor, an dem in diesem Moment allein von Interesse ist, sich zweier kurzer Sätze zu erinnern: „Es war einmal ein reicher Mann [...] Vor der Tür des Reichen aber lag ein armer Mann" (Lk 16,19.20).

Das ist die Situation der Menschheit heute. Die armen Nationen liegen an der Seite der reichen Nationen, von jenen übersehen; man muss jedoch hinzufügen, dass die Kluft zwischen beiden immer größer wird. Dasselbe spielt sich im Inneren eines jeden Landes ab. Die Weltbevölkerung verteilt sich zunehmend auf die beiden Seiten des wirtschaftlichen und sozialen Spektrums.

---

[25] Es ist wichtig zu vermerken, dass man auch in bestimmten christlichen und theologischen Kreisen eine Strömung antreffen kann, die der liberalen Wirtschaft aufgeschlossen gegenübersteht, besonders in den Vereinigten Staaten, und die eine breite bibliographische Produktion hervorgebracht hat. Siehe zum Beispiel *M. Novak*, Der Geist des demokratischen Kapitalismus, Frankfurt am Main 1992.

Auf der anderen Seite hat der Arme im lukanischen Text überraschenderweise einen Namen: Lazarus; der Reiche und Mächtige dagegen hat keinen. Die gegenwärtige Situation ist umgekehrt, die Armen sind anonym und scheinen für eine noch größere Anonymität bestimmt zu sein, sie werden geboren und sterben, ohne bemerkt zu werden. Sie sind wie wegwerfbare Stücke in einer Geschichte, die ihren Händen entgleitet und die sie ausschließt.

Um das Bild aus jenem Gleichnis des Evangeliums vom armen Lazarus wiederaufzunehmen, können wir darüber hinaus beobachten, dass die Armen nun nicht nur an der Tür der reichen Länder stehen. Viele Arme kämpfen darum, auf der Suche nach besseren oder einfach anderen Lebensumständen in diese Länder hineinzukommen. Die Migration in diesem Ausmaß ist eine zeitgenössische Angelegenheit und wirft unzählige Probleme in den industrialisierten Nationen auf, von denen uns die Medien Tag für Tag berichten. Die Ablehnung der legalen oder illegalen Immigranten, vor denen man sich fürchtet, nimmt manchmal die Atmosphäre eines Rassismus an. Bei verschiedenen Gelegenheiten hat die Kirche diese Atmosphäre kritisiert. Womöglich wird sich diese Angelegenheit in Zukunft noch verschlimmern.

2.2.1 Armut: Herausforderung an die Theologie

Die Theologie der Befreiung entstand aus der Herausforderung, die die massenhafte und unmenschliche Armut, die in Lateinamerika und in der Karibik besteht, für den Glauben darstellt.[26] Deshalb waren ihre ersten Skizzen eine Reflexion über die biblische Bedeutung der verschiedenen Typen von Armut und eine Betrachtung des Einsatzes der Christen und der ganzen Kirche mit den Armen für die Evangelisierung im Licht des Glaubens. Viele Fragen und zahllose Thematisierungen können in späteren Vorträgen aufgrund dieser theologischen Linie und der Gesellschaftsanalyse, die eingesetzt wurde, um die Wirklichkeit der Armut und ihre Gründe zu verstehen, entwickelt werden. Aber im Moment sollten wir uns im Sinne unseres Themas einfach fragen, auf welche Weise sich in dieser Zeit der Anruf der Armut an das christliche Gewissen zeigt.

Die erste Feststellung ist, dass sich die Lage verschlechtert hat. Der Bericht des PNUD (UN-Entwicklungsprogramm; engl. UNDP) von 1996 hält besorgniserregende Zahlen bereit. Die Schlussfolgerung lautet, dass „sich die Welt immer weiter polarisiert und der Abstand, der die Armen von den Reichen trennt, immer größer wird".[27] Etwas Ähnliches vollzieht sich innerhalb eines

---

[26] „Unmenschliches Elend", schreibt Medellín (Armut 1), „Armut, die sich gegen das Evangelium richtet", schreibt Puebla (1159), „die verheerendste und erniedrigendste Plage, die Lateinamerika und die Karibik erlebt", Santo Domingo (179).

[27] Bericht (Anm. 24) 1996, 2. In den vergangenen 30 Jahren entwickelte sich der Anteil am Einkommen der Ärmsten der Weltbevölkerung (20 Prozent) von 2,3 Prozent (ohnehin sehr nie-

jeden Landes, auch in den reichen Nationen. Diese und weitere Angaben zeigen, dass in relativen und absoluten Zahlen die Bevölkerung in Armut und extremer Armut angewachsen ist.[28] Das Ergebnis schmerzt: Die Armut bleibt erhalten, ja sie vertieft sich sogar.[29] In der Folge behalten ihre Herausforderungen an unsere Solidarität und an unsere Reflexion auch heute ihre Gültigkeit, nachdrücklicher und gewichtiger denn je.

Ein Ausdruck der erwähnten Verschlechterung ist der so genannte Ausschluß von Wirtschaft und Gesellschaft. Das ist weder eine völlig neue Wirklichkeit noch eine völlig neue Untersuchungskategorie. Auf bestimmte Weise waren die Armen immer ausgegrenzt und an den Rand gedrängt (man denke zum Beispiel an die indigenen und schwarzen Bevölkerungsteile in Lateinamerika und in der Karibik). Aber dies soll uns nicht davon abhalten, die Unterschiede in der gegenwärtigen Situation wahrzunehmen.[30] Der Begriff des Ausschlusses aus der Gesellschaft hat verschiedene Dimensionen. Auf der wirtschaftlichen Ebene sorgen die neuen Produktionsweisen, die zum großen Teil auf die Wissensrevolution zurückgehen, dafür, dass die Rohstoffe an Wert verlieren, mit den entsprechenden Folgen in den armen Ländern. Außerdem führen die neuen Produktionsweisen dazu, dass der Zugang zum Arbeitsmarkt von der technischen Qualifikation des Arbeiters abhängt, was tatsächlich die große Mehrzahl der Armen von heute ausschließt.[31] Der Ausschluss auf poli-

---

drig) auf 1,4 Prozent. Im Gegensatz dazu wuchs der Anteil der Reicheren (20 Prozent) von 70 auf 85 Prozent, „so verdoppelte sich das Verhältnis zwischen der den Reichsten und den Ärmsten entsprechenden Proportion von früher 30 zu 1 zu 60 zu 1". Wenn man dazu die Ungleichheit zwischen Reichen und Armen im Innern der Länder hinzufügt, dehnt sich die Marge zwischen den Reichsten und den Ärmsten der Welt deutlich aus. Eine weitere beeindruckende Zahl nennt der Bericht: Die Aktivvermögen der 360 reichsten Personen der Welt „übersteigen das Jahreseinkommen von Ländern, in denen 45 Prozent der Weltbevölkerung leben". Der Bericht von 1999 bemerkt, dass „die größten Vermögen der Welt mehr besitzen als das gesamte Bruttoinlandsprodukt der Gruppe der weniger entwickelten Länder, das heißt von 600 Millionen Einwohnern". Tatsächlich belegt der genannte Bericht, dass die Ungleichheiten zwischen Reichen und Armen sowohl im Innern der Länder als auch auf internationalem Niveau gewachsen sind. In diesem letzten Fall verfügt der fünfte Teil der Weltbevölkerung über „86 Prozent des weltweiten Bruttosozialprodukts, gegenüber 1 Prozent der armen Länder". Bericht (Anm. 24) 1999, 3.

[28] Fügen wir hinzu, dass Lateinamerika unter den armen Regionen die größte Ungleichheit bei der Einkommensverteilung aufweist. Vgl. Informe de la comisión latinoamericana y del Caribe sobre el desarrollo social, 1995.

[29] Gemäß einer Schätzung der Weltbank wuchs das Verhältnis zwischen dem Pro-Kopf-Einkommen der reicheren Länder und dem der ärmeren Länder von 11 im Jahr 1870 auf 38 im Jahr 1980 und auf 52 im Jahr 1985. Zitiert nach *J. Iguiñiz*, Conexión y desconexión entre economia y desarrollo humano, in: *Gutiérrez* u.a., El rostro (Anm. 1), 71–104. Zu dieser Situation siehe die beunruhigenden Daten, die der Bericht der Weltbank aufführt, Weltentwicklungsbericht 2000/2001, Bonn 2001.

[30] Vgl. *A. Figueroa / T. Altamirano / D. Sulmont*, Desigualdad y exclusión social en el Perú, Lima 1996.

[31] Darüber hinaus tendieren die Technisierung und Automatisierung der Arbeit dazu, auf die Handarbeit zu verzichten, selbst im Inneren der industrialisierten Länder. Von daher die Beschäftigungskrise in unseren Tagen (Laborem exercens 8 nennt sie die „Plage der Arbeitslosig-

tischer Ebene (keine Beteiligung an den Entscheidungen, die in ihrem Umfeld gefällt werden) und auf kultureller Ebene (Diskriminierung aus rassischen und geschlechtlichen Gründen) verstärkt den wirtschaftlichen Ausschluss und stützt sich wiederum auf ihn.

Diese Gegebenheiten führen dazu, dass sich zwei Sektoren bilden, aus denen die Menschheit besteht. Einer davon, der der Ausgegrenzten, ist immer weniger bedeutsam für das Funktionieren der Weltwirtschaft und der Gesellschaft, die sich zunehmend behauptet. Deshalb sprechen wir seit vielen Jahren von den Armen als den „Bedeutungslosen", in dem Maß, in dem die zeitgenössische Gesellschaft ihre menschliche Würde und ihre Eigenschaft als Söhne und Töchter Gottes nicht anerkennt. Dieser Begriff erlaubt es im Übrigen, daran zu erinnern, dass für denjenigen, der an den Gott glaubt, der kein Ansehen der Person macht, niemand unbedeutend sein kann.

2.2.2 Von den Letzten ausgehen

Bezugnehmend auf das universale Lehramt der Kirche stellten die nordamerikanischen Bischöfe vor einigen Jahren ein Kriterium auf, um eine bestimmte Wirtschaftspolitik zu beurteilen. In Anspielung auf die Option für die Armen und auf die Notwendigkeit, die wirtschaftlichen und gesellschaftlichen Aktivitäten „aus der Sicht der Armen" zu beurteilen, bestätigten sie: „Wenn die Gesellschaft Gerechtigkeit für *alle* schaffen soll, dann haben die Randgruppen und diejenigen Menschen, deren Rechte verneint werden, bevorzugte moralische Ansprüche."[32] Die Rückwirkungen auf die Schwächsten sind ein Kriterium, um über die in einer Gesellschaft vorhandene Gerechtigkeit zu befinden.[33] Das ist ein Hauptgesichtspunkt, vor allem wenn man bedenkt, dass diese an den Rand Gedrängten oftmals die Opfer eines ökonomisch-sozialen Systems sind. Vor einiger Zeit hat uns die lateinamerikanische Erfahrung gelehrt, dass die Armut in letzter Instanz den Tod bedeutet: den verfrühten und ungerechten Tod. Damit soll nicht behauptet werden, dass die Armut nicht auch eine Wirklichkeit der Wirtschafts- und der Gesellschaftsordnung ist. Aber wenn wir auf

---

keit"), sie drückt sich im Phänomen des Wirtschaftswachstums ohne Beschäftigung aus, das, wie der Bericht des PNUD von 1996 schreibt, „sich für hunderte Millionen von Menschen, die Aufgaben mit geringer Produktivität in der Landwirtschaft und im nicht-strukturierten Parallelsektor verrichten, in langen Arbeitsstunden und sehr geringen Einkommen niederschlägt". Bericht (Anm. 24) 1996, 4.

[32] *Bischofskonferenz der Katholischen Bischöfe der Vereinigten Staaten von Amerika*, Wirtschaftliche Gerechtigkeit für alle (Stimmen der Weltkirche 26, hg. v. Sekretariat der Deutschen Bischofskonferenz, Bonn 1987), 87 (Hervorhebungen im Original).

[33] Dieses Kriterium ruft den zweiten Grundsatz der Gerechtigkeit *John Rawls'* (A Theory of Justice, Oxford u.a. 1993; deutsch: Eine Theorie der Gerechtigkeit, Frankfurt am Main 2006), in Erinnerung, mit der Besonderheit der Folgen für die Armen, auf die wir angespielt haben.

diesen Ebenen stehenbleiben, nehmen wir nicht die Radikalität dessen wahr, was bei der Armut auf dem Spiel steht: das Leben und der Tod der Menschen.

Die Armut, so wie wir sie in unserer Welt heute kennen, ist eine globale Frage, die an jedes menschliche Gewissen und an eine christliche Auffassung des Lebens appelliert. Das hat Johannes Paul II. mit großem Nachdruck während seines Besuchs in Kanada vor einigen Jahren ausgedrückt. Es geht dabei um einen Kommentar zu Mt 25,31–46, der sehr gut zu unserem Thema passt. „Christus", sagt der Papst, steht „als Richter vor uns. Er hat ein besonderes Recht, dieses Gericht zu halten, wurde er doch einer von uns, unser Bruder." Dann lädt der Papst ein, nicht bei einem individualistischen Verständnis der christlichen Ethik stehenzubleiben, da diese „auch ihre soziale Dimension" hat. Im Weiteren bekräftigt er, indem er die Worte des Herrn in einen weiten und anspruchsvollen geschichtlichen Zusammenhang stellt, dass Christus „von der ganzen weltweiten Dimension der Ungerechtigkeit und Übels" spricht. „Er spricht von dem, was wir heute gewöhnlich das Nord-Süd-Gefälle nennen. Also nicht nur Ost-West, sondern auch Nord-Süd: der Norden, der immer wohlhabender wird, und der Süden der noch mehr verarmt." Johannes Paul II. zieht also schwerwiegende und eindrucksvolle Konsequenzen für die reichen Nationen:

> [...] wird im Licht der Worte Christi dieser arme Süden den reichen Norden richten. Und die armen Menschen und armen Völker – arm in verschiedener Hinsicht, nicht nur, weil es ihnen an Nahrung fehlt, sondern auch, weil sie der Freiheit und anderer Menschenrechte beraubt sind –, werden jene richten, die ihnen diese Güter *vorenthalten* und auf Kosten anderer das imperialistische Monopol wirtschaftlicher und politischer Vorherrschaft für sich selbst anhäufen.[34]

Der Text ist streng, aber er stellt die Dinge in einen angemessenen Zusammenhang. Das großartige und endgültige Bild der beschriebenen Szene wie auch der eindringliche Kommentar helfen uns, die theologischen Konsequenzen des Themas der Armut zu erfassen. So wichtig ihre wirtschaftlichen und gesellschaftlichen Dimensionen auch sein mögen, wie wir schon vorher sagten, behandeln sie doch nicht die Bedeutung der Armut für unsere Überlegungen in einem erschöpfenden Sinn.[35]

Bevor wir zu einem Schluss kommen, ist es wichtig, daran zu erinnern, dass die unbedeutenden und ausgegrenzten Armen keine passiven Menschen sind, die darauf hoffen, dass man ihnen die Hand reicht. Sie haben nicht nur Mangel, in ihnen leben menschliche Möglichkeiten und Schätze. Der Arme und an den Rand Gedrängte aus Lateinamerika ist oftmals im Besitz einer Kultur mit eige-

---

[34] Predigt bei der Messe in Edmonton am 17. September, 3–4. Jahre vorher hatte der Papst in seiner Enzyklika Redemptor hominis 16 hinsichtlich desselben Textes bei Matthäus geschrieben: „Dieses eschatologische Bild muss immer auf die Geschichte des Menschen ‚angewandt' werden, muss stets der Maßstab für die menschlichen Handlungen sein."

[35] Auf dieser Linie liegt der Anruf, der aus den Texten über die Antlitze der Armen hervorgeht, denen wir in Puebla (31–39) und Santo Domingo (178–179) begegnen.

nen und beredten Werten, die aus seiner Rasse, seiner Geschichte, seiner Sprache kommen. Wie die von den Frauenorganisationen auf dem ganzen Kontinent im Kampf für das Leben ihrer Familie und des armen Volkes gezeigten Energien hat er eine eindrucksvolle Erfindungsgabe und schöpferische Kraft, um der Krise die Stirn zu bieten.

Für einen großen Teil der Armen von Lateinamerika hat der christliche Glaube eine Hauptrolle in dieser Haltung gespielt. Er ist eine Quelle der Inspiration und ein mächtiger Grund gewesen sich zu weigern, die Hoffnung auf die Zukunft zu verlieren. Er gibt dem Volk Mut, das wie ein Bewohner von Lima 1985 vor Johannes Paul II. verkündet: „Wir haben Hunger nach Brot, und wir haben Hunger nach Gott." Er unterschied die grundlegenden menschlichen Notwendigkeiten, ohne sie zu trennen. Das war ein Gruß, auf den der Papst mit Einfachheit und Festigkeit antwortete: „Der Hunger nach Gott bleibe und der Hunger nach Brot vergehe."

2.3 Abschwächung des Denkens

Die geschichtliche Etappe, in die wir gerade eintreten, ist komplex. Zu den wirtschaftlichen und politischen Aspekten gesellen sich weitere Aspekte kulturellen Zuschnitts, die ebenfalls die zeitgenössische Denkweise formen. Wir beziehen uns auf jene Aspekte, die einige Postmoderne oder postmodernes Denken nennen. Der Zweideutigkeit des Begriffs und vor allem der Bezeichnung sind wir uns bewusst. Aber zweifelsohne entspricht er einer Seite der Wirklichkeit.

Man muss zunächst einmal sagen, dass es sich bei der Postmoderne um keinen Aspekt handelt, der auf intellektuelle Minderheiten beschränkt wäre, wenn auch diese Betrachtungsweise in diesen Kreisen stärker präsent ist. Man braucht auch nicht zu glauben, dass sie sich auf Europa und Nordamerika beschränkt, wenn auch – einmal mehr – dort mehr über dieses Thema geschrieben und diskutiert wird. Medien, Kunst, Literatur und auch bestimmte Theologien übermitteln einige ihrer Thesen über das Intellektuellenmilieu der immer noch Dritten Welt genannten Welt hinaus und bestimmen gleichzeitig viele Haltungen. Einige Züge der Postmoderne verstärken das Vergessensein der Unbedeutenden dieser Welt, an die wir auf vorhergehenden Seiten anlässlich des Neoliberalismus erinnert hatten. Andere können wahrhaftig neue Perspektiven auf das Thema eröffnen, das uns beschäftigt.

Folglich ist es nicht müßig, angesichts dieser Problematik die Frage zu stellen, die uns als roter Faden auf diesen Seiten dient: Wo werden die Armen in dieser postmodernen Welt (oder wie auch immer wir sie nennen möchten) schlafen? Auf diese Frage eine Antwort zu versuchen, wird uns helfen, die vom Standpunkt des christlichen Zeugnisses aus zu verfolgenden Wege besser zu umreißen.

2.3.1 Krise der Moderne

Wir werden nicht auf die Debatte eingehen, ob wir uns wirklich in einer geschichtlichen Epoche befinden, die wir Postmoderne nennen können, oder ob es sich um eine Etappe der Moderne, genauer: um eine ihrer Visionen handelt. Die Fragestellung wurde viel diskutiert, und in dieser Hinsicht gibt es eine große Bandbreite an Meinungen. Aber wie wir schon weiter oben sagten, gibt es sicher Aspekte der Wirklichkeit, die durch diese postmodernen Betrachtungsweisen hervorgehoben werden und die eine gewisse Betrachtung verdienen. Es gibt Zweideutigkeiten und Verwirrungen, die schwierig zu klären sind; dennoch gibt es Profile, die einen bestimmten Moment des Denkens und des alltäglichen menschlichen Verhaltens bezeichnen, die wir aus Gründen der Bequemlichkeit Postmoderne nennen werden.

Bei der Postmoderne stehen wir vor einer Reaktion auf einige der großen Themen der Moderne, konkret auf das, was die Vertreter dieses Denkens die der Moderne eigenen „großen Erzählungen" (oder „Metaerzählungen") nennen.[36] J. F. Lyotard zählt sie wie folgt auf: „Schrittweise Emanzipation der Vernunft und der Freiheit, schrittweise oder katastrophale Emanzipation von der Arbeit (Quelle entfremdeten Wertes im Kapitalismus), Bereicherung der ganzen Menschheit durch den Fortschritt der kapitalistischen Technowissenschaft." Der Autor fügt hinzu, und das ist wichtig für uns: „Und wenn man das Christentum in die Moderne einrechnet (dennoch der antiken Klassik entgegengesetzt): die Rettung der Geschöpfe in der Umkehr der Seelen durch den mystischen Bericht von der zeugnisablegenden Liebe."[37]

Die frontale Zurückweisung gilt der „Philosophie von Hegel", die „alle diese Erzählungen zusammenfasst und in diesem Sinne in sich selbst die spekulative Moderne konzentriert".[38] Für Hegel ist eine Geschichtsphilosophie immer in die Legitimierung des Wissens durch eine Metaerzählung verwickelt.[39] Der Vorwurf geht auf den Machtwillen, den die großen Erzählungen der Moderne darstellen. Mehr noch, die Vertreter der Postmoderne sehen in dieser Haltung eine Gewalt, die den Individuen Freiheit nimmt und die deshalb zu verwerfen ist.

In Anspielung auf die berühmte Untersuchung M. Webers über die Moderne als Entzauberung (oder Entsakralisierung) der Welt, die die neue Rationalität hervorgebracht habe, wurde von der Postmoderne als der „Entzauberung der Entzauberung" gesprochen. Tatsächlich gibt es eine Enttäuschung hinsichtlich

---

[36] „Bei extremer Vereinfachung hält man die Skepsis gegenüber den Metaerzählungen für ‚postmodern'." *J. F. Lyotard*, Das postmoderne Wissen, Graz 1986, 14.

[37] *J. F. Lyotard*, La postmodernidad explicada a los niños, Barcelona 1987, 29 (deutsch: Postmoderne für Kinder, Wien 1987).

[38] *Lyotard*, La postmodernidad (Anm. 37).

[39] *Lyotard*, Das postmoderne Wissen (Anm. 36) 14. In diesem Sinne muss der Marxismus als eine dieser Metaerzählungen angesehen werden.

der Moderne. Diese hatte ihre Versprechungen nicht gehalten. Statt sozialem Frieden, vernünftigem und transparentem Verhalten und persönlichem Glück hatten wir verheerende Kriege, politische Instabilität und schreckliche Formen der Gewalt. Der Fall Auschwitz wird als ein paradigmatisches Beispiel für die Unmenschlichkeit angeführt, gegen die die Postmoderne reagiert. Viele Errungenschaften der Wissenschaft und Technik haben sich in Werkzeuge der Zerstörung verwandelt.

Jede einheitliche Betrachtung der Geschichte bewegt sich folglich außerhalb der vorgezeichneten Bahn.[40] Es hat keinen Sinn, die Ereignisse der menschlichen Welt unter der Idee einer Universalgeschichte der Menschheit, einer Geschichte, deren Entwicklung auf gewisse Weise im Voraus bekannt ist, zu organisieren. Wir haben nur kleine Erzählungen, individuelle und lokale Geschichten. Es gibt keine metaphysischen Grundlagen des geschichtlichen Werdens. Wir stehen vor dem, was man eine Fragmentierung des menschlichen Wissens genannt hat.

In derselben Grundbewegung, aber mit einigen Abweichungen zu Lyotard denkt G. Vattimo, dass es „darum geht, das zu erwägen und zu ermessen, was die Auflösung des begründenden Denkens, das heißt: der Metaphysik, mit sich bringt".[41] Sich an Nietzsche und Heidegger anlehnend, fordert er, was er als „schwaches Denken" qualifiziert, und präzisiert, dass dies „nicht ein Denken der Schwäche ist, sondern ein Denken der Abschwächung: die Anerkennung einer Linie der Auflösung in der Geschichte der Ontologie".[42]

Eine Konsequenz aus diesen Vorgaben ist, dass viele Stellungnahmen und Meinungen in der Postmoderne Platz haben. In ihr gibt es einen enormen Pluralismus, der zu der Aussage geführt hat, dass in diesem Denken „alles gültig ist".[43] In Reaktion auf Positionen, die als dogmatisch und totalitär aufgefasst werden, kommt man bei einem kulturellen Relativismus an, der von einem gewissen Skeptizismus gegenüber den Erkenntnismöglichkeiten des Menschen

---

[40] „Die Moderne", sagt *G. Vattimo* (Posmodernidad ¿una sociedad transparente?, in: *ders.* u.a., En torno a la posmodernidad, Barcelona 1990, 10), „hört auf zu existieren, wenn aus vielfältigen Gründen die Möglichkeit verschwindet, weiterhin von der Geschichte als einer einheitlichen Entität zu sprechen".

[41] *G. Vattimo*, Posmodernidad y fin de la historia, in: *ders.*, Etica de la interpretación, Barcelona 1991, 28 (original: Etica dell' interpretatione, Turin 1989). Die Metaphysik ist mit der Gewalt verbunden, die wir zuvor erwähnten. „Die Wurzeln der metaphysischen Gewalt liegen in letzter Konsequenz in der autoritären Beziehung, die sie zwischen der Grundlage und dem Grundgelegten herstellt". *Ders.*, Ontologia dell'attualitá, in: Filosofia '87, Rom/Bari, 1988, 201.

[42] Zitiert in *T. Oñate*, Introducción, in: *G. Vattimo*, La sociedad transparente, Barcelona 1990, 38 (deutsch: Die transparente Gesellschaft Wien 1992). Von diesem letzten Autor haben wir den Titel des vorliegenden Paragraphen genommen.

[43] Vgl. *A. Heller*, Los movimientos culturales, in: Colombia: el despertar de la modernidad, hg. v. *F. Viviescas / F. Giraldo*, Bogotá 1991.

gefärbt ist: zu einem Skeptizismus, der sowohl auf die Ebene der Ethik[44] als auch auf die Ebene der Politik durchschlägt.[45]

Ohne Zweifel lässt die postmoderne Kritik die Schwächen und selbst die Widersprüche der Moderne hervortreten. Man sollte sich jedoch daran erinnern, dass das moderne Denken immer Selbstkritik übte. Mehr als einer ihrer Vertreter (G. W. F. Hegel ist in gewisser Weise einer davon) drückte seine Unzufriedenheit gegenüber den Ergebnissen der Aufklärung aus. Nun jedoch ist die Kritik viel radikaler, im Übrigen hat sie die Intellektuellenkreise überschritten. Als eine Einstellung gegenüber dem Leben erreicht sie verschiedene gesellschaftliche Schichten, von denen einige eine sehr aktive Rolle im kulturellen Bereich und im Bereich der Kommunikation in der zeitgenössischen Gesellschaft spielen.[46]

2.3.2 Die Fragmentierung des menschlichen Wissens

Es steckt zweifelsohne etwas Heilsames in der Reaktion gegen die allumfassenden Geschichtsvisionen, die einen Teil der großen Erzählungen bilden. Diese Einstellungen bringen ein autoritäres System mit sich, wie die Vertreter der postmodernen Vorstellung richtig erkannt haben. Die Armen haben sich oftmals von Vorstellungen betroffen gesehen, die ohne Rücksicht auf die Menschen und ihr tägliches Leben vorgeben, global zu sein und die durch ihre angespannte Ausrichtung auf die Zukunft die Gegenwart vergessen. Aber das postmoderne Denken beschränkt sich nicht auf die Kritik daran. Es unterminiert jeden Sinn der Geschichte, und das schlägt auf die Bedeutung zurück, die jeder menschlichen Existenz zu geben ist. Es identifiziert im übrigen Hegels

---

[44] „Die einzige globale Vision der Wirklichkeit, die uns als wahrscheinlich erscheinen kann", sagt *G. Vattimo* (Interview in: Revista de Occidente, Nr. 104, Januar 1990, 127) „ist eine Vision, die sehr tiefgreifend die Erfahrung der Fragmentierung aufnimmt [...] Wir können nur eine Ethik wiederherstellen, indem wir von dem Bewusstsein ausgehen, dass eine Ethik der Prinzipien nur möglich ist, nachdem sie als Anwendung eines universalen Prinzips verwirklicht werden. Unsere Ethik ist die Auflösung der Universalität."

[45] Das schwache Denken ist „ein Versuch, eine Emanzipationsmöglichkeit zu finden, die nicht mit den Starrheiten der revolutionären Tradition, der dialektischen Politik verbunden ist". Eine Möglichkeit „sozialer Transformation vom Innern des spätmodernen Kapitalismus aus, in Einklang mit der Vorstellung dieser Befreiungsbewegungen im Innern der kapitalistischen Gesellschaft, die die Machtergreifung im klassischen leninistischen Sinne nicht als Bedingung der Verwirklichung mit sich bringen". *Vattimo*, Interview (Anm. 44), 126 und 123. Das ist einer der Gründe, aus denen heraus *J. Habermas* (Die Moderne – ein unvollendetes Projekt. Philosophisch-politische Aufsätze, Leipzig [3]1994) das postmoderne Denken beschuldigt, eine neokonservative Bewegung in der Politik zu sein. Der deutsche Philosoph denkt, dass die Moderne viel eher ein „unvollendetes Projekt" ist.

[46] Vgl. *J. M. Mardones*, Postmodernidad y cristianismo, Santander 1988, und *S. Lash*, Sociology of Postmodernism, London/New York 1990.

Geschichtsphilosophie mit der jüdisch-christlichen Vorstellung von der Geschichte und schließt diese in die Zurückweisung jener mit ein.[47]

Man muss anerkennen, dass die postmoderne Kritik uns hilft, nicht in starre und festgefügte Schemata zu verfallen, um den Verlauf der Geschichte zu deuten – eine Situation, zu der es manchmal im Inneren der theologischen Welt gekommen ist. Trotz des Gesagten ist es notwendig, daran zu erinnern, dass aus einer christlichen Perspektive die Geschichte ihr Zentrum in der Ankunft des Sohnes hat, in der Menschwerdung, ohne dass dies bedeuten sollte, dass die menschliche Geschichte unvermeidlich vorwärtsgehen würde, indem sie vorgeschriebenen und durch einen eisernen Leitgedanken beherrschten Bahnen folgte. Jesus Christus als Zentrum der Geschichte ist ebenfalls der Weg (vgl. Joh 14,6) zum Vater, ein Gang, der der menschlichen Existenz und der Existenz, zu der wir alle berufen sind, Sinn gibt. Diese Berufung gibt der Gegenwart, dem Heute, ihre volle Dichte, woran wir in den einführenden Seiten dieser Arbeit erinnerten.

Das postmoderne Wissen lehnt die großen Erzählungen ab und wertet die kleinen auf. Auf diese Weise hilft es uns, gegenüber dem Lokalen und dem Anderen (eines seiner Themen) aufmerksamer und sensibler zu sein.[48] In einer Welt, die – nicht ohne Widerspruch zu anderen ihrer Merkmale – immer mehr Aufmerksamkeit auf die kulturelle Vielfalt und auf die Minderheiten lenkt, hat das wichtige Folgen. Im Kontext Lateinamerikas und auch in der Karibik, wo die indigenen Ethnien, die schwarze Bevölkerung und die Frauen versuchen, ihre Werte zu behaupten und ihre Rechte einzufordern, kann sich dieses Merkmal der Postmoderne als besonders fruchtbar erweisen und ein Korrektiv zu einem gewissen westlichen Kapitalismus bilden.

Aber wir können nicht über die Tatsache hinwegsehen, dass diese Sensibilität mit einer Intensivierung des Individualismus verbunden ist, wie sie schon die Moderne mit sich bringt. Die Verneinung des Sinns der Geschichte steigert den Individualismus und verstärkt den Narzissmus der gegenwärtigen Gesellschaft.[49] Diesbezüglich wurde selbst von einer zweiten individualistischen Revolution gesprochen.[50] Man müsste dem Faktum Aufmerksamkeit schenken, dass die Kritik am Projekt der Moderne nicht mit dem Willen hinter dem Berg hält, sich in Individualismus und Gleichgültigkeit gegenüber den Anderen zu flüchten, was zu einer Gesellschaft führt, die in sich selbst verschlossen ist.[51]

---

[47] Hier ist die Bemerkung angebracht, dass, so unumstritten der Einfluss des Christentums auf das Hegelsche Denken ist, dieser nicht auf eine Identität zwischen beiden hinausläuft.

[48] Vgl. *G. Vattimo*, Le aventure della differenza, Mailand 1980.

[49] Vgl. *C. Lash*, The Culture of Narcissism, New York/London 1991.

[50] Vgl. *A. Jiménez*, A vueltas con la postmodernidad in: Proyección Nr. 155, Oktober-Dezember 1989, 304. Der Autor verweist auf G. Lipovetsky.

[51] *H. Peukert* (Philosophische Kritik der Moderne, in: Concilium 28 [1992] 465–471, 470) bemerkt, dass die Hermeneutik der Differenz, von der die Verfechter der Postmoderne sprechen,

Das ist ein klarer Unterschied zu der Anfrage, die die Theologie der Befreiung vor Jahren an das Denken der Moderne richtete.

Auf der anderen Seite hat sich die Religion, im Gegensatz zu dem, was in der Moderne gedacht wurde, weder erschöpft noch ins Private zurückgezogen. Vielmehr zeigt sie eine neue Lebendigkeit. Die postmoderne Denkart kann dazu beitragen, das Geheimnis zu respektieren, und so einen Beitrag zu dem liefern, was einige als das Aufkommen einer neuen religiösen Epoche bezeichnen.[52] Die Beispiele dafür sind vielfältig in der Welt von heute. Dennoch müssen wir beobachten, dass es sich dabei oftmals um eine unscharfe und konfuse Religiosität handelt, die einen allgemeinen Glauben an Gott oder eine vage Gottheit mit sich bringt, die festen Überzeugungen misstrauisch und den Anforderungen an das Verhalten, die diese befördern, nur widerstrebend gegenübersteht. Aber das ist eine Tatsache in der Gegenwart, und es wird notwendig sein, sie weiterhin aus der Sicht des Glaubens zu betrachten.

Diese Punkte, an die erinnert wurde, und sicherlich noch andere konvergieren in einer Haltung, die wenig Mut macht, Chancen wahrzunehmen, Situationen zu ändern, die im Licht der Ethik als ungerecht und unmenschlich betrachtet werden. Auf die Enttäuschung über unerfüllte Projekte der Moderne folgte das Fehlen eines Interesses am Schicksal der Schwächsten in der Gesellschaft. Der Geist der Epoche, in der wir leben, ist wenig kämpferisch und einsatzbereit. In einem neoliberalen und postmodernen Rahmen, der sich auf einen aggressiven Individualismus stützt, erweist sich die Solidarität als wirkungslos, als eine Art Überbleibsel aus der Vergangenheit.

Wenn der Skeptizismus noch dazukommt, der glauben lässt, dass alle Optionen gleichwertig sind und dass jeder – wie heute oft gesagt wird – seine Wahrheit hat, dann ist alles gültig. Die Reaktion auf die umfassenden Visionen führt – trotz ihrer gesunden Anteile – dazu, dass jede Utopie oder jedes Projekt am Horizont ausgelöscht wird, das von etwas anderem als dem gegenwärtig Bestehenden handelt. Man braucht nicht zu betonen, dass die ersten Opfer dieser Haltung die Armen und an den Rand Gedrängten sind, für die es in der sich gerade vorbereitenden Welt sehr wenig Platz zu geben scheint. Es ist immer einfach, die Utopien von einem unveränderlichen Topos (Ort – Utopie wörtl. „Nirgend-Ort"; Anm. des Übers.) aus, an dem man zufrieden ist, zu kritisieren.

Wie bereits angedeutet, kann die Wachsamkeit gegenüber den Fortschritten der Gegenwart und das Wissen um die Unterscheidung in ihr die Werte den-

---

Gefahr läuft, „nur das Andere des eigenen Denkens zu denken, statt das andere Denken der Anderen wahrzunehmen".

[52] „Sowohl die Moderne mit ihren Werten und Gegenwerten als auch die Postmoderne als für die Transzendenz offener Raum stellen ernstzunehmende Herausforderungen an die Evangelisierung der Kultur dar" (Santo Domingo 252). Vgl. auch die eher kritischeren Reflexionen, die vorgestellt werden in *J. Derrida / G. Vattimo*, Die Religion, Frankfurt a. M. 2001). Dem müsste man die neuen Überlegungen zu dem Thema hinzufügen, die *G. Vattimo* (Glauben – Philosophieren, Stuttgart 1997) vorstellt.

noch nicht vergessen machen, die sich ebenfalls in dieser Denkweise finden. In dieser komplexen und manchmal sogar widersprüchlichen Situation ist es notwendig, vom Reich Gottes, von der Solidarität mit den Armen und der Befreiung derjenigen, die ihre elementarsten Rechte verletzt sehen, Zeugnis abzulegen. Die Reflexion über den Glauben, die Theologie, ist aufgerufen, in unserer Zeit eine Hermeneutik der Hoffnung zu sein, einer Hoffnung auf den Gott des Lebens, die einer der Grundzüge jener Reflexion ist, die wir in diesen Jahren in den Vordergrund gestellt haben.

3. Das Reich verkünden

Die bis hierher gemachten Beobachtungen rücken einige in der Zukunft theologisch zu vertiefende Punkte zurecht. Wir können uns bei ihrer Vorstellung kurz fassen. Es können keine absolut neuen Punkte sein, sie gehören zur christlichen Botschaft, die die Gläubigen kennen, und in ihr erkennen sie sich als Nachfolger Christi und als Kirche wieder. Die Neuheit liegt in der Art, wie sie angegangen werden, in den Herausforderungen, auf die eine Antwort gefunden werden soll, in den bisher nicht dagewesenen Facetten, die von bekannten Wahrheiten enthüllt werden sollen, in der Art und Weise, mit der sie ausgesagt werden.

Das gilt auch für die Verkündigung des Evangeliums, auf dem die theologische Reflexion aufbaut und aus dem sie ihre Nahrung bezieht. In diesem Sinne wurde von einer Neuevangelisierung gesprochen.[53] Johannes Paul II. beschreibt sie folgendermaßen: „Neu in ihrem Eifer, in ihren Methoden und in ihrer Ausdrucksweise."[54] Bei verschiedenen Gelegenheiten hat der Papst dieses Thema wiederaufgenommen, und die Konferenz von Santo Domingo machte daraus eines ihrer großen Themen.

Als das „Grundthema" in der Vorbereitung auf das dritte Jahrtausend erschien die Perspektive der Neuevangelisierung wieder (vgl. Tertio millennio adveniente 21). Was das Ziel der Neuevangelisierung betrifft, so muss man sich in die „Vision des Konzils" vertiefen (Tertio millennio adveniente 18ff); schließlich begann die Vorbereitung auf das Jubiläum des dritten Jahrtausends auf dem Konzil. „[...] ein Konzil", sagt Johannes Paul II. bedeutungsvoll, „das zwar den früheren Konzilien ähnlich und doch sehr andersartig ist, ein Konzil, das sich auf das Geheimnis Christi und seiner Kirche konzentriert und zugleich offen ist für die Welt" (Tertio millennio adveniente 18). Es handelt sich ja „gleichzeitig" um zwei untrennbare Aspekte. Der Heilsgehalt des Geheimnis-

---

[53] Der Ausdruck findet sich in dem Dokument, das auf Medellín vorbereitet, und in der „Botschaft" dieser Konferenz.

[54] Ansprache an die 19. Vollversammlung des Lateinamerikanischen Bischofsrats (CELAM) in Port-au-Prince am 9. März 1983, 3.

ses Christi und seiner Kirche muss der Welt in einer Haltung der Offenheit vermittelt werden. In diesem Rahmen werden wir einige Überlegungen über bestimmte Spuren hinsichtlich dieser Mitteilung und der theologischen Reflexion unternehmen, die diese mit sich bringt.

3.1 Zur Freiheit befreit

Zuvor jedoch ist es von Vorteil, einige kurze Beobachtungen über die Beziehungen zwischen der Befreiung und der Freiheit zu machen, eine Kernfrage in der Theologie der Befreiung.[55]

3.1.1 Zwischen der Freiheit von und der Freiheit für

Der Ausgangspunkt liegt in einem wichtigen Text im Galaterbrief, der auf das Thema der Freiheit des Christen ausgerichtet ist. „Zur Freiheit hat uns Christus befreit", sagt Paulus (Gal 5,1). Befreiung von der Sünde, insofern diese ein egoistisches Sich-über-sich-selbst-Beugen meint. Sündigen heißt, sich zu weigern, Gott und die anderen zu lieben. Aber für Paulus handelt es sich ebenfalls um eine Befreiung vom Gesetz und von den Kräften des Todes (vgl. Röm 8,2). Die Sünde, der Bruch der Freundschaft mit Gott und den Anderen, ist in der Bibel der tiefste Grund der Ungerechtigkeit und Unterdrückung zwischen den Menschen sowie der Abwesenheit personaler Freiheit.[56] Sie ist letzter Grund, weil es sicherlich andere Gründe gibt, die auf der Ebene der wirtschaftlichen und gesellschaftlichen Strukturen wie auch auf der persönlichen Ebene angesiedelt sind. Also reicht eine Veränderung dieser Strukturen und Aspekte nicht aus, so radikal sie auch sein mag. Nur die geschenkte und heilbringende Liebe Christi kann bis zur Wurzel unserer selbst gehen und von dort aus eine wahre Liebe aufblühen lassen.

Dennoch beschränkt sich Paulus nicht auf die Aussage, dass Christus uns befreit hat. Er bekräftigt ebenfalls, dass er es getan hat, damit wir frei seien. Einer klassischen Unterscheidung entsprechend muss man eine Freiheit von und eine Freiheit für ins Auge fassen. Die erste Vorstellung von Freiheit zielt auf Sünde, Egoismus, Unterdrückung, Ungerechtigkeit, Not, alles Zustände, die der Befreiung bedürfen. Die zweite Vorstellung von Freiheit verweist auf ihr Wofür: Die Liebe, die Gemeinschaft, ist die letzte Stufe der Befreiung. Die

[55] Für diese Zeilen greifen wir auf das in *Gutiérrez*, Teologia der Befreiung (Anm. 10), 100ff, 141ff, 205ff, 261ff, entsprechend Gesagte zurück; vgl. auch *ders.*, Aus der eigenen Quelle trinken. Spritualität der Befreiung, München 1986.

[56] Deshalb sprechen wir von drei Dimensionen der integralen Befreiung, die weder zu vermischen noch nebeneinander zu stellen sind: Befreiung in der Gesellschaft (sozial), Befreiung der Person (personal) und Befreiung durch das Wirken des Erlösers (soteriologisch): Befreiung von der Sünde und Eintritt in die Gemeinschaft mit Gott und den Anderen.

„Freiheit für" gibt der „Freiheit von" ihren tiefen Sinn. Wenn wir uns auf das berufen, was in demselben Brief an die Galater (5,13) gesagt wird, könnten wir sagen, dass der Ausdruck *frei, um zu lieben* die paulinische Position auf den Punkt bringt. Ohne eine Reflexion über die Freiheit ist eine Theologie der Befreiung verstümmelt. Die Freiheit ist ein zentrales Element der christlichen Botschaft. Das darf der Nachdruck, der auf die Befreiung gelegt wird, nicht vergessen machen. Es ist wichtig, eine fruchtbare Beziehung zwischen der Befreiung und der Freiheit aufzubauen. Angesichts einiger Infragestellungen der gegenwärtigen Zeit wird dieser Punkt noch vordringlicher. Sie führen uns auch dazu, die Errungenschaften eines weiteren wesentlichen Aspekts des Glaubens hervorzuheben, der mit dem Thema der Freiheit eng verbunden ist.

Wir beziehen uns auf die Verbindung, die die Schrift zwischen der Wahrheit und der Freiheit herstellt. „Die Wahrheit wird euch befreien", heißt es in einer berühmten Textstelle des Johannesevangeliums (8,32). Diese Freiheit ist Christus selbst, der uns befreit und zur Freiheit ruft (vgl. Gal 5,13). Alle Menschen haben ein Recht, dass ihnen diese Wahrheit mitgeteilt werde, ein Recht auf eine Verkündigung, die nicht nur die Freiheit achten, sondern die sie auch als solche konstituieren muss. Eine Freiheit, die auf der anderen Seite nicht in einer individuellen und zurückgezogenen Umgebung eingeschlossen bleiben darf. Sie gewinnt ihren wahren Sinn, wenn sie die Menschen bereit macht, mit Gott in Beziehung zu treten und anderen, besonders den Ärmsten und Besitzlosen, dienstbar zu sein.[57] Die Aufgabe der Kirche, zu evangelisieren, muss dazu führen, dass die Menschen tatsächlich frei sind – frei, um zu lieben. In Einklang mit diesem Ziel muss die theologische Reflexion gegenüber einem Denken kritisch sein, das auf die Suche nach der Wahrheit verzichtet, und sich auf den Bahnen bewegen, die eine Vertiefung der Gabe der Wahrheit ermöglichen, die uns frei macht.

3.1.2 Sein Reich und seine Gerechtigkeit

Im Herzen der Bergpredigt befindet sich ein Vers, der sie in gewisser Weise zusammenfasst: „Euch aber muss es zuerst um sein Reich und um seine Gerechtigkeit gehen; dann wird euch alles andere dazugegeben" (Mt 6,33). Das Subjekt der beiden Possessivpronomen des ersten Satzteils steht im vorhergehenden Vers. Es ist der „himmlische Vater".

Diese Suche gibt dem christlichen Leben seine Daseinsberechtigung. So stellt uns Matthäus präzise und mit einer Reichweite, die es im Bewusstsein zu halten gilt, das „Mark" der ganzen Bibel vor: Alles kommt von Gott. Gott ist der Heilige, der völlig andere, derjenige, dessen Entscheidungen unergründlich sind und unerforschlich seine Wege, „denn aus ihm und durch ihn und auf ihn

[57] Die Enzyklika Veritatis splendor von Johannes Paul II. ist diesen Themen gewidmet.

hin ist die ganze Schöpfung“ (Röm 11,33.36). Er ist Quell des Lebens und der Liebe (vgl. Ex 3,14; 1 Joh 4,16), ein ferner und gleichzeitig naher Gott, der uns zur Freundschaft mit ihm ruft, Grundlage der Freundschaft, die unter den Menschen bestehen soll. Der heilige Gott ist auch der menschgewordene Gott. Die Aufnahme seiner Liebe in unser Leben muss sich in Taten des Lebens gegenüber den Anderen übersetzen.

Im „von Angesicht zu Angesicht“ mit Gott (1 Kor 13,12) erreicht die menschliche Existenz ihre Fülle. Sie ist die Hoffnung und Erfahrung der Mystiker, die Vereinigung mit Gott, von der sie häufig sprechen. „Jetzt aber hat mein Auge dich geschaut“, verkündet Hiob (42,5), als er erfährt, dass die geschenkte Liebe Gottes ohne Grenzen und Vorbehalte die Grundlage der Welt ist und nicht deren enge Vorstellung einer Gerechtigkeit gemäß einem „Gibst du mir, dann geb’ ich dir“. Ans Ende des Weges gelangt, sagt Johannes vom Kreuz dichterisch:

> Da blieb ich und vergaß mich
> das Antlitz neigt’ ich über den Geliebten,
> alles verschwand, ich ließ mich,
> ließ fallen meine Sorge,
> vergessen lag sie unter Lilienblüten.[58]

Auf sehr schöne Weise drückte dies ebenfalls Luis Espinal aus, ein in Bolivien wegen seines Einsatzes für die Armen ermordeter Priester: „Herr der Nacht, du Leere, wir wollten uns entspannen in deinem Schoße, unmerklich, vertrauensvoll, mit der Sicherheit der Kinder.“[59] In der Poesie hat das mystische Erleben immer die angemessenste Sprache gefunden, um das Geheimnis der Liebe auszudrücken.

Nichts ist der Suche nach Gott, seinem Reich und seiner Gerechtigkeit mehr entgegengesetzt als der Dienst an einem (im starken Sinne des Begriffs: die Anbetung eines) von Menschenhand gemachten Götzenbild(es). Gemäß der Bibel bedeutet die Götzendienerei, sein Leben an etwas oder an jemanden hinzugeben, der nicht Gott ist, und ihm zu vertrauen. Das ist eine dauernde Gefahr für den Christen. Wie wir bereits sagten, sind heute im Zusammenhang mit dem Neoliberalismus der Markt und der Gewinn Objekte einer götzendienerischen Anbetung. Johannes Paul II. spricht deshalb von „der Vergötzung des Marktes“ (Centesimus annus 40). Das ist die zeitgenössische Form, den Mammon anzubeten. Mit der Vergötzung des Geldes vereint sich die Vergötzung der Macht, die sich über jedes Menschenrecht hinwegsetzt. Diesen Götzen werden Opfer dargebracht, deshalb bringen die biblischen Propheten den

---

[58] *Johannes vom Kreuz*, Aufstieg auf den Berg Karmel, Freiburg ²2003, Lied 8 (hier wiedergegeben in der Übertratung von M. Delgado und G. Stachel, die in Christ in der Gegenwart 48, 1996, 61, erschien).

[59] *Luis Espinal*, Oraciones a quemarropa, Lima 1982, 2.

Götzendienst immer mit Mord in Verbindung. Diejenigen, die aus der gegenwärtigen internationalen Wirtschaftsordnung ausgegrenzt sind, befinden sich unter diesen Opfern.

Aber es ist notwendig, noch weiter zu gehen, auch wenn dies einigen unbequem erscheint.[60] Die götzendienerischen Aspekte der Anbetung des Geldes und des Machtwillens treten in unserer Zeit leider klar und massenhaft zutage. Sie sind für ein menschliches und christliches Gewissen abstoßend.

Die götzendienerische Haltung kann jedoch auch durch die Hintertür unseres Einsatzes für die Befreiung des Armen eintreten, trotz aller Begeisterung und Motivation im christlichen Glauben. Auf den ersten Blick mag diese Behauptung befremdlich wirken, aber man muss die Dinge ungeschönt und ohne Ausflüchte sehen.

So ist es möglich, aus der Gerechtigkeit etwas zu machen, was dem Götzenbild sehr nahe kommt, wenn wir sie in ein Absolutum verwandeln und sie nicht in den Zusammenhang einbetten, in dem sich ihr ganzer Sinn erst entfalten kann: in den Zusammenhang der geschenkten Liebe. Wenn es keine im Alltag gegründete Liebe zum Armen und keine Wertschätzung der Vielfalt seiner Wünsche und Nöte als Mensch gibt, dann – es erscheint grausam, das zu sagen, aber die Erfahrung lehrt es – können wir die Suche nach Gerechtigkeit als Vorwand nehmen, ja in eine Rechtfertigung verwandeln, die Armen zu misshandeln, da wir vorgeben, besser als sie zu wissen, was sie möchten und brauchen. Eine Art Götzenbild können wir auch aus dem Armen machen. Das geschieht, wenn wir ihn idealisieren, ihn als immer gut, großzügig und tiefreligiös ansehen und denken, dass alles, was von ihm kommt, wahrhaftig und in gewisser Weise heilig ist. Diese Eigenschaften des Armen würden dann zum Hauptmotiv, mit ihm solidarisch zu sein. So vergisst man, dass die Armen von Gnade und Sünde durchdrungene Menschen sind, wie der heilige Augustinus sagen würde. Ohne Zweifel sind sie mit Großzügigkeit und Opferbereitschaft enorm begabt. Aber deswegen zu sagen, dass es sich in allen Fällen so verhält, bedeutet die Komplexität und die Zweideutigkeit der Menschen zu verkennen. Die Idealisierung des Armen – wie sie manche betreiben, die nicht selbst arm sind, und manchmal, wenn auch selten, die Armen selbst – führt nicht zu seiner Befreiung. Im Übrigen ist es vor allem notwendig, daran zu erinnern, dass für einen Christen der letzte Grund für das Engagement für die Armen nicht in ihren moralischen oder religiösen Eigenschaften – auch wenn es sie gibt –, sondern in der Güte Gottes liegt, die unser eigenes Verhalten bestimmen muss.

Auf der anderen Seite und noch viel subtiler kann unsere eigene Theologie, selbstverständlich auch die Theologie der Befreiung, die wir in Lateinamerika ausgehend von den Leiden und Hoffnungen der Armen erarbeitet haben, ebenso eine Art Götzenbild werden. Das geschieht, wenn sie in der Praxis dazu

[60] Wir greifen in den folgenden Zeilen einige Punkte auf, die in unserem Artikel „Johannes vom Kreuz – von Lateinamerika aus gesehen" (s.u. 194–204) näher dargestellt werden.

übergeht, wichtiger zu werden als der Glaube, der sie erhellt, und als die Wirklichkeit, die sie auszudrücken versucht. Eine intellektuelle Arbeit, die uns über die Maßen fesselt, trägt dieses Risiko. Diejenigen, deren Namen unter den theologischen Texten stehen, dürfen nicht vergessen, dass nicht sie, um genauer zu sein: nicht notwendigerweise sie die wahrhaften Zeugen der lateinamerikanischen Kirche sind, die ihren Glauben an den Gott der Bibel durch die Solidarität mit den Armen zeigen möchte. Vielmehr sind dies jene, die oftmals anonym ihr eigenes Leben aufs Spiel setzen und in der Alltäglichkeit ihres Lebens den pastoralen und sozialen Einsatz leben. Sie sind anonym für die Medien und die breite Öffentlichkeit, nicht aber für Gott.

Aus all diesen Gründen sind Zeugnisse wie die des Johannes vom Kreuz und die vielen anderen aus der mystischen Tradition der Kirche von solcher Bedeutung für die theologische Reflexion. Mit dem schneidenden Werkzeug ihrer Erfahrung und ihrer Dichtung helfen sie uns, all das auszuschalten, was irgendwie von Götzendienerei und Einbildungen ergriffen ist, die das, „was dazugegeben wird", an die erste Stelle unserer Suche setzen und die uns daran hindern, zu sehen und zu spüren, dass nur Gott Gott ist.

In jeder Situation ist es für die Christen wesentlich, sich Gottes Vorrang in ihrem Leben zu vergegenwärtigen. Die Spiritualität, die Nachfolge Jesu, ist aus diesem Grund nicht nur ein in der Theologie bedeutsames Streben, sondern deren wahre Grundlage. In gewisser Weise wird das vordringlicher, wenn die Christen in das eingespannt sind, was die Päpste den „vornehmen Kampf für die Gerechtigkeit" nennen. Es geht um Gottes Gerechtigkeit in ihrem doppelten biblischen Sinn: um Gerechtigkeit unter den Menschen und um Heiligkeit. Sie ist aufs engste mit seinem Reich des Lebens und der Liebe verbunden, gemäß dem Matthäustext, den wir einige Seiten vorher angeführt haben.

Aus diesem und aus den vor kurzem ausgeführten Gründen ist das Thema der Spiritualität in der Theologie der Befreiung, wenigstens in einem guten Teil von ihr, von Anfang an zentral gewesen. Es ist eine Reflexion über den Glauben, der sich in der Spannung zwischen der Mystik und dem Einsatz in der Geschichte erstreckt. Zuvor haben wir daran erinnert, dass die vorrangige Option für die Armen, mit der die genannte Theologie verbunden ist, eine theozentrische Option ist. Als authentische Entscheidung für die wirklichen Armen der heutigen Welt hat sie ihr Fundament in der Gratuität der Liebe Gottes, dem letzten Grund für den Vorrang. Das mystische Fundament ist wesentlich für die Verkündigung des Reiches Gottes und seine Forderung nach Gerechtigkeit.[61]

---

[61] Aus diesen Gründen verkennen jene, die denken – und schreiben –, dass die Theologie der Befreiung in diesen Jahren wegen der Debatten, die ihre Stellungnahmen hervorgerufen haben, in das Gebiet der Spiritualität und der Mystik übergegangen ist, die Quellen und den bereits zurückgelegten Weg dieser Reflexion über den Glauben. Sie vergessen auch, dass sich die christliche Spiritualität nicht in einem himmlischen Raum bewegt, vielmehr spricht sie stets – muss sie stets sprechen – von der Bezugnahme auf das Alltägliche und der Solidarität mit den Anderen, be-

Diese Ausrichtung auf eine geistliche Vertiefung ist eine der großen Aufgaben der Evangelisierung in unseren Tagen wie auch der theologischen Reflexion. Darin spielt sich das ab, was die Achse christlicher Existenz sein muss: der Sinn für Gott, die Gegenwart seiner Liebe in unserem Leben. Nicht darum geht es, den Einsatz in der Geschichte durch die Berufung auf geistliche Dimensionen zurechtzurücken, sondern ihn zu vertiefen und ihm seine ganze Bedeutung und Radikalität zu geben. Im Endeffekt kommt es auf die Ausübung der Theologie als Weisheit (sapientia) an – wie ein Schmackhaft machen, ein Schmecken [sapor; Anm. des Übers.] des Wortes Gottes; ein Wissen, dessen Geschmack sich an der Bereicherung des Alltagslebens des Gläubigen und der ganzen christlichen Gemeinde ausrichtet –, als solche müsste man die Theologie wiederentdecken, wenn sie als solche nicht mehr vorhanden wäre. Wenn wir die Rolle, die die Vernunft in der theologischen Reflexion spielt, würdigen, erlaubt uns das, uns anderen Formen der Erkenntnis der christlichen Wahrheiten zuzuwenden. In dieser Hinsicht ist zum Beispiel die symbolische Sprache besonders fruchtbar.

3.2 Die Frage nach dem Anderen

Nach dem Urteil von Carlos Fuentes ist das Hauptproblem des 21. Jahrhunderts die Frage nach dem Anderen. Das ist ein altes Anliegen im Rahmen der Theologie der Befreiung, die im Armen den „anderen" sieht, der zu einer Gesellschaft gehört, die immer selbstzufriedener wird. Aber unleugbar leben wir in einer Zeit, in der sich die Entfernungen auf dem Planeten, im globalen Dorf, verkürzen, und in dem das Bewusstsein für die Vielfalt der Völker, Kulturen, Arten, Ethnien und Religionen wächst. Das sind keine widersprüchlichen Bewegungen, wie man meinen könnte. Man kann sogar sagen, dass sie sich in gewisser Weise gegenseitig bestärken, auch wenn sie sich manchmal offen gegenüberstehen und gefährliche Strudel erzeugen.

3.2.1 Identität und Dialog

In Lateinamerika haben die alten indigenen Völker ihre Stimme wegen der im Laufe der Jahrhunderte erlittenen Drangsale zum Protest erhoben. Aber sie haben sie auch erhoben, um andere mit dem Überfluss ihrer Kulturen, mit der Liebe zur Erde als der Quelle des Lebens, mit der Erfahrung ihres Respekts gegenüber der natürlichen Welt und mit ihrem Gemeinschaftssinn, mit dem Tiefgang ihrer religiösen Werte und mit dem Wert ihrer theologischen Refle-

---

sonders mit den Schwächsten der Gesellschaft. Die geistlichen Erfahrungen, die in Lateinamerika gemacht werden – und die bis zur Hingabe des Lebens gehen – bewegen sich in diesem Sinne.

xion zu bereichern.[62] Mit – den jedem Fall eigenen – Nuancen vollzieht sich etwas Ähnliches mit der schwarzen Bevölkerung unseres Kontinents[63] und mit der neuen Präsenz der Frau, besonders der Frau, die zu den an den Rand Gedrängten und Unterdrückten gehört.[64] Das hat zu einem fruchtbaren Dialog zwischen unterschiedlichen theologischen Standpunkten geführt.[65]

Es ist wichtig, innerhalb dieser Menschengruppen eine Unterscheidung vorzunehmen, sie sind ja nicht homogen. Ebenso ist es notwendig, sich der wachsenden Bedeutung der Werte des Volkes bewusst zu sein, die sich aus jahrhundertealten und neuesten Kreuzungen jederlei Geblüts auf diesem Kontinent ergeben, wie José Maria Arguedas sagte, als er von Peru sprach. Wir denken dabei nicht nur an den rassischen Aspekt, sondern auch an den kulturellen, und an der Kultur wird permanent gearbeitet. Kultur gehört ja nicht der Vergangenheit an, sie ist fortwährende Schöpfung, in Treue wie im Bruch gegenüber einer Tradition. Von daher kommt ihre Fähigkeit zum Widerstand gegenüber Haltungen und Ideen, die ihre Identität auflösen. Die Vergangenheit und die Gegenwart des Volkes – der Völker – unseres Kontinents sind voll von Beispielen für diesen Sachverhalt.

Wie wir bereits angedeutet haben, ist es auf der anderen Seite der Zug der Postmoderne, verschwommen daherzukommen. Mit ihren Zweideutigkeiten auf verschiedenen gesellschaftlichen Ebenen neigt sie dazu, das Lokale und das Unterschiedliche hochzuschätzen. Dennoch können wir nicht leugnen, dass dies von einem deutlichen Skeptizismus ausgehend geschieht, der jegliche Möglichkeit des Ergreifens umfassender Wahrheiten relativiert.

Das Evangelium zu verkünden bedeutet, einen heilbringenden Dialog zu beginnen. Es setzt den Respekt gegenüber dem Anderen und seinen Besonderheiten voraus.[66] Es sucht sich nicht aufzudrängen, sondern zu dienen und zu

---

[62] Vgl. das Ergebnis zweier Begegnungen, veröffentlicht in: Teologia India I (México), Quito/México 1991, und Teologia India II (Panamá), Quito/México 1994. In dem zweiten Buch siehe *E. López*, Tendencias de la teologia india hoy, 5–26.

[63] Vgl. das Sammelwerk Cultura negra y Teologia, San José/Costa Rica 1986, und *A. Aparecido da Silva*, Jesus Cristo Luz e Libertador do povo afro-americano, in: Revista ecclesiástica brasileira, September 1996, 636–663.

[64] Vgl. die drei Sammelwerke El rostro femenino de la teologia, hg. v. *M. P. Aquino*, San José/Costa Rica 1986; Aportes para una teologia desde la mujer, Madrid 1988; Las mujeres toman la palabra, hg. v. *E. Tamez*, San José/Costa Rica 1989. Siehe auch *A. M. Isasi-Diaz / Y. Tarango*, Hispanic Women, San Francisco 1988; *A. Sueiro*, La mujer, un rostro del pobre en el Perù, in: Páginas 134, August 1995, 60–76; und *B. Pataro Bucker*, O Femenino da Igrejo e o conflito, Petropolis 1995.

[65] Vgl. *G. Gutiérrez*, Reflections from a latinoamerican perspective: finding our way to talk about God, in: *V. Fabella / S. Torres*, Irruption of the Third World, New York 1983, 222–234; *Irarrázaval*, Nuevas rutas de la teologia latinoamericana, in: Revista latinoamericana de teologia 38, Mai-August 1996, 183–197.

[66] Johannes Paul II. erinnerte an die Notwendigkeit, einen Sinn für den Anderen zu haben und den „Unterschied“ nicht zu fürchten (vgl. die 50. Generalversammlung der Vereinten Nationen am 10. Oktober 1995).

überzeugen.[67] Darauf muss das abzielen, was wir heute Inkulturation des Glaubens nennen und was zweifelsohne einer alten Erfahrung der Kirche entspricht. Es geht dabei um eine doppelte Bewegung: Der christliche Glaube muss ständig in neuen kulturellen Werten Menschengestalt annehmen, und zugleich kann man sagen, dass die Kulturen die Botschaft des Evangeliums annehmen müssen.

Dennoch ist die Bemerkung wichtig, dass der Dialog Gesprächspartner voraussetzt, die sich ihrer eigenen Identität sicher sind. Der christliche Glaube und die Theologie können nicht auf ihre Quellen und auf ihre Personalität verzichten, um mit anderen Ansichten in Kontakt zu treten. Feste Überzeugungen zu haben ist kein Hindernis für den Dialog, vielmehr ist das eine notwendige Bedingung. Nicht durch den Verdienst, sondern durch Gottes Gnade die Wahrheit Jesu Christi in unserem Leben anzunehmen, entwertet nicht nur nicht unseren Umgang mit Menschen anderer Perspektiven, sondern gibt ihm einen eigenen Sinn. Angesichts des Verlusts der Bezugspunkte, die einige zu erleben scheinen, ist es wichtig, daran zu erinnern, dass die Identität, eine bescheidene und offene Identität, wesentlicher Bestandteil einer Spiritualität ist.

Was wir gerade gesagt haben, mag offensichtlich erscheinen. Wir denken dabei jedoch an die Tendenz, die wir heute bei vielen Menschen und auch Christen sehen, die der Auffassung sind, dass es keinen authentischen Dialog gibt, wenn wir nicht auf die eine oder andere Weise auf unsere Überzeugungen und unsere Auffassung von der Wahrheit verzichten. Diese Haltung kommt aus der Furcht – die leider anhand zahlreicher und schmerzlicher Fälle in der Geschichte veranschaulicht werden kann –, einen christlichen Standpunkt mit Gewalt durchzusetzen. Es ist richtig, anzuerkennen, dass es diese Gefahr wirklich gibt, aber die vorgeschlagene Lösung ist nicht zweckmäßig. Entgegen dem, was allgemein angenommen wird, bedeutet das im Übrigen fehlenden Respekt gegenüber dem Empfänger unserer Verkündigung des Evangeliums. Ihm gegenüber sind wir verpflichtet, mit Klarheit unsere Überzeugungen darzulegen, so wie wir auch seine Überzeugungen respektieren.

Skeptizismus, Relativismus und das „schwache Denken“ schaffen es nicht, die angemessene Sprache für einen wirklich respektvollen und nützlichen Dialog zu finden. Die große Herausforderung ist es, ihn zu Ende zu führen, ohne die Wahrheiten und ihre Tragweite, an die wir glauben, zu verheimlichen oder herabzusetzen. Es ist eine Herausforderung an den Glauben und an die Aufrichtigkeit.[68] Nach dieser Aussage tut einmal mehr die Fähigkeit des Zuhörens

---

[67] In seiner beredten Ansprache an die zweite Konzilssitzung sagte Paul VI. (29. September 1963): „Die Welt soll wissen: Die Kirche schaut auf sie mit tiefem Verständnis, mit aufrichtiger Bewunderung und mit dem ehrlichen Vorsatz, sie nicht zu erobern, sondern ihr zu dienen, nicht um sie zu verachten, sondern um sie aufzuwerten, nicht um sie zu verurteilen, sondern um sie zu stärken und zu retten“. Eine Perspektive, die nichts von ihrer Aktualität verloren hat.

[68] Es ist in unseren Tagen möglich, der Bedeutung eines gewissen Punktes gewahr zu werden, um den Dialog mit den großen Religionen der Menschheit zu erhellen, der ebenfalls in einigen

und der Öffnung gegenüber dem not, was der Herr uns von anderen Bereichen des Menschseins, der Kultur und der Religion her sagen kann. Es scheint offensichtlich paradox, dass die Fähigkeit des Hörens auf andere umso größer ist, je stärker unsere Überzeugung und je transparenter unsere christliche Identität ist. Die vorrangige Option für die Armen und Ausgegrenzten, der Grundpfeiler der biblischen Botschaft, ist heute ein wesentliches Element der christlichen und kirchlichen Identität. Ihre Bezugnahme auf den himmlischen Vater, der uns das Geschenk seines Reiches und seiner Gerechtigkeit macht, ist grundlegend, ihre christologische Grundlegung ist klar und evident,[69] sie trägt das Siegel der Liebe und der Freiheit, die uns der Heilige Geist bringt. Die genannte Option ist ein Bestandteil kirchlicher Identität. Auf diese Weise trägt sie, ausgehend von einem eigenen Wesenszug der christlichen Botschaft, dazu bei, im Schoß der kirchlichen Gemeinschaft und außerhalb mit anderen Perspektiven in Dialog zu treten. Eine bescheidene, aber feste christliche und kirchliche Identität zu vertiefen und auf diese Weise eine fruchtbare Evangelisierung vorwärtszubringen, ist heute eine der angesichts vieler Unsicherheiten, Infragestellungen und auch Möglichkeiten der gegenwärtigen Welt anspruchsvollen Aufgaben der Theologie. Das gilt sicherlich gleichermaßen für die Theologie der Befreiung.

3.2.2 Eine Ethik der Solidarität

Die Eingeborenen Lateinamerikas haben eine jahrhundertealte Praxis der Solidarität und der Gegenseitigkeit. Wir denken an das Beispiel der Leiharbeit, die die Mitglieder ein und derselben Gemeinschaft untereinander leisten.[70] Man kann von dieser Erfahrung, die nicht nur der Vergangenheit angehört, sondern die in unseren Tagen durchaus Gültigkeit besitzt, viel lernen.

Im Übrigen sind in letzter Zeit der Begriff der Solidarität und das Nachdenken über ihn häufig Thema auf dem Kontinent. Für die Christen drückt die

---

Fällen – zahlenmäßig überschaubaren, aber bedeutsamen – in Lateinamerika gilt. Es handelt sich um Jesus Christus, den Mensch gewordenen Sohn Gottes, der einer von uns in der Geschichte war, ein Jude, Mariens Sohn, der zu einem bestimmten Volk gehörte. Die Geschichtlichkeit Jesu kann für diejenigen religiösen Perspektiven Probleme aufwerfen, die es schwierig finden, Elemente anzunehmen, die nach ihrem Urteil von außerhalb ihrer kulturellen Traditionen kommen. Dennoch ist der geschichtliche Charakter der Menschwerdung ein zentrales Element des christlichen Glaubens. Man müsste im Übrigen und für alle Fälle vertiefen, was die Kategorien „innerhalb“ und „außerhalb“ unserer eigenen Geschichte im Bereich der Ideen bedeuten.

[69] Eine Perspektive, die man seit den ersten Schritten der jüngsten Vorgeschichte des Ausdrucks „vorrangige Option für die Armen“ findet, vgl. den vollständigen Text der Intervention des Kardinals *G. Lercaro* (Per la forza dello Spirito, Bologna 1984, 113–122), die aus Zeitgründen in der ersten Sitzung des Konzils am 6. Dezember 1962 abgekürzt werden musste.

[70] Mink'a nennt man sie in der Andenwelt, vgl. *E. Meyer*, Las reglas del juego en la reciprocidad andina, in: Reciprocidad e intercambio en los Andes peruanos, hg. v. *G. Alberti / E. Meyer*, Lima 1974, 37–65.

Solidarität eine tatkräftige Liebe zu allen Mitgliedern der Gesellschaft und besonders zu den Wehrlosesten unter ihnen aus. Es handelt sich nicht nur um persönliche Gesten, die Solidarität ist ein Erfordernis für die gesamte Gemeinschaft und bedeutet den Einsatz der ganzen Kirche.

Heute hat die Frage der Solidarität internationale Bedeutung. Und sie ist umso dringender, als mächtige Denkströmungen, die mit dem Neoliberalismus und der Postmoderne verbunden sind, im Namen eines radikalen Individualismus das solidarische Verhalten in Verruf bringen und ablehnen. Sie betrachten es als veraltet, wirkungslos und ebenso – auch wenn das merkwürdig erscheinen mag – unzweckmäßig für die Entwicklung der Völker, besonders für ihre verlassensten Mitglieder. Deshalb werten sie – sie scheuen sich nicht, dieses Wort zu gebrauchen – den Egoismus auf, den sie als einen Ansporn sehen, sich wirtschaftlich zu betätigen und Reichtümer anzuhäufen, Vorgänge, die gemäß diesen Denkströmungen überhaupt nicht die Armen betreffen. Auf der anderen Seite aber kommt dieses Element dem vorherigen entgegen: Der Teil der Menschheit, der von den neuen Formen des technologischen Wissens profitiert, neigt dazu, sich in sich selbst zu verschließen und die Solidarität mit jenen zu brechen, mit denen er immer weniger kommuniziert.[71]

Seit seinem Schreiben über die menschliche Arbeit hat Johannes Paul II. wiederholt zur Solidarität aufgerufen, zur Solidarität unter den Arbeitern, unter den Armen im Allgemeinen und selbstverständlich auch zwischen den reichen und armen Ländern. In seinem Text über das dritte Jahrtausend zeigt er ausgehend von Lk 4,16–20 die Bedeutung des biblischen Themas des Jubiläums als Ausdruck der Solidarität für die Lage der Welt auf, denn das Jubeljahr war „bekanntlich [...] eine Zeit, die in besonderer Weise Gott gewidmet war“ (Tertio millennio adveniente 11).

In dem lukanischen Text ist das Schlüsselthema die Freiheit. Wie wir wissen, stützt es sich auf Jesaja (61,1f; Anm. des Übers.). Auf die Befreiung spielen drei seiner Äußerungen an (*Befreiung der Gefangenen, Augenlicht für die Blinden* – gemäß dem hebräischen Text des Propheten heißt es: für die Gefangenen –, *Freiheit für die Unterdrückten* [Nerv. vom Übers.]). Die Freiheit von jeder Form des Todes (Sünde, Unterdrückung) ist so an die Gleichheit gebunden, mit deren Wiederaufrichtung notwendigerweise in einem Gnadenjahr wiederbegonnen werden soll, das nichts anderes ist als eine Zeit der Solidarität. All das stellt den Inhalt der Frohbotschaft dar, die den Armen verkündet werden soll. In Anlehnung an diesen Abschnitt drängt Johannes Paul II. darauf, in Wort und Tat erneut die messianische Botschaft Jesu zu verkünden.

Zwei Konsequenzen daraus sind für unseren Einsatz und unsere theologische Reflexion von besonderer Bedeutung. Die erste betrifft die Aktualisierung und Vertiefung eines Themas biblischer und patristischer Verwurzelung: die uni-

[71] Vgl. die Bemerkungen von *E. Arens* mit Bezug auf Neoliberalismo y valores cristianos in: Paginas Nr. 137 (Februar 1996) 47–59.

verselle Bestimmung aller Güter der Erde. Heute ist es mehr denn je angebracht, daran zu erinnern, dass Gott dem ganzen Menschengeschlecht das zu seinem Unterhalt Notwendige gegeben hat. Die Güter dieser Welt gehören nicht ausschließlich bestimmten Personen oder sozialen Gruppen, was auch immer ihre Stellung in der Gesellschaft oder ihre Kompetenz sei, sie gehören allen. Nur in diesem Rahmen ist die private Aneignung des für die Existenz Notwendigen und des für eine bessere Sozialordnung Angemessenen zu akzeptieren.

Diese Frage war seit den Anfängen der neueren Soziallehre der Kirche gegenwärtig (vgl. Leo XIII.), aber ihre Schwerkraft ist immer größer geworden und sie erlangt eine neue Tragweite.[72] Die Behauptung, dass die Güter der Welt eine universale Bestimmung haben, muss bearbeitet und vertieft werden angesichts einer Wirtschaftsordnung, die eine natürliche Ordnung sein soll, die sich – von der berühmten „unsichtbaren Hand" bewegt – zum Wohlsein aller selbst reguliert, die aus Gewinn und Verbrauch einen bedingungslosen Motor der wirtschaftlichen Aktivität macht, die die Erde ausbeutet und auf der Suche nach Orten ist, an denen sie den Industriemüll entsorgen kann.

Entgegen dem, was einige denken oder einwerfen können, wird die Reflexion über diese Frage zeigen, dass es sich nicht um eine illusorische oder romantische Vision des gesellschaftlichen Zusammenlebens handelt. Sie ist vielmehr eine Einstellung, die berufen ist, aus Gründen des Glaubens an den Gott des Lebens und der menschlichen Solidarität sowie – wichtig auch das – aus Gründen geschichtlicher Wirkung die persönlichen Energien zu mobilisieren.[73] Wir haben deutliche Beispiele für diese Verpflichtung in unseren Tagen. Wenn man so will, ist das eine utopische Perspektive, utopisch jedoch im wirklichkeitsbezogenen Wortsinn, der eine unmenschliche Situation ablehnt und sich gerechte und von der Zusammenarbeit zwischen den Menschen geprägte Beziehungen vorstellt.[74] Man verwende den Begriff Utopie oder auch nicht – wichtig ist hier, sich nicht mit dem Leiden, Hunger und Fehlen der Freiheit für so viele Menschen sowie mit der Abwesenheit demokratischer Transparenz in vielen Nationen abzufinden. Wesentlich ist ebenfalls die Überzeugung, dass die Fortschritte der Menschheit eine von der jetzigen unterschiedene Situation vorstellbar machen.

Die zweite Konsequenz, die wir hervorheben möchten, steht in Beziehung mit dem niederdrückenden Problem der Auslandsschulden. Es ist klar, dass die armen Länder sie nur um den Preis des Lebens und der Leiden enormer Schichten ihrer Bevölkerung bezahlen können. Deshalb ist die Angelegenheit

---

[72] Vgl. Centesimus annus 30–87 und Tertio millennio adveniente 13 und 51.

[73] Vgl. die interessanten Erfahrungen und Reflexionen über eine solidarische Volkswirtschaft, die *L. Razeto* (Economia Popular de Solidaridad, Santiago 1986, und Critica de la economia, mercado democrático y crecimiento, Santiago 1994) vorstellt.

[74] Vgl. die Beschreibung und die Reflexion wertvoller Erfahrungen, die in diese Richtung gehen, vorgestellt von *Carmen Lora* (Creciendo en dignidad, Lima 1996).

vor allem eine ethische. Auf gewisse Weise ist jede wichtige wirtschaftliche Frage, die das Leben der Menschen betrifft, eine ethische Frage. Aber in der Frage der Außenschulden stehen wir vor etwas derart Offensichtlichem, dass die Behauptung, es handle sich um eine technische Frage, eine Ungeheuerlichkeit ist. Zweifelsohne gibt es hier geteilte Verantwortlichkeiten. Auch wenn es sicher ist, dass die Krise der siebziger Jahre internationale Agenturen, Banken und Länder dazu brachte, ihr Geld in den armen Nationen anzulegen, können wir den Anteil der politisch und wirtschaftlich Verantwortlichen der Entwicklungsländer nicht ausblenden.

Aber offensichtlich ist, dass die Bezahlung der Schulden Millionen von Armen nicht einmal einen Platz zum Schlafen lassen würde – sie tut es schon jetzt nicht. Man kann viele Gründe für einen Schuldenerlass anführen.[75] Der entscheidende Grund ist die Ethik – im Blick auf Leben und Tod so vieler Menschen. Das kirchliche Lehramt hat sich in der Hinsicht klar geäußert.[76] Die Kirche, die gleichzeitig in den reichen Ländern und in den armen Nationen anwesend ist, spielt in dieser Angelegenheit eine wichtige Rolle. Das symbolische Datum (die großen historischen Daten sind immer symbolisch) des Jahres 2000 wird durch das Jubiläum hervorgehoben, das in „Tertio millennio adveniente" vorgeschlagen wird.[77] Die biblische Bedeutung der Freude angesichts der Liebe des Herrn, der Verkündigung der Freiheit, der Wiederherstellung der Gleichheit und der Gerechtigkeit sowie der Verkündigung der Frohbotschaft an die Armen ist ein Anruf an die Solidarität, die Reflexion und an die Kreativität. Das Los der Armen und Ausgegrenzten und das, was es hinsichtlich unserer Treue gegenüber dem Gott Jesu Christi mit sich bringt, zeigt sich als eine anspruchsvolle und fruchtbare Herausforderung für die Theologie der Befreiung und die Theologie im Allgemeinen.

---

[75] Zum Beispiel geschichtlicher Ordnung, nachdem die asymmetrischen Wirtschaftsbeziehungen – um es so zu sagen – zwischen den reichen Ländern und jenen, die jahrhundertelang ihre Kolonien waren, gegeben sind. Vor mehreren Jahrzehnten stellte J. M. Keynes in aller Ernsthaftigkeit eine beunruhigende Rechnung auf. Dem englischen Wirtschaftswissenschaftler nach würde, wenn man den Schatz, den der Pirat Drake am Ende des 16. Jahrhunderts Spanien geraubt hat (das sagt Keynes unter Bezugnahme auf einen – letztlich geringen – Teil des Goldes, das aus dem heute Lateinamerika und Karibik genannten Bereich kommt), mit dem mäßigen Zinssatz von 3,25 Prozent ausgestattet hätte, die Ergebnissumme im Jahr 1930 die Summe der Außeninvestitionen Englands ausmachen. *Keynes*, The collected writings, Bd. 9 (Anm. 23), 323–324.

[76] Vgl. Centesimus annus 35 und Tertio millennio adveniente 51 (darin ist von einem „erheblichen Erlass" die Rede); *Päpstliche Kommission Justitia et Pax*, Ein ethischer Ansatz zur Überwindung der internationalen Schuldenkrise (Arbeitshilfe 50, hg. v. Sekretariat der Deutschen Bischofskonferenz, Bonn 1986) und Santo Domingo 197–198.

[77] Zu einer Untersuchung des Themas des Jubiläums in seiner Beziehung zur Botschaft Jesu in der Bibel siehe *S. Ringe*, Jesus, Liberation and the Biblical Jubilee, Philadelphia 1985.

3.3 Der Gott des Lebens

Die Armut, auf die wir uns zuvor bezogen haben, bedeutet in letzter Konsequenz den Tod, den physischen Tod vieler Menschen und den kulturellen Tod durch das Übergehen so vieler anderer Menschen.[78] Die Wahrnehmung dieser Situation führte dazu, dass vor ein paar Jahrzehnten das Thema des Lebens unter uns kraftvoll auftauchte, das Thema des Lebens als Gabe des Gottes unseres Glaubens. Die bald einsetzende Ermordung von Christen aufgrund ihres Zeugnisses machte die Theologie der Befreiung noch dringlicher.[79] Eine Reflexion über die Erfahrung von Verfolgung und Martyrium hat einer Theologie des Lebens Kraft und Bedeutung verliehen, was verständlich machte, dass die Option für die Ärmsten gerade eine Option für das Leben ist.

Es geht in letzter Konsequenz um eine Entscheidung für den Gott des Lebens, für den „Freund des Lebens", wie es im Buch der Weisheit (11,25) heißt. In diesen Aussagen finden wir eine Weise, den Glauben und die Hoffnung auszusagen, die den christlichen Einsatz befruchtet. Die nahe Erfahrung von Gewalt und ungerechtem Tod verträgt sich nicht mit Ausflüchten oder abstrakten Betrachtungen über die Auferstehung Jesu, ohne die unser Glaube laut Paulus vergeblich wäre. Sie sensibilisiert uns ebenfalls für die Gabe des Lebens, die wir von Gott empfangen, ein Leben, das sowohl die geistlichen und religiösen Aspekte als auch jene Aspekte umfasst, die wir gewöhnlich materiell und körperlich nennen.

Auf der anderen Seite hat die Erfahrung dieser Jahre die Perspektiven der gesellschaftlichen Solidarität erweitert. Die Erfahrung muss die Bedeutung einer respektvollen Verbindung mit der Natur mit einschließen. Die ökologische Frage betrifft nicht nur die Industrieländer, jene, die eine größere Zerstörung im natürlichen Lebensraum des Menschen bewirken. Wie zahlreiche Studien und kirchliche Texte gezeigt haben, betrifft sie die ganze Menschheit. Zu Recht wird gesagt, dass der Planet Erde ein großes Schiff ist, auf dem wir alle Passagiere sind. Dasselbe Bild kann uns aber auch helfen, daran zu erinnern, dass in diesem gemeinsamen Boot bestimmte Leute erster Klasse, andere aber dritter Klasse reisen. Sicherlich entgeht niemand der Aufgabe, die Zerstörung des Lebens in unserer natürlichen Umgebung zu verhindern, aber von diesem Boden aus müssen wir das Augenmerk auf das richten, was die Schwächsten der Menschheit betrifft. Und somit unseren Glauben an den Gott des Lebens

---

[78] Es ist interessant zu sehen, wie die Perspektive von Tod und Leben auf dem Feld der Wirtschaft betrachtet wird, vgl. von dem bekannten, fleißigen *A. Sen*, La vida y lo muerte como indicadores económicos, in: Investigación y Ciencia, Juli 1993, 6–13.

[79] Die Beobachtung von Johannes Paul II., „am Ende des zweiten Jahrtausends ist die Kirche erneut zur Märtyrerkirche geworden", ist in Lateinamerika und in der Karibik heute leicht zu verstehen. Besonders wenn er hinzufügt: „In unserem Jahrhundert sind die Märtyrer zurückgekehrt, häufig unbekannt" (Tertio millennio adveniente 37). Aber es handelt sich dabei ohne Zweifel um eine Bestätigung, die auch für andere Regionen der Welt gilt.

bekräftigen, besonders inmitten der Völker, die immer schon einen geheiligten Sinn für die Erde hatten.

Diese Perspektive kann sich auf die Korrekturen berufen, die die Bibel einer übertriebenen Interpretation des „Macht euch die Erde untertan" (vgl. Gen 1,28) entgegenhält. Diese Interpretation hat die moderne westliche Welt durch das verwirklicht, was Habermas die instrumentelle Vernunft nennt. Wir finden solche Korrekturen zum Beispiel im Buch Hiob, dessen Autor betont, dass nicht der Mensch, sondern die sich schenkende Liebe Gottes das Zentrum und der Sinn alles Geschaffenen ist. Eine Theologie der Schöpfung und des Lebens kann der Theologie Sauerstoff zuführen, die ausgehend von der Sorge um die Gerechtigkeit betrieben wird. Folglich hilft sie uns, den Horizont zu erweitern.[80] Hier gibt es eine Aufgabe, die für die theologische Reflexion über die Befreiung mit Sicherheit fruchtbar ist.

Diese Aufgabe wird uns sensibler machen für die ästhetischen Dimensionen des Vorgangs der integralen Befreiung, und dafür, dass sie aus diesem Grund selbst alle Aspekte des Menschen in Betracht ziehen will. Das Recht auf die Schönheit ist ein Ausdruck – und in gewisser Weise ein dringlicher – des Rechts auf Leben. Der Mensch ist Notwendigkeiten, aber auch Wünschen unterworfen, und in diesem Punkt haben die Vertreter der Postmoderne Recht. Unsere körperliche Verfassung vereint uns auf besondere Weise mit der natürlichen Welt. Sie ist Quelle der Freude über das Geschenk des Lebens. Aber sie ist selbstverständlich auch ein Anruf; der oftmals ausgehungerte und schmerzende Körper des Armen stöhnt auch in der ängstlichen Erwartung des „Offenbarwerdens der Kinder Gottes", wie Paulus in einem schönen und etwas geheimnisvollen Text sagt (Röm 8,19). Ein Erweis des Einsatzes für das Leben ist die Verteidigung der Menschenrechte. Die diktatorischen Regierungen Lateinamerikas und der Karibik führten in den siebziger Jahren dazu, dass viele Energien auf diese Bemühung verwandt wurden. Es war ein Weg, um ein notwendiges demokratisches Zusammenleben zu fordern. Diesem verpflichtet, beschränkte er sich nicht darauf, die gravierenden Missbräuche der Autorität anzuprangern, sondern zeigte auf die politische Instabilität und die soziale Ungerechtigkeit, die den Nährboden anderer Gewalttätigkeiten abgeben.

Es ist von Vorteil, an dieser Stelle den Hinweis von Johannes Paul II. hinsichtlich der „menschlichen Umwelt" in Erinnerung zu rufen (nachdem von der natürlichen Umwelt die Rede war), die ihn in Beziehung zur gesellschaftlichen Struktur von der „Humanökologie" sprechen lässt (vgl. Centesimus annus 38–

---

[80] Vgl. *J. Moltmann*, Zukunft der Schöpfung, München 1977; *R. Loste*, Dieu et l'écologie, Paris 1994, und in lateinamerikanischer Perspektive *L. Boff*, Schrei der Erde, Schrei der Armen, Düsseldorf 2002.

39).[81] Das Leben, das als Geschenk Gottes angesehen wird – wir stehen hier vor einem zentralen und neuartigen Thema.

Die Theologie hat eine wichtige Aufgabe vor sich, um den Glauben zu vertiefen an einen Gott nicht der Furcht, sondern an einen Gott, der, wie A. Camus sagt, „mit dem Menschen bei den herzhaften Spielen des Meers und der Sonne lacht." An einen Gott des Lebens und der Freude.

4. Schluss

Die gegenwärtige Zeit zeigt uns die Vordringlichkeit von etwas, das sehr elementar erscheinen kann: dem menschlichen Dasein Sinn zu geben. Verschiedene Faktoren, die auf diesen Seiten angeführt wurden, konvergieren, um die Bezugspunkte zu schwächen oder zu zerstreuen, die die Menschen von heute, vielleicht besonders die jungen, nur mit Schwierigkeit das Warum und das Wozu ihres Lebens erkennen lassen. Ohne diesen Sinn des Lebens verliert unter anderem der Kampf für eine gerechtere Ordnung und menschliche Solidarität Energien und es fehlt ihm an Biss. Eine wesentliche Aufgabe der Verkündigung des Evangeliums heute ist es, dem Leben Sinn zu geben. Vielleicht sahen wir das in den ersten Momenten der theologischen Arbeit in Lateinamerika als selbstverständlich und erreicht an, wie wir auch die Ermutigung durch den Glauben und die Bekräftigung grundlegender Wahrheiten der christlichen Botschaft für gegeben hielten. Wie dem auch immer sei, sicher ist es gegenwärtig notwendig, sich um die Grundlagen der Umstände des Menschseins und des Glaubenslebens zu sorgen. Einmal mehr scheint es uns, dass der Einsatz für den Armen als Option, die auf die sich schenkende Liebe Gottes ausgerichtet ist, in dieser Angelegenheit von großer Bedeutung ist. Sie ordnet sich in das ein, was wir auf den vorhergehenden Seiten als Spannung zwischen Mystik und geschichtlicher Solidarität beschrieben haben. Das ist nur eine vielleicht etwas abstrakte Art, zu wiederholen, was das Evangelium in aller Einfachheit sagt: Die Liebe zu Gott und die Liebe zum Nächsten, dies fasst die Botschaft Jesu zusammen.[82]

Das ist das wirklich Wichtige. Ich muss bekennen, dass ich weniger um das Interesse oder das Überleben der Theologie der Befreiung besorgt bin als um die Leiden und die Hoffnung des Volkes, dem ich angehöre, und besonders um die Weitergabe der Erfahrung und der Botschaft von der Rettung in Jesus Christus. Dieser letztere ist der Inhalt unserer Liebe und unseres Glaubens.

---

[81] In dieser menschlichen Ökologie muss man der Verschmutzung gewahr werden, die von der Korruption kommt, die auf den Ebenen der hohen Politik und Wirtschaft gepflegt wird. Eine wahrhaftige Krankheit, die, auch wenn es sie in den industrialisierten Ländern gibt, in der Lage ist, die schüchternen Entwicklungsbemühungen der armen Länder zunichte zu machen.

[82] *J. Comblin*, Cristãos rumo ao século XXI, São Paulo 1996.

Eine Theologie, so bedeutsam ihre Funktion auch sei, ist nur ein Mittel, sich in diese Liebe und diesen Glauben zu vertiefen. Die Theologie ist eine Hermeneutik der wie ein Geschenk des Herrn gelebten Hoffnung. Deshalb geht es tatsächlich darum, der Welt die Hoffnung zu verkünden in dem Moment, den wir als Kirche leben.

Aus dem Spanischem übersetzt von Veit Neumann

Benedikt XVI. und die Option für die Armen*

Die Eröffnungsansprache der V. Konferenz des lateinamerikanischen und karibischen Episkopats bot Benedikt XVI. Anlass, eine wichtige Aussage über die vorrangige Option für die Armen zu machen, indem er sie in Beziehung zum Jüngersein und folglich zum Missionarsein jedes Christen setzte.

Die folgenden Seiten beschränken sich auf die Betrachtung dieses Punktes aus der Ansprache des Papstes. Zunächst werden wir schauen, wie das Verhältnis zwischen dem Glauben an Christus und der besagte Option gesehen wird, sodann fragen wir uns, von welchem Armen die Rede ist, und zum Schluss folgen einige Punkte über die Bande zwischen Evangelisierung und Förderung des Menschen.

1. Christologischer Glaube: das Fundament der Option für die Armen

Es ist bezeichnend, dass diese Äußerung beim ersten Besuch des Papstes auf unserem Kontinent und in einer wichtigen Versammlung der kirchlichen Körperschaft fällt, aus der die Wendung von der Option für die Armen Ende der 1960er Jahre hervorgegangen ist. Seit damals wurden diese Formulierung und diese Perspektive von echt biblischem Zuschnitt in christlichen Gemeinden, in Pastoralplänen, in bischöflichen Texten – noch über Lateinamerika hinaus –, in Texten verschiedener christlicher Konfessionen und im Lehramt Johannes Pauls II. aufgegriffen. Doch auf diesem Weg fehlte es nicht an Unverständnis und Verdrehungen, an Bearbeitungen der Formel – mit Hinzufügungen und Auslassungen in der Absicht, ihren Inhalt zu präzisieren –, aber auch an verstecktem Widerstand oder an Versuchen, ihren Anspruch abzuschwächen.

Bei dieser Gelegenheit spricht Benedikt XVI. in einer Rede, der eine starke Wirkung bei ihren Adressaten zu wünschen ist, von dem besagten Engagement und macht dabei dessen theologische Bedeutung deutlich: „In diesem Sinn ist die bevorzugte Option für die Armen im christologischen Glauben an jenen Gott implizit enthalten, der für uns arm geworden ist, um uns durch seine Armut reich zu machen (vgl. 2 Kor 8,9)“ (Ansprache, 3).[1] Von da rühren ihre

---

* Der Aufsatz wurde erstmals publiziert in: Páginas Nr. 205 (Juni 2007) 6–13; deutsch: Zeitschrift für Missionswissenschaft und Religionswissenschaft 92 (2008) 177–183 (das Heft enthält Beiträge verschiedener Autoren zur Konferenz von Aparecida).

[1] *Papst Benedikt XVI.*, Eröffnungsansprache, in: Aparecida 2007. Schlussdokument der 5. Generalversammlun des Episkopats von Lateinamerika und der Karibik (Stimmen der weltkirche 41, hg. v. Sekretariat der Deutschen Bischofskonferenz, Bonn 2007), 320–342. Die Nr. im Text

evangelisatorische und ihre sozial engagierte Dimension. Ihre theologische Quelle freilich ist eindeutig: Letztlich ist es die Option für den Gott, der sich in Jesus offenbart. Darum haben wir sie auch theozentrische Option genannt. Man muss aber mit Nachdruck sagen, dass damit nicht nur nicht vergessen wird, dass es sich um eine konkrete Solidarität mit Menschen handelt, die unter einer Situation des Unrechts und der sozialen Bedeutungslosigkeit leiden, sondern dass dieses Engagement dadurch erst sein solides Fundament und eine evangelische Radikalität erhält.

Wir glauben an Gott, der in der Geschichte gegenwärtig wird und alles Menschliche wertschätzt. In diesem Sinn konnte Karl Barth sagen, Menschsein sei das Maß aller Dinge in dem Maß, in dem Gott Mensch geworden sei. Papst Benedikt nimmt Bezug auf einen der interessantesten Texte aus seiner Enzyklika „Deus Caritas est“ und ruft in Erinnerung: „Gottes- und Nächstenliebe verschmelzen: Im Geringsten begegnen wir Jesus selbst, und in Jesus begegnen wir Gott selbst“ (Deus caritas est 15). Etwas später sagt die Enzyklika: „Gottes- und Nächstenliebe sind untrennbar: Es ist nur ein Gebot“ (Nr. 18). In diesen Aussagen ist die Inspiration durch den wichtigen Text bei Matthäus 25,31–46 (der in Deus Caritas est ausdrücklich erwähnt wird) offensichtlich.[2] Es handelt sich um eine für die theologische Reflexion in Lateinamerika und der Karibik zentrale Aussage des Evangeliums. In Puebla hat sie die Aussage über das Gesicht der Armen inspiriert, in denen wir das Antlitz Jesus wieder erkennen müssen. Santo Domingo hat diese Linie fortgesetzt, und es wäre schön, wenn die V. Konferenz sie unter Berücksichtigung der neuen Verhältnisse von Armut und Ausschluss aufgriffe. Wir hätten es dann mit einer fruchtbaren und zukunftsträchtigen Weise zu tun, in der sich die Kontinuität zwischen den lateinamerikanischen Bischofskonferenzen zeigen könnte.

Die Option für die Armen ist ein Weg durch Jesus Christus zum Gott der Liebe, ein grundlegender Bestandteil der Nachfolge Jesu, ein Zeichen, das die Gegenwart des Gottesreichs ansagt und seinen Anspruch bekundet. Sie ist eine prioritäre, vorrangige Option, weil die Liebe Gottes universal ist; nichts ist von dieser Liebe ausgeschlossen. Jedoch ist dies keine abstrakte, inhaltsleere Universalität: In ihr sollen vielmehr die Letzten, diejenigen, die in einer dem Willen Gottes widersprechenden Situation der Marginalisierung und der Ungerechtigkeit leben, die Ersten sein. Auf diese Wiese lieben wir, wie Jesus geliebt hat (vgl. Joh 13,34), und machen sein Zeugnis zur Leitlinie unseres Lebens und unseres Engagements.

Nachdrücklich weist der Papst auf die spezifisch christliche Perspektive der Inkarnation als letztes Wort von allem hin. Einige Zeilen vor der Erwähnung

---

verweisen auf diese Ansprache. Das Paulus-Zitat findet sich ebenfalls im Dokument von Medellín (Armut der Kirche 18).

[2] Wir konnten diesen Text im Detail untersuchen in: „Wo der Arme ist, da ist Jesus Christus“ (s. o. in diesem Band: 43–59).

der Option für die Armen sagt er: „Gott ist die grundlegende Wirklichkeit, nicht ein nur gedachter oder hypothetischer Gott, sondern der Gott mit dem menschlichen Antlitz; er ist der Gott-mit-uns, der Gott der Liebe bis zum Kreuz.“ Der Mensch gewordene Gott, der sich bis zum Äußersten hingibt, akzeptiert den Preis des Leidens aus Treue zu der Aufgabe, das Reich Gottes zu verkünden. Ein „Gott, der den Armen und Leidenden nahe ist“ (Nr. 1).

Wenn der Papst über die Werte spricht, die für den Aufbau einer gerechten Gesellschaft notwendig sind, kommt er auf das Thema zurück und erklärt: „Wo Gott fehlt – Gott mit dem menschlichen Antlitz Jesu Christi –, zeigen sich diese Werte nicht mit ihrer ganzen Kraft und es kommt auch nicht zu einem Einvernehmen über sie“ (Nr. 4). Es geht um den Emmanuel, ein weiteres großes matthäisches Motiv, den Gott mit uns, den wir erkennen, indem wir Tag für Tag seinen Spuren folgen.[3] In dieser Denkrichtung erklärt der Papst ausgerechnet mit einem Ausdruck, den manche Leute vor Jahren als immanentistisch getadelt haben: „Das Wort Gottes ist, als es in Jesus Christus Fleisch wurde, auch Geschichte und Kultur geworden“ (Nr. 1). Einer von uns, ein Mitglied der menschlichen Geschichte und einer Kultur. Wie wir. Seine Liebe und Ganzhingabe, seine Verkündigung des Gottesreichs und sein Gehorsam gegen den Vater offenbaren ihn zugleich als den Sohn und als das Wort Gottes.

In der Geschichte offenbart sich die Liebe des Vaters. Der Heilige Geist, der Geist der Wahrheit, den der Vater den Jüngern Jesu im Namen des Mensch gewordenen Wortes sendet, soll uns „zur vollen Wahrheit“ führen (vgl. Joh 14,26 und 16,13). Diese Präsenz in der Geschichte ist die Grundlage dafür, dass die Zeichen der Zeit erkannt werden. Dies ist der Rahmen und der Sinn davon, dass man die Realität mit den Augen des Glaubens sieht, der von Anfang an in der von „Gaudium et spes“ und von vielen anderen kirchlichen Texten übernommenen Methode „Sehen – Urteilen – Handeln“ wirkt.

Es ist zu präzisieren, dass die Glaubensperspektive nicht erst im Urteilen auftritt; die Glaubenssicht begeleitete vielmehr den gesamten Prozess; das heißt nicht, dass die legitime Autonomie und Konsistenz der zeitlich-irdischen Realitäten nicht respektiert würde.[4] Eine Haltung, die in der Praxis und in Texten der Kirche gegeben und gefordert ist und die „Gaudium et spes“ so bezeichnet: „die Welt, in der wir leben […] zu erfassen und zu verstehen“ (Nr. 4). Die – transzendenten und geschichtlichen – Perspektiven, die der christliche Glaube eröffnet, können beim Blick auf die Realität nicht eingeklammert werden, wenn es darum geht zu prüfen, was für die Lebensführung und für die Vermittlung des Evangeliums gefordert ist. Dies ist das ABC der Methode,

---

[3] „Ohne Nachfolge gibt es keine Beziehung zum Objekt des Glaubens, die hinreicht, um zu wissen, wovon man spricht, wenn man es als Christus bekennt“. *J. Sobrino,* Jesucristo liberador. Lectura histórico-teológica de Jesús de Nazaret, San salvador 1991, 104; dt. vom Übers.).

[4] Siehe dazu die auf die praktische Anwendung der Methode gestützten Erwägungen von *L. F. Crespo*, Revisión de vida y seguimiento de Jesús, Lima 1991.

aber genau dies führt uns auch zu einer ernsthaften und respektvollen Analyse der zu prüfenden Situationen.

2. Für die Armen und gegen die Ungerechtigkeit

Wie vor geraumer Zeit einmal gesagt wurde, haben wir es hier mit einer Option zu tun, die fest und frei ist wie alle großen Entscheidungen unseres Lebens, insbesondere jene, die von der Suche nach dem Reich und der Gerechtigkeit motiviert sind, und nicht etwa mit etwas Optionalem, wie man, verleitet von dem aus dem Wort „Option" abgeleiteten Adjektiv, denken könnte.[5]

Eine Entscheidung, die von jedem Christen getroffen werden muss, auch von den Armen selbst. Es ist eine Option *für* die Armen und Bedeutungslosen und *gegen* die Ungerechtigkeit und die Armut, die sie bedrückt. Dies sind die beiden Seiten einer Münze. Doch dabei bleibt es nicht; die Option ist auch ein Engagement, das von der gesamten Kirche eingegangen werden muss. In diesem Sinn bezieht sich Benedikt XVI. auf die Kirche als „Anwältin der Gerechtigkeit und der Armen" (Nr. 4), und einige Zeilen später sagt er: „Die Gewissen zu bilden, Anwältin der Gerechtigkeit und der Wahrheit zu sein, zu den individuellen und politischen Tugenden zu erziehen – das ist die grundlegende Berufung der Kirche in diesem Bereich" (ebd.). Man beachte die Erwähnung der politischen Tugenden – „soziale" nennt sie der Papst an anderer Stelle (Nr. 3).

Doch da ist noch mehr, und die Ansprache bringt es ebenfalls in Erinnerung. Von wem spricht man, wenn man vom Armen spricht? Da ist die Ansprache eindeutig. Es handelt sich um jene, die in der realen, materiellen Armut leben, in einer Lage, die Medellín als „unmenschlich" und Puebla als „antievangelisch" bezeichnet hat. Sie stellt eine gewaltige Herausforderung für das menschliche und christliche Gewissen dar. Der Papst fragt deshalb: „Wie kann die Kirche zur Lösung der dringenden sozialen und politischen Probleme beitragen und auf die große Herausforderung der Armut und des Elends antworten?" (Nr. 4). Er greift auf ein Zitat aus der Enzyklika *Populorum progressio* zurück, deren vierzigster Jahrestag in diesem Jahr gefeiert wird und die bei der Konferenz von Medellín stets präsent war, und sagt: „Die Völker Lateinamerikas und der Karibik haben das Recht auf ein erfülltes Leben unter menschlicheren Verhältnissen, wie es den Kindern Gottes zukommt: frei von den Bedrohungen durch Hunger und jeglicher Form von Gewalt" (Nr. 4). Und dann erinnert er daran, dass diese Enzyklika „alle auf [auffordert], die schwerwie-

---

[5] Wie *M. Díaz Mateos* (El grito del pobre atraviesa las nubes, in: *G. Gutiérrez* u.a., El rostro de Dios en la historia, Lima, 1996, 159) sagt, handelt es sich um „eine nicht optionale Option, weil sie die Verifikation unserer kirchlichen und christlichen Identität ist".

genden sozialen Ungleichheiten und die enormen Unterschiede beim Zugang zu den Gütern zu beseitigen“ (ebd.; vgl. Populorum progressio, Nr. 21).

Wir kennen diese drückende Situation sehr gut; sie macht Lateinamerika und die Karibik zu der am schwersten von Ungleichheit gekennzeichneten Region des Planeten. Sie ist drückend und umso skandalöser, als die große katholische Mehrheit in ihr leben muss. Sie ist eine Herausforderung für die Glaubewürdigkeit der katholischen Kirche, und leider besteht sie immer noch. Es bedarf für jeden Gläubigen einer großen Festigkeit in der Verkündigung des Evangeliums und in dessen unausweichlichen Konsequenzen sowie einer großen Portion Demut, die uns unsere eigenen Defizite und Grenzen anerkennen und uns in einen Dialog mit Menschen anderer Horizonte treten lässt, sodass wir uns mit ihnen in einer Aufgabe vereinen können, die alle in Anspruch nimmt in der Suche nach sozialer Gerechtigkeit und in der Achtung vor der Freiheit der menschlichen Person.[6]

Die Problemstellung ist unmissverständlich: Die Armen, die unsere Solidarität verlangen, sind jene, die das Notwendige entbehren, mit dem sie ihre Grundbedürfnisse befriedigen könnten, und die in ihrer Eigenschaft als Personen und Töchter und Söhne Gottes nicht geschätzt werden. Zu Beginn der Ansprache, wo er auf die Ursachen dieser Situation zu sprechen kommt, sagt Benedikt: „[...] die liberale Wirtschaft mancher lateinamerikanischer Länder [muss] auch die Gerechtigkeit berücksichtigen, da die sozialen Bereiche, die sich immer mehr von einer enormen Armut unterdrückt oder sogar ihrer natürlichen Güter beraubt sehen, weiter zunehmen“ (Nr. 2).[7]

Die Armen werden aber auch häufig ihrer Menschenwürde und ihrer Rechte beraubt. Die Armut, die soziale Bedeutungslosigkeit ist kein Missgeschick, sie ist eine Ungerechtigkeit. Sie stellt eine Realität mit vielen Aspekten dar, eine Komplexität, die bereits im biblischen Begriff von Armut erfasst ist und die wir in unserer Zeit täglich erfahren. Verschiedene Faktoren – und nicht nur der ökonomische – kommen dabei zusammen. Armut ist ohne Zweifel das Ergebnis der Art, wie die Gesellschaft konstruiert wurde, aber auch die Auswirkung von mentalen und kulturellen Kategorien und sozialen Atavismen, von im Lauf der Geschichte entstandenen Vorurteilen gegenüber Rassen und Kulturen (die indigenen und afroamerikanischen Völker sind in Vergessenheit geraten), gegenüber dem Geschlecht (den größten Teil der armen Leute bilden Frauen) und religiösen Einstellungen. Wir sprechen von einer Situation, die die Frucht unserer Hände ist, aber genau darum liegt in diesen Händen auch die Möglichkeit

---

[6] Siehe *F. Zegarra,* La quinta Conferencia del episcopado de Améria Latina y el Caribe, in: Páginas 200 (August 2006), vor allem 16–17.

[7] Zu den natürlichen Gütern muss man heute – über die hinaus, an die dieser Satz uns spontan denken lässt – auch das Wasser und die Luft rechnen, wenn wir an die Verschmutzung, die zunehmende Erwärmung des Planeten und überhaupt an den Schaden denken, der der Umwelt durch eine ungebremste Ausbeutung zugefügt wird. Die ökologische Frage geht die ganze Menschheit an, aber sie betrifft besonders die Schwächsten in ihr, die Armen.

zur Überwindung dieser Verhältnisse. Vom Blickpunkt des Glaubens aus gesehen spiegeln die Ursachen der Marginalisierung so vieler Menschen eine Absage an die Liebe und die Solidarität wider, und damit sind sie Ausdruck der Sünde. Bis zu dieser Wurzel und ihren Konsequenzen muss man vorstoßen, wenn man die umfassende Befreiung in Christus verstehen will.

Die ungeheure Armut und das, was sie hervorruft, die wachsende Ungleichheit und Ungerechtigkeit, ist das, worum es geht. Das stellt die Dinge auf die richtige Ebene: Eine Situation der Not zu beschreiben und anzuklagen, die es nicht erlaubt, in Würde zu leben, ist wichtig, aber es ist nicht genug, man muss zu den Ursachen vordringen, wenn man sie überwinden will.[8] Es ist eine Sache der Ehre und der Wirksamkeit im „Kampf für die Gerechtigkeit", um die bekannte Wendung Pius' XI. zu benutzen. Solange die soziale Ungleichheit nicht beseitigt wird, kann das leichte ökonomische Wachstum, das in einigen Ländern des Kontinents zu beobachten ist, nicht zu den Ärmsten gelangen.

An diesem Punkt vertritt Benedikt XVI. die Auffassung, dass angesichts dieser Situation und aus der Sicht des Glaubens „die grundlegende Frage" laute, „wie die vom Glauben an Christus erleuchtete Kirche angesichts dieser Herausforderungen reagieren solle". Und er fährt fort: „In diesem Zusammenhang ist es unvermeidlich, das Problem der Strukturen, vor allem jener, die Ungerechtigkeit verursachen, anzusprechen". Diesem Punkt ist ein langer Abschnitt der Ansprache gewidmet. Positiv ausgedrückt sind die gerechten Strukturen „eine Voraussetzung, ohne die eine gerechte Ordnung in der Gesellschaft nicht möglich ist". „Sowohl der Kapitalismus als auch der Marxismus" haben sie versprochen, sagt der Papst, doch diese Verheißungen haben sich als falsch erwiesen, weil sie die Person und die moralischen Werte vergessen haben (Nr. 4). Ohne diese aber gibt es kein menschenwürdiges und gerechtes Zusammenleben.

Es ist nicht Sache der Kirche, diese Strukturen zu errichten; das bedeutet aber nicht, dass sie nicht ein Wort über sozio-ökonomische Fragen zu sagen hätte.[9] Ihre Aufgabe ist es, „die Gewissen zu bilden" – eine klassische Posi-

---

[8] Nicht zum ersten Mal greift Benedikt XVI. hier das Thema der Ursachen für die Armut auf; in seiner Enzyklika „Deus caritas est" (26) sagt er: „Die Produktionsstrukturen und das Kapital waren nun [mit der Ausbildung der Industriegesellschaft im 19. Jahrhundert] die neue Macht, die, in die Hände weniger gelegt, zu einer Rechtlosigkeit der arbeitenden Massen führte, gegen die aufzustehen war".

[9] Schon früher hatte der Papst seine sorge um diese Zusammenhänge in einem Brief vom 16. Dezember 2006 an die deutsche Bundeskanzlerin Angela Merkel zum Ausdruck gebracht. Darin schlägt er vor, die Europäische Union solle sich bemühen um „die Erreichung des Ziels, bis zum Jahr 2015 die extreme Armut zu beseitigen", was „eine der wichtigsten Aufgaben unserer Zeit" sei. Und er nennt sogleich eine konkrete Aufgabe: „Es müssen auch Vorkehrungen für einen schnellen, vollständigen und vorbehaltlosen Erlass der Auslandsschulden der stark verschuldeten armen Länder und der am wenigsten entwickelten Länder getroffen werden". Vgl. Wortlaut des Briefes in: http://www.vatican.va/holy_father/benedict_xvi/letters/2006/documents/hf_ben-xvi_let_20061216 _vertice-g8_ge.html.

tion, die jede Theologie, die sich mit dem Thema befasst, berücksichtigen muss. Sie bedeutet eben nicht, sich zurückzuziehen und sich in sozialen und politischen Dingen aus der Verantwortung zu schleichen.[10] Im Gegenteil: Wenn man darauf besteht, dass die Menschen und ihre Rechte als Personen und als Völker den Kern und das Ziel des Lebens in der Gesellschaft darstellen, dann ist das etwas, was konkrete und präzise Wirkungen hat.[11] Das beweisen die Schwierigkeiten, auf die das Wort des Evangeliums dort, wo es verkündet wird, von Seiten derer stößt, die durch es ihre Interessen beeinträchtigt sehen. Die Reaktionen die die Predigt von Mons. Romero hervorrief, und viele andere Fälle auf dem Kontinent sind Zeugnis dafür.

Unter den Ursachen der Armut hebt der Papst auch die Rolle der Globalisierung hervor. Er erkennt an, dass dieses Phänomen positive Seiten hat, die Errungenschaften für die Menschheit bedeuten können; aber er warnt davor, dass sie „zweifellos auch das Risiko der großen Monopole und damit die Umdeutung des Gewinns zum höchsten Wert mit sich" bringt (Nr. 2). Eine Warnung, die heute viele äußern. Die internationalen Verhältnisse bedingen, ja bestimmen zahlreiche Dinge innerhalb jeder Nation; daher bleibt ihre Analyse unabdingbar.

3. Evangelisierung und Förderung des Menschen

Die Erfahrung der Solidarität mit dem Armen, der in einer unmenschlichen Situation des Ausschlusses lebt, macht deutlich, wie sehr das Evangelium befreiende und humanisierende Botschaft ist und ebendarum eine Forderung nach Gerechtigkeit darstellt. Benedikt XVI. drückt es so aus, „dass sich die Evangelisierung immer zusammen mit der Förderung des Menschen und der echten christlichen Befreiung entfaltet hat" (Nr. 3). Was in der Ansprache darauf folgt, ist der bereits zitierte Text aus „Deus Caritas est" über die „Verschmelzung" von Gottes- und Nächstenliebe. Die Förderung des Menschen ist keine Etappe *vor* der Evangelisierung, und sie folgt auch keiner von dieser getrennten Richtschnur. In den letzten Jahrzehnten ist das Bewusstsein der engen Bande, die sie verbinden, gewachsen. In dieser Denkrichtung hat Johannes Paul II. gesagt, die Evangelisierungsaufgabe der Kirche habe als unverzichtba-

---

[10] In Form einer rhetorischen Frage hatte die Aparecida-Ansprache vor dem Abschnitt, den wir zitieren, festgehalten, dass diese Position nicht etwa „eine Flucht in den Kult der Innerlichkeit, in den religiösen Individualismus, eine Preisgabe der Dringlichkeit der großen wirtschaftlichen, sozialen und politischen Probleme Lateinamerikas und der Welt und eine Flucht aus der Wirklichkeit in eine spirituelle Welt" bedeutet (*Benedikt XVI.*, Eröffnungsansprache, Anm. 1, 3)

[11] Auf dieser ethischen Ebene steht auch die Soziallehre der Kirche.

ren Bestandteil das Handeln für die Gerechtigkeit und die Förderung des Menschen.[12]

Benedikt XVI. zitiert die Emmausperikope und erinnert daran, dass die Eucharistie „das Zentrum des christlichen Lebens" ist (Nr. 4). Im Brotbrechen begehen wir das Gedächtnis des Lebens, des Zeugnisses, des Todes und der Auferstehung Jesu. Daher ist die Eucharistie kein privater, rein innerlicher Akt, vielmehr ruft sie uns zum Zeugnis und zur Verkündigung dessen, der „Weg, Wahrheit und Leben" für alle ist. Sie „löst das Engagement für die Evangelisierung aus und gibt der Solidarität Auftrieb; sie weckt im Christen den starken Wunsch, das Evangelium zu verkünden und von ihm in der Gesellschaft Zeugnis zu geben, um sie gerechter und menschlicher zu machen" (ebd.).[13] Sie ist Zeichen der Communio und Antizipation von deren voller Verwirklichung.

Die Einheit mit Christus, in der wir uns als Töchter und Söhne Gottes (an)erkennen, ruft uns dazu auf, Geschwisterlichkeit und Gerechtigkeit zu schaffen. Wie sich zeigen lässt, ist das in der Ansprache über die vorrangige Option für die Armen Gesagte nicht en passant geäußert, sondern ein zentraler Punkt. Es ist in einem pastoralen, sozialen, theologischen und spirituellen Gewebe verortet, das seine ganze Tiefe, seine Weite und seinen Anspruch erkennen lässt. Es erlaubt uns auch, andere in der Ansprache – aus Gründen der Zeit und der Umstände nur kurz – berührte Themen, die nach Vertiefung und Präzisierung verlangen, neu zu lesen. Diese Aufgabe bleibt noch zu erledigen.

Das Thema ist gestellt und auf den Tisch der Konferenz von Aparecida gebracht; es ist, wie wir eingangs sagten, eine der Achsen der Kontinuität mit den früheren Bischofskonferenzen, auf die der Papst und die Bischöfe in diesen Tagen so großen Wert gelegt haben. Seine Präsenz in der heutigen Situation in Lateinamerika und der Karibik wird bei dem soeben begonnenen Treffen von hoher Bedeutsamkeit sein.

Wie dem auch sei – die christologische Perspektive der Option für die Armen zu vertiefen ist ein wichtiger Beitrag, um unser Jünger- und Missionarsein zu ergründen und die evangelische Radikalität des Sinnes zu erkennen, den die christliche Praxis der Option und Solidarität gegenüber dem Armen und der Ablehnung der Ungerechtigkeit hat und der sie als weg zum Vater aller ausweist.

Aus dem Spanischem übersetzt von Michael Lauble

---

[12] Zuvor vertrat schon die römische Synode über die Gerechtigkeit in der Welt (1971), dass die Mission der Kirche „die Verteidigung und Förderung der Würde und der Grundrechte der menschlichen Person" einschließt (Gerechtigkeit in der Welt 37).

[13] Die Feier der Eucharistie bewegt uns dazu, uns „für eine gerechtere und geschwisterlichere Welt einzusetzen" (Sacramentum caritatis 88).

II. TEIL

THEOLOGIE HEUTE

Theologische Sprache: Fülle des Schweigens*

Die Theologie ist eine Sprache. Sie will ein Wort sagen über jene geheimnishafte Wirklichkeit, die wir Gläubigen Gott nennen. Sie ist ein *logos* über den *theos*.

Ich habe gesagt: geheimnishafte Wirklichkeit, und ich möchte präzisieren, dass ich den Terminus „geheimnishaft" in seinem biblischen Sinn nehme. Der französische Philosoph Gabriel Marcel hat uns vor einigen Jahrzehnten geholfen, ihn zu verstehen, indem er zwischen Problem oder Rätsel einerseits und Geheimnis andererseits unterschied. Gott ist kein Problem, vor dem wir unpersönlich stehen und das wir wie ein Objekt behandeln oder gar untersuchen, er ist aber auch kein Rätsel, eine ein für allemal unbekannte und unbegreifliche Realität. Für die Bibel ist Gott ein Geheimnis, insofern er eine Liebe ist, die alles umgreift, jemand, der sich in der Geschichte und im Herzen eines jeden durch einen Leben schenkenden, befreienden Impuls gegenwärtig setzt. Er ist das Geheimnis des Du, wie Marcel sagt, das wir nur anerkennen und anrufen können.

Aus diesem Grund ist das Geheimnis – wiederum biblisch gesehen – nicht unaussprechlich im buchstäblichen Sinn des Wortes. Vielmehr muss es in aller Begrenztheit gesagt und mitgeteilt werden. Es zu verbergen, es in einem privaten und verschlossenen Raum festzuhalten oder es einigen Initiierten vorzubehalten, heißt sein Wesen zu verkennen. Das Geheimnis der Liebe Gottes muss auf Straßen und Plätzen verkündet werden. Dies setzt eine Sprache, ein Mittel der Kommunikation voraus. Ein Sprechen, das mit der Botschaft übereinstimmen muss und sich deshalb des Profils seiner Erfahrung und des Wissens, das es vermittelt, bewusst ist. Die Frage, die José María Arguedas an einen Freund richtet: „Ist das, was wir wissen, denn viel weniger als die große Hoffnung, die wir empfinden?",[1] benennt den Raum, in dem eine theologische Sprache haust, die Respekt vor der komplexen Wirklichkeit hat, die sie mitteilen will: eher in der beunruhigenden Gewissheit der Hoffnung als in der Gelassenheit eines harmlosen Wissens.

Glauben ist eine zugleich intime und gemeinschaftliche Erfahrung. Der Glaube ist eine Beziehung zwischen Personen, daher sagen wir, er sei eine Gabe. Das Geheimnis Gottes muss im Gebet und in der menschlichen Solidarität aufgenommen werden; dies ist der Augenblick des Schweigens und der Praxis. Darin und nur von dorther erwachsen die Sprache und die Kategorien,

---

* Vortrag bei der Zeremonie zur Aufnahme in die Peruanische Akademie der Sprache am 26. Oktober 1995; veröffentlicht in: Boletín de la Academia de la Lengua 26 (1996) 149–179, und in: Páginas Nr. 137 (Februar 1996) 66–87.

[1] ¿Ultimo diario?, in: *J. M. Arguedas*, Obras Completas, Lima 1983, Bd. 5, 197.

die notwendig sind, um es anderen mitzuteilen, um mit ihnen in Kommunikation zu treten im etymologischen Sinn des Wortes: in Kommunion; dies ist der Augenblick des Sprechens.

In einem schönen Text sagt uns das Buch des Predigers, dass im Lauf der menschlichen Existenz alles seine Stunde und seine Zeit hat: „Geboren werden hat seine Zeit, und Sterben hat seine Zeit. / Schweigen hat seine Zeit, und Reden hat seine Zeit“ (Koh 32,2.7). Es sind keine bloß nebeneinander stehenden Momente, vielmehr hängt einer vom anderen ab, sie nähren sich gegenseitig. Ohne Schweigen gibt es kein wahrhaftes Reden. Im Hören und in der Meditation beginnt sich sacht und zaghaft zu bilden, was gesagt werden wird. Dann wird uns der Ausdruck unserer inneren Welt neue, fruchtbare Zonen des persönlichen Schweigens und der Begegnung gewinnen lassen. So geschieht es in der Theologie.

Nach diesen einleitenden Erwägungen möchte ich einige Überlegungen über die augenblickliche Situation der theologischen Sprache anstellen. Es sind Beobachtungen, die uns vielleicht helfen können, die Tragweite einer wichtigen, zukunftsträchtigen Tatsache zu sehen: Seit einigen Jahrzehnten entsteht in Lateinamerika und darüber hinaus ein tastendes Sprechen über Gott, das gezeichnet ist von der kulturellen Vielfalt des Kontinents und von den durch Armut und Marginalisierung geschaffenen Verhältnissen. Dies ist der Boden, auf dem die folgenden Überlegungen sich entfalten. Die Fragen, die aus der historischen Bedingtheit dieser theologischen Sprache erwachsen, ihre Partikularität bei gleichzeitiger Universalität und schließlich die narrative Dimension des Lebens und der Worte Jesu von Nazaret bilden die Schritte, die uns den Zugang zum Thema eröffnen.

1. Gott – Kranker und Krankenpfleger

Es genügt nicht zu sagen, die Rede über Gott entstehe aus der Notwendigkeit, eine gläubige Erfahrung zu formulieren und mitzuteilen. Diese Erfahrung hat ja ihren Ort inmitten menschlichen Erlebens samt der damit verbundenen beunruhigenden Komplexität. Eine ganze soziale und kulturelle Welt übt bei der Erarbeitung der theologischen Sprache ihren Einfluss aus. Wenn wir extreme menschliche Situationen erleben, bohren die Fragen tief, durch das Anekdotische und Vergängliche hindurch stößt die Anfrage ins Wesentliche vor. Ungeschützt stehen wir vor den Grundfragen allen Menschseins. Wenn wir nicht in die Welt des alltäglichen Leidens, der verzehrenden Sorge, der immer aufs neue entflammten Hoffnung hinunter- oder, besser: hinaufsteigen, gewinnt das Tun des Theologen keine Dichte. Zwei von unseren Schriftstellern werden uns helfen, dem Problem, so wie es sich bei uns stellt, anschauliche – und verletzte – Gestalt zu verleihen.

1.1 Mit den Armen gehen

Felipe Guamán Poma ist Besitzer eines ganz eigenen geistigen Universums; das hat ihn für unvorbereitete Leser manchmal zu einer schwierigen Lektüre gemacht, vor allem, wenn sie sehr stark von einer westlichen Logik geprägt sind. Er schreibt seinen langen Bericht für den König von Spanien als Indio, als Mitglied eines Volkes, dessen Bedrängnis er anklagen will und dessen Recht er verteidigen möchte. Zugleich schreibt er als Neuchrist, der das Leben Jesu, der ja die Armen mit Vorrang liebte, zum grundlegenden Kriterium für die Unterscheidung zwischen Recht und Unrecht in den peruanischen Anden macht.

Dass er dreißig Jahre lang unbekannt mitten unter den geplagten und benachteiligten Indios gelebt hat, erlaubt ihm, aus erster Hand über die Misshandlungen zu sprechen, die sie erleiden. Seine Anklage ist verankert in einer leidvollen Erfahrung. Die bekannte Wendung „und es gibt kein Heilmittel", mit der er seine peinvollen Beschreibungen schließt, sagt in aller Deutlichkeit, dass das, was er gesehen und erlebt, ihn an den Rand der Hoffnungslosigkeit geführt hat. Aus dieser Lebenslandschaft heraus erheben sich sein Schrei und seine Frage. Als er sieht, wie „man die Armen Jesu Christi schindet und sich ihrer bedient" (so heißt es in seinem ungeschickten und scheinbar überladenen Kastilisch), ruft er aus: „Wo aber bist du, mein Gott? Du erhörst mich nicht um der Rettung deiner Armen willen."[2] Ein Schrei, in dem der Vorwurf mit aller Kraft laut wird, wie es auch in der Bibel geschieht, wenn Ijob nach einer herzzerreißenden Schilderung der Lage der Armen behauptet: „Doch Gott achtet nicht auf ihr Flehen" (24,12).

Guamán Poma lässt uns ans Tiefste rühren. Wir stehen vor einer Frage, die sich aus dem Leiden des Unschuldigen erhebt, aus dem, was A. Gesché das „unschuldige Übel" im Unterschied zum „schuldhaften Übel" nennt.[3] Doch die Frage bricht ebenso aus der Glaubenserfahrung hervor. Bei denen, die sie heute formulieren, und wir formulieren sie, „ist gerade der Glaube der Grund für die Bestürzung"; so sagt es der südafrikanische Erzbischof Desmond Tutu, ein großer Zeuge unserer Tage, in Anspielung auf ganz ähnliche Verhältnisse.[4] In der Tat ist ja das Schweigen Gottes noch unerträglicher für jemanden, der meint, dass der Gott seines Glaubens der Gott des Lebens und der Liebe ist.

Guamán Poma bleibt dabei aber nicht stehen. Seine Reflexion geht in die Tiefe und entwirft eine Sprache über Gott, die er, von den Höhen der Anden aus, „für die ganze Welt und Christenheit" für gültig erachtet.[5] Der Schmerz

---

[2] *Guamán Poma*, Primer Nueva Corónica y Buen Gobierno, Mexiko 1980, 1104 (alle Zitate dt. vom Übersetzer).

[3] Vgl. u.a. *A. Gesché*, Pensèes pour penser. Bd. 1: Le mal et la lumiére, Paris 2003.

[4] *D. Tutu,* The Theology of Liberation in Africa, in: African Theology en route, New York 1979, 163.

[5] *Guamán Poma*, Primer Nueva Corónica (Anm. 2), 1168.

der Armen bewirkt, dass er eine tiefe christliche Intuition wiederfindet und auf seine Weise aussagt: „Den Armen verachten die Reichen und Hochmütigen, denn sie dünkt, da, wo der Arme sei, könnten Gott und die Gerechtigkeit nicht sein. Nun muss man aber im Glauben genau wissen, dass da, wo der Arme ist, Jesus Christus selbst ist, und da, wo Gott ist, die Gerechtigkeit ist."[6] Eine Aussage, hinter der die Botschaft der biblischen Propheten und Jesu selbst steht.[7]

Im Paradox, ja geradezu im Widerspruch zwischen der bangen Frage „Mein Gott, wo bist du? Hörst du mich nicht?" und der gleichwohl erhofften Erkenntnis von Gottes Gegenwart in den Verlassenen und Misshandelten siedelt sich die theologische Sprache Guamán Pomas an. Das Sprechen über Gott erstickt seine Stimme nicht in der Innerlichkeit einer leidvollen Erfahrung, noch weniger beschränkt es sich auf prinzipielle Aussagen. Es verleiht Forderungen alltäglichen Verhaltens Ausdruck. Unser Autor ist sich dessen bewusst, er schreibt seinen Text, damit „die Armen Jesu Christi" nicht weiter missachtet und verfolgt werden.[8] „Gott, unserem Herrn, zu dienen und den Armen Jesu Christi beizustehen" – das sind für ihn zwei nicht zu trennenden Dimensionen der christlichen Praxis.[9]

1.2 Der Befreiergott

Jahrhunderte später lenkte ein anderer, dessen Urteil, gleich Guamán Poma, auf eigener Anschauung beruhte, José María Arguedas, die Aufmerksamkeit auf die Fortdauer und Verschärfung des Leiden eines marginalisierten Volkes. Diesmal scheint die Religion das ungerechte Leid zu steigern. Vor dem Schmerzensmann in der Kathedrale von Cusco sagt der junge Ernesto, das Alter Ego des Autors, fassungslos: „Geschwärzt, leidend, trug der Herr ein Schweigen, das nicht beruhigte, das leiden machte [...]. Das Angesicht des Christus erzeugte Leiden und ließ es übergreifen auf die Wände, die Gewölbe und die Säulen. Ich erwartete, Tränen würden von ihnen herabrinnen."[10] Tränen, die weitere hervorrufen und sie rechtfertigen möchten: Tränen, die jene vergießen, deren Menschenwürde mit Füßen getreten wird. Er litt und machte leiden. Die Schönheit des Ausdrucks trägt dazu bei, eine alte, grausame und tiefe Wirklichkeit hervortreten zu lassen.

Eine Religion, die traurig macht und nicht, wie sie es tun sollte, dafür sorgt, dass das Herz sich weitet in Freude und Hoffnung, stößt den Armen noch tiefer in sein Elend und seine Bedrängnis. Was Arguedas am meisten empört, ist, dass einem anderen Leid zugefügt wird; etwas Schmutzigeres gibt es für ihn

---

[6] Ebd., 903.

[7] Vgl. Mt 25,31–46.

[8] *Guamán Poma*, Primer Nueva Corónica (Anm. 2), 903.

[9] Ebd., 1105.

[10] Los Rios profundos, in: *Arguedas*, Obras Completas (Anm. 1), Bd. 3, 242.

nicht. Und wir wissen ja, wie wichtig ihm die Kategorien Reinheit und Schmutz sind.

Niemand von uns hat mit so viel Empathie und Können den alltäglichen Schmerz und die unerschöpfliche Energie eines in der Geschichte benachteiligten Volkes beschrieben. Doch da ist noch mehr: Im Angesicht des leidenden Christus erblickt Arguedas die Züge des Pongo, des gedemütigten Indios, misshandelt von der finsteren Gestalt des „Alten", der den Antichrist verkörpert. Die Ähnlichkeit zwischen dem Gekreuzigten und dem Pongo verstärkt ein in der Theologie geläufiges Thema, das heute zumal in Lateinamerika behandelt wird: Die Armen bilden ein gekreuzigtes Volk.[11] Wer den Glauben leben und denken will, muss dieser Situation Rechnung tragen, und nichts kann ihn davon dispensieren. Das war auch die treffsichere evangelische Intuition eines Bartolomé de Las Casas, als er – im Gedanken an die indigene Bevölkerung – erklärte, er lasse „in Westindien [...] Jesus Christus, unseren Gott, zurück, während man ihn nicht einmal, sondern tausendfach geißelt, quält, ohrfeigt und kreuzigt".[12]

Angesichts unterschiedlicher religiöser Interpretationen, die die Unterdrückung des Armen bald rechtfertigen, bald verwerfen, fragt eine Figur aus *Todas las sangres* irritiert: „Wie viele Christus gibt es?" Das ist mehr als eine skeptisch-distanzierte Frage, es ist ein natürliches Verlangen nach Präzisierung und Klärung. Einige Zeilen später folgt der schreckliche Beweis: „Der Gott der Herren ist nicht der gleiche. Er lässt einen leiden ohne Trost." Von diesem Gott, der leiden macht, hätte ein feinsinniger und sanfter Dichter wie Gonzalo Rose gesagt: „Das ist doch nicht unser Gott, nicht wahr, Mama?"[13]

Der Satz über den Gott der Herren steht im Zentrum des Dialogs zwischen einem Priester und einem Mestizensakristan, der Arguedas' Stimme vertritt. In dem Exemplar dieses Romans, das der Verfasser zu seinem persönlichen Gebrauch bestimmte, findet sich am Rande dieses Dialogs folgende handschriftliche Notiz: „Dies ist der bedeutendste Roman aus der während der Kolonie geschaffenen andinen Welt."[14] Ein klarer Beleg für die Bedeutung, die Arguedas' erneute Lektüre seinem eigenen Text beimaß.

Einmal mehr eine drückende, ungerechte Situation; wie die Fassungslosigkeit angesichts des menschlichen Schmerzes lenkt sie unvermittelt und schonungslos zur Wurzel und stellt sowohl die Möglichkeit als auch die Art und Weise des Sprechens von Gott zur Diskussion. Doch Arguedas wusste nicht nur die zerreißende Lage eines Volkes zu zeichnen, genauso aufmerksam war

---

[11] Vgl. *I. Ellacuría*, El pueblo crucificado, in: *H. Assmann* u.a., Cruz y Resurrección. Presencia y anuncio de una Iglesia nueva, México 1978, 48.

[12] Geschichte Westindiens, in: *Bartolomé de Las Casas*, Werkauswahl, 4 Bde., hg. von *M. Delgado*, Bd. 2: Historische und ethnographische Schriften, Paderborn u.a. 1995, 139–324, hier: 291.

[13] *G. Rose*, Hallazgos y extravíos, México 1968, 30.

[14] Abgedruckt in: *Arguedas*, Obras Completas (Anm. 1), Bd. 4, 457.

er auch für dessen schlichte Hoffnungen und Alltagsfreuden. Deshalb konnte er, kurze Zeit vor seinem tragischen Tod und diesem gleichsam zum Trotz, einem Freund schreiben: „Mein Glaube an die Zukunft, der mir ja nie gefehlt hat, ist noch stärker geworden. Wie gut verstehen wir uns und sehen vereint voll Heiterkeit das Licht, das niemals erlöschen wird!“[15] Es ist ein Text, durchweht von einem Lebenshauch in scheinbarem oder tatsächlichem Widerspruch zu dem, was wenig später geschah.

Aufs Geratewohl, mit einem ungesicherten Schritt, der die Angst mit der Hoffnung, den Schmerz mit der Freude, die Bedrängnis mit der Gewissheit verknüpft, dringt Arguedas immer tiefer in die gewaltige, komplexe Wirklichkeit ein, die er ausdrücken und umgestalten will. Für Augenblicke scheint er zu spüren, dass etwas ins Erleben des Volkes, mit dem er sein Schicksal verbunden hat, und in seine eigene Erfahrung zurückkehrt. Er wird es den Befreiergott nennen, jenen, den der Mestizensakristan – genau wie Guamán Poma und mit Recht – da, wo die Ungerechtigkeit herrscht, nicht mehr als gegenwärtig wahrnehmen kann.[16]

Wie weit geht diese letzte Erkenntnis bei Arguedas? Es ist schwer zu sagen; außerdem gibt es persönliche Schwellen, die niemand übertreten darf, eine intime Welt, die es zu respektieren gilt. Uns genügt es festzustellen, dass die Marksteine richtig gesetzt sind. Die menschliche Dichte, die sie zum Ausdruck bringen, ist eine unausweichliche Herausforderung für jedes Sprechen von Gott, ganz gleich welche Position José María in der Sache letztlich eingenommen hat.

1.3 Abwesenheit und Anwesenheit

Die Aufmerksamkeit für das menschlichen Leid auf persönlicher wie sozialer Ebene, die Armut und die Marginalisierung hindern uns daran, mit Arguedas gesprochen, „in den Eierschalen dieser Nation umherzuschwimmen“.[17] Das Sekundäre, Oberflächliche verdunstet, die ideologischen und religiösen Optionen werden irrelevant, der Geburtsort, die soziale Klasse und die Rasse zählen nicht mehr. Der menschliche Schmerz durchdringt – mit Arguedas gesprochen – wie der Schall der Glocke *La María Angola* den Menschen, bis dass er wie César Vallejo ausruft: „Heute leide ich nur“ (Voy a hablar de la esperanza, in: Poemas en Prosa).

Ein ganzes Volk kann aus langer geschichtlicher Erfahrung sagen:

Ich ward geboren eines Tages,
als Gott schwer

---

[15] Zitiert bei *G. Gutiérrez,* Entre las calandrias, Lima 1990, 24.
[16] Vgl. ¿Ultimo diario?, in: *Arguedas,* Obras Completas (Anm. 1), Bd. 5, 198.
[17] El Zorro de arriba y el Zorro de abajo, in: *Arguedas,* Obras Completas (Anm. 1), Bd. 5, 178.

erkrankt war.
(Espergesia, in: Los Heraldos negros).

Darin klingt die Klage des biblischen Ijob wider:

Vernichtet sei der Tag, da ich geboren ward,
[...]
Jene Nacht – es raffe sie hin das Dunkel,
sie reihe sich nicht unter die Tage des Jahres
(Ijob 3,3.6).

Ein nutzloser Versuch, die Zeiger der Uhr zurückzudrehen und die Zeit rückwärts gehen zu lassen bis vor die Zeit der Geburt, dieses Datum aus dem Kalender zu tilgen, um so das Leiden an der Wurzel auszureißen.

Dennoch, und das darf man nicht vergessen, ist dieser kranke Gott für Vallejo auch der besorgte Krankenpfleger, die der Schmerz zu lindern sucht:

Und Gott, erschrocken, fühlt uns
den Puls, ernst, stumm,
wie ein Vater seinem Töchterchen,
ein wenig,
aber nur ein wenig lüftet er den blutigen Verband
und nimmt in die Finger die Hoffnung
(Trilce, XXXI).[18]

Hoffnung, die mitten in der Bedrängnis wächst, Hoffnung, benetzt von den Tränen und vom Blut, doch darum nicht weniger wirklich und vital. Der kranke, abwesende und stumme Gott, und zugleich der Krankenpfleger-Gott voll Teilnahme und Zärtlichkeit. Es ist eine dialektische und gerade deshalb so fruchtbare Annäherung an eine Realität, die sich nicht in univoken Begriffen fassen lässt.

Für das Sprechen über Gott gibt es keine stärkere Infragestellung als das Leiden des Unschuldigen. Wie soll man einen Gott der Liebe verstehen in einer Welt, die den Stempel von Armut, Völkermord, terroristischer Gewalt und Missachtung der elementarsten Menschenrechte trägt? So ist es: schlicht und zwingend. Es handelt sich ohne Zweifel um eine Frage, die weit über das Antwortvermögen der Theologie hinausgeht. Und doch ist es eine Frage, der wir nicht ausweichen können. Emanuel Lévinas hatte die scharfsichtige Intuition, nach dem Holocaust am Judentum eine Ethik des Anderen zu entwerfen – des Anderen, der vor sich das Antlitz dessen hat, der sagte: „Töte mich nicht"

[18] Die zitierten Gedichte, die hier in eigener Übertragung des Übers. dieses Aufsatzes zitiert werden, finden sich in: *César Vallejo*, Obra poética completa, Madrid ^{2}2006; *ders.*, Poemas en prosa, poemas humanos, Madrid ^{6}2002; deutsch: Die schwarzen Boten. Gedichte. Spanisch/deutsch, übert. von *C. Meyer-Clason*, Aachen 2000; *ders.*, Trilce. Gedichte. Spanisch/deutsch, übert. von *C. Meyer-Clason*, Aachen 1998.

– und Gott im Sinn der Andersheit zu denken.[19] Die Armut und ihre Folgen sind die große Herausforderung unserer Zeit. Armut, die in letzter Konsequenz vorzeitigen, ungerechten Tod und damit Vernichtung von Menschen, Familien und Nationen bedeutet. Natürlich beschränkt sie sich nicht auf den sozialen und ökonomischen Bereich, sondern ist ein umfassendes menschliches Problem.

Ist das eine vorkritische Formulierung des Problems? Es geht hier nicht an, diesen Punkt im Einzelnen zu diskutieren oder über den axiomatischen Charakter zu streiten, mit dem jene Feststellung im Horizont der Aufklärung und der unaufhörlich sich in den Schwanz beißenden kritischen Vernunft getroffen wird. Ich möchte lediglich sagen, dass der Diskurs über Gott das alltägliche Leben der Armen dieser Welt, ein von Leid und Hoffnung durchzogenes Leben, nicht ausblenden kann. Die Erfahrung mit Situationen des Hungers und der Unterdrückung verändert das Sprechen über Gott. Ja, mehr noch: Alles wahrhaft Menschliche muss in dieser Sprache widerhallen. Der deutsche Theologe Karl Rahner sagte, in unserer Zeit wolle die Realität das Wort ergreifen. Die Theologie muss sich in dieses Bemühen eingliedern, sie darf sich nicht in einen toten Winkel der Geschichte zurückziehen, um diese von dort aus vorüberziehen zu sehen. Wenn sie die menschliche Existenz mit ihrem komplexen Hin und Her nicht im Auge behält, gleicht die Sprache über Gott jenem Tennisspiel ohne Ball, das Antonioni in einem seiner Filme zeigt.

Eine theologische Sprache, die das ungerechte Leiden nicht ablehnt und die das Recht aller und eines jeden auf Glück nicht laut hinauszurufen weiß, verrät den Gott, von dem sie sprechen will. Der Schöpfungsbericht, den uns das Genesis genannte biblische Buch von den Anfängen überliefert, sagt am Ende der Gründungswoche: „Und Gott sah alles, was er gemacht hatte, und es war sehr gut“ (Gen 1,31). Der Terminus, der verwendet wird, um „gut“ zu bezeichnen, hat auch die Konnotation „schön“. Und vom Schönen und Guten, vom Werk Gottes, handelt die Theologie. Genau deshalb kann und darf sie das nicht vergessen, was die Schönheit dieser Welt zerbricht und was die Äußerungen von Freude und Glück der Menschen erstickt. Wenn sie sich dem menschlichen Leiden, der Armut und der Ungerechtigkeit zuwendet und sich mit denen solidarisiert, die sie erleben, dann deshalb, weil das Wort über Gott immer ein Wort über das Leben und das Glück ist. Sie spricht eine Sprache über Jenen, den die Bibel den „Freund dessen, was da lebt“ nennt (Weish 11,26).

[19] *E. Lévinas*, Totalité et Infini, Den Haag 1968. Vgl. die Beobachtungen von *D. Tracy*, Evil, Suffering, Hope: The Search für New Forms of Contemporary Theodicy, in: CTSA Proceedings 50 (1996) 15–36.

2. Zwischen Babel und Pfingsten

Sich zu verwurzeln in dem, was André Malraux die „condition humaine" nannte, ist ein Erfordernis für eine authentische theologische Sprache. Dieses Sprechen muss die kulturelle Vielfalt des Menschengeschlechts in Rechnung stellen. Eine Reflexion über ein biblisches Paradigma, das heute zum gemeinsamen Erbe der Menschheit zählt, kann uns Erhellendes sagen.

Die mythischen Erzählungen entstehen, um von fundamentalen und umstrittenen Dingen zu berichten. Der Abschnitt aus dem Buch Genesis, der unter dem Titel „Turmbau zu Babel" bekannt ist, versucht eine Tatsache zu erklären, die sich im Dunkel der Zeit verliert: die Vielfalt der menschlichen Sprachen. Es handelt sich um eine Erzählung, die, wie sie gewöhnlich interpretiert wird, von der Strafe Gottes für ein prometheisches Vorhaben handelt und die die Phantasie der abendländischen Welt seit Jahrhunderten beschäftigt. Die Züchtigung für diejenigen, die sich „ein Denkmal schaffen" wollen (Gen 11,4), indem sie einen Turm bauen, dessen Spitze bis in den Himmel reicht, hätte demnach das Ende einer ersten, einzigen Sprache bedeutet (vgl. Gen 11,1), und die Teilnehmer an diesem anmaßenden Unternehmen hätten sich nicht mehr miteinander verständigen können (vgl. Gen 11,8f) und diese Entzweiung ihren Nachkommen vererbt.

Der Sehnsucht nach dem verlorenen Paradies hat der Mythos von Babel das Heimweh nach einer gemeinsamen Sprache hinzugefügt, das sich im Mittelalter dank der Illusion des Lateins abschwächte. Sieht man es so, dann erscheint das Pfingstgeschehen, das uns in der Apostelgeschichte überliefert wird (Apg 2,1–11), als der Gegensatz zu Babel.[20] Babel ist Konfusion und Verschiedenheit, Pfingsten ist Verständigung und Einheit.

Diese Interpretation ist die gängigste, die auch in der volkstümlichen Vorstellung der westlichen Welt vorherrscht. Es hat zwar nie an abweichenden Meinungen gefehlt, aber diese fielen kaum ins Gewicht. Dennoch lohnt es sich, die Frage im Zusammenhang mit dem uns beschäftigenden Thema – der Arbeit der Theologie – noch einmal aufzugreifen.

2.1 Dante und die Volkssprachen

An verschiedenen Stellen seines Werkes spielt Dante Alighieri auf das Problem der Vulgärsprachen an, die sich in seiner Zeit vom Lateinischen zu lösen begannen. Er hat der Frage schließlich einen seltsamen, nicht abgeschlossenen

---

[20] Die Apostelgeschichte benutzt ein Vokabular, das große Ähnlichkeit mit der Version von Gen 11,1–9 in der griechischen Septuaginta aufweist. Vgl. *F. A. Spina*, Babel, in: The Anchor Bible Dictionary, Bd. 1, New York 1992, 561–562.

Traktat gewidmet: *De vulgari eloquentia* (Über die Beredsamkeit in der Volkssprache), verfasst auf Latein in einem strengen, unerwartet deduktiven Stil.

Als mittelalterlicher Mensch nimmt Dante die Historizität der Erzählung vom Turmbau zu Babel an. Er beklagt den Verlust der Ursprache der Menschheit, den er dem menschlichen Stolz zuschreibt, und betrachtet denn auch die Vielfalt und Verschiedenheit der Sprachen als Ergebnis einer göttlichen Strafe.[21] Bis dahin scheint Dante ohne weiteres die Version über den Text aus der Genesis zu übernehmen, die in seiner Zeit vorherrschend war. Doch die Wahrheit ist, dass er ganz elegant substantielle Abwandlungen daran anbringt.

Er verbirgt seine Absicht keineswegs. Die ersten Zeilen seines Buches sprechen von der Leerstelle, die es zu füllen sucht. „Niemand", so Dante, „hat vor uns die Lehre von der Volkssprache behandelt." Das ist der Punkt. Die Volkssprache ist die nobelste; um ihre Bedeutung zu erhellen, wird der Autor „das Wasser unseres Ingeniums in dieses Gefäß gießen".[22] Die Volkssprache ist jene, die „wir ohne jene Regel erlernen, indem wir unsere Nährerin nachahmen".[23] Sie ist – und das wiederum ist zentral und folgenreich – am besten geeignet, die Gefühle von Lust und Liebe auszudrücken. Die Volkssprache, genauer gesagt die „bilderreiche Volkssprache" (die berühmte „Pantherin", deren Geruch ihre Gegenwart verrät[24]), ist darum die poetische Sprache par excellence. Ein höheres Lob für die Volkssprache kennt Dante nicht.

Er ist der Ansicht, die Babel-Episode sei „erinnerungswürdig".[25] Was versteht er darunter? Wenn man seinen Traktat liest, erhält man den Eindruck, dass er das nicht so sehr sagt, weil die Geschichte uns eine exemplarische Strafe für menschliche Dreistigkeit in Erinnerung ruft, sondern weil sie die Volkssprachen ins Spiel bringt. Das Geschehen in Babel erscheint also letztlich als so etwas wie eine *felix culpa,* eine glückliche Schuld, der wir die Existenz und den Reichtum der verschiedenen Sprachen verdanken, die uns erlauben, uns poetisch auszudrücken. In Babel wird der Mensch sensibel für den Wohlklang der Sprache.[26] Die Verteidigung des in seiner Zeit gerade erwachenden Italienischen, das Dante verwendet und mit seiner Dichtung zum Vollalter führt, wird gewissermaßen zu einer „Sprache der Gnade", wie es die paradiesi-

---

[21] *Dante Alighieri*, De vulgari eloquentia I, VI 5–6 (lateinisch/deutsche Ausgabe: De vulgari eloquentia I. Über die Beredsamkeit in der Volkssprache. Lateinisch/deutsch. Übersetzt von *F. Cheneval*, mit einer Einleitung von *R. Imbach* und *I. Rosier-Catach* sowie einem Kommentar von *R. Imbach* und *T. Suárez-Nani*: Dante Alighieri: Philosophische Werke, Band 3, Hamburg 2007). Dieser Bestrafung seien lediglich diejenigen entgangen, die sich geweigert hätten, beim Turmbau mitzutun; sie hätten weiter die Sprache Adams gesprochen, die Dante zufolge das Hebräische ist (vgl. ebd. I, VI 8).

[22] Ebd., I, I 1.

[23] Ebd., I, I 2.

[24] Ebd., I, XVI 1.

[25] Ebd., I, VII 5.

[26] Vgl. den vorzüglichen Aufsatz von *Roger Dragonetti*, Dante face à Nemrod, in: Critique 25 (1979), Nr. 387/388, 690–706.

sche Sprache war, die Adam einst sprach.[27] Die Strafe wird zu Begnadung, der Fluch zum Segen.

All das bedeutet nicht, dass bei Dante die Sehnsucht nach einer Universalsprache nicht vorhanden wäre. Dennoch impliziert dies für ihn nicht eine Rückkehr in die Vergangenheit, vielmehr ist es eine Sache der Zukunft als Überwindung der in Babel entstanden sprachlichen Verhältnisse. Von diesem Wollen und von dieser Suche zeugt zum Beispiel die *Göttliche Komödie.*

2.2 Fluch oder Segen?

Dantes problematisierende Interpretation des Genesistextes war nicht die einzige Infragestellung, die das gängige Verständnis dieses Abschnitts erleben musste, ist aber zweifellos eine der bedeutungsreichsten. Seine Leistung bestand darin, die Vorstellung, die Vielfalt der Sprachen sei schlicht und einfach eine Strafe Gottes, in Zweifel gezogen zu haben. Auch Calvin nähert sich, trotz seines bekannten Rigorismus, dieser Sichtweise, er macht darauf aufmerksam, dass die Verzweigung der Völker, von der in Genesis 10 die Rede ist, einem Wunsch Gottes entspricht.

Andererseits haben neuere archäologische und historische Forschungen über Mesopotamien die Existenz und das hohe Alter von Städten im Umkreis sehr hoher Türme belegt. Es gibt sogar Dokumente über Unternehmen dieser Art, die als Manifestationen von Macht und Herrschaft betrieben, aber nicht vollendet wurden.[28] Das hat manche Forscher zu der Auffassung veranlasst, der erste Bezug auf die konkrete Geschichte der Menschheit, dem wir im Buch Genesis begegnen, finde sich genau in der Erzählung vom Turm zu Babel.

Diese Tatsachen waren sicherlich Ingredienzien für den oder die Verfasser des Berichts. Darüber hinaus lassen die Geschichte des jüdischen Volkes und die aufmerksame Lektüre anderer Bibeltexte die Motivation für diese Erzählung deutlicher hervortreten. Mehrfach erlebten die Juden, dass ihr Territorium von den großen Imperien der Region besetzt und sie selbst von den politischen Führern der feindlichen Mächte zu Zwangsarbeiten verurteilt wurden – vielleicht zu Arbeiten, wie sie in dem biblischen Passus, den wir gerade untersuchen, beschrieben sind.

Aus diesen Gründen ist ein Großteil der modernen Exegeten der Auffassung, der Text müsse als Frucht der Erfahrung eines unterworfenen Volkes gelesen werden.[29] Alle erwähnten Elemente gehen in eine literarische Komposition ein,

---

[27] De vulgari eloquentia (Anm. 21), I, VI 6.

[28] Vgl. die minutiöse und reich dokumentierte Studie von *Ch. Uehlinger*, Weltreich und „eine Rede". Eine neue Deutung der sogenannten Turmbauerzählung (Gen 11, 1–9), Freiburg/Schweiz 1990.

[29] Auf dieser Linie liegt auch die Interpretation von *M. Schwantes*, A Cidade e a Torre (Gn. 11,1–9), in: Estudos Teológicos 21 (1981), Nr. 2, 75–106.

die sich auf diese Weise in ein Paradigma des Lebens der Menschheit verwandelt und sich so über die Koordinaten von Zeit und Ort erhebt.

Zweifellos liegt, wie die alte und gängige Interpretation behauptete, eine Ablehnung des Anspruchs der Erbauer von Stadt und Turm vor. Doch deren Prätention besteht weniger in einem prometheischen Unternehmen der Rivalität mit Gott als vielmehr in einem totalitären politischen Versuch, die Menschen zu beherrschen. Und in diesem Sinn ist sie tatsächlich eine Beleidigung Gottes. Folglich ist die „einzige Sprache" in der Erzählung, die uns beschäftigt, keineswegs der Ausdruck idyllischer Einheit der Menschheit und darf auch kein ersehntes Idol sein, vielmehr muss sie als imperialer Zwang gesehen werden. Sie erleichtert die Zentralisierung der Macht und des politischen Jochs.[30] Beide werden symbolisiert durch die Höhe des Turms, der vielleicht eine militärischen Festung und als solche eine Landmarke ist und zur Abschreckung dient.

Man muss gar nicht an die schlimmsten Absichten denken, um sich vorzustellen, welche Rolle für eine einzige Sprache hier angestrebt wird. Wie die geschichtliche Erfahrung zeigt, verfallen Menschen, die die Macht in Händen haben oder ihr nahe stehen, ganz unwillkürlich solcher Anmaßung. Dies ist, wie wir alle wissen, das Thema des Briefs, den Antonio de Nebrija an Königin Isabella richtet, um ihr seine neueste, klassische *Gramática castellana* vorzustellen.[31] Die Termini sind bekannt.

Beobachtung hat Magister Nebrija zu der Überzeugung geführt, dass „die Sprache immer Gefährtin des Imperiums war und ihm so folgte, dass sie beide miteinander begannen, wuchsen und blühten und danach auch beide niedergingen". Er bringt dazu mehrere historische Beispiele und argumentiert zugunsten seines Werkes, indem er sich auf die Situation von 1492, dem Erscheinungsjahr seiner Grammatik, beruft. Er hält dafür, dass sein Buch just in dem Augenblick, da die Königin „viele Barbarenvölker und Nationen fremder Zunge unter ihrem Joch hält", besonders angebracht ist. Diese Völker hätten es „nach dem Sieg nötig, die vom Sieger dem Besiegten auferlegten Gesetze und mit ihnen unsere Sprache zu erhalten"; das aber könnten besagte Nationen nun besser und schneller dank der Grammatik, die er in die Hände der Herrscherin lege, „in deren Händen und Macht nicht nur die Belange der Sprache, sondern auch die Entscheidung in allen unseren Dingen liegt". Die politische Autorität kann also auch über die Sprache verfügen.

In anderen Breiten und in einer politisch ebenso entscheidenden Stunde tritt diese Sicht der Sprache erneut auf. Im Tosen der sozialen Bewegungen und der Debatten der Französischen Revolution will man eine einheitliche Nation mit

[30] Nach *D. E. Gowan* ist das eigentliche Problem dieses Abschnitts „die exzessive Konzentration der Macht" (From Eden to Babel: A Commentary on the Book of Genesis 1–11, Grand Rapids 1988, 119).

[31] Salamanca 1492.

einer starken Zentralgewalt schaffen. Da erinnert man sich wieder an das Paradigma der Sprachverwirrung von Babel. Auch die utopischen Denker des 16. Jahrhunderts haben darauf zurückgegriffen, doch jetzt geht es um die Konstruktion eines modernen Staates. Der berühmte Abbé Grégoire denunziert mit seiner feurigen Rhetorik, was in seinen Augen ein großer Widerspruch war: In Sachen Freiheit gehört Frankreich zur Avantgarde der Nationen, aber was die Sprache angeht, wirft die Vielzahl der Dialekte das Land in einen Zustand ähnlich jenem, der in Babel entstand.

Die Verschiedenheit der Sprachen manifestiert also einen schweren historischen Rückschritt, und man muss sie unterdrücken, wenn man zur Moderne vorstoßen will. Man muss Babels unheilvolle Konsequenzen beseitigen. Die regionalen Sprachen müssen verschwinden, die Einführung einer einzigen Sprache für alle, werde, so heißt es, die nationale Einheit besiegeln. Die einzige Sprache wird ein wichtiges politisches Instrument in einer modernen Welt, die damals ihre ersten Schritte tat. Sie hat dazu beigetragen, die totalitäre Neigung dessen zu fördern, was Jürgen Habermas die instrumentelle Vernunft nennt.

Nebrija und Grégoire (unschwer ließen sich den ihren noch zahlreiche weitere Namen hinzufügen) stehen auf der Seite der Macht. Einen ganz anderen Blickwinkel haben diejenigen, die unter den Folgen eines imperialen, ja totalitären Willens leiden, der, wie Dostojewskijs erschütternde Legende vom Großinquisitor anprangert, das Volk sogar noch glauben macht, es sei frei. Das wäre die Sichtweise des Textes aus der Genesis und der Grund für das Nein zu der Fiktion einer menschlichen Gemeinschaft mit einer einzigen Sprache, die dafür sorgt, dass keine Hindernisse mehr für die Befehle der Zentralgewalt bestehen.

Vor diesem Hintergrund ist die Vielfalt der Sprachen alles andere als eine Strafe für die beherrschten Völker, vielmehr ist sie ein Schutz für ihre Freiheit. Sie verhindert, dass sich eine despotische Macht ungebremst durchsetzt. Wenn es eine Strafe gibt, dann hat sie zum Objekt den unterdrückerischen Durchsetzungswillen einiger weniger und nicht den angeblichen Ehrgeiz des Menschen, voll Hochmut mit Gott zu wetteifern. Renommierte Exegeten und Theologen von heute haben zu Recht darauf hingewiesen, dass in diesem biblischen Passus zu keinem Zeitpunkt von Strafe für das Menschengeschlecht die Rede ist. Das Denken, das die Bibel Gott zuschreibt, drückt vielmehr seinen Wunsch aus, ein Herrschaftsstreben zu stoppen, das freie Bahn zu haben scheint (vgl. Gen 11,6). Es wird beispielsweise nicht gesagt, dass die Stadt und der Turm, die dank neuer, vom biblischen Text genau beschriebener Bautechniken errichtet worden sind, zerstört worden wären. Gehemmt wird ein Vorhaben ungerechter Herrschaft, nicht aber das, was wir heute den menschlichen Fortschritt nennen würden.

Verschiedene Wissenschaftler (so etwa Theologen wie Karl Barth[32] und Exegeten wie Gerhard von Rad) haben festgestellt, dass die Vielfalt der Völker und Sprachen im gesamten Buch Genesis (so etwa im Kapitel vor der Erzählung vom Turmbau) als ein großer Reichtum für die Menschheit und als von Gott gewünscht dargestellt wird. Jahrzehnte zuvor hatte der jüdische Exeget Benno Jacob schon eine scharfsichtige Bemerkung gemacht: „Es ist eine falsche [...] Meinung, dass die Zerstreuung eine Strafmaßregel sein soll, die die ursprüngliche Einheit des Menschengeschlechts zerstörte. [...] die Zerstreuung der Menschheit über die Erde war eine unausbleibliche Folge der Vermehrung, also Erfüllung des schon bei der Schöpfung ausgesprochenen und nach der Flut wiederholten göttlichen Segens: Seid fruchtbar und mehret euch und füllet die Erde."[33]

Wir haben es zweifellos mit einem polysemischen Text zu tun. Doch für unser Anliegen genügt es zu sagen, dass heute eine kraftvolle, kreative Interpretation zum Vorschein kommt, die zu ihren Gunsten nicht nur alte Einsichten anführen kann, welche sich im Lauf der jahrhundertelangen Interpretationsgeschichte dieser Erzählung nachzeichnen lassen, sondern auch auf einer anspruchsvollen heutigen Annäherung an den Text und seinen Kontext basiert. Zum anderen eröffnet die zeitgenössische Hochschätzung des ethnischen und kulturellen Pluralismus neue Wege zum Verständnis dieses Gründungsmythos von der Verschiedenheit der Sprachen.[34]

2.3 Jeder in seiner Sprache

Heute wohnen wir einem der für das zeitgenössische Christentum folgenträchtigsten Geschehnisse bei: Der christliche Glaube ist in nichtwestlichen Völkern und Kulturen längst nicht mehr nur im Entstehen begriffen, er ist in ihnen gewachsen und gereift. Gewisse Diskrepanzen in der Interpretation der Zeit, in der wir leben, und der Herausforderungen, die uns bewegen, rufen augenblicklich innerhalb der christlichen Welt Spannungen, Entzweiungen und Befürchtungen hervor, die das Erwachen eines Bewusstseins davon verhindern, dass

---

[32] Es ist allerdings daran zu erinnern, dass Barth mit großer Umsicht klar auf Distanz zu einigen Folgen des zwischen den beiden Weltkriegen aufgekommenen deutschen Nationalismus ging. Die Theologie („Pseudotheologie" hat Barth sie genannt), die mit dieser Bewegung im Einklang war, suchte sich nämlich zur Untermauerung ihrer Position auf die Episode des Turmbaus von Babel zu stützen. Dieser Zusammenhang lastet auf der Interpretation, die Barth von der biblischen Erzählung gibt. *K. Barth*, Die kirchliche Dogmatik, Bd. III/4, Zollikon/Zürich 1951, 345–359.

[33] Das erste Buch der Tora, Genesis, übers. und erkl. von *B. Jacob*, Berlin 1934, 301.

[34] *B. Anderson,* Die Babelgeschichte. Ein Beispiel menschlicher Einheit und Verschiedenheit, in: Concilium 13 (1977) 39–45, erklärt, die Babelgeschichte habe tiefe Bedeutung für eine biblische Theologie des Pluralismus. In erster Linie wolle Gott nämlich für seine Schöpfung nicht Homogenität, sondern Vielfalt. Der ethnische Pluralismus müsse denn auch als göttlicher Segen verstanden werden.

sich unter uns Dinge abspielen, die wichtiger sind als diese Meinungsverschiedenheiten, selbst wenn es um Themen von offenkundigem, drängendem Interesse geht.

In einem einflussreichen Aufsatz,[35] der sozusagen eine Bilanz des II. Vatikanischen Konzils darstellt, sagte Karl Rahner, theologisch könne man drei große Perioden in der Geschichte der Kirchen unterscheiden: erstens die kurze Zeit von Jesus zu Paulus aus Tarsus in ihrer Verbindung mit dem Judentum; zweitens die Zeit zwischen Paulus und dem Vorabend des II. Vaticanums im 20. Jahrhundert in ihrem Zusammenhang mit der abendländischen Welt; und drittens die mit dem II. Vaticanum beginnende Epoche, in der sich die Kirche der großen Herausforderung durch die Universalität in der Vielfalt stellen muss. Rahners Schema mag von Historikern für diskutabel gehalten werden, man kann aber schwerlich seinen anregenden, ja provokanten Charakter leugnen.

Die kulturelle und ethnische Anerkennung des Anderen ist ein Haupterfordernis unserer Zeit. Die Wahrnehmung der Andersheit lässt uns verstehen, dass das, was einer modernen, säkularen Mentalität als kontradiktorisch oder der Naivität verdächtig erscheint, in einem anderen sozio-kulturellen Kontext als real und verheißungsvoll auftritt. Auf bisher unbegangenen Wegen und überraschenden Seitenpfaden erweist sich die Erfahrung vergessener und misshandelter Völker als fruchtbar für die beiden großen Dimensionen des christlichen Lebens: Mystik und menschliche Solidarität. In ihnen wurzelt ein Diskurs über Gott, der sich nicht mehr nur als simpler Reflex dessen darstellt, was dort vorging, wo das Christentum seit Jahrhunderten präsent war.

Die theologische Sprache sieht sich genötigt, sich in einer anders gearteten Umwelt zu akklimatisieren und sich von einer Kraft zu nähren, die aus anderen Landen stammt; da gibt sie nun kräftige Früchte, deren Geschmack etwas anderes ist als jener, der vielen so vertraut war, und die doch nicht weniger echt und nahrhaft sind. Die Schaffung von kulturellen und kirchlichen „Treibhäusern“ mit dem Ziel, das abendländische Klima in seiner europäischen Form wiederherzustellen, führt nur zu künstlichen Verhältnissen ohne Zukunft. Die Erfordernisse dessen, was man heute – mit einem neuen Begriff für eine alte Realität – Inkulturation nennt und worauf Johannes Paul II. und die 1992 in Santo Domingo versammelten lateinamerikanischen Bischöfe insistierten, gehen weit über eine Adaptation hinaus und verlangen nach einer Erneuerung geistiger Kategorien.[36]

---

[35] *K. Rahner*, In Sorge um die Kirche, Einsiedeln 1980.

[36] Diesen Punkt hat *Johannes Paul II.* in seiner Ansprache vor den Vereinten Nationen am 5. Oktober 1995 wiederholt: „Die Welt muss lernen, mit der Vielfalt zu leben [...]. Die Realität der ‚Differenz' und die Besonderheit des ‚Anderen' können zuweilen wie ein Gewicht, ja sogar als eine Bedrohung empfunden werden. Die Furcht vor der ‚Differenz', die von historischen Ressentiments genährt und durch die Machenschaften skrupelloser Menschen übersteigert wird, kann zur Verneinung des Menschseins des Anderen führen.“ Etwas später erinnert der Papst auch an die

Teil dieses Prozesses sind gegenwärtig zahlreiche Bemühungen, von Gott zu sprechen. Für die theologische Sprache, die in einer bestimmten sozialen und kulturellen Welt verwurzelt ist, gilt, was Dante von den Volkssprachen sagte. So wie sie auf einzigartige Weise die primären Empfindungen von Lust und Liebe ausdrücken (weshalb sie denn auch die Eigensprache der Poesie sind), so ähnlich sind die Wege, die das Wort über Gott, ausgehend von speziellen Erfahrungen, heute einschlägt, bestens geeignet, kraftvoll und authentisch Freude und Schmerz, Hoffnung und Liebe auszusagen. Der Diskurs über Gott ist aktuell und fordernd nur in der Verschiedenheit, mit der er formuliert und rezipiert wird.

Doch welcher Raum bleibt in dieser Apologie der Besonderheit für die Universalität? Als Erstes ist daran zu erinnern, dass die theologischen Sprachen konvergierende Annäherungen an das Geheimnis Gottes sind, das im Glauben, der Wurzel eines jeden Wortes über Ihn, anerkannt und angerufen wird. Dieses Moment ist zwar fundamental, aber es ist nicht der einzige Faktor von Einheit und Universalität, beide hängen nämlich auch von der menschlichen Sinndichte ab, die die theologische Sprache birgt.

Die schmerzliche Polemik, in die sich Julio Cortázar und José María Arguedas vor rund zwanzig Jahren verstrickten, lässt uns in dieser Hinsicht etwas klarer sehen. Schmerzlich, haben wir gesagt, weil beide Schriftsteller darunter litten. Cortázar hat sich nie von ihr erholt; das belegen verschiedene private Zeugnisse. Arguedas seinerseits fühlte sich verletzt und schoss gezielte ironische Pfeile ab.

Die Debatte setzte mit dem bezeichnenden Satz ein, den Arguedas in einem seiner Tagebücher notiert hat: „Ich bin [...] ein provinzieller Schriftsteller."[37] Das war für ihn eine Form zu sagen, dass er kein professioneller Schriftsteller sein wollte. Doch José María – und das ist Cortázar irgendwie entgangen – hat dann auch, zur Überraschung derer, die ihn in die Ecke von Archaismus und Lokalismus stellen wollten, universelle Aussagen gemacht. Die Universalität kommt ihm zu nicht durch die Breite seiner Erfahrung, sondern durch die Intensität, mit der er sein eigenes Universum (er)lebt. „Provinzler dieser Welt"[38] nennt er sich gelegentlich ein wenig schelmisch. Die menschliche Universalität, zu der Arguedas vom Indio und Mestizen Perus aus gelangt, ist gezeichnet von Leid und Hoffnung, von Bangnis und Zärtlichkeit derer, die bisweilen als menschlicher Ausschuss betrachtet werden. Dieses Merkmal ist alles andere als eine Einschränkung seiner Perspektive, es verleiht ihr Weite und historische Kraft. „Im Klang des Charango und der Flöte werde ich alles hören",

„fundamentale gemeinsame Dimension" der Menschheit und warnt vor gefährlichen Formen des Nationalismus.

[37] El Zorro de arriba y el Zorro de abajo, in: *Arguedas,* Obras Completas (Anm. 1), Bd. 5, 25.

[38] Ebd., 143.

sagt er am Ende seines *¿Ultimo diario?*. Seine Sache ist das konkrete Allgemeine, das sich, wie Hegel sagte, im Besonderen ausdrückt.

In dem Maß, in dem das Sprechen über Gott die *conditio humana* mit ihren Zweifeln und Gewissheiten, ihrem Großmut und ihrem Egoismus, ihrer Ungewissheit und ihrer Sicherheit, ihrem Lachen und Weinen aufnimmt, durchstößt es die Dichtigkeit des Sozialen und des Geschlechts, des Ethnischen und Kulturellen und dringt in die tiefsten Dimensionen des Menschlichen vor. „Wenn die Sprache, so mit fremden Essenzen beladen, uns ins Menschenherz blicken lässt, wenn sie uns die Geschichte seines Weges auf Erden vermittelt, dann mag die Universalität vielleicht viel später kommen, doch sie wird kommen, denn wir wissen ja, dass der Mensch seine herausragende Stellung und seine Herrschaft der Tatsache verdankt, dass er eins und einzig ist.“[39]

Etwas Ähnliches geschieht in der Theologie. Wir werden keine lebendige Sprache über Gott haben ohne eine klare, fruchtbare Beziehung zu der Kultur einer Epoche und eines Ortes. Zugleich müssen die verschiedenen partikulären Theologien eine enge Kommunikation untereinander herstellen, weil sie ja ein Wort sagen wollen über Einzigartiges und weil sie in einer Welt zunehmender Interdependenz angesiedelt sind. Es darf unter ihnen keine abgeschotteten Abteilungen geben, denn diese sind das Erzeugnis engstirniger Nationalismen ohne historische Vision. Wir sprechen von einer Vielfalt, die das, was es an Gemeinsamem gibt, hervorhebt und bereichert.

Die Pfingstepisode, die bisweilen als das Paradigma einer Universalsprache betrachtet wird, illustriert diese notwendige Kommunikation auf der Basis und infolge der Verschiedenheit. Es geht dabei nicht darum, dass Menschen eine einzige Sprache sprechen, sondern dass sie einander verstehen. In der Erzählung von dem Ereignis heißt es, dass Besucher, die aus verschiedenen Gegenden gekommen waren, die Jünger Jesu hörten und sie ausgehend von ihren je eigenen Sprachen verstanden (das wird dreimal gesagt: Apg 2,6.8.11). Jeder spricht sein Idiom, aber man versteht einander. So ist Pfingsten also alles andere als ein Anti-Babel-Paradigma, das die Sehnsucht nach einer einzigen Sprache aufs neue verstärkt; vielmehr bedeutet es die Wertschätzung der verschiedenen in Jerusalem anwesenden ethnischen Gruppen. Mit einem einzigen Vorbehalt: Die legitimen sprachlichen Unterschiede zwischen ihnen dürfen das gegenseitige Verständnis nicht nur nicht behindern, sie müssen es vielmehr fördern.

Das Sprechen über Gott wird inspiriert von der christlichen Botschaft, aber auch und untrennbar von der Welt als einer Lebensgegebenheit. Diese letztere hängt von ganz konkreten historischen Umständen ab. Es gibt keine Theologie, die nicht ihren eigenen spezifischen Tonfall für das Sprechen von Gott hätte. Einen besonderen Geschmack, wie man auch sagen könnte. Die Unterschiede in diesem Sprechen müssen respektiert werden. Keine erzwungene Uniformi-

---

[39] Ebd., Bd. 2, 196.

tät, wohl aber Treue zur Botschaft des Evangeliums und Verständnis in der Verschiedenheit. Die Furcht vor dem Anderen und vor dem Unterschied meiden und eine volle Kommunikation aufbauen. Die Spannung zwischen dem Besonderen und dem Allgemeinen, zwischen Partikularität und Universalität ist für die theologische Sprache von großer Fruchtbarkeit.

3. Der erzählte Erzähler

Ausgehend von der Dichte des menschlichen Lebens, muss eine in einer bestimmten kulturellen Welt verankerte Sprache die Erfahrung Jesu und derer, die sein Zeugnis angenommen haben, erzählen. Ihnen ist der dritte Teil dieser Darlegungen gewidmet.

Die Bibel ist aus Erzählungen ganz verschiedenen Typs gebildet. Eher aus Geschichten denn aus einer Geschichte. Berichte, die von großen Themen sprechen, die die Menschheit beschäftigen: der Ursprung der Zeit, der Grund alles Existierenden, das Leben und der Tod der Menschen, das Verhältnis zur Natur. Berichte, die uns die Wechselfälle aus der Geschichte von Völkern und Gemeinschaften vorführen, aber auch die Zeugnisse von intimen persönlichen Vorgängen. Gott, konkreter die Menschheit Gottes, Jesus, wird denen gegenwärtig, die ihn vermöge von Erzählungen in ihrem Leben aufnehmen.[40] Das Wort über Ihn muss folglich dieses narrative Merkmal tragen. Der berühmte Text von Blaise Pascal, der den „Gott Abrahams, Gott Isaaks, Gott Jakobs […] Gott Jesu Christi" dem „Gott der Philosophen" gegenüberstellt, hält exakt den Kontrast zwischen dem Gott der Erzählung und dem Gott des Begriffs und der Abstraktion fest.

Die vom Vertrauen, von der Liebe und vom Glauben inspirierte christliche Praxis zu erzählen, heißt Erfahrung auszutauschen. (Aus-)Tausch ist, wie der immer scharfsinnige Walter Benjamin sagte, das Sicherste unter den sicheren Dingen. Genau das hat Jesus getan. Darauf beharren die Theologien, die für die Bedeutung und Tragweite der menschlichen und christlichen Praxis sensibel sind.

3.1 Ein Wissen mit Würze

In der Frühzeit des Christentums beschränkte sich die Theologie auf eine Meditation über die Bibel; ihr Ziel war, wie es bei jeder Theologie sein sollte, das Alltagsleben des Glaubenden, die christliche Praxis, zu bereichern. Die theologische Sprache stellte sich so als eine Weisheit dar, einmal mehr im biblischen

---

[40] Darauf hat *E. Jüngel*, Gott als Geheimnis der Welt, Tübingen, 1977, Kap. XIX, hingewiesen.

Sinn des Wortes: als Wissen, das seine Verbindung zum Geschmack nicht verloren, das seine Würze behalten hat. Ein Sprechen, das zugleich ein Genießen ist. „Wir reden Gottes Weisheit im Geheimnis, die verborgen ist", sagt Paulus (1 Kor 2,7); was Geheimnis meint, haben wir schon näher bestimmt: Es geht um eine köstliche Erkenntnis jenes Du, das wir im Glauben anrufen.

Die Begegnung mit der griechisch-römischen Welt, insbesondere mit ihrer Philosophie, verwies die Theologie auf dem Wege des Diskurses und der Argumentation mit Nachdruck auf einen metaphysischen Hintergrund. Dieses Begegnung mit der griechischen Vernunft und heutzutage mit der kritischen Vernunft hat zweifellos eine gewichtige theologische Reflexion angestoßen. Sie zeigt aber auch ihre Grenzen und Risiken. Deren eines besteht darin, dass eine zeitlose, abgehobene Sprache über die Wirklichkeit, die wir Gott nennen, Platz greift, über den Gott, dem wir uns doch mit einem Glauben nähern, der die Kategorie Zeit und die persönliche Begegnung verlangt.

Aus diesem Grund wird in unseren Tagen – ohne dass dies eine Herabwürdigung der genannten Leistungen wäre – deutlich, wie wichtig es ist, die erwähnte narrative Dimension zurückzugewinnen. Die philosophische Perspektive hat dazu geführt, dass der bekannte Satz aus dem Johannesevangelium „Im Anfang war das Wort" lange im Sinn des griechischen *logos* (gleich Begriff oder Vernunft) interpretiert wurde. Damit wurde die Komplexität des Terminus und seines semitischen Substrats außer Acht gelassen. Unter der Vokabel *logos*, die Johannes gebraucht, liegt das hebräische *dabar*, das gleichzeitig „Wort" und „Angelegenheit, Vorfall, Begebenheit" bedeutet. Das so verstandene *dabar* in seiner zweifachen Dimension ist es, das im Anfang war. Es ist das Fleisch gewordene Wort.[41]

Nun muss aber ein Ereignis, eine Begebenheit erzählt werden, gesagt werden. Und der gehörte Bericht gibt wieder Anlass zu weiteren Erzählungen. „Was wir hörten und erfuhren,/ was uns die Väter erzählten, das wollen wir unseren Kindern nicht verbergen,/ sondern dem kommenden Geschlecht erzählen", sagt Psalm 78,3f. Auf diese Weise entsteht eine narrative Kette, die gleichermaßen aus der Erinnerung an vergangene Geschehnisse und aus dem Vollzug anderer, neuer besteht. Eine gläubige Gemeinschaft ist immer eine Erzählergemeinschaft. So drückt sie ihre Treue zu Jesus aus, dessen Wort über Gott recht eigentlich Gleichnis, eine Parabel war, das heißt etwas, was sich bescheiden an die Seite von etwas anderem stellt (so seine etymologische Bedeutung), zu dessen Verständnis eingeladen wird. Ein Erzählung gewordener Vergleich, der zu einem ähnlichen Verhalten auffordert.

---

[41] In diesem Zusammenhang ist ein Paralleltext desselben Verfassers aufschlussreich: Das Wort wird nicht nur gehört, sondern auch gesehen und berührt: „Was von Anfang an war, was wir gehört haben, was wir mit unseren Augen gesehen, was wir geschaut und was unsere Hände angefasst haben, das verkünden wir: das Wort des Lebens" (1 Joh 1,1).

Nehmen wir zum Beispiel einen Text, der uns vertraut ist: das Gleichnis vom „barmherzigen Samariter“, wie wir es nennen. Auf die Frage „Wer ist mein Nächster?“ antwortet Jesus mit der Geschichte von zwei Personen, die in der jüdischen Gesellschaft einen gewissen Rang einnahmen (beide standen mit dem religiösen Kult in Verbindung) und die sich gegenüber dem Leiden eines Unbekannten gleichgültig zeigten, vielleicht aus Gründen ritueller Reinheit. Die dritte Person ist ein Samariter, der einem Volk und einer Religion angehört, die zur damaligen Zeit Gegenstand der Geringschätzung waren. Der Samariter nähert sich de Verletzten und macht sich zu seinem Nächsten. Die Passage schließt mit einem kurzen, scharfen Satz Jesu an den Adressaten der Erzählung: „Geh und handle genauso!“ (vgl. Lk 10,29–37).

Der Text liefert uns weder eine Definition der Kategorie „Nächster“ noch einen Diskurs über die Nächstenliebe oder die menschliche Solidarität. Wir haben es vielmehr mit einem schlichten, aber motivierenden Vergleich zu tun, der uns aufruft, uns von der Gegenwart eines misshandelten und leidenden Menschen bewegen zu lassen und wirksam zu seiner Hilfe zu handeln. Es ist nicht von Interesse, ob uns dieser Mensch kulturell, sozial, rassisch oder religiös fern zu stehen scheint, unser Handeln soll ihn uns nahe werden lassen.

Schauen wir noch einen anderen Evangelientext an. Diesmal ist es kein Gleichnis, sondern der Bericht von einer Geste Jesu. Ich meine jenen, den wir etwas voreilig als die Erzählung von der Brotvermehrung bezeichnen. Dieser letztere Ausdruck kommt in dem fraglichen Abschnitt gar nicht vor, es geht vielmehr um die Sensibilität gegenüber dem Hunger der Menschen, um das Teilen und um die Fähigkeit, es zu tun mit dem wenigen, das man besitzt. Dazu gilt es Knausrigkeit und Resignation zu überwinden, die uns dazu verleiten, Aufgaben, die doch in unseren Händen und in unserer Initiative liegen, für unerfüllbar zu halten. Genau das sagt Jesus zu seinen Freunden, wenn er sie bittet, das Brot auszuteilen. Am Ende des Textes sind die zwölf vollen Körbe, die da mitten im Gras – und mitten in der menschlichen Geschichte – stehen, ein Aufruf, auch weiterhin zu teilen. Mehr noch: Dass sie teilen, was sie besitzen, soll künftig das Kennzeichen der Adressaten der Erzählung sein. Und aus diesem Grund ist es ebenfalls das Kriterium, das die Unterscheidung innerhalb des menschlichen Verhaltens ermöglicht.

Auch hier gibt es keine Argumentation, ausgehend von Definitionen und lehrinhaltlichen Abgrenzungen, sondern eine Liebesgeste, die sich im Teilen des Brotes manifestiert. Auch der Aufruf, unsererseits im Lauf der Geschichte immer wieder neu zu teilen, ist da. Die großen biblischen Erzählungen, wie etwa die von Leben und Tod Jesu, haben für die Menschen, die mit ihnen in Kontakt kommen, eine Bedeutung, die wir heute performativ nennen würden. Und was die Theologie angeht, so schafft diese die Sprache des Glaubens nicht völlig neu, vielmehr findet sie sie bereits keimhaft und anspruchsvoll in der Bibel.[42]

Jesus war ein Erzähler. Seine Geschichten rufen neue hervor, die auf die eine oder andere Weise von ihm und seinem Zeugnis sprechen. Jesus ist der erzählte Erzähler. So gesehen ist das Christentum eine ganze Saga aus Erzählungen. Es ist „wie die Geschichte einer Kette, die über Jahrhunderte hinweg von einer Hand in die andere gelangt“, wie Julien Green sagt, wenn er von der menschlichen Existenz spricht; in gewisser Weise gilt auch für die Erzählungen, was er über das menschliche Leben sagt, dass es nämlich „beinahe immer unvollkommen erscheint. Es ist wie ein herausgerissenes Bruchstück aus einer langen Botschaft, von der es uns nur einen winzigen, oft unentzifferbaren Teil preisgibt.“[43] Was ist nach allem ein menschliches Leben denn anderes als eine Erzählung, die unaufhörlich und beunruhigend in eine andere mündet?

Erzählen ist die eigentliche Weise, wie von Gott zu sprechen ist. Dabei geht es nicht nur um eine literarische Form und noch weniger um ein pädagogisches Hilfsmittel, wie wir gern über die Gleichnisse aus den Evangelien sagen; es geht um die richtige und angemessene Sprache, um Gott auszusagen; die Gleichnisse sind Wesensbestandteil des Evangeliums. Das hat die narrative Theologie in unserer Zeit mit Nachdruck hervorgehoben.[44] Es wird nicht der Anspruch erhoben, der schlichte Akt des Erzählens sei fähig, die geheimsten Stellen der menschlichen Existenz und Geschichte auszuleuchten, aber es ist eine Geste, die ihr eigenes Licht besitzt, so bescheiden es auch sein mag.

Die Erzählung zieht den Hörer in sich hinein. Sie erzählt eine Erfahrung und verwandelt sie in Erfahrung derer, die ihr lauschen. Das Besondere der Erzählung ist, dass sie einlädt, nicht verpflichtet; ihr Hoheitsgebiet ist die Freiheit, nicht das Gebot. Eine Theologie, die dieses Terrain betritt, die es versteht, den Glauben zu erzählen, wird eine demütige, vom persönlichen Engagement gedeckte Theologie sein. Eine Theologie, die vorschlägt und nicht durchsetzen will, die lieber zuhört als zu reden.[45] Die Wahrheit erwächst aus dem Schweigen, sagte Simone Weil kurz vor ihrem Tod. Das gilt auch für das Sprechen von Gott.

---

42 Vgl. *G. Ebeling,* Einführung in theologische Sprachlehre, Tübingen 1971, 228–230.

43 So im Vorwort zu seinem Roman *Varouna*, Paris, 1940; dt.: Varuna, aus d. Franz. v. E. Edl, München 2002, 8.

44 Vgl. die Aufsätze von *H. Weinrich*, Narrative Theologie, in: Concilium 9 (1973) 329–334, und *J. B. Metz*, Erzählung, in: *ders.*, Glaube in Geschichte und Gesellschaft, Mainz [5]1992, 197–219. Kritische Bestandsaufnahme: *B. Wacker*, Narrative Theologie? München 1977. Ein neuerer Überblick: *C. Rochetta*, Teologia narrativa, in: Rivista di teologia 2 (1991) 153–180. Die Perspektive hat auch in die Bibelstudien Eingang gefunden; vgl. *J. N. Aletti,* L'approccio narrativo applicato alla Bibbia. Stato della questione e proposte, in: Rivista biblica 39 (1991) 257–276.

45 Vielleicht sollte die Theologie wie der Prophet Jeremia von vornherein erklären: „Ich kann doch nicht reden“ (1,6); so hätte ihre Sprache mehr Ehrfurcht vor dem Geheimnis Gottes und vor der Freiheit ihrer Gesprächspartner.

3.2 Eine Hermeneutik der Hoffnung

Die Theologie, sagt Paul Ricœur, entsteht in der Durchdringung eines „Erfahrungsraums" und eines „Hoffnungshorizonts". Eines Raums, in dem sich ein persönlicher Kontakt mit dem Zeugnis Jesu, des Wanderpredigers aus Galiläa, vollzieht, den wir durch den biblischen Bericht kennen. Einer Hoffnung, die sich nicht durch die Wiederholung dieser Erzählung behauptet, sondern durch deren Erneuerung im Leben jener, die sich durch die Erfahrung Jesu und seiner Freunde eingeladen fühlen. Die Theologie ist wahrhaft eine Hermeneutik der Hoffnung. Eine Hermeneutik, die beständig immer wieder neu entworfen werden muss. „Seid stets bereit, jedem Rede und Antwort zu stehen, der nach der Hoffnung fragt, die euch erfüllt", fordert die Heilige Schrift (1 Petr 3,15).

Das Zeugnis Jesu Christi ist immer fordernd und beunruhigend. Ihm zufolge erreicht die menschliche Existenz ihren vollen Sinn nur in der totalen und zugleich alltäglichen Hingabe. Die Bezugnahme auf diese Erfahrung ist nicht Fixierung auf die Vergangenheit, im Gegenteil: Sie ist eine Weise, die Vergangenheit in die Gegenwart hereinzuholen; darum kann die Erinnerung an sie als gefährlich für eine von Egoismus und Ungerechtigkeit beherrschte Geschichte gelten.[46]

An das Leben und den Tod eines Menschen unserer Zeit wie Mons. Oscar Romero zu erinnern, heißt sinngetreu und kreativ das Leben Jesu im Heute Lateinamerikas zu erzählen. Er konnte mit dem Meister sagen: „Niemand entreißt mir das Leben, sondern ich gebe es aus freiem Willen hin" (Joh 10,18). Das ist der höchste Akt von Freiheit, den wir auch in anderen Erzählungen finden können; viele von diesen sind ganz schlicht-alltäglich und daher von geringerer öffentlicher Wirkung. Sie alle sind eine Infragestellung für jene, die fern vom Leiden des Anderen leben, aber sie sind auch ein Aufruf, die eigene Einstellung zu verändern. Sie sind Vorschläge, die es unserer Freiheit und Erfindungsgabe überlassen, die Wege und auch – warum nicht? – die jedem eigenen Motive zu finden, die zur Praxis der menschlichen Solidarität führen.

Nicht, dass das logische Argument und das systematische Denken in der Theologie keinen Platz hätten, sie müssen sich nur immer nähren von einem Glauben, der seinen ganzen Sinn nur in der lebendigen und Leben stiftenden Erzählung enthüllt. Auch wenn das Erzählen immer schon eine Art des Interpretierens ist, gibt es doch sicherlich eine Zeit des Erzählens und eine Zeit des Argumentierens. Die christliche Praxis ist das Objekt von Narration und Reflexion. Die theologische Sprache muss ihre narrative Orientierung in einer Theorie fassen, aber ohne sich auf den steinigen Wegen eines dürren Räsonierens zu verirren.

---

[46] Vgl. *J. B. Metz*, Gefährliche Erinnerung der Freiheit Jesu Christi, in: *ders.*, Glaube (Anm. 45), 93–102.

Die Theologie muss die Kategorien der Erzählung und der Erinnerung schützen, wenn sie ihren Quellen treu bleiben und eine befreiende Funktion wahrnehmen will, nämlich der Befreiung von allem, was den Menschen daran hindert, seiner Würde Achtung zu verschaffen und alle seine Möglichkeiten zu entfalten. Instinktiv tut dies das arme Volk, wenn es in Erzählungen und Legenden – den willkommenen Sammelobjekten der Anthropologen – die großen menschlichen und christlichen Themen aufgreift und mit ihnen seinen Glauben an den Gott den Befreier ausdrückt.

4. Schluss

Erlauben Sie mir einige Schlussworte. Sich zu verwurzeln in der komplexen und dichten *conditio humana* unserer Völker, von unserem sozialen und kulturellen Universum aus zu sprechen und schließlich die narrative Dimension des christlichen Glaubens ernst zu nehmen – das sind die wesentlichen Charakteristika der theologischen Sprache, die sich heute in Lateinamerika herausbildet.

Es gibt in ihr ein Moment des Bruchs mit der unmittelbaren Vergangenheit und einen hohen Anteil an Kontinuität mit einer echt traditionellen Perspektive, die auf die Quellen der Offenbarung zurückgreift. Man könnte gewissermaßen sagen, diese Theologie wolle, wie ein Großteil der zeitgenössischen lateinamerikanischen Literatur auch, dass die Armen, die als bedeutungslos Geltenden, die unsichtbaren Garabombos unserer Geschichte – um einen Ausdruck von Manuel Scorza[47] aufzugreifen –, gesehen und gehört werden. Hier herrscht eine auffallende Konvergenz, die sehr fruchtbar zu werden verspricht.

„Theologen" nannten die Griechen die Dichter, die, wie Homer und Hesiod (aber auch der mythische Sänger Orpheus), Theogonien schufen, mythologische Erklärungen für die Ursprünge der Menschheit. Auch Platon galt den Neuplatonikern und den frühesten christlichen Schriftstellern als Theologe. Die christliche Tradition greift das Wort „Theologie" auf, das sie in der hellenistischen Welt vorfindet, sucht aber den zweifachen Bezug zu den Ursprüngen und zur Gegenwart zu wahren. Die oben erwähnten Erzählungen zielen darauf ab, nahe und aktuell werden zu lassen, was fern und in der Vergangenheit gefangen scheinen mochte. Dennoch ist die Intuition der alten Griechen richtig: Nur die poetische Sprache, gemacht aus dem Schweigen und dem Wort, ist fähig, den zu vergegenwärtigen, den wir manchmal für abwesend halten. Johannes vom Kreuz, der von der „schweigenden Melodie" und von der „tönenden Einsamkeit" spricht, und Teresa von Ávila, die Mystikerin der Wohnungen

[47] *M. Scorza*, Historia de Garabombo el invisible, Barcelona 1971.

und der Abwesenheit, sind auf je ihre Weise bezeichnend für diese Möglichkeit.[48]

Verschiedene biblische Erzählungen sagen uns, angesichts des Leidens eines Freundes sei es das einzig Richtige, schweigend bei ihm auszuharren, statt das Wort zu ergreifen. Guaman Poma sprach von den dreißig Jahren, die er unbemerkt und schweigend unter den Indios, seinen Brüdern, verbracht habe. Ohne diese Vorbedingung kann die theologische Sprache in die Dürre einer unpersönlichen Einstellung verfallen, und dann muss sie die Mahnung hören, die Ijob an die Theologen richtet, die ihm Lektionen erteilen wollen: „Ähnliches hab' ich schon viel gehört;/ leidige Tröster seid ihr alle. Sind nun zu Ende die windigen Worte?" (16,2f). Wir möchten vermeiden, dass die Armen des Kontinents uns diesen Vorwurf ins Gesicht sagen, weil wir sprechen, ohne zuvor zugehört und mitgelitten zu haben, und nicht sensibel für die Leiden der anderen gewesen sind.

Für mich heißt Theologie treiben einen Liebesbrief zu schreiben an den Gott, an den ich glaube, an das Volk, dem ich angehöre, und an die Kirche, deren Mitglied ich bin. Den Brief einer Liebe, der Sprachlosigkeit und selbst Verdruss nicht fremd sind, die aber vor allem Quelle einer tiefen Freude ist.

Dass ich persönlich von der Academia de la Lengua, in die Sie mich so wohlwollend aufgenommen haben, viel zu lernen habe, ist so offensichtlich, dass ich es gar nicht erst erwähnt habe. Wohl aber wollte ich Ihnen mit diesem langen Vortrag sagen, dass auch das Feld, auf dem ich mich bewege, das Feld der Theologie, viel von Ihnen zu lernen hat. Dank für Ihre Anwesenheit und Ihre freundliche Aufnahme!

Aus dem Spanischem übersetzt von Michael Lauble

---

[48] Der Theologe *D. Tracy* (Die Rückkehr Gottes in der Theologie der Gegenwart, in: Concilium 30 [1994] 500–507, hier: 507) meint: „Irgendwie müssen wir in Gottes abwesender Gegenwart lernen, zu schweigen, darum wissend, dass Gott Gott ist".

Die Theologie: eine kirchliche Aufgabe*

Gegenstand folgender Überlegungen sollen die gegenwärtigen und zukünftigen Herausforderungen einer Theologie sein, die im Dienst der Kirche in Lateinamerika und der Karibik steht.

Wir gehen von der Überzeugung aus, dass die theologische Arbeit eine Berufung ist, die sich aus der Mitte der kirchlichen Gemeinschaft erhebt und in ihr auszuüben ist. In der Tat, der Ausgangspunkt der Theologie kann nur das Geschenk des Glaubens sein, in dem wir die Wahrheit des Wortes Gottes empfangen haben. Alle Beiträge der Theologie müssen sich in den Dienst an der Verkündigung und Bezeugung des Evangeliums stellen.

Diese Verankerung der Theologie in Sein und Sendung der Kirche gibt der Theologie ihre Daseinsberechtigung, ihre Fragehorizonte und bringt sie in Kontakt mit den Quellen, aus denen sie die Offenbarung entgegennimmt: die Heilige Schrift und die Tradition. Zur Theologie gehört auch, dass sie sich vom kirchlichen Lehramt anregen lässt, dessen spezifische Aufgabe bei der Vermittlung der Offenbarung sie anerkennt. Diese Ortsbestimmung der Theologie bringt sie auch in einen lebendigen Kontakt mit anderen Funktionen der Kirche (Liturgie, Diakonie etc.).

1. Theologie und Verkündigung des Evangeliums

Was ist nun näherhin der Auftrag der Theologie, der ihr aufgrund ihres wesentlichen Zusammenhangs mit der Kirche obliegt und in dem sie ihre konkrete Verantwortung für die Evangelisation wahrnimmt?

„Die Theologie" – so sagt es das Dokument über die kirchliche Berufung des Theologen – „leistet ihren Beitrag dazu, dass der Glaube mitteilbar wird". Dass dies zunächst für die Christen gilt, versteht sich von selbst. Insofern spielt die Theologie eine bedeutende Rolle innerhalb der Kirche und ihren internen Prozessen der Selbstvergewisserung. Aber der Theologie wächst auch die Aufgabe zu, „denen, die Christus noch nicht kennen",[1] den Glauben plausibel und akzeptabel zu machen. Eben diese missionarische Perspektive macht den Theolo-

---

* Der Aufsatz wurde erstmals publiziert in: Páginas Nr. 130 (1994) 10–17; deutsch: *G. Gutiérrez / G. L. Müller*, An der Seite der Armen. Theologie der Befreiung. Mit einem Vorwort von Prof. Dr. J. Sayer, Vorsitzender des Bischöflichen Hilfswerks Misereor e. V., Augsburg 2004, 15–28.

[1] *Kongregation für die Glaubenslehre*, Instruktion über die kirchliche Berufung des Theologen (Verlautbarungen des Apostolischen Stuhls 98, hg. v. Sekretariat der Deutschen Bischofskonferenz, Bonn 1990), 7.

gen sensibel für die Anfragen und Sorgen der Fernstehenden oder derer, die ihren Glauben nicht praktizieren. Sie fördert aber auch ein tieferes Verständnis des Glaubens selbst. In diesem Dynamismus einer „Wahrheit, die sich ihrer Natur gemäß mitteilen will",[2] zeichnet sich auch die besondere Aufgabenstellung der Theologie ab. Die Theologie ist eine Sendung, die zu ihrem Ziel kommt in einer Kirche, die durch das Wort Gottes konstituiert ist. Gerade aus „dem Inneren der Kirche"[3] heraus verkündet sie die Wahrheit, die freimacht (vgl. Joh 8,32). Es ist das Heil des Menschen in Jesus Christus, das die theologische Reflexion ihrem Höhepunkt entgegenführt.

Santo Domingo (33) nennt dies „den prophetischen Dienst der Kirche", zu dem der Dienst der Theologen untrennbar dazugehört. Sein Inhalt ist die Proklamation der Gottesherrschaft in Christus und die integrale, d. h. alle Dimensionen menschlicher Existenz einbeziehende Befreiung. Eine solche Verkündigung muss ebenso die Treue zur Botschaft wahren, wie sie auf die Sprache unserer Zeitgenossen einzugehen hat. Hiermit haben wir den entscheidenden Beitrag der Theologie herausgestellt, weshalb sie in einen Dialog eintreten muss mit der Mentalität, den Verstehensbedingungen und der Kultur der Hörer des Wortes. Von daher ließe sich auch eine Pastoral entwickeln, die ihre Adressaten ermuntert, dem Zeugnis und der Lehre Jesu zu folgen. In dieser Aufgabe „wird der Theologe nie vergessen, dass auch er ein Glied des Volkes Gottes ist, und er wird sich bemühen, ihm eine Lehre vorzutragen, die in keiner Weise der Glaubenslehre Schaden zufügt." Anderseits läuft er Gefahr, dass die augenblicklichen Nöte ihm die Sicht auf die Fülle und Integrität des Evangeliums erschweren. Er würde seiner Dienstfunktion im Bezug auf den Verkündigungsauftrag der Kirche und ihrer Hirten nicht voll gerecht. In der Tat: „Die der theologischen Forschung eigene Freiheit gilt innerhalb des Glaubens der Kirche".[4]

Die Theologie ist ein Sprechen von Gott im Licht des Glaubens. Die Rede darüber, wer er ist und was er für uns ist, stellt das einzige Thema der Theologie dar. Dem Geheimnis Gottes müssen wir uns in Ehrfurcht und Demut nähern. Doch gilt auch, dass nach biblischem Sprachgebrauch Mysterium etwas ganz anderes sein will als das, was man gewöhnlich als „Geheimnis". bezeichnet. Es ist ein Geheimnis, das mitgeteilt werden will. Das Geoffenbartsein gehört geradezu zum Wesen des Mysteriums im Sinne der christlichen Offenbarung als Selbstmitteilung Gottes (vgl. Röm 16,25f). Die Theologie konstituiert sich damit als „die Wissenschaft von der christlichen Offenbarung".[5]

---

[2] *Kongregation für die Glaubenslehre*, Instruktion (Anm. 1), 7.

[3] Papst *Johannes Paul II.*, Eröffnungsansprache in Santo Domingo (Stimmen der Weltkirche 34, hg. v. Sekretariat der Deutschen Bischofskonferenz, Bonn 1992), 16f.

[4] *Kongregation für die Glaubenslehre*, Instruktion (Anm. 1), 11.

[5] *Kongregation für das Katholische Bildungswesen*, Die theologische Ausbildung der künftigen Priester (vom 22. Februar 1976), 18.

Gleichzeitig muss sich jeder Theologe auch dessen bewusst bleiben, dass er mit seinen Möglichkeiten niemals alle Dimensionen und Aspekte des Wortes Gottes wird voll zur Sprache bringen können, das in der Schrift enthalten ist und durch die lebendige Tradition der Gesamtkirche vermittelt wird, wobei dem Lehramt eine eigene, vom Geist Gottes vorgesehene Rolle zukommt.[6] Außerdem beschränkt sich der der Kirche von den Aposteln überkommene Glaubensinhalt (depositum fidei) nicht darauf, Antworten auf unsere Fragen bereitzustellen. Der Glaube ruft selbst neue Fragen hervor und fordert ein beständiges Bemühen um ein tieferes Verständnis. Auf der anderen Seite ist zu berücksichtigen, dass die Rede von Gott in einer ständig sich wandelnden historischen Situation geschehen muss. Keine einzige der Dimensionen menschlicher Existenz, die sich immer mit komplexen sozialen Perspektiven überschneiden, kann von der konkreten Bedingtheit, in der sich Jüngerschaft Jesu vollzieht, ausgenommen werden. Von dieser Gegebenheit her entstehen unaufhörlich neue Herausforderungen an den Glaubensdiskurs. Deswegen hat die Bischofsversammlung von Santo Domingo (33) im lateinamerikanischen Kontext gesagt, dass die theologische Arbeit Impulse zu geben hat „für die soziale Gerechtigkeit, die Verwirklichung der Menschenrechte und die Solidarität mit den Ärmsten". Was wäre nicht bedrängender im Lateinamerika von heute? Aus allen diesen Gründen hat die theologische Sprache immer etwas Approximatives. Sie soll immer vorbereitet sein auf neue und unerwartete Perspektiven, eine Präzisierung ihrer Begriffe und eine Verbesserung ihrer Formulierungen. So ergeben sich stets neue Wege in unserer Rede in Bezug auf Gott, wenn wir mit angemesseneren Begriffen uns der geoffenbarten Wahrheit anzunähern versuchen. Dabei bleibt die Überzeugung maßgebend, dass keine Theologie sich schlechthin mit dem Glauben identifizieren darf. Das ist eine klare, traditionelle Position. Ein Pluralismus in der Theologie innerhalb der Einheit des Glaubensbekenntnisses ist so alt wie die Kirche selbst.[7] In diesem Sinn müssen die unterschiedlichen Theologien als eine wertvolle Bereicherung des kirchlichen Lebens und als Hilfen bei der Ausübung ihres Auftrags angesehen werden, unter der Bedingung, dass sie sich nicht verabsolutieren oder voneinander isolieren. Wichtig ist auch das Bewusstsein, dass sie in aller Selbstbescheidung dem größeren Auftrag der Kirche als ganzer verpflichtet bleiben wollen.

---

[6] Vgl. *Päpstliche Bibelkommission*, Die Interpretation der Bibel in der Kirche (Verlautbarungen des Apostolischen Stuhls 115, hg. v. Sekretariat der Deutschen Bischofskonferenz, Bonn 1993), 98: „Als geschriebenes Wort Gottes hat die Bibel einen Sinnreichtum, der nicht voll und ganz ausschöpfbar ist und in keiner systematischen Theologie adäquat eingeschlossen werden kann."

[7] Vgl. *Kongregation für das Katholische Bildungswesen*, Ausbildung (Anm. 5), 64.

2. Die gegenwärtige Lage in Lateinamerika

Wenn der lebendige und gelebte Glaube der Kirche neue Wege sucht, um sich Außenstehenden verständlich zu machen, fragt die Theologie ihrem Auftrag entsprechend, wie diese Experimente, die einer theologischen Reflexion entstammen, im Einklang mit der Offenbarung stehen. Es gibt genügend Beispiele für diesen Vorgang. Gekommen ist jetzt der Augenblick einer Vertiefung der theologischen Reflexion im Licht der unerschöpflichen Quellen des Glaubens, aus denen das Leben der Kirche gespeist wird.

Die Armut ist ein Thema des Evangeliums und eine Herausforderung, die im Laufe der Kirchengeschichte immer präsent war. Aber ihre Anprangerung in Medellín („unmenschliches Elend"), Puebla („widerchristliche Armut") und Santo Domingo („absolute Unerträglichkeit der Armut") bewirkte, dass die Armut, unter der die große Mehrheit der Bevölkerung in Lateinamerika und der Karibik leiden muss, erst in ihrer ganzen himmelschreienden Brutalität allen vor die Augen trat. Es war eine altbekannte Tatsache, die jetzt aber mit voller Wucht das menschliche und christliche Gewissen vieler wachgerüttelt hat und die auch die Kirche zur Wahrnehmung ihrer ureigenen Aufgabe geführt hat, die sich angesichts der epochalen Herausforderung der Armut und des menschenunwürdigen Elends stellt. Der „Andere" in einer Gesellschaft, die ihn marginalisierte und beiseite schob, hatte sich präsent gemacht, indem er Solidarität einforderte. Die Grundfrage ist doch: Wie soll ich dem Armen, d. h. dem, der auf der untersten Stufe der Gesellschaftsleiter steht, sagen, dass Gott ihn liebt?

Diese Frage hat ihre Fruchtbarkeit erwiesen in dem pastoralen Handeln der Kirche und in dem theologischen Weg, der eingeschlagen wurde, um darauf eine Antwort zu finden. Angesichts des ungerechten und vorzeitigen Todes, den die Armut verursacht, gewinnt der „noble Kampf für die Gerechtigkeit" (Papst Pius XI.) dramatische und drängende Züge. Sie zur Kenntnis zu nehmen ist eine Frage der Vernunft und des Charakters. Es ist dringend erforderlich, eine Mentalität zu überwinden, die diese bedrängende Lage ausschließlich auf die Ebene des Politischen verschieben will, wo der Glaube wenig oder nichts beizutragen hat. Dies wäre nichts anderes als „eine Scheidung von Glauben und Leben", woraus sich – wie es im Dokument von Santo Domingo (24) heißt – „himmelschreiende Situationen der Ungerechtigkeit, der sozialen Ungleichheit und der Gewalt" zwangsläufig ergeben. Trotzdem heißt die Zurkenntnisnahme bestehender sozialer Konflikte keineswegs, eine Konfrontation der sozialen Gruppen als Methode des gesellschaftlichen Wandels zu vertreten.

Mit den Worten von Papst Johannes Paul II. gesprochen, ist der „programmierte Klassenkampf" (Laborem exercens 8) inakzeptabel. Zweifellos befinden wir uns hier in einem umstrittenen und schlüpfrigen Terrain. Das Risiko von Verkürzungen oder von unterschiedlich interpretierbaren Begriffen erweist sich als erheblich. Leicht kann man sich gefangennehmen lassen von den emotionalen Aspekten der Situation, eine gewisse Faszination vor dem Neuen zu empfinden oder den Wert der Sozialwissenschaften zu überschätzen. All das ist notwendig, um die ökonomisch-soziale Realität voll zur Kenntnis zu nehmen. Aber es handelt sich um Versuche in ihrem ersten Stadium. Unter diesen Umständen kann die Behauptung einer wissenschaftlichen Erforschung der gesamten sozialen Realität nicht als ein definitives und unwiderlegliches Ergebnis der Wissenschaft akzeptiert werden – ganz abgesehen davon, dass ideologische Implikationen in scheinbar rein wissenschaftlichen Untersuchungen nie voll ausgeschlossen werden können.[8] In Anbetracht der drei Ebenen, auf denen von der Befreiung zu sprechen ist („in der Beziehung des Menschen zur Welt als Herr und seinen Mitmenschen als Bruder und zu Gott als Sohn") kommt uns Puebla (329) zuvor:

> Wir befreien uns durch die Teilhabe an dem neuen Leben, das uns Jesus Christus bringt und durch die Gemeinschaft mit ihm im Geheimnis seines Todes und seiner Auferstehung unter der Bedingung, dass wir dieses Geheimnis auf den drei soeben dargelegten Ebenen leben, ohne eine von diesen Ebenen auszuschließen. Auf diese Weise beschränken wir es weder auf einen Vertikalismus einer geistigen Verbindung mit Gott ohne Einbeziehung des Leiblichen, noch auf einen einfachen existentiellen Personalismus von Bindungen einzelner oder kleiner Gruppen untereinander, und noch viel weniger auf einen Horizontalismus sozio-ökonomisch-politischer Art.

Eben dies ist die integrale Befreiung in Christus, die uns zur vollen Gemeinschaft mit Gott und untereinander führt (Lumen gentium 1). Die soziale und politische Befreiung darf in keiner Weise die übergreifende und radikale Bedeutung der Befreiung von der Sünde verdecken, die allein das Werk der Vergebung und der Gnade Gottes ist. Es erwies sich als notwendig, unsere Ausdrucksweisen zu verfeinern, um jeden Anflug von Missverständnissen zu vermeiden. Dazu können wir direkt beim Evangelium ansetzen. Sein zentraler Gehalt ist die Gottesherrschaft. Aber das Reich Gottes will ergriffen sein von Menschen, die in der konkreten Geschichte leben. Konsequenterweise betrifft die Verkündigung eines Reiches der Liebe, des Friedens und der Gerechtigkeit auch das soziale Zusammenleben. Trotzdem überschreiten die Forderungen des Evangeliums das politische Projekt einer veränderten Gesellschaft. Diese soll gerecht und in einem gewissen Sinne neu sein in den Weisen und Mitteln, mit denen die Würde der menschlichen Person in den Mittelpunkt gestellt wird. Für einen Christen hat die Menschenwürde ihr innerstes Fundament in der

[8] Bezüglich der Aufgabenstellung der Humanwissenschaften und der Theologie und der notwendigen kritischen Unterscheidung als Voraussetzung einer Zusammenarbeit unter Vermeidung der Übernahme fremder weltbildlicher Implikate, die womöglich dem Glauben entgegengesetzt sind, vgl. *Kongregation für die Glaubenslehre*, Instruktion (Anm. 1), 10; ebenso die beiden Instruktionen der Glaubenskongregation über die Theologie der Befreiung von 1984 u. 1986; auch: *G. Gutiérrez*, La verdad los hará libres, Lima 1986, 22–23, 83–85.

Erschaffung des Menschen „auf das Bild Gottes hin" (Gen 1,26), das Christus wiederhergestellt hat, indem er die Freundschaft aller menschlichen Wesen mit Gott begründete (vgl. Röm 8,29; Gal 4,4–6; Joh 15,15).

Die sozialen Konfliktsituationen können nicht vergessen machen, dass es eine Pflicht zu universaler Nächstenliebe gibt, die keine Schranken der sozialen Klassen, der Rasse und des Geschlechts mehr kennt und anerkennt. Die Behauptung, dass der Mensch der verantwortliche Träger seines Schicksals in der Geschichte ist, muss so verstanden werden, dass man mit einem besonderen Feingefühl die Gnadeninitiative Gottes in der Heilsgeschichte aufgreift, deren letztes Ziel die absolute Zukunft des Menschen in der Geschichte ist. Die Gabe Gottes, „der uns zuerst geliebt hat" (1 Joh 4,19), markiert auf wirksame Weise den Raum menschlichen Handelns, das sich als freie Antwort auf die zuvorkommende Liebe Gottes vollzieht.

Unvermeidlicherweise gibt es dabei Fehlentwicklungen und menschliches Versagen. Auch hat es Fehler und Versäumnisse gegeben bei der Analyse einer neuen historischen Situation. Auf diese Weise rief man eine Debatte über die Befreiungstheologie hervor, die sogar den kirchlichen Bereich überschritt, um in den weiten und sensationsträchtigen Bereich der Massenmedien einzutreten. Nichtsdestoweniger gewann – jenseits aller Scheinargumente und hitzigen Auseinandersetzungen – ein Prozess an Dynamik, der gekennzeichnet ist von einem wechselseitigen Respekt, von argumentativen Einwänden, einem Verlangen nach notwendigen Präzisierungen seitens der kirchlichen Autorität, einer neuen Sensibilität für die Zeichen der Zeit, besonders die Sehnsucht nach Freiheit und Befreiung, einer legitimen Darstellung der Zweifel und einem Interesse für eine Theologie, die dem tatsächlichen Leben der kirchlichen Gemeinden nahe steht. Alles dies bestätigt, dass die Suche nach einer theologischen Einschätzung der neuen Realitäten einer stetigen Klärung bedarf. Die Unvollkommenheiten in der Sprache müssen zugunsten einer besseren Ausdrucksweise überwunden werden, die keinen Raum zu Missverständnissen im Bereich der Glaubenslehre lässt. In der Tat trägt jede theologische Reflexion immer die Spuren der augenblicklichen Umstände an sich, in denen sie entstanden ist. Dies gilt insbesondere für den theologischen Ansatz der Befreiungstheologie, der in den Jahren nach dem Konzil in Lateinamerika entwickelt worden war. In dieser Zeit galt es, viele schwierige Situationen zu bestehen, Antwort zu geben auf manche unausgesprochene Herausforderung an das Verständnis des Glaubens mit der Absicht, denen entgegenzukommen, die – trotz des missionarischen Impulses des Evangeliums auf die Theologie – die Bedeutung des Evangeliums für die Realitäten des sozialen und politischen Lebens nicht wahrzunehmen vermögen.

Wichtig ist vor allem, klar die Risiken und Grenzen zu erkennen und aufmerksam abweichende Meinungen anzuhören. Eine solche Haltung ergibt sich – es ist angezeigt, dies zu bemerken – aus dem Verständnis der theologischen

Arbeit als Dienst an Zeugnis und Verkündigung des Evangeliums der ganzen Kirche, was ja unser Thema war. In der Theologie muss man stets bereit sein, „seine eigenen Meinungen zu modifizieren“, um ihrer Funktion als Dienst an der „Gemeinschaft der Glaubenden gerecht zu werden“.[9] Das ist der Sinn der theologischen Arbeit, und man kann voll zustimmen, wenn es heißt, dass „kein Theologe absehen kann von der Lehre und dem Ambiente lebendiger Erfahrung der Kirche, in der das Lehramt das depositum fidei bewahrt und authentisch auslegt“.[10]

3. Heute das Evangelium verkünden

Obwohl die letzten Jahre der Auseinandersetzung um die Befreiungstheologie oft schwierig waren, aber auch fruchtbare Ergebnisse gebracht haben, kann man doch feststellen, dass sich eine zentrale Perspektive tief in die Erfahrung der Kirche eingeprägt hat. Gemeint ist „die vorrangige Option für die Armen“, die aus der Praxis und der Erfahrung der christlichen Gemeinden Lateinamerikas geboren wurde. Sie war anfänglich in Medellín und ganz explizit in Puebla angesprochen und rezipiert worden. Diese Position gehört – wie allgemein bekannt – zum festen Bestandteil des universalen Lehramtes der Kirche, wofür zahlreiche Texte Papst Johannes Pauls II. und verschiedener Bischofskonferenzen in Lateinamerika als Belege herangezogen werden können. Wenn etwas aus diesem Zeitabschnitt der lateinamerikanischen und allgemeinen Kirchengeschichte Bestand haben wird, dann ist es exakt diese Option als unmittelbare Verpflichtung und direkter Ausdruck einer stets neuen Liebe zu den Armen sowie als Dreh- und Angelpunkt einer neuen Evangelisation des Kontinents.

Eine ganze Reihe von ökonomischen, politischen und kirchlichen Entwicklungen und Ereignissen, auf Weltebene wie auch in nationalen und lateinamerikanischen Kontexten, fördern die Überzeugung, dass wir am Ende einer Etappe stehen, welche die Entstehung und erste Entwicklung der beschriebenen theologischen Reflexion umspannt. Diese vergangenen Jahre waren gewiss anregend und überaus kreativ, wenn auch oft voller Spannungen und Konflikte. Im Licht der neu entstandenen Lebensbedingungen (z. B. die Verschärfung der Armut oder die Undurchführbarkeit gewisser politischer Projekte) scheinen viele der früheren Diskussionen den aktuellen Herausforderungen nicht mehr zu entsprechen.

Alles deutet darauf hin, dass eine ganz neue Epoche beginnt. Immer deutlicher schält sich die Notwendigkeit eines Wettstreits aller um die bestmögliche

[9] Papst *Johannes Paul II.*, Ansprache bei der Begegnung mit Theologieprofessoren in Altötting am 8. Nov. 1980 (Verlautbarungen des Apostolischen Stuhls 25, hg. v. Sekretariat der Deutschen Bischofskonferenz, Bonn 1980) 167–172, hier: 171.

[10] *Kongregation für das Katholische Bildungswesen*, Ausbildung (Anm. 5), 21.

Lösung der enormen Probleme Lateinamerikas heraus. Es gibt offenbar eine Restauration des sozialen Gefüges, in dem wir einmal einen Ansatzpunkt für die Verkündigung der Gottesherrschaft versucht hatten. Die neue Situation verlangt neue Methoden einer befreienden Praxis. Hier gilt es, aufmerksam zu sein und nicht zurückzugehen, weder auf den „Vertikalismus einer geistigen Verbindung mit Gott ohne Einbeziehung des Leiblichen noch auf einen einfachen existentiellen Personalismus einzelner oder kleiner Gruppen, und noch viel weniger auf einen Horizontalismus sozio-ökonomisch-politischer Art" (Puebla 329). Beide Extreme verstoßen jedes auf seine Art und gleichzeitig gegen die Transzendenz und die Immanenz des Reiches Gottes, insofern sich diese beiden Dimensionen nicht voneinander trennen lassen.

Der Grundtenor, der die Texte von Santo Domingo durchzieht, ist ein Echo auf die Erfordernisse der gegenwärtigen Lage. Er ist ein energischer Aufruf zur Mitarbeit an einer Neu-Evangelisierung des Kontinentes. Eben die Sorge um die Neuevangelisation war immer präsent seit den Vorbereitungen auf Medellín. Aber dieses Programm erhielt neue Kraft mit dem energischen Aufruf Johannes Pauls II. in Haiti (1983), diesem ärmsten und vergessenen Land Lateinamerikas. Der CELAM (dem ständigen Rat der lateinamerikanischen Bischofskonferenzen) gegenüber sprach der Papst von der „Neu-Evangelisierung. Neu in ihrem Eifer, in ihren Methoden und ihrer Ausdrucksweise". Santo Domingo machte aus dieser Perspektive eines seiner zentralen Themen und eine seiner vorrangigen pastoralen Zielsetzungen. Die im Kontext Lateinamerikas erarbeitete Theologie findet hier ein fruchtbares Feld der Mitwirkung mit der kirchlichen Sendung zur Verkündigung des Evangeliums. Unter Ausnutzung der Erfolge und bei der Vermeidung der Fehler der vergangenen Jahre kann der theologische Diskurs behilflich sein, den Weg und die Sprache zu den Armen dieses Kontinentes zu finden, den ersten, „die das dringende Bedürfnis nach diesem Evangelium einer radikalen und ganzheitlichen Befreiung spüren". Dies zu leugnen, so fügt der Papst hinzu, wäre nichts anderes als die Armen zu täuschen und sie um das Evangelium zu enttäuschen.[11]

Santo Domingo hebt ein zweites Thema hervor, von dem her eine bedeutende pastorale Zielsetzung abgeleitet wird: der menschliche Fortschritt. Es handelt sich dabei keineswegs um einen fremden und marginalen Aspekt. Zahlreiche Texte des Lehramtes aus den letzten Jahren haben im Gegenteil mit allem Nachdruck darauf bestanden, dass der Einsatz für die Menschenwürde einen Bestandteil des Dienstes an der Evangelisierung bildet. Es ist die Menschenwürde, die in Frage gestellt wird durch „die wachsende Verarmung von Millionen unserer Brüder, der verheerendsten, erniedrigendsten Geißel, unter der Lateinamerika und die Karibik zu leiden haben, und die großenteils eine

---

[11] Schreiben an die Vollversammlung der Brasilianischen Bischofskonferenz vom 9. April (in: Der Apostolische Stuhl 1986, 1229f), 6. (Das Zitat aus der Ansprache an den CELAM findet sich nachgewiesen in Anm. 55, S. 180; Anm. d. Übers.)

Konsequenz des hier immer noch dominanten Neoliberalismus darstellt“ (Santo Domingo 179).

Die Problematik ist derart dramatisch, dass die Kirche gar nicht anders kann, als sich ihr zu stellen. Die biblisch inspirierten Reflexionen über die Armut wie auch die schönen Erfahrungen der Solidarität in der Vergangenheit sind hier von größtem Wert. Aber sie dürfen nicht darüber hinwegtäuschen, wie neu und heikel die gegenwärtige Situation sich darstellt. Die von Johannes Paul II. angestrengte Erneuerung der kirchlichen Soziallehre bietet nicht nur Maßstäbe für ein harmonisches soziales Zusammenleben der Menschen und für den Aufbau einer gerechten neuen Gesellschaft, die auf dem Respekt vor dem Leben und der Menschenwürde aufgebaut ist, sondern regt auch die theologische Arbeit an und führt in ein fruchtbares Feld der Erforschung des sozialen und historischen Ambientes von Lateinamerika. Diese Texte sollen uns erinnern, dass die Werte des Friedens, der Gerechtigkeit und Freiheit nicht lediglich Zielvorgaben einer Verpflichtung zu individuellem sozialen Handeln sind, sondern dass sie die Suche nach den geeigneten Methoden zur Gestaltung einer Gesellschaft inspirieren müssen, in der die Rechte aller respektiert werden.

Als drittes Element einer neuen Evangelisation ist die Inkulturation zu nennen. Ziel ist eben eine inkulturierte Evangelisation.

Inkulturation ist ein neuer Terminus, der aber nur eine alte Wirklichkeit bezeichnet, und die für den Christen einen Anklang an die Inkarnation hat. Das ewige Wort Gottes will sich in den Lebenswelten, den konkreten geschichtlichen Situationen und in unterschiedlichen Kulturen inkarnieren. Damit wird die Transzendenz des Wortes Gottes keineswegs in Frage gestellt (in dem Sinn, dass Gott der menschlichen Aufnahme seines Wortes nicht souverän gegenüberstünde), sondern vielmehr bestätigt und konkretisiert. Diese neue Perspektive hat den Finger auf die Wunde eines Kontinentes von so erheblicher ethnischer und kultureller Diversität gelegt. Die Kulturen und Werte der indigenen und der schwarzen Bevölkerung in Lateinamerika stellen einen ungeheuren Reichtum dar, der von den Verantwortlichen der Verkündigung des Evangeliums respektiert werden will. Wir stehen hier vor einer immensen und drängenden Aufgabe, die noch kaum angegangen worden ist und eine spannende Herausforderung für die theologische Reflexion sein wird.

Wie gezeigt, gibt es drei vorrangige pastorale Leitlinien und Zielsetzungen und damit auch drei Felder der theologischen Reflexion. Alle diese Themen dienen der Verkündigung des „Evangeliums der Befreiung“ (Santo Domingo 287–301). Diese Perspektiven aufzunehmen heißt nichts anderes als „die vorrangige Option für die Armen im Sinne des Evangeliums zu vertreten [...] und damit dem Beispiel und den Worten des Herrn Jesus zu folgen“ (Santo Domingo 180). Christus ist in der Tat das letzte Fundament dieser Option und der genannten pastoralen Leitlinien. Er als der „Sohn des lebendigen Gottes“ ist

„der einzige Grund unseres Lebens und die Quelle unseres Auftrags" (Santo Domingo 288; vgl. 4–15, 159–165).

Deswegen fordert die vorrangige Option für die Armen uns nicht nur zur ernsthaften und verantwortungsbereiten Kenntnisnahme der Ursachen und Hintergründe des Elends und der Armut auf. Ihre Bedeutung beschränkt sich auch nicht auf die Anwendung wirksamerer pastoraler Methoden und einer Vertiefung der theologischen Reflexion. Diese Option muss auch unsere Spiritualität zutiefst prägen, nämlich im Sinne der Nachfolge Jesu, der „Weg, Wahrheit und Leben" (Joh 14,6) ist. Sein Tod und seine Auferstehung geben dem geschichtlichen Kurs der Kirche und jedes einzelnen Christen ihre Prägung.

Theologe oder überhaupt Christ sein heißt: immer neu den Weg der Nachfolge Jesu gehen zu lernen. Wie Maria wird er „all das, was geschehen war, im Herzen bewahren und erwägen" (Lk 2,51), nämlich alle Taten und Worte, in denen Gott sich offenbart. Was auch immer der historische Kontext sein mag, in denen ein Christ zu leben hat, oder die Auseinandersetzung, in die er sich hineingezogen sieht, immer wird die Nachfolge Jesu bedeuten, ein Leben zu führen, das gespeist wird von der Erfüllung des Willens des Vaters, der im Himmel ist (vgl. Joh 4,34). Die kontemplative Dimension und die Praxis des Gebetes sind essentiell für das christliche Leben.

Mit eindringlichen und bewegenden Worten lädt uns Puebla (31–39) ein, „im Leidensantlitz der Armen das Gesicht des leidenden Christus zu erkennen". Santo Domingo (178f) erneuert die Empfehlung und schlägt uns eine Verlängerung der Liste dieser Leidensgesichter vor, die auf diesem gequälten Kontinent leben. Diese Entdeckung Christi in den Armen und die Solidarität mit ihnen ist der privilegierte, d. h. der seiner historischen Herausforderung gerecht werdende Weg, auf dem uns der Heilige Geist zum Vater hinführt durch den Mittler Jesus Christus.

Aus dem Spanischem übersetzt von Gerhard Ludwig Müller

III. TEIL

ZEUGEN DES GLAUBENS UND DER LIEBE GOTTES ZU DEN ARMEN

Erinnerung Gottes und Ansage des Evangeliums bei Bartolomé de Las Casas*

Die Begegnung (oder Entzweiung) zwischen der europäischen Welt und dem Kontinent, für den die Bezeichnung „Westindien" in Gebrauch kam, schuf sowohl unter menschlichem als auch unter christlichem Gesichtspunkt eine noch nicht dagewesene Situation. In ihr stellten sich auf die eine oder andere Weise ganz ungeschminkt gewisse Fragen, die trotz aller Versuche, sie zu vernebeln, noch immer präsent und drängend sind.

Daher ist das Zeugnis einiger der frühen Evangelisatoren, die weniger durch ihre Zahl als vielmehr aufgrund des Einflusses, den sie hatten und bis heute haben, wichtig sind, nach wie vor eine wichtige Bezugsgröße, wenn es darum geht, die Realität unseres Kontinents zu bedenken und die geeigneten Wege für die Verkündigung des Gottesreiches zu finden. Diese Missionare sahen sich rückhalt- und schonungslos mit dem vorzeitigen, ungerechten Tod der Indios und der ihnen zugefügten Unterdrückung und Verachtung konfrontiert.

Zweifelsohne trifft dies auf Bartolomé de Las Casas zu. Er war keine isolierte Persönlichkeit, wie man manchmal glauben machen will, sondern wohl der ausgeprägteste Vertreter derer, die das Evangeliums zu verkündigen hatten und von denen mehrere eine enge Nähe zu den Einwohnern Westindiens mit einem hellwachen Interesse an der theologischen Reflexion verbanden. Weder Las Casas noch seine Freunde begnügten sich damit, gegen das Unrecht, dessen Zeugen sie wurden, Protest zu erheben, vielmehr schlugen sie unermüdlich Mittel – Heilmittel, wie sie sagten – vor, die die sich stellenden Probleme sollten lösen können.

Diese Sorge gründete sich auf ihre Erfahrung und ihren Begriff von Gott, dessen Eifer für die Benachteiligten der Geschichte sich in einem treffenden, tief biblisch inspirierten Satz ausspricht, dass nämlich „Gott gerade an das Kleinste und Vergessenste eine ganz frische und sehr lebendige Erinnerung hegt" (*Brief an den Indienrat*, 1531),[1] eine stets gegenwärtige und immer wieder erneuerte Erinnerung. Las Casas kann deshalb aufrichtig und wahrhaftig

---

* Der Aufsatz wurde erstmals publiziert in: *Instituto Bartolomé de Las Casas*, Las Casas entre dos mundos. Congreso teológico internacional (Lima 26–27–28 de Agosto de 1992), Lima 1993, 27–46. Der Beitrag greift zusammenfassend auf, was bereits in: *G. Gutiérrez*, En busca de los pobres de Jesucristo. El pensamiento de Bartolomé de Las Casas, Lima 1992 (Salamanca 1993), vorgetragen wurde, zieht jedoch auch ein wichtiges Lascasianisches Dokument heran, das erst nach der Publikation des genannten Buches bekannt wurde.

[1] Brief an den Indienrat (20. Januar 1531), in: *Bartolomé de Las Casas*, Werkauswahl, hg. von *M. Delgado*, Bd. 3/1: Sozialethische und staatsrechtliche Schriften, Paderborn u.a. 1996, 341–361, hier: 344.

erklären, sein Lebensmut komme ihm aus „Jesu Christi Nächstenliebe, die auf ihrer irdischen Pilgerreise nicht artig ist noch ruhen will".[2] In der Tat, auch er ruhte und rastete nicht. Sein Movens war, „dass ich in dieser Neuen Welt den Glauben an Jesus Christus derart verachtet, entehrt und beschämt [...] sehe",[3] verursacht durch die Misshandlung, deren Objekt die Ureinwohner des Kontinents waren.

Dies ist der Lebenskontext seiner Reflexionen. Unermüdlich hat er sie immer wieder aufgenommen und vertieft, um – innerhalb der jedem Menschen eigenen Grenzen – besser zu verstehen, was zu seiner Zeit in Westindien und in Europa vorging. Las Casas war zweifellos ein Mann der Tat, und zeitweise haben manche Leute sogar seine theoretischen Fähigkeiten überhaupt angezweifelt. Man sagte, in dieser Hinsicht stamme das Beste seines Werkes von den Theologen von Salamanca.[4] Doch die Veröffentlichung einiger bislang nicht edierter Las-Casas-Texte und einiger anderer erlauben uns heute, sein Denken besser kennenzulernen.

So bricht sich Schritt für Schritt das Interesse an der theologischen Dimension seiner intellektuellen Produktion Bahn. Unsererseits sind wir überzeugt, dass Las Casas einen Diskurs über den Glauben vorlegt, der sich deutlich vom Hintergrund der Theologie des 16. Jahrhunderts abhebt. In seinem Werk zeigt sich eine enge Beziehung zwischen Reflexion und historischem Engagement, zwischen Theorie und Praxis. Das lässt das Profil seiner Leistung hervortreten und verleiht ihr theologische Bedeutung. Bartolomé vereint die Perspektive des Glaubens und die Erfahrung der indianischen Realität; das hat ihn befähigt, die „soziale Sünde" seiner Epoche zu entlarven. Und genau das war es, was ihn von der Mehrheit derer unterschied, die sich in Spanien mit den Angelegenheiten Westindiens befassten. Die Priorität, die er in seinen Überlegungen aufstellt, und die Akzente, die er setzt, kommen aus seiner Nähe zu dem, was in diesen Ländern geschah. Er hat sein immenses – von allen anerkanntes – Wissen und seine enorme Überzeugungskraft in den Dienst an der Neuen Welt gestellt. Die heftigen Polemiken, denen er sich ausgesetzt sah, haben ihn nicht daran gehindert, seinen großen, grundlegenden Intuitionen treu zu bleiben – in einer Treue, die zuweilen wie Starrsinn wirkt.

Eine zentrale evangelische Perspektive nährt diese Intuitionen. Las Casas lässt sie schon früh erkennen, als er um 1519/1520 in Spanien angesichts mancher Kritiken sagt, in Westindien (wohin er sehr bald zurückkehren wird) lasse er „Jesus Christus, unseren Gott, zurück, während man ihn nicht einmal, son-

---

[2] Ebd., 341.

[3] Ebd., 342. Der Brief an den Indienrat ist einer der wichtigsten Texte von Las Casas überhaupt und verdiente einen ausführlichen Kommentar. Viele seiner späteren großen Themen sind hier bereits präsent und bisweilen sehr scharf formuliert. Siehe zum Ganzen auch: *M. Delgado,* Las Casas' messianischer Kampf, in: *Las Casas*, Werkauswahl, Bd. 3/1 (Anm. 1), 318–328.

[4] Vgl. zum Beispiel *V. Carro*, La teología y los teólogos-juristas españoles ante la conquista de América, Madrid 1944.

dern tausendfach geißelt, quält, ohrfeigt und kreuzigt".[5] Diese christologische Fokussierung hat Las Casas sein ganzes Leben lang begleitet und die Achse seiner Spiritualität gebildet. Diese Grundideen wollen wir im Folgenden skizzieren.

Dazu müssen wir ein erst kürzlich publiziertes Dokument heranziehen. Es ist ein bisher unbekannter Las-Casas-Text, der Entscheidendes über die führende Rolle des Dominikaners beim Erlass der Leyes Nuevas (1542/1543) aussagt. In lehrinhaltlicher Hinsicht bringt die Denkschrift nichts Neues; sie nimmt die großen Themen auf, die wir aus seinen umfangreicheren Werken kennen, aber gerade diese Wiederaufnahme ist bezeichnend und verdient eine eigene Untersuchung.[6]

1. Das kostbarste und wertvollste Gut

Der Kleriker Las Casas, ein junger Mann von 18 Jahren, kommt im Jahr 1502 nach Westindien und wird 1507 in Rom zum Priester geweiht. Er hat die ersten Jahre europäischer Präsenz auf der von Neuankömmlingen La Española genannten Insel und die Anfangsschritte in der Begegnung mit dem Kontinent intensiv miterlebt. Es kann sein – ist allerdings nicht wissenschaftlich gesichert –, dass Las Casas im Dezember 1511 die berühmte Predigt des Antonio de Montesino hörte. In einem ähnlichen Zusammenhang, nämlich bei der Verkündigung des Evangeliums, ereignete sich drei Jahre später eine radikale Wende in seinem Leben, als er eine Predigt zu Pfingsten vorzubereiten hatte. Las Casas' prophetische Berufung war also von Anfang an mit der Verkündigung des Evangeliums verknüpft.

---

[5] Geschichte Westindiens, in: *Las Casas*, Werkauswahl, Bd. 2: Historische und ethnographische Schriften, Paderborn 1995, 139–324, hier: 291. Das Zitat enthält eine deutliche Anspielung auf Mt 25; der Text hat im Übrigen Felipe Guamán Poma inspiriert.

[6] Das Faksimile der Handschrift liegt in einer schönen Ausgabe der Biblioteca Nacional de Madrid (1992) vor; es trägt den Titel „Conclusiones Sumarias sobre el remedio de las Indias". Die Veröffentlichung ist begleitet von zwei kurzen, aber gehaltvollen Studien von Helen Rand Parish und Isacio Pérez Fernández, die auf die eine oder andere Weise daran mitgewirkt haben, die „Conclusiones" bekannt zu machen und ihre Echtheit zu belegen. Der Zweitgenannte hat außerdem eine längere Analyse des Las-Casas-Textes unternommen: *I. Pérez Fernández*, Hallazgo de un nuevo documento histórico básico de Fray Bartolomé de Las Casas, in: Studium 33 (1993) 459–504. In „En busca de los pobres de Jesucristo" (oben Anm. *) konnte die Denkschrift nur eben (in Kapitel X, Anm. 25) erwähnt werden, da sie uns erst nach Erscheinen dieses Buches bekannt wurde. Eine deutsche Übersetzung findet sich unter dem Titel „Zusammenfassung der Denkschrift über die Neuordnung und die Heilmittel Westindiens (1542)" in: *Las Casas*, Werkauswahl, Bd. 3/1 (Anm. 1), 371–385.

1.1 Die Ausbreitung des katholischen Glaubens

In dem frühesten Text (1516) aus seiner Feder, den wir kennen, sagt uns Las Casas: „Der Hauptzweck, auf den alles ausgerichtet ist und auszurichten ist [...], ist die Rettung jener Indios, welche durch die christliche Lehre zu geschehen hat.“[7] Die Verkündigung der Liebe Gottes und nicht der Gewinn von Land für den König von Spanien und noch weniger die Gier nach Gold sollte der Wegweiser für die Präsenz der Christen in Westindien sein.

Der Ausdruck „Hauptzweck“ erscheint immer wieder in Las Casas’ Schriften. Vielleicht akzeptiert er anfänglich noch andere Motive für die spanische Präsenz in Westindien, aber alle müssen sich letztlich am evangelisatorischen Projekt messen lassen. Und bald verwandelt sich denn auch der Hauptzweck für Bartolomé in den einzigen Zweck, den einzigen, der zählt. Alles muss ausgerichtet sein auf „die Verkündigung und Verbreitung des katholischen Glaubens [...] sowie [...] die Erlösung unermesslich vieler Leben und die Freiheit zahlloser Völker“. Dies ist „die höchste und bedeutendste Verantwortung“, die auf den Schultern des Königs ruht, und hinter diesem „obersten Ziel“ müssen alle „weltliche Interessen“ zurücktreten.[8] Was es anzustreben gilt, ist die Erlösung der Einwohner Westindiens, das heißt die volle und endgültige Freundschaft mit Gott. Endgültig meint nicht irgendetwas, was ausschließlich jenseits des irdischen Lebens gewährt wird, die Erlösung muss vielmehr schon jetzt gegenwärtig sein; dies ist ein zentraler Punkt dessen, was wir die Gnadentheologie des Las Casas nennen können, nämlich die Wertschätzung der irdisch-zeitlichen Aspekte der Conditio humana. Die Erlösungsbotschaft muss in Wort und Tat verkündet werden – das wird er immer wieder sagen –, und genau das heißt, die christliche Lehre zu vermitteln.

Mehr noch: Dieses Ziel muss auch zum Maßstab für die Art und Weise werden, wie sich die europäische Präsenz allmählich gestaltet: „Der erste und letzte Zweck, der das Heilmittel für jene betrübten Seelen veranlassen soll, muss Gott sein.“[9] „Betrübte Seelen“ sind sie wegen der Quälereien, die sie erdulden. Gott steht am Anfang und am Ende des gesamten Unternehmens.

---

[7] Hier zitiert und übersetzt nach: *Bartolomé de Las Casas*, Obras escogidas (BAE), Madrid, 1957–1958, Bd. 5, 20a. Wir haben es mit einem der ersten Texte aus der so genannten „Westindien-Kontroverse“, um die „Rechtstitel“ (das heißt die Begründungen) zu tun, die die europäische Präsenz in jenem Weltteil rechtfertigen sollten. Genau genommen wurde das Thema nur in Spanien diskutiert; die anderen europäischen Nationen hielten es für selbstverständlich, dass sie ein Recht auf die Okkupation Westindiens besaßen.

[8] Zusammenfassung der Denkschrift über die Neuordnung und die Heilmittel Westindiens (1542), in: *Las Casas*, Werkauswahl, Bd. 3/1 (Anm. 1), 371.

[9] Übs. nach *Las Casas*, Obras Completas, Bd. 13, hg. v. *P. Castañeda*, Madrid 1995, 48. In diesem Sinn interpretiert Las Casas die Bullen Alexanders VI., die den Königen von Spanien die Jurisdiktion über Westindien zugestanden. Es verdient Beachtung, dass er dies tut, noch bevor der Gedanke bei den Theologen von Salamanca auftritt. Von der Erfüllung des Evangelisierungsprojekts hängt die Legitimität der spanischen Präsenz in den Neuen Welt ab.

Nur von ihm aus lässt sich ein Heilmittel für so viel Misshandlung und Unrecht finden. Dieser Theozentrismus ist es, der Las Casas in seinen Analysen, Anklagen und Vorschlägen Biss verleiht.

Das Recht der Indios, das er verteidigt, ist das Recht Gottes selbst. Die Ansage des Evangeliums geht Hand in Hand mit der Verteidigung der indianischen Nationen. Von daher die Kraft seiner Stellungnahmen. Die Sache hat viele Dimensionen, zwei von ihnen wollen wir näher betrachten.

1.2 Derselbe Lohn

Wenn man davon spricht, dass die Indios ein Recht auf das Evangelium haben, setzt dies voraus, dass sie fähig sind, es aufzunehmen – etwas, was viele Leute unter Berufung auf Aristoteles damals anzweifelten.[10] Dies war einer der Kämpfe, in die sich Las Casas mit Feuereifer stürzte. Er erkennt an und vertritt, dass die Indios sehr wohl die Botschaft Christi zu empfangen vermögen. Für ihn war es ein wichtiges Argument in seiner These von der menschlichen Gleichheit zwischen Europäern und autochthonen Bewohnern Westindiens.[11]

Diese Aussage über die Fähigkeit jedes Menschen, das Wort Gottes aufzunehmen, hat eine besondere Motivation: die Vorliebe für das schwächste Glied, den Indio. Daher vertritt Las Casas die Auffassung – und vergrämt damit jene, die sich gern hinter formalen und allgemeinen Sätzen verstecken –, dass die Indios „außerordentlich befähigt [sind], unseren heiligen katholischen Glauben zu empfangen und tugendhafte Sitten anzunehmen, und von allen Menschen, die Gott in dieser Welt geschaffen hat, sind sie diejenigen, bei denen es hierfür die geringsten Hindernisse gibt".[12]

Diese Befähigung des Indio zu behaupten, war wichtig, denn sie wurde – wie angedeutet – von vielen bestritten, in der Absicht, seine Unterordnung unter den Europäer zu rechtfertigen. Die Bejahung dieser Fähigkeit, die ihre letzte Begründung in Gott hat, kann also nur gebührend gewürdigt werden, wenn man sich den Punkt genau bewusst macht, der sie motiviert. Es handelt sich nicht um eine schlichte philosophische Aussage über die Gleichheit aller

---

[10] Einer der ersten war der schottische Theologe Johannes Major, der in Paris um 1508 auf die Einwohner jener beiden Kontinente die angeblich aristotelische Unterscheidung zwischen zwei Klassen von Menschen anwandte: den zu Herren geborenen und den zu Sklaven geborenen (Sklaven von Natur aus). Bartolomé hat diese Unterscheidung, auf die sich der Humanist Juan Ginés de Sepúlveda auch berief, mit allem Nachdruck abgelehnt. Vgl. *M. Delgado*, Die Indios als Sklaven von Natur? Zur Aristoteles-Rezeption in der Amerika-Kontroverse im Schatten der spanischen Expansion, in: *G. Frank / A. Speer* (Hg.), Der Aristotelismus in der Frühen Neuzeit – Kontinuität oder Wiederaneignung?, Wiesbaden 2007, 353–372.

[11] Dem Aufweis dieser Gleichheit hat er seine „Kurze apologetische Geschichte" gewidmet; diese ist in Auswahl übersetzt in: *Las Casas*, Werkauswahl, Bd. 2 (Anm. 5), 325–512.

[12] Ganz kurzer Bericht über die Zerstörung Westindiens, in: *Las Casas*, Werkauswahl, Bd. 2 (Anm. 5), 25–138, hier: 68.

Menschen, wie sie so viele Las-Casas-Forscher, die in ihm lediglich den Vorläufer der liberalen Menschenrechtslehre sehen, wohlwollend-großzügig feststellen. Worum es für den Dominikaner in Wirklichkeit geht, ist eine evangeliumsgemäße Vorliebe für die Letzten der Geschichte. Von ihr her behauptet er die Gleichheit aller Menschen.

Bartolomés Werk ist ein Versuch, seinen Zeitgenossen klarzumachen, dass Gott sich an alle erinnert, vor allem aber an die am meisten Vergessenen. Dies ist die Stärke und die Inspiration seines missionarischen Handelns und seines Glaubensverständnisses. Die Erinnerung Gottes drückt die Gratuität seiner Liebe aus, eine Sicht, die durch die in Las Casas' Schriften häufig zu findende Anspielung auf das Gleichnis von den Arbeitern der elften Stunde akzentuiert wird.[13] Damit sucht er einem Einwand der Epoche zu begegnen. Da die indianischen Nationen spät zum Evangelium berufen wurden (auf jeden Fall später als die europäischen), habe Gott sie in „Vergessenheit" gehalten. Las Casas zeigt am biblischen Text, dass die Gerechtigkeit Gottes andere Maßstäbe hat, und das wiederum bedeutet, dass die Indios keineswegs im Nachteil sind. Wie die Arbeiter der elften Stunde werden auch sie „denselben Lohn" erhalten.

1.3 Die Christen evangelisieren

Seine indianische Erfahrung ließ ihn andererseits wahrnehmen, dass er nicht nur den indigenen Völkern das Evangelium zu verkünden hatte, sondern auch den Menschen von der Iberischen Halbinsel. Das heißt, die Ungläubigen (im Sinne von Nichtchristen) sind genauso wie die Gläubigen (die Christen) bedürftig, dass ihnen die Botschaft Christi verkündet wird. Deshalb fragt sich Las Casas: Wer sind denn nun die wahren Götzendiener? Die Indios, die ihre eigenen Religionen achten, oder diejenigen, die sich Christen nennen, aber in der Praxis das Gold anbeten? Götzendienst üben heißt der Bibel zufolge, sein Vertrauen und sein Leben auf jemanden oder auf etwas zu setzen, der oder das nicht Gott ist. Das geschieht bei denen, die aus Goldgier nach Westindien gekommen und bereit sind, diesem Zweck alles zu opfern.

Der evangelisatorische Eifer des Las Casas galt Indios und Spaniern, auch wenn diese Letzteren seine Bemühungen nicht immer geschätzt haben. Wenn er sagte, die wahren Götzendiener seien diejenigen, die beanspruchten, Christen zu sein, und genau deshalb müsse man ihnen das Evangelium verkündigen, dann trug ihm das sicherlich nicht die Sympathie seiner Landsleute ein. Doch genau damit legte er in der für ihn zeit seines Lebens charakteristischen Fähigkeit, zum Wesentlichen vorzustoßen, den Finger in die Wunde.

Sein Glaube, aber auch eine echte Liebe zu seinem Land trieben ihn zu diesen Positionen. In seiner wohl überlegten Einführung zu seiner *Geschichte*

---

[13] Vgl.: Brief an den Indienrat, in: *Las Casas*, Werkauswahl, Bd. 3/1 (Anm. 1), 342.

Westindiens erklärt er, ein Grund, sie zu schreiben, sei „zum Wohl und Nutzen ganz Spaniens, damit man, nachdem man erkannt hat, worin das Wohl oder Übel dieser Nationen besteht, nach meine Dafürhalten auch erkennt, worin das Wohl oder Übel ganz Spaniens besteht".[14] Dies ist einer der Gründe, die Las Casas zu einer Gestalt von beeindruckender Universalität machen, die auch noch heute Menschen von allen Enden unseres Planeten anspricht. Diese menschliche Größe hat einen der großen Las-Casas-Forscher, den 1993 verstorbenen Lewis Hanke, zu dem provokanten Satz veranlasst: „Las Casas ist zu wichtig, um ihn den Las-Casas-Kennern zu überlassen."[15]

2. Das erste Menschenrecht

Die indianische Realität erschütterte Las Casas, weil sie durch den vorzeitigen und ungerechten Tod der autochthonen Bevölkerung geprägt war. Dieses Sterben war für ihn eine Erfahrung mit traumatischen Kennzeichen und beschränkte sich nicht auf die ersten Jahre seines Aufenthalts, vielmehr hielt sie sich durch und begleitete ihn sein Leben lang. Sie half ihm zu erkennen, was in Westindien letztlich auf dem Spiel stand, sie drängte ihn zu seiner evangelisatorischen Aufgabe und regte seine theologische Reflexion an. Er bringt das Problem in einem Satz auf den Punkt:

> Die ganze Gewährung der Herrschaft über diese Länder und Völker an die Könige Spaniens und deren Grund war und ist ihr [Leben] und die Rettung und Bekehrung ihrer Seelen, wohingegen man sie zum Tod vor der Zeit und zum elenden und endgültigen Untergang verkehrt hat.[16]

Die Situation begründet eine entscheidende Option. Das erste Menschenrecht ist das Recht auf Leben.

2.1 Wann übte jemals mit so grausamer Raserei der höllische Tod seine Herrschaft aus?

Die Quälereien gegen die Indios begannen schon sehr früh, in der Zeit des Kolumbus. Der Admiral ist gewiss eine komplexe Persönlichkeit, doch sein Tagebuch bringt die Rolle, die die Suche nach Gold bei seinen Vorhaben spielte, recht deutlich zum Ausdruck. Und das Gold ist genau die Hauptursache

---

[14] Geschichte Westinidens, in: *Las Casas*, Werkausgabe, Bd. 2 (Anm. 5), 139–324, hier: 170.

[15] *Lewis Hanke*, Une palabra, in: Fray Bartolomé de Las Casas en Hispanoamérica, Chiapas 1975, 382. Die Arbeiten dieses bemerkenswerten Historikers waren für die Las-Casas-Forschung von grundlegender Bedeutung.

[16] Brief an eine Persönlichkeit des Hofes (15. Oktober 1535), in: *Las Casas*, Werkauswahl, Bd. 3/1 (Anm. 1), 361–369, hier: 363.

für das Schwindel erregende Verschwinden der indianischen Bevölkerung.[17] Die Todessituation löst den Warnruf Montesinos aus und motiviert den Einsatz der 1510 auf La Española eingetroffenen Dominikaner für die Verteidigung der Indios. „Alle diese Indios", schreiben die Missionare, „sind an Leib und Seele und an ihrer Nachkommenschaft zerstört worden, und das ganze Land wurde verwüstet und niedergebrannt, sodass sie weder Christen sein noch leben können."[18] Um eine Zerstörung handelt es sich in der Tat. Der Ausdruck gibt treffend die Erfahrung der ersten Zeugen dieser Ereignisse wieder.

Las Casas schaltet sich mit der Kraft seiner Persönlichkeit in den Kampf der Dominikaner ein, die sich an der charismatischen Gestalt des Pedro de Córdoba orientieren. Bartolomé beschäftigt sich nicht nur mit den Ursachen dieser schlimmen Situation, sondern auch – und zwar sein ganzes Leben lang – damit, wie ihr abzuhelfen sei. Dabei greift er auf seinen bereits zitierten frühen Text, die *Denkschrift über die Heilmittel für die Inseln* (1516)[19] zurück. Dort stellt er das so-genannte „kommunitäre Projekt" vor, das ganz auf die Erhaltung des Lebens der Indios ausgerichtet ist und zu diesem Zweck die Schaffung von brüderlichen und gerechten Beziehungen zwischen Spaniern und Ureinwohnern vorsieht.[20]

In dem wichtigen *Brief an den Indienrat* (1531) fragt Las Casas eindringlich: „Wann übte jemals mit so grausamer Raserei der höllische Tod seine Herrschaft aus?"[21] Unser Ordensmann macht es sich deshalb zur Aufgabe, den Tod der Indios aufzuhalten, das heißt ihn zu verhindern. Daher nimmt er sich vor, „die Höllen aus Westindien zu vertreiben", motiviert, wie er sagt, durch

---

[17] Es ist schwierig, eine genaue Berechnung der Bevölkerung vor 1492 und der einige Jahrzehnte später lebenden anzustellen. Unzweifelhaft jedoch haben wir es hier mit einer demographischen Katastrophe zu tun. Zurückhaltende Schätzungen, die heute von vielen Historikern akzeptiert sind, sprechen von einem Bevölkerungsschwund in Höhe von 45 bis 55 Millionen Personen zwischen 1492 und 1570. Diese Zahl liegt über den von Las Casas selbst errechneten – trotz allem, was man über seine Übertreibungen in dieser Hinsicht sagt (vgl. *W. Denevan*, Native Population of America in 1492, Madison 1976); für den Fall von Peru ist die beste Untersuchung die von *N. D. Cook*, Demographic Collapse, Indian Perú: 1520–1650, Cambridge 1981; ihr Verfasser meint, in dieser Periode sei die Bevölkerung von rund 9 Millionen auf etwas unter eine Million zurückgegangen. Diese Situation hat verschiedene Ursachen, in erster Linie den Mangel an Immunität auf Seiten der Indigenen gegenüber den von den Europäern eingeschleppten Krankheiten. Gleichzeitig kommen aber auch Kriege, Zwangsarbeit, Unterernährung und andere Faktoren verstärkend hinzu.

[18] Carta de los dominicos, in: Colección de documentos relativos al descubrimiento, Madrid 1864–1884, Bd. XI, 211–212.

[19] In: *Las Casas*, Werkauswahl, Bd. 3/1 (Anm. 1), 329–339.

[20] Schon lange wird eine Beziehung zwischen der *Utopia* des Thomas Morus und dem kommunitären Projekt des Las Casas hergestellt. Neuerdings hat der Forscher Victor N. Baptiste in einer eingehenden Untersuchung die Auffassung vertreten, es gebe gute Gründe für die Annahme, dass sich Thomas Morus in einem ersten Entwurf an Las Casas' Modell orientiert habe. Vgl. *V. N. Baptiste,* Bartolomé de Las Casas and Thomas More's Utopia, Culver City 1990.

[21] Brief an den Indienrat (1531), in: *Las Casas*, Werkauswahl, Bd. 3/1 (Anm. 1), 340–359, hier: 348.

die Liebe zu den dank Christi Blut erlösten Indios und aus „Mitleid mit meinem Vaterland, nämlich Kastilien".[22] Diese Hölle (zum Beispiel „die Hölle von Peru")[23] war durch den ungerechten Tod und die Unterdrückung der Bewohner der Neuen Welt entstanden. Sie erleiden Sklaverei, die nächst dem Tod das schlimmste Übel ist.[24] Diese Erfahrung, ihm so nahe und so vielen Theologen seiner Zeit so fern, prägt dem Leben und dem Werk Bartolomés ein unauslöschliches Siegel auf.

Aus diesen Gründen erschien ihm der Einsatz von Waffen und konkret der Krieg unter dem Vorwand der Evangelisierung als besonders skandalös. Mit aller Kraft widersetzte er sich einem solchen Ansinnen, das freilich bei Theologen und Missionaren der damaligen Zeit auf unterschiedliche Weise akzeptiert war. Die Gemäßigten unter ihnen billigten den Einsatz der Waffen nur in so genannten extremen Fällen oder ließen ihn einzig zu dem Zweck zu, „die Hindernisse für die Evangelisierung" fortzuräumen; andere dagegen waren überzeugt, dass man die Indios zunächst kriegerisch und politisch unterwerfen musste, bevor man ihnen das Evangelium vermitteln konnte. Diese Positionen unterschieden sich zwar theoretisch, aber in der Praxis liefen sie auf ein und dasselbe hinaus; in der Tat war es nicht schwierig, Vorwände zu finden, mittels deren man eine Situation als „extrem" erklären und somit Gewaltmaßnahmen rechtfertigen konnte. Las Casas seinerseits war gegen jede Anwendung von Gewalt, auch in subtiler Form. Dies war einer seiner großen Kämpfe, und in ihm stand er oft allein.

Zugunsten der Anwendung von Gewalt bei der Evangelisierung Westindiens wurde angeführt, dass es an Wundern fehle – die angeblich in den ersten Jahrhunderten der Kirche das bevorzugte Hilfsmittel gewesen waren –, mit denen man die Ungläubigen hätte gewinnen können. Las Casas bürstete das Ganze gegen den Strich (was er häufig tat) und sagte, wenn es darum gehe, ereigne sich in Westindien tatsächlich ein großes Wunder. Die indianischen Völker wurden Opfer zahlloser Gewalttaten, und es „ist gewiss, dass die Spanier so den Namen Jesu Christi verleumdet haben, weswegen es wohl das größte Wunder ist, das Gott in Westindien wirkt, wenn diese Völker trotzdem den Glauben annehmen, obwohl sie die Werke derer sehen, die den Namen ‚Christen' tragen."[25] Die Evangelisierung war also sehr wohl wunderbar, allerdings aus unvermuteten Gründen.

---

[22] Ganz kurzer Bericht über die Zerstörung Westindiens, in: *Las Casas*, Werkauswahl, Bd. 2 (Anm. 5), 25–138, hier: 136.

[23] Ebd., 123–128.

[24] Vgl. Das achte Heilmittel (1542), in: *Las Casas*, Werkauswahl, Bd. 3/2: Sozielethische und staatsrechtliche Schriften, hg. v. *M. Delgado*, Paderborn u.a. 1997, 82–158.

[25] *Bartolomé de Las Casas*, Las doce dudas. Wir zitieren nach der Handschrift aus der Brown University (Providence, Rhode Island), die in den Obras Completas, Bd. 11/2, hg. v. *J. B. Lassegue*, Madrid 1992 reproduziert ist. Deutsch: Traktat über die zwölf Zweifelsfälle, in: *Las Casas*, Werkauswahl, Bd. 3/2 (Anm. 24), 249–426, hier: 340.

Diese Aussage aus Las Casas' letzten Lebensjahren klingt wie eine Art Bilanz: Der christliche Glaube ist von den Menschen dieses Kontinents angenommen worden trotz des Verhaltens vieler von denen, die ihn zu übermitteln hatten. Begegnung mit dem Christentum und Entzweiung mit den Christen. Das kostbare Zeugnis des Guamán Poma zeigt das für Peru aufs Deutlichste. Gegen diese Inkohärenz hat Las Casas zeit seines Lebens gekämpft.

2.2 Der Evangelisierungsdialog

Als unser Ordensmann die Gewaltanwendung verwirft, denkt er dabei nicht nur an mögliche Exzesse, sondern an die Kriegshandlungen selbst, ganz unabhängig von jeder Begründung für den Krieg in Westindien.[26] Wenn es um die Verkündigung des Evangeliums geht, so gibt es für Las Casas keine andere Methode als den Dialog und die Überzeugung. So ist Christus vorgegangen, und so müssen es auch seine Nachfolger halten. Diesem Thema hat Las Casas sein erstes (im 20. Jh. erstmals ediertes) Werk gewidmet: *De unico vocationis modo – Die einzige Art der Berufung aller Völker zum Christentum.*[27]

Bartolomé war in dieser Hinsicht schon weit. Er dachte nicht nur, den Glauben dürfe man nicht aufzwingen. Das war ja auch ein Postulat der thomistischen Theologie für den Fall von Juden und Heiden (nicht so für die Häretiker, die ja einen geschlossenen Pakt gebrochen hatten). Seine Position unterstützten die meisten Missionare und Theologen des 16. Jahrhunderts, was sie freilich nicht daran hinderte, in einigen Fällen die Anwendung von Gewalt zu akzeptieren. Doch im Prinzip vertraten alle in Anlehnung an Augustinus und Thomas von Aquin die *Freiheit des Glaubensaktes*.

Las Casas kommt mit dieser Auffassung natürlich überein, beschränkt sich aber nicht auf sie: Er vertritt auch noch die *Freiheit der Indios in religiösen Dingen*; das heißt ihr Recht, nach der Religion ihrer Wahl zu leben. Das ist mehr als die schlichte These von dem Nichtzwang zum christlichen Glauben. Von religiöser Freiheit zu reden bedeutet zu sagen, dass die religiösen Ge-

---

[26] Las Casas argumentierte gegen die Motive, die in diesem Zusammenhang angeführt wurden. Daher hat er die These von einer Erstevangelisierung Westindiens durch den Apostel Thomas oder durch Bartholomäus (die übrigens Guamán Poma neben einigen anderen Theorien übernahm) immer abgelehnt. Bejahte man diese These, so hieß das, dass die indianischen Nationen als Apostaten zu betrachten waren, das heißt als Menschen, die den Glauben aufgegeben hatten; und das wiederum rechtfertigte nach damaliger Auffassung die Kriege gegen die Indios.

[27] Deutsch: Die einzige Art der Berufung aller Völker zum Christentum, in: *Las Casas*, Werkauswahl, Bd. 1: Missionstheologische Schriften, hg. v. *M. Delgado*, Paderborn u.a. 1994, 95–335. Über das Datum der Niederschrift bestehen unterschiedliche Ansichten. *I. Pérez Fernández*, Inventario documentado de los escritos de fray Bartolomé de Las Casas (Bayamón/Puerto Rico, 1981, 201) und *J. A. Barreda*, Ideología y pastoral misionera en Bartolomé de Las Casas (Madrid 1981, 25–27) meinen, der Text sei um 1524–1526 verfasst. *H. R. Parish*. Las Casas en México, México 1992, 91, Anm. 32, setzt ihn fast zehn Jahre später an.

wohnheiten der indigenen Völker, selbst wenn sie noch so wenig mit dem christlichen Glauben übereinstimmen, nicht zum Motiv für die kriegerische Unterdrückung durch die Spanier werden dürfen. Es geht also nicht einfach darum, dass man niemanden zur Konversion zum christlichen Glauben zwingen darf, sondern darum, die Kultur und Religion eines Volkes zu respektieren. Dass nicht zwischen Glaubensakt und Religionsfreiheit unterschieden wird, führt bei vielen Forschern zur Verwirrung, und in dem Fall, der uns beschäftigt, hat das wiederum zur Folge, dass man Leute zu den Verteidigern der friedlichen Evangelisierung zählt, die in Wirklichkeit auf halbem Wege stehen bleiben und der Anwendung von Gewalt Tür und Tor öffnen.

Das Recht auf Anderssein, das der Dominikaner den Indios zubilligt, bewegt ihn sogar dazu, ein Faktum zu erklären (nicht zu rechtfertigen), das die Europäer mit Abscheu erfüllte und das stärkste Argument für den Krieg gegen die indianischen Völker bildete: die Menschenopfer und die Anthropophagie. Las Casas unternimmt einen gewaltigen und kühnen Versuch, etwas, was auch er ablehnt, von innen heraus, nämlich innerhalb der indigenen Mentalität, zu verstehen.

Er geht sogar so weit zu behaupten, das aztekische Volk, das solche Opfer vollzog, habe damit eine tiefe Religiosität gezeigt, da es der Gottheit das Wertvollste darbrachte, was es besaß: das menschliche Leben. Bartolomé bezweifelt nicht, dass Menschen, die so etwas tun, in Täuschung befangen sind, aber er meint, sie hätten dabei den Willen, Gott zu verehren. Worauf es ankomme, sei, bei aller Anerkenntnis ihres Irrtums in solchem Handeln, geltend zu machen, dass dieses kein Grund sein könne, sie mit kriegerischen Handlungen zu überziehen unter dem Vorwand, die Opfer der besagten rituellen Tötungen zu retten.[28]

Dialog und Überzeugung, die vom Zeugnis beglaubigt werden, sind die einzigen Mittel, die einen Menschen dazu führen dürfen, den christlichen Glauben anzunehmen. Dies ist die Achse der Evangelisierungspraxis und -theologie des Bartolomé de Las Casas.

2.3 In vollem Licht

Das Thema der Freiheit in religiösen Dingen veranlasst Las Casas dazu, sich die Frage nach dem Heil der Indios zu stellen und sie auf völlig neue Weise zu beantworten.

Die zu seiner Zeit herrschende Theologie fand ihren Ausdruck in einer Interpretation des berühmten Axioms: *Extra Ecclesiam nulla salus* – außerhalb der Kirche kein Heil. Im so genannten Mittelalter gab es so etwas wie ein

---

[28] Ein erheblicher Teil der „Apologie" (die die Argumente vereint, die Las Casas 1550–1551 in Valladolid, in der Disputation mit Sepúlveda, anführte) ist dem Thema der Menschenopfer gewidmet. Vgl. *Las Casas*, Obras Completas, Bd. 9, hg. v. *A. Losada*, Madrid 1988.

spontanes und unbefragtes Verständnis dieses Satzes, da die Kirche mit der damals bekannten Welt (außer Gebieten, die in der europäischen Mentalität nicht viel galten) identifiziert wurde. Das war die „Christenheit". „Außerhalb der Kirche" hieß so viel wie außerhalb des sozialen Universums jener Zeit. In diesem Denkrahmen hat Thomas von Aquin seine Reflexion über das Thema entwickelt.

Im 16. Jahrhundert ändern sich die historischen und geographischen Verhältnisse. Die Begegnung mit der Neuen Welt – und anderen Kontinenten – schuf eine ganz anders geartete Situation und führte dazu, dass sich die – in den ersten Jahrhunderten der Kirche sehr lebendige – Frage nach dem Heil der Nichtchristen neu stellte. Die große Mehrheit der Theologen behandelte sie im Rahmen der Lehre, die wir erwähnt haben. Vitoria und vor allem Domingo de Soto und der Franziskaner Andrés Vega bemühen sich, die neuen Fakten zu berücksichtigen, unterscheiden zwischen explizitem und implizitem Glauben an Christus und vertreten die Auffassung, die zweite sei für das Heil hinreichend.[29] Doch nachdem sie (insbesondere die Dominikaner) harsch kritisiert worden sind, bringen diese Theologen Einschränkungen an ihren Thesen an.

Las Casas geht von der gängigen Lehre aus, die Thomas von Aquin, für ihn die höchste Autorität in der Theologie, vertreten hat. Als solche wird er sie viele Male wiederholen. Doch die indianische Erfahrung, seine nahe Kenntnis der Bewohner dieses Kontinents und sein Engagement für sie bewirken, dass er über das Mysterium des Heilswillens Gottes auf ganz neuer Grundlage nachdenkt. In einer Position, die mit seiner Verteidigung der Religionsfreiheit übereinstimmt, vermutet er Wege, die die Theologie seiner Zeit nicht einzuschlagen wagte. Eine systematische Darlegung zum Thema findet man nicht bei ihm, wohl aber treibt er grundlegende Einsichten voran, die mehr Heilsmöglichkeiten für die Nichtgetauften sehen.[30]

Am Ende eines langen Abschnitts der *Geschichte Westindiens,* in Auseinandersetzung mit Fernández de Oviedo, einem großen Verleumder der Indios, schreibt Las Casas: „Und es könnte sein, dass von diesen [Indios], die wir hienieden so sehr verachten, sich am Tag des Gerichts eher zur Rechten Hand [Gottes] mehr finden als von uns."[31] Die Anspielung auf die Szene des Jüngsten Gerichts im Matthäusevangelium (Kap. 25) ist offensichtlich.

Dieselbe Blickrichtung findet sich auch in einem seiner letzten Werke, im *Traktat über die Schätze Perus.* In feierlichem Ton erklärt er für unrecht und illegitim alles, was den Indios seit Jahrzehnten widerfährt, und setzt hinzu:

---

[29] Vgl. *T. Urdanoz,* La necesidad de la fe explícita para salvarse según los teólogos de la Escuela Salmantina, in: Ciencia Tomista 59 (1940) 398–414; 60 (1041) 109–134; 61 (1942) 83–107.

[30] Vgl. *M. Delgado*, Glaubenstradition im Kontext. Voraussetzungen, Verdienste und Versäumnisse lascasianischer Missionstheologie, in: *Las Casas*, Werkauswahl, Bd. 1 (Anm. 27), 35–58.

[31] Geschichte Westindiens. Übersetzt nach: *Las Casas*, Obras Completas, Bd. 5, hg. v. *I. Pérez Fernández*, Madrid 1994, 2398.

Mir scheint, sie könnten allenfalls einen gewissen Trost und Hilfe in der Vorstellung finden, dass am Tage des Gerichts, wenn alle herbeigerufen und angehört, wenn ihre und der anderen Völker Verdienste und Sache erörtert, wenn alle Listen und Machenschaften der Tyrannen und die Nichtigkeit ihres Tuns offengelegt und durch das Wort des gerechten Richters zur ewigen Strafe verurteilt werden, die Unschuld derer, die von jenen hienieden Übles erlitten, so nicht anderweitige Sünden es verhindern, zu Tage tritt, verteidigt und geschützt wird.[32]

Am Tag des Endgerichts werden die Dinge im vollen Licht erscheinen, in einer Klarheit, die sie heute nicht besitzen. Zur Linken des Königs wird sich die Schuld derer zeigen, die die Indios misshandelt und die Gegenwart Christi in ihnen nicht wahrgenommen haben. Zur Rechten aber wird die Unschuld der Opfer dieser Gewalttaten hervortreten, mehr noch: Ihre Unschuld wird „verteidigt und geschützt“ werden. Alles deutet darauf hin, dass Jesus Christus sie in sein Reich ruft: „Kommt, ihr Gesegneten meines Vaters...“ Sollte dies nicht eintreten, so deshalb, weil sie wegen „anderweitiger Sünden“ Strafe verdienten. Die Vision vom „Tage des Gerichts“ führt uns vor Augen, was nunmehr in der Geschichte auf dem Spiel steht. Sein ganzes Leben lang hat Las Casas sich bemüht, die Gegenwart jenseits der Erscheinungen in ihrer ganzen Wahrheit und Tiefe richtig zu betrachten, nämlich im Licht des Glaubens.

3. Die Freiheit der Menschen und Völker

Während die Kriege den Indios das Leben rauben, beraubt sie das auf der Encomienda basierende Kolonialsystem ihrer Freiheit. Die Indios zu befreien heißt, sie wieder in das einzusetzen, was unser Dominikaner immer wieder ihre „ursprüngliche und natürliche Freiheit“[33] nennt. Zu Beginn seines langen Kampfes vertritt er die Auffassung, die Indios seien „freie Menschen und sollten darum wie freie Menschen behandelt werden“[34]. Diese Sicht hat er nie aufgegeben. Die Verteidigung, die Las Casas unternimmt, beschränkt sich nicht auf die Freiheit der Individuen; immer ist er sich auch der „Freiheit der Völker“[35] bewusst. Das hat Konsequenzen.

3.1 Das Kostbarste überhaupt

Nach Ansicht von Las Casas ist von Anfang an (von dem Augenblick an, als Kolumbus einige Indios gefangen nahm, um sie nach Spanien bringen) die

[32] Traktat über die Schätze Perus, in: *Las Casas*, Werkauswahl, Bd. 3/1 (Anm. 1), 275–316, hier: 297.

[33] Geschichte Westindiens, in: *Las Casas*, Obras Completas, Bd. 5 (Anm. 31), 2109f.

[34] Denkschrift über die Heilmittel für die Inseln (1616), in: *Las Casas*, Werkauswahl, Bd. 3/1 (Anm. 1), 334.

[35] Geschichte Westindiens, in: *Las Casas*, Obras Completas, Bd. 5 (Anm. 31), 1987.

Freiheit verletzt worden, die „nächst ihrem Leben das kostbarste und wertvollste Gut“ ist.[36] In diesem Zusammenhang spielt das System der Encomienda eine Hauptrolle. Aufgrund seiner waren die Indios einer harten, tyrannischen Sklaverei unterworfen.

Für Las Casas ist die Misshandlung der Indios nicht das Ergebnis persönlicher Unbeherrschtheit, sondern in den sozio-ökonomischen Strukturen des Kolonialsystems verankert. Ihm zufolge ist für Westindien unter allen Heilmitteln „das wichtigste und deren Substanz“ die Abschaffung der Encomienda, „denn ohne es würden all die anderen nichts nützen, sind sie doch alle auf dieses hingeordnet und gerichtet“.[37] Wenn, wie wir sahen, das einzige Motiv, das die Anwesenheit der spanischen Krone in diesen Ländern rechtfertigt, die Verkündigung des Evangeliums ist, dann macht allein schon die Existenz der Encomienda, „die Wurzel der Tyrannei“,[38] diese Präsenz illegitim.

Die Encomienda ist nicht nur eine permanente Ursache für den Tod der autochthonen Bevölkerung, sondern auch ein schweres Hindernis für sie Aufnahme des Evangeliums und die Annahme des Glaubens in Westindien. Das Antizeugnis der Ausbeutung und die Misshandlung durch die Encomienda führen dazu, dass es den Indios möglicherweise „in den Sinn [kommt], und sie können es Tag und Nacht beweinen, dass ihre Götter besser als unser Gott waren, erleiden sie doch unter ihm so viele Übeltaten, während es ihnen unter jenen so gut ging [...]. So werden sie also vor dem Glauben zurückschrecken und ihn verabscheuen“. Die Konsequenz legt sich nahe: „Aus diesem Grund ist also Eure Majestät kraft göttlichen Rechts und Gebots [...] verpflichtet, sie aus der Gewalt der Spanier zu befreien und sie ihnen nicht als Encomienda [...] zu übergeben“.[39]

Anfänglich war Las Casas nur für die Sklaverei der Indios sensibel, nicht aber für die der Schwarzen.[40] Vielmehr unterstützte er 1516 die Heranziehung von schwarzen Sklaven, die die Indios ersetzen und so ihren vorzeitigen Tod

---

[36] Traktat über die Indiosklaverei, in: *Las Casas*, Werkauswahl, Bd. 3/1 (Anm. 1), 59–114, hier: 85.

[37] Das achte Heilmittel, in: *Las Casas*, Werkauswahl, Bd. 3/2 (Anm. 24), hier: 83. Die Gesetze von Burgos (1512/1513) suchten die Arbeit der Indios zu regeln, bestätigten aber das grausame System der Encomienda; aus diesem Grund kritisierten die Dominikaner auf Española die Gesetze und griff Las Casas sie später vehement an. Dreißig Jahre später erreichte Las Casas mit den Leyes Nuevas substantielle Verbesserungen in der gesetzlichen Ordnung, doch die Proteste der Encomenderos in Westindien bewirkten, dass der entscheidende Artikel gegen die Encomienda bald darauf aufgehoben wurde.

[38] Geschichte Westindiens, in: *Las Casas*, Werkauswahl, Bd. 2 (Anm. 5), hier: 297.

[39] Das achte Heilmittel, in: *Las Casas*, Werkauswahl, Bd. 3/2 (Anm. 24), hier: 97.

[40] Man hat gesagt, Las Casas habe die Negersklaverei nach Westindien eingeführt. Diese Behauptung lässt sich selbst bei oberflächlicher Prüfung nicht aufrecht erhalten. Es ist eindeutig belegt, dass es (mit königlicher Billigung) bereits Hunderte von schwarzen Sklaven gab, bevor Las Casas sich der Sache annahm. Zu dieser Frage siehe *I. Pérez Fernández,* ¿Bartolomé de Las Casas contra los negros? Madrid 1991; *G. Gutiérrez,* En busca de los pobres de Jesucristo (oben Anm. *), 447–457.

verhindern sollten.[41] Noch hatte zu dieser Zeit der unmenschliche und brutale Transport von Sklaven aus Afrika nicht in großem Maßstab eingesetzt.

Jahre später (vermutlich um 1546/1547) erhält Bartolomé Kenntnis von den Menschenraubzügen der Portugiesen in Afrika und ändert seine Position radikal. Er beklagt, dass er dreißig Jahre zuvor die Bitte einiger Kolonisten auf Española um schwarze Sklaven unterstützt hat. Damals habe er nicht beachtet, „wie ungerecht es ist, dass die Portugiesen sie einfangen und versklaven". Und über sich selbst und sein Verhalten im Jahr 1516 fügt er hinzu: „Nachdem er das eingesehen hatte, hätte er diesen Rat für alles in der Welt nicht mehr gegeben, weil er stets glaubte, dass sie auf ungerechte und tyrannische Weise versklavt wurden; denn für sie gilt *dasselbe Recht* wie für die Indios."[42]

Die Entwicklung in seinem Denken drängt ihn dazu, an anderer Stelle über seine frühe Option aufrichtig betrübt zu sagen: „Diesen Rat, den der Kleriker [Las Casas selbst] gegeben hatte, bereute er später nicht wenig, weil er meinte, er sei aus Unachtsamkeit schuldig geworden." Sein Widerruf ist eindeutig, aber das Wissen um seinen Irrtum in der Vergangenheit lässt ihn sogar zweifeln, „ob ihn seine damalige Unkenntnis und sein guter Wille vor dem göttlichen Gericht entschuldigen könnte".[43]

Die Position, die Las Casas in dieser Sache schließlich und endlich eingenommen hat, ist eindeutig. Das Überraschende an dem Fall – vor allem wenn man die nur schwach dokumentierten Kritiken berücksichtigt, die unser Ordensmann einstecken musste – ist, dass alles darauf hindeutet, dass Las Casas der Erste ist, der im 16. Jahrhundert die Negersklaverei geächtet hat. Philosophen und Theologen seiner Zeit (und auch des 17. Jahrhunderts) haben die Sklaverei fraglos akzeptiert.[44] Gegen Ende des 16. Jahrhunderts sind einige zaghafte Stimmen zu hören,[45] aber erst gegen Ende des 17. Jahrhunderts findet

---

[41] Geschichte Westindiens, in: *Las Casas*, Werkauswahl, Bd. 2 (Anm. 5), 277–281. Die Auffassung, es gebe die Möglichkeit einer legitimen Sklaverei – ohne genauen Hinweis auf eine bestimmte Rasse –, war damals allgemein akzeptiert.

[42] Geschichte Westindiens, in: *Las Casas*, Werkauswahl, Bd. 2 (Anm. 5), 278; Hervorhebung von G. G. In den Kapiteln, die Las Casas den portugiesischen Übeltaten auf dem afrikanischen Kontinent widmet, protestiert er gegen das, „was man den Bewohnern jener Länder antut, die an sich unschuldig sind, seien sie Mauren oder Indios, Schwarze oder Araber" (Geschichte Westindiens, in: *Las Casas*, Obras Completas, Bd. 3, hg. v. *I. Pérez Fernández*, Madrid 1994, 429–433). Alle sind an Würde gleich. Demgegenüber verstummen die Vorbehalte, die er als Spanier jener Epoche gegenüber den „moros" haben mochte.

[43] Geschichte Westindiens, in: *Las Casas*, Werkauswahl, Bd. 2 (Anm. 5), 281.

[44] Darunter Theologen wie Francisco de Vitoria und selbst Domingo de Soto und Denker wie Hugo Grotius, Thomas Hobbes und John Locke, die aufgrund ihrer liberalen Theorien bekannt geworden sind.

[45] Nämlich Tomás Mercado und Bartolomé de Albornoz (beide mit Westindien-Erfahrung) sowie, weniger eindeutig, Luis de Molina. Zwei andere große Jesuiten, Alfonso de Sandoval und Petrus Claver, haben, bereits um die Mitte des 17. Jahrhunderts, ein großherziges Engagement für die schwarzen Sklaven bewiesen, aber auch sie nahmen die Legitimität der Sklaverei als ein Faktum der Epoche hin.

sich eine energische und begründete Opposition gegen die Sklaverei. Sie ging von dem Kapuziner Francisco José de Jaca aus, dem Verfasser einer Denkschrift zum Thema, die ihm in seinem Leben große Schwierigkeiten eintrug.[46]

Die Verteidigung der Freiheit hat Las Casas einen weiten Weg geführt.

3.2 Von der Restitution zum Konsens

Der traditionellen Theologie zufolge ist jemand, der sich gewaltsam oder mit List einer Sache bemächtigt hat, die einem anderen gehört, dazu verpflichtet, sie ihrem wahren Eigentümer zurückzugeben. Das ist ein klassischer Punkt der christlichen Moral.[47] An ihn müssen die Dominikaner- und Franziskanermissionare auf Española sofort denken, als sie die dort geschehenden Übergriffe beobachten. Sie sind denn auch die Ersten, die in Westindien von Restitution sprechen. Die Restitution will die durch Raub und Erpressung verletzte Gerechtigkeit wiederherstellen.

Las Casas, der sich sehr bald dieser Sichtweise anschließt, legt in Kapitel VII seines ersten Buches, *De unico vocationis modo omnium gentium ad veram religionem*, eine systematische Behandlung des Themas vor.[48] Dort ist die Restitution ganz klar an die Gerechtigkeit und an das Heil gebunden: Ohne Restitution gibt es für die Christen in Westindien kein Heil. Für Las Casas aber steht fest, dass es „in ganz Westindien keine Gerechtigkeit gegeben hat und auch heute außerhalb Neuspaniens nicht gibt".[49] Und er geht noch einen wichtigen Schritt weiter, was die Rückgabe betrifft: Zu restituieren ist selbstverständlich das Gestohlene, hinzukommen muss aber auch die Wiedergutmachung „für jedes Unrecht, für die Morde, Gemetzel [...] für die Beraubung an der Freiheit".[50] Das Unrecht verleiht das Recht auf Restitution.

---

[46] Sein Text trägt den Titel „Resolución sobre la libertad de los negros y sus originarios en el estado pagano y después ya cristianos" und ist 1681 verfasst. Vgl. die kritische Ausgabe in: *M. A. Pena González*, Resolución sobre la libertad de los negros y sus originarios, en estado de paganos y después ya cristianos. La primera condena de la esclavitud en el pensamiento hispano. Edición crítica, Madrid 2002.

[47] Vgl. *N. Jung*, Restitution, in: Dictionnaire de Théologie Catholique, Bd. XIII/2, Sp. 2466–2501.

[48] Die einzige Art der Berufung aller Völker zum Christentum, in: *Las Casas*, Werkauswahl, Bd. 1 (Anm. 27), 97–335. Faktisch ging es um Restitution auch im Augenblick seiner radikalen Lebensänderung, nämlich des Verzichts auf seine Encomienda. Zur Entwicklung der Restitutionslehre bei Las Casas vgl. *F. Cantù,* Evoluzione e significato della dottrina della restituzione in Bartolomé de las Casas, in: Critica Storica (Dez. 1975) 231–319.

[49] Zusammenfassung der Denkschrift über die Neuordnung und die Heilmittel Westindiens (1542), in: *Las Casas*, Werkauswahl, Bd. 3/1 (Anm. 1), 371–372.

[50] Die einzige Art der Berufung aller Völker zum Christentum, in: *Las Casas,* Werkauswahl, Bd. 1 (Anm. 27), 325.

Das *Beichthandbuch*[51] enthält „Weisungen und Regeln", die um die Restitution kreisen. Dieses Werk ist eines von Las Casas' umstrittensten Büchern und hat ihm in seinem Leben viele Schwierigkeiten eingetragen. Und es war eine der Schriften, die im pastoralen Handeln der Kirche in Westindien erheblichen unmittelbaren Einfluss hatten, da es auf viele Gewissen einwirkte und zahlreiche persönliche Verhaltensänderungen bewirkte. Im *Traktat über die Schätze Perus* und im *Traktat über die zwölf Zweifelsfälle* stellt er zwingend dar, dass auch die Könige von Spanien zur Restitution verpflichtet sind, da sie die letzte Verantwortung für das Geschehen in Westindien tragen. Dieser Anspruch – eines seiner großen Argumente – findet sich auch in seiner letzen Denkschrift an den Indienrat aus dem Jahr 1565.

Neben diesem Thema reift in dem Bischof von Chiapa ganz allmählich ein weiteres. Wir wissen, dass die Forderung nach Freiheit für den Indio einen zentralen Platz im Denken des Las Casas einnimmt. Wir haben auch seine energische Stellungnahme zur Freiheit in Dingen der Religion und sein Insistieren auf einer friedlichen Evangelisierung durch Überzeugung und Dialog gesehen. Doch wie es für seine großen Intuitionen typisch ist, hat Bartolomé sie unaufhörlich vertieft nach Maßgabe der Ereignisse und seines intellektuellen Reifens.

In seinen frühesten Schriften machte die Bejahung der Freiheit jedes Menschen und speziell des Indios die Herrschaft und bestimmte Formen der Evangelisierung unannehmbar. Doch mehr und mehr nimmt der Sevillaner Weiterungen wahr, die ihm in den ersten Augenblicken nicht so klar waren. Die „ursprüngliche Freiheit" der Bewohner Westindiens wird zur unverzichtbaren und entscheidenden Bedingung für jede Form spanischer Präsenz; wenn diese von den indianischen Nationen nicht freiwillig angenommen wird, entbehrt sie der Legitimität. Dies wird zur tiefen persönlichen Überzeugung und zu einer der schärfsten Waffen in der Verteidigung der indigenen Völker.

Keimhaft ist diese Auffassung bereits in seinem Traktat gegen die Encomienda, dem *Achten Heilmittel*,[52] angelegt, defensiv wird sie in den *Dreißig Rechtssätzen*[53] vertreten, in der *Disputation von Valladolid*[54] mit Sepúlveda

---

[51] Vgl. diese Schrift in: *Las Casas,* Werkauswahl, Bd. 3/1 (Anm. 1), 137–158.

[52] Vgl. diese Schrift in: *Las Casas,* Werkauswahl, Bd. 3/2 (Anm. 24), 82–158.

[53] Vgl. diese Schrift in: *Las Casas,* Werkauswahl, Bd. 3/1 (Anm. 1), 181–192.

[54] Vgl. diese Schrift in: *Las Casas,* Werkauswahl, Bd. 1 (Anm. 27), 337–436. In seinem „Beichthandbuch" hatte er alles in Westindien Stattgefundene für null und nichtig erklärt. Dafür war er herb kritisiert (und vielleicht sogar durch Sepúlveda vor der Inquisition verklagt) worden. In den „Dreißig Rechtssätzen" wiederholt er seine Aussage über die Freiheit der Indios, versucht sie aber mit dem durch die Bulle „Inter caetera" Alexanders VI. (1493) den spanischen Königen erteilten Missionsauftrag übereinzubringen. Dort sagt er, die Indigenen seien „verpflichtet", die Könige Kastiliens anzuerkennen, *nachdem* sie den Glauben empfangen hätten, *vorher* aber sei das nicht der Fall. Bald jedoch bemerkt er – nicht zuletzt aufgrund der Einwände Sepúlvedas –, dass damit manchen Missbräuchen Tür und Tor geöffnet sind. Las Casas verschließt dieses Einfallstor, indem er kategorisch erklärt, dass die Indios weder *vor* noch *nach* der Taufe gezwungen werden

korrigiert und in ihre präziseste Form gebracht in der abschließenden Trilogie *Traktat über die königliche Gewalt, Traktat über die Schätze Perus* und *Traktat über die zwölf Zweifelsfälle.* In diesen Werken, in denen die peruanischen Verhältnisse eine entscheidende Rolle spielen, entfaltet er systematisch seine demokratische Theorie: Es gibt keine legitime politische Autorität ohne die Zustimmung eines Volkes.[55] Es genügt nicht, dass der Papst den spanischen Königen eine Evangelisierungsaufgabe erteilt hat, damit dieser Auftrag zur Wirkung gelangt, er muss vielmehr von den indianischen Nationen auch frei angenommen werden.[56]

Die These wird nicht nur theoretisch formuliert, denn das würde nicht zum lascasianischen Stil passen. Gestützt auf sie behauptet er ohne Umschweife, dass die Präsenz der Spanier in Westindien illegitim ist, weil sie niemals von der autochthonen Bevölkerung akzeptiert worden ist; folglich fehlt ihre eine der erforderlichen Voraussetzungen.

Der Fall Perus bietet Las Casas Anlass, seine Thesen noch weiter zu treiben. Im *Traktat über die zwölf Zweifelsfälle* verlangt er die Wiedereinsetzung des legitimen Nachfolgers Titu Kusi Yupanki auf den Inkathron: „Der König, unser Herr“, sagt er nachdrücklich, „ist also unter Strafe des Heilsverlustes verpflichtet, den König, Titu, den Nachfolger und Erben des Huayana Cápac und der anderen Inka-Herrscher, wieder in seine Königreiche einzusetzen. Dazu muss er all seine Macht und Befehlsgewalt einsetzen.“[57] Es handelt sich also tatsächlich um Restitution. Was er für Peru vorschlägt (in dem die historischen Bedingungen eine Verwirklichung dieses Vorhaben erlaubt hätten), ist Las Casas zufolge auf die eine oder andere Weise für ganz Westindien gültig.[58] Es handelt sich um ein globales Projekt der Restitution an die indianischen Nationen und folglich ein Befreiungsprojekt für sie.

Es ist ein klares Beispiel für die Einheit zwischen Theorie und Praxis, die wir als eines der Charakteristiken des Lebens und Denkens von Bartolomé de Las Casas festgestellt haben. Die Gangbarkeit seines Vorschlags kann man

---

dürfen, die Oberhoheit der spanischen Könige anzuerkennen: „Ebenso wenig nach wie vor ihrer Taufe hat irgendein Richter auf Erden Gewalt, sie, wenn sie unsere Könige nicht als Oberherren anerkennen wollen, deshalb zu bestrafen“. Traktat über die Schätze Perus, in: *Las Casas*, Werkauswahl, Bd. 3/1 (Anm. 1), 294.

[55] „Der Natur und dem Geschichtsablauf gemäß“, so schreibt er, „bestand das Volk vor seinen Königen“. Also „haben ursprünglich die Könige und Fürsten und beliebige höchste Amtsträger, durch welche Steuern und Tribute festgesetzt werden, ihre ganze Vollmacht, Gewalt und Jurisdiktion von diesem freien Volk durch freie Willensentscheidung erhalten“. Traktat über die königliche Gewalt, in: *Las Casas*, Werkauswahl, Bd. 3/2 (Anm. 1), 191–248, hier: 206 bzw. 205.

[56] Er nennt es „das wichtigste Recht“. Mit der päpstlichen Bulle haben die Könige ausschließlich – so betont Las Casas – ein Recht auf die Sache (*ius ad rem*) und kein Recht über die Sache (*ius in re*). Der Übergang vom einen zum anderen hängt von dem freien Willen der Bevölkerung Westindiens ab.

[57] Traktat über die zwölf Zweifelsfälle, in: *Las Casas*, Werkauswahl, Bd. 3/2 (Anm. 24), 409.

[58] Fünfzig Jahre später wird Guamán Poma auf seine sehr persönliche Art, den Lascasianischen Vorschlag wieder aufgreifen.

diskutieren (der Vizekönig Toledo hat ihn jedenfalls für gefährlich gehalten), aber es steht außer Zweifel, dass ihm ein gewaltiger Respekt für die indianischen Nationen, ihre Rechte und Werte innewohnt.

4. Schluss

Zeugnis und Reflexion von Las Casas führen uns ins Zentrum der turbulenten Ereignisse im 16. Jahrhundert, sowohl in Westindien als auch in Spanien. Sie stellen uns unausweichlich vor das, was damals auf dem Spiel stand: Leben und Tod der Bewohner Westindiens. Dies ist der Rahmen, in dem, wie Bartolomé erkennt, die Auferstehung Jesu, der definitive Sieg des Lebens über den Tod, verkündigt werden muss. Er hat es mit der Energie und gemäß den Möglichkeiten getan, die ihm seine intensive indianische Erfahrung lieferte.

Der Kristallisationskern der missionarischen und theologischen Perspektive unseres Ordensmanns ist es, dass er im Indio, in diesem Anderen zur abendländischen Welt, den Armen sieht, von dem das Evangelium spricht, und dass er sich bewusst wird, dass man in jeder Geste gegenüber diesem Armen Christus selbst begegnet. Diese evangelische und mystische Intuition ist die Wurzel seiner Spiritualität. Sie gibt seinem Glaubensverständnis einen originellen Umriss, der ihm inmitten anderer theologischer Reflexionen seiner Zeit eine ganz eigene Physiognomie verleiht. Recht auf Leben und auf Freiheit, Recht auf das Anderssein, Perspektive des Armen – das sind Begriffe, die Bartolomé eng mit seinem Glauben an Gott verknüpft. Sie haben auch heute in Lateinamerika volle Geltung.

Las Casas hatte immer das Empfinden, dass die Situation Westindiens eine große Neuheit darstellte. Um ihr gerecht zu werden, waren eben auch neue Kategorien von Nöten. Eine von ihnen, für ihn von kapitaler Bedeutung, heißt: die Fakten zu lesen und wieder zu lesen, „wie wenn wir Indios wären", von den Armen her, in denen Christus gegenwärtig ist. Das ist nicht nur eine Frage der theologischen Methode, es ist der Weg zum Gott des Lebens. Es ist die Art und Weise, sich die ganz frische und sehr lebendige Erinnerung zu Eigen zu machen, die Gott selbst an das Kleinste und Vergessenste hat. Zeugnisse wie die von Mons. Angelelli, Mons. Romero und so vielen anderen in Lateinamerika lassen diese Erinnerung unter uns Gegenwart werden.

Aus dem Spanischem übersetzt von Michael Lauble

Johannes vom Kreuz – von Lateinamerika aus gesehen*

Es scheint mir gerechtfertigt, schon gleich zu Anfang die – scheinbare oder tatsächliche – Schwierigkeit eines Menschen darzulegen, der die Erfahrung einer Realität wie der Lateinamerikas gemacht hat und nun sagen soll, was ihn an der Person, an dem Heiligen interessiert, der uns hier zusammenruft. Dass ich dieser Besorgnis Ausdruck verleihe, liegt, glaube ich, durchaus in der Absicht derer, die mich zur Teilnahme am Kongress eingeladen haben.

Ich komme von einem Kontinent, auf dem mehr als 50 Prozent seiner Bewohner in einer Situation leben, die die Fachleute als „Armut" und „extreme Armut" oder „Indigenz" bezeichnen. Das bedeutet, dass ein großer Teil der Bevölkerung seine Grundbedürfnisse nicht befriedigen kann und in den Fällen von massiver Not sogar die elementarsten Güter entbehrt. Ich komme von einem Kontinent, auf dem in den letzten zwanzig Jahren mehr als hundert Nonnen, Ordensmänner, Priester und Bischöfe und mehrere hundert Slumbewohner, Katechisten und Mitglieder von christlichen Gemeinden ermordet wurden.

Ich komme aus einem Land, in dem rund 60 Prozent (mehr als der Mittelwert von ganz Lateinamerika) seiner Bevölkerung sich in der Situation der Armut befinden (13 von 22 Millionen Einwohnern) und 25 Prozent (mehr als 5 Millionen) in extremer Armut leben, aus einem Land, in dem rund hundert von tausend Kindern, die zur Welt kommen, vor Vollendung ihres fünften Lebensjahrs sterben. Aus einem Land, in dem zwei von tausend Einwohnern an Tuberkulose leiden, einer Krankheit, die an sich von der Medizin bereits besiegt ist, und wo die Cholera in diesem Jahr 300 000 Menschen befallen hat, von denen 3 000 gestorben sind. Diese Krankheit trifft, wie Sie alle wissen, vor allem die Armen (es handelt sich um ein ziemlich schwaches Virus, das schon bei 60° C abstirbt), sie leiden darunter, weil sie nicht über die wirtschaftlichen Mittel verfügen, um das Wasser abzukochen oder das Essen unter hygienischen Bedingungen zuzubereiten. Ich komme aus einem Land, in dem rund 25 000 Menschen als Opfer von verschiedenen Gewalttaten umgekommen sind und wo sechs Priester und Nonnen, davon drei in den letzten Wochen, ermor-

---

* Ansprache beim Congreso Internacional San Juanista in Ávila 1991 aus Anlass der 400-Jahr-Feier des heiligen Johannes vom Kreuz. Zunächst erschienen in: Relectura de San Juan de la Cruz desde América Latina, in: Actas del congreso internacional Sanjuanista. Avila 23–28 de Septiembre de 1991, 3 Bde., Valladolid 1993, hier: Bd. 3, 325–335. Der Redecharakter des Textes wurde beibehalten. Für die Werke des Johannes vom Kreuz vgl.: *San Juan de la Cruz*, Obras completas, hg. v. *J. Vicente Rodríguez / F. Ruiz Salvador*, Madrid [5]1993; *Johannes vom Kreuz*, Gesammelte Werke. Vollständige Neuübertragung, hg. und übers. von *U. Dobhan / E. Hense / E. Peeters*, Freiburg i.Br. 1995ff.

det wurden. Alle haben im Umfeld der Armen meines Landes gearbeitet.

Ich gehöre zu jenen Christen, die in Lateinamerika der Meinung sind, dass die Armut dem Willen Gottes widerspricht, und glauben, dass die Solidarität mit dem Armen und der Kampf für die Gerechtigkeit unausweichliche christliche Forderungen sind. Ich gehöre zu jenen Christen, die genau deshalb immer wieder nach ihrer Treue zur Kirche oder nach ihrer Orthodoxie (oder Heterodoxie) gefragt werden. Man fragt uns – mit Argwohn –, wo unser Ort in dieser Kirche ist, in die wir doch hineingeboren wurden, mit der wir in Gemeinschaft stehen und von der aus wir die Situation unseres Kontinents zu verstehen suchen.

Bedenkt man diese Realitäten und diese Schwierigkeiten – inwiefern kann dann der Heilige des „Aufstiegs zum Berge Karmel", der Nacht, der Läuterung und der Vermählung mit Gott, die von unserem alltäglichen Leben doch so weit entfernt sind, für uns von Interesse sein? Inwiefern kann dieser Heilige für uns interessant sein, wenn Themen wie soziale Gerechtigkeit für ihn so fremdartig scheinen, dass er nie Lk 4,16–20 oder Mt 25,31–46 kommentiert oder zitiert hat? Und gerade diese Texte sind doch im Leben der Christen Lateinamerikas und in unserer Reflexion so wichtig. Welches Interesse kann dieser große Christ wecken, er, den wir bewundern, der aber mit unseren Sorgen so wenig zu tun zu haben scheint?

1. Wie können wir sagen, dass Gott uns liebt?

Es wäre verlockend, mit bestimmten Möglichkeiten zu spielen. Sich zum Beispiel vorzustellen, dass Johannes vom Kreuz in Mexiko (in eine Art Exil geschickt) seinen Glauben auf einem Kontinent gelebt hätte, der in den Jahrzehnten zuvor rund 80 Prozent seiner Bevölkerung verloren hatte. Doch die Umstände bestimmten, dass er zur Begegnung mit dem Vater an einen Ort ging, den er treffend „Indias mejores" nannte.

Es wäre auch verlockend und sogar noch ein bisschen aufschlussreicher, seine familiäre Erfahrung mit der Armut, seine Armut als Ordensmann und die Verfolgung, die er seines Reformeifers wegen erduldete, in Erinnerung zu rufen. Vielleicht könnten wir auf diesem Weg eine Brücke finden, etwas, was uns in Verbindung mit ihm und ihn uns näher brächte. Auch könnten wir in seinen Schriften graben und auf Texte stoßen wie den, in dem er die Selbstzufriedenen anprangert, denen die Armen nur Ekel erregen, was, wie der Heilige sagt, gegen Gottes Willen ist.

Doch ehrlich gesagt glaube ich nicht, dass das eigentliche Interesse des Johannes vom Kreuz für die heutige Realität Lateinamerikas in diesen Dingen liegt. Ich glaube vielmehr, dass man es anderswo suchen muss, nicht weil das oben Gesagte unwichtig wäre, sondern weil es nicht das ist, weswegen sein Zeugnis und sein Werk Relevanz für uns besitzen.

Es gibt Menschen, die universal sind dank der Breite ihres Wissens, durch ihren unmittelbaren Einfluss in ihrer Zeit, aufgrund der Vielfalt und Vielzahl ihrer Schüler. Erasmus – der in diesen Tagen erwähnt wurde – könnte im 16. Jahrhundert ein Beispiel für diesen Typ von Universalität sein. Aber es gibt auch Menschen, die universal sind durch die Intensität ihres Lebens und ihrer Reflexion; sie durchstreifen mit ihren Ideen nicht die Erde, sondern dringen vor zu ihrem Mittelpunkt und befinden sich infolgedessen in Äquidistanz zu allem, was an der Oberfläche geschieht. Zu ihnen gehört Johannes vom Kreuz; er ist universal weil einzigartig, von einer konkreten Universalität, wie Hegel sagen würde. Wenn dem so ist, wenn Johannes vom Kreuz aus den genannten Gründen ein universaler Mensch ist, dann dürfte er dem, was heute in Lateinamerika geschieht, nicht fremd gegenüberstehen. Er tut es nicht.

Auf diesem Kontinent stellen wir uns heute eine herzzerreißende Frage: wie können wir dem Armen, dem Unterdrückten, dem Bedeutungslosen sagen: „Gott liebt dich"? Das Alltagsleben der Armen scheint ja gerade das Ergebnis der Negation von Liebe zu sein. Die Abwesenheit von Liebe ist, in der Sicht des Glaubens, letzten Endes die Ursache für die soziale Ungerechtigkeit. Die Frage „Wie kann man dem Armen sagen, dass Gott ihn liebt?" ist viel umfassender als unsere Fähigkeit, sie zu beantworten. Ihre Weite (ihre *anchura,* um ein Lieblingswort des Johannes vom Kreuz aufzugreifen) lässt unsere Antworten ganz klein erscheinen. Aber die Frage steht nun einmal da – unausweichlich, fordernd, bohrend. Und ist nicht vielleicht das Werk des Johannes vom Kreuz eine titanische Anstrengung, uns zu sagen, dass Gott uns liebt? Ist nicht genau da, im Zentrum der christlichen Offenbarung, das Interesse gelegen, das wir von Lateinamerika aus an diesem Zeugnis und Werk haben können? War denn nicht Johannes vom Kreuz jemand, der eine gewaltige Anstrengung unternahm, um uns zu sagen, dass, wenn alles „verschwindet", unsere „Sorge" dann „vergessen unter den Lilienblüten" liegen wird?

> Da blieb ich und vergaß mich
> das Antlitz neigt' ich über den Geliebten,
> alles verschwand, ich ließ mich,
> ließ fallen meine Sorge,
> vergessen lag sie unter Lilienblüten.[1]

Unsere Sorge, wie wir dem Armen sagen können, dass Gott Liebe ist?

---

1 *Johannes vom Kreuz*, Aufstieg auf den Berg Karmel, Freiburg ²2003, Lied 8 (hier wiedergegeben in der Übertragung von *M. Delgado* und *G. Stachel*, die in Christ in der Gegenwart 48, 1996, 61 erschien).

2. Eine Glaubenserfahrung

Ich will versuchen, einige Besonderheiten zu skizzieren, durch die seine Schriften uns ansprechen und uns helfen und derentwegen sie von uns gelesen werden.

Doch bevor ich das tue, möchte ich sagen, dass wir Christen in Lateinamerika überzeugt sind, dass in dem Ringen um Befreiung unseres Volkes, um globale und ganzheitliche Befreiung unser Gaube, unsere Hoffnung und unsere Liebe auf dem Spiel stehen. Wir haben immer die Überzeugung gehegt, dass sich dieses Engagement nicht auf den Bereich der sozialen Gerechtigkeit beschränkt, auch wenn dieser von größter Bedeutsamkeit ist; wir sehen nämlich keine andere Art und Weise, Nachfolger des Herrn und Jünger Jesu zu sein. Unser Christsein steht auf dem Prüfstand; und hier tritt von neuem die Gestalt des Johannes vom Kreuz kraftvoll in Erscheinung, denn auch für ihn steht eine bestimmte Weise des Christseins auf dem Spiel. In Lateinamerika versuchen wir das zu leben, was wir (mit einem heute schon allgemein gebräuchlich gewordenen Ausdruck) „vorrangige Option für den Armen" nennen und was eine spirituelle Erfahrung, das heißt eine Erfahrung des Herrn ist. In den christlichen Gemeinden auf dem gesamten Kontinent ist das ganz klar. Wie und aus welchen Gründen kann im Zusammenhang mit dieser Erfahrung das Zeugnis des Johannes vom Kreuz für uns relevant und interessant werden? In fünf Punkten will ich den Versuch einer Antwort machen.

2.1 Die Gratuität

In seinem Leben und seinem Werk erscheint etwas tief Biblisches: die Gratuität der Liebe Gottes. Nun gibt es aber nichts Anspruchsvolleres als die Gratuität. Das *Sollen* hat eine Höchstgrenze, es geht nur bis zu einem Limit und begnügt sich mit der Erfüllung der Pflicht. Mit der *Gratuität* der Liebe ist es anders, denn sie hat keine Grenzen. Wenn Paulus (in seinem unter Christen leider so oft übersehenen Brief) an Philemon schreibt: „Ich weiß, dass du mehr tun wirst, als was ich gesagt habe", dann ist das eine offene Aufforderung zu ständiger Kreativität. Es gibt nichts, was mehr fordern würde als die unentgeltliche Liebe; Johannes vom Kreuz hat uns daran erinnert, dass gläubig sein bedeutet, zu denken, dass Gott genügt. Die dunkle Nacht der Sinne und die spirituelle Nacht sollen uns entblößen und schließlich von Idolatrien befreien.

Die Idolatrie erscheint in der Bibel als die Versuchung aller Glaubenden. Idolatrie bedeutet, auf etwas zu vertrauen, was nicht Gott ist, unser Leben dem anheim zu geben, was wir selbst mit unseren Händen gemacht haben. Diesem Idol bringen wir immer wieder Opfer, und darum stellen die Propheten so oft eine Verbindung zwischen Idolatrie und Mord her.

Johannes vom Kreuz hilft uns, einen Glauben zu entdecken, der sich nicht auf Idole, auf Vermittlungen stützt; genau deshalb hat die biblische Figur des Ijob für ihn eine so große Bedeutung. Nicht von ungefähr nennt er ihn einen Propheten. Er hat recht, das war Ijob. Untersucht man das Vokabular des Buches Ijob, so zeigt sich, dass dieses den Prophetenbüchern näher steht als der Weisheitsliteratur. Es sollte uns also nicht überraschen, dass Johannes vom Kreuz jenen Ijob einen Propheten nennt, der da – wie unser Heiliger sagt – vom „Misthaufen" aus mit Gott redet (Ijob 2,8). Johannes benutzt diese schöne und exakte Übersetzung, die sich leider in den neueren Bibelausgaben nicht findet; heute spricht man lieber von „Asche" statt vom „Misthaufen", wie es dem hebräischen Ausdruck entspräche. Johannes vom Kreuz wird uns sagen, dass Gott sich dort, auf dem Misthaufen, dem Ijob von Angesicht zu Angesicht zuwendet.

In dieser Situation extremer Marginalisierung und Armut findet Ijob die angemessene Sprache, um von Gott zu sprechen: die Sprache der Gratuität. Die große Botschaft des Buches Ijob lautet: die Gratuität der Liebe Gottes; denn Gott ist Jener, der es in der Wüste regnen lässt, da, wo kein Leben sich regt, einfach deshalb, weil es ihm gefällt, es regnen zu sehen. Das Buch Ijob will nicht den Grund für das Leiden erklären, es liefert uns einen Rahmen, um mit ihm zu leben und es allmählich zu verstehen. In diesem Zusammenhang ist auch das Interesse unseres Heiligen an einer anderen biblischen Gestalt wichtig, an Jonas. Die Gratuität der Liebe Gottes führt zur Vergebung für Ninive, die der nationalistische Jude Jonas nicht akzeptieren will.

In Lateinamerika sind wir seit Langem überzeugt, dass unser Hauptproblem in Sachen der religiösen Überzeugung nicht das Nein zum Glauben, sondern der Götzenglaube, die Idolatrie, ist. Das Risiko des Glaubenden ist es, dass er die Macht und das Geld vergötzt; diese Idolatrie ist, vom Glauben her gesehen, immer der letzte Grund für Armut, Elend und Ungerechtigkeit. Man darf nicht vergessen, dass Lateinamerika der einzige Kontinent ist, der mehrheitlich christlich und arm ist. Darin liegt etwas, was nicht richtig funktioniert; es ist tatsächlich oft so, dass diejenigen, welche ihren Glauben an Gott und Jesus laut bekunden, die gewaltige Mehrheit dieser Bevölkerung vergessen oder ausbeuten.

Wir sind ferner davon überzeugt – und Johannes vom Kreuz hilft uns, es zu verstehen –, dass wir im Prozess der Befreiung unsere eigenen Idole schaffen können. Zum Beispiel das Idol der Gerechtigkeit; es klingt vielleicht seltsam, aber die Gerechtigkeit kann sich in ein Idol verwandeln, wenn sie nicht im Kontext der Gratuität steht und wenn es keine Freundschaft und kein alltägliches Engagement für den Armen gibt. Die Gratuität umgreift die Gerechtigkeit und verleiht ihr ihren vollen Sinn in der Geschichte. Die soziale Gerechtigkeit (so wichtig sie auch ist, und sie ist es) kann auch ein Idol sein; wir müssen uns davor hüten, in solche Idolatrie zu verfallen, und deshalb ganz klar sagen, dass

Gott allein genügt und dass er der Gerechtigkeit überhaupt erst ihren vollen Sinn gibt.

Genauso kann auch der Arme, für den wir uns engagieren und mit wir uns solidarisieren möchten, zum Idol werden. Ein Beispiel dafür ist die Idealisierung des Armen, die heute manche in Lateinamerika vollziehen, als ob sie vor sich selbst und vor den anderen beweisen müssten, dass jeder Arme gut, großzügig und religiös ist und dass sie sich aus diesem Grund für ihn engagieren müssen. Doch die Armen sind nun einmal, wie jeder andere Mensch auch, von Gnade und von Sünde durchwaltet; wenn man den Armen idealisiert, führt das nicht dazu, dass er sich befreien kann. Selbstverständlich gibt es unter den Armen jeden Typ von Mensch. Der Grund, weshalb wir uns an ihrer Seite engagieren, ist nicht weil sie notwendigerweise gut wären, sondern weil Gott gut ist. Der Arme und die Armut können zu einem feinen Faden werden, der uns zu einer Art Idolatrie hinziehen kann. In diesem Punkt ist die Beharrlichkeit des Johannes vom Kreuz so wichtig, mit der er alles wegfegt, was nicht Gott und Gott allein im Blick hat.

Ich habe nicht nur von den Idolen des Geldes und der Macht gesprochen, ich sprach auch von den Idolen, die von denjenigen verfertigt werden können, die mit den Armen solidarisch sein wollen. Ein weiteres Idol – und ich will das hier ganz deutlich sagen, weil ich es ganz ernst meine – kann unsere eigene Theologie werden, die wie wir in Lateinamerika, ausgehend von der Realität des Leidens und der Hoffnung unseres Volkes, entwickeln wollen. Sie kann sich von dem abkoppeln, was ihr das Leben geschenkt hat, und sich in eine Mode bei uns und in der Weltkirche verwandeln. Die Leute, die die bekanntesten Texte unterschreiben, gelten zuweilen als die Repräsentanten dieser lateinamerikanischen Kirche, die sich an der Seite der Armen engagieren will. Doch das ist nicht notwendigerweise so. Das tiefste Erleben bringen die Christen aus unserem armen und misshandelten Volk zum Ausdruck. Für die Massenmedien und für gewisse kirchliche Kreise sind sie anonym, nicht aber für Gott. Tag für Tag leben sie ihre Solidarität mit den Letzten unserer Länder. Auch hier scheint mir eine Gefahr der Idolatrie zu bestehen: Auch unsere eigene theologische Reflexion, mögen ihre Absichten auch noch so ehrenhaft sein, kann sich in einen Hemmschuh verwandeln. Einmal mehr merzt Johannes vom Kreuz mit dem Skalpell seiner Erfahrung und seiner Poesie alles aus, was infiziert ist, was unsere Schau Gottes verdunkelt. Und darum ist er wichtig für uns.

Außerdem erinnert uns Johannes vom Kreuz in einem seiner Texte an ein biblisches Grunddatum: Je mehr die Liebe zu Gott zunimmt, desto mehr nimmt auch die Liebe zum Nächsten zu. Und umgekehrt. Wir haben es also nicht mit etwas Statischem zu tun, sondern mit einem Prozess. Im Untergrund der Erfahrung des Engagements für den Armen, das viele Christen in Lateinamerika praktizieren, steckt ein tiefer Wunsch nach der Begegnung mit Gott im paulinischen „Von-Angesicht-zu-Angesicht“, das Johannes vom Kreuz zu Recht auf Ijob anwendet. Auch sie leben und arbeiten auf dem Misthaufen der Armut unseres Kontinents. Dort offenbart ihnen der Herr die Gratuität seiner Liebe.

Um diesen Punkt – der für mich der wichtigste ist – abzuschließen, möchte ich einen ganz kurzen Vers vorlesen, den ein in Bolivien ermordeter spanischer Priester, Luis Espinal, geschrieben hat: „Herr der Nacht und der Leere, wir möchten uns vertrauensvoll mit der Gewissheit von Kindern in deinen ungreifbaren Schoß bergen können.“ Darum geht es uns letzten Endes mit dem, was wir Befreiungsprozess nennen. Wir haben ihn immer in dieser Weise gedacht.

2.2 Der Weg

Der Weg ist ein Thema des Johannes vom Kreuz, das besonders ausdrucksstark und beredet hervortritt. Es handelt sich dabei um ein inhaltsreiches biblisches Bild. Der Weg setzt Zeit voraus, setzt Geschichte voraus, und die Zeit und diese Geschichte sind in Johannes vom Kreuz auf eine ganz spezielle Weise zugegen, sodass sie geradezu unbemerkt bleiben können. Der Titel einer Erzählung von Manuel Scorza, einem peruanischen Schriftsteller, könnte unsere Empfindung bei der Lektüre von Juans Werken ausdrücken: *La danza inmóvil.* Etwas davon gibt es nämlich bei Johannes vom Kreuz, es bewegt sich, verändert sich, drängt vorwärts und bleibt doch scheinbar an derselben Stelle. Es gibt bei ihm eine große Beweglichkeit und ein ausgeprägtes Gespür für die Geschichte oder für die Zeit, und zugleich ein Sich-Festmachen an Gott. Natürlich beruft er sich auf die große Glaubenserfahrung des jüdischen Volkes, den Exodus, so wie er sich auf jene so besondere und im Neuen Testament einzigartige Formel aus der Apostelgeschichte beziehen konnte, in welcher die Kirche, der christliche Glaube, „der Weg“ genannt wird. In der Bibel, und zwar im Deuteronomium, dem Buch der theologischen Reflexion über den Exodus, erhalten wir die Antwort auf eine nur scheinbar banale Frage, die wir Christen uns gelegentlich stellen, die den Juden aber stets gegenwärtig war: Warum vierzig Jahre? Der Exodus hat sich doch zwischen Ägypten und Palästina zugetragen; selbst auf Knien hätte man dafür nicht vierzig Jahre gebraucht!

Ich lasse die symbolischen Interpretationen einmal beiseite und gehe auf die Deutung ein, die das Deuteronomium gibt: Das alles geschieht um einer zweifachen Erkenntnis willen, damit das Volk seinen Gott erkennt und damit (anthropomorph gesprochen) Gott sein Volk erkennt. Dies ist der Grund für den langen Marsch. Dtn 8 erklärt uns, dass sich diese zweifache Erkenntnis auf dem Weg ins gelobte Land einstellt. Und genau das ist es, was wir, wie mir scheint, bei Johannes vom Kreuz finden. Auf dem Weg, von dem er zu uns spricht, geschieht eine zweifache Erkenntnis. Wie er sagt, zieht man los, um anzukommen, man zieht nicht los, um zu gehen, man geht, um anzukommen, man zieht los, um an einen anderen Ort zu gelangen. Diese Erkenntnis stellt sich in einem Dialog mit Gott ein.

In Lateinamerika suchen wir den Befreiungsprozess zu verstehen als einen Weg nicht nur zur Freiheit im sozialen Bereich (der gewiss wichtig ist), sondern ebenso zur persönlichen Freiheit und vor allem zur Freundschaft mit Gott und untereinander. Und so verstehen wir auch die Formel von der „vorrangigen Option für den Armen". So ist der Weg, und der braucht Zeit. Der Vorrang ist nicht ohne die Universalität der Liebe Gottes zu verstehen; sie schließt keinen Menschen aus, aber die Armen und Unterdrückten sind die Privilegierten dieser Liebe. Den Vorrang geben, wie das Wort sagt, bedeutet, dass etwas primär ist und vor anderen Dingen kommt. Der Vorrang für den Armen setzt den Rahmen der Universalität voraus, und dieser Vorrang hat einen letzten Grund: den Gott Jesu Christi. Unsere Gesellschaftsanalyse, unser menschliches Mitleiden, unsere unmittelbare Erfahrung mit dem Armen sind gewiss gültige und wichtige Motive, aber keines von ihnen ist der letzte Grund. Letzten Endes ist die Option für den Armen eine theozentrische Option, ein um Gott zentriertes Leben. Wie Johannes vom Kreuz es suchte.

2.3 Die Freiheit

Das berühmte „Hier ist kein Weg" bezeichnet nicht den leichtesten Abschnitt des Aufstiegs zum Berg Karmel, sondern den schwersten. Bis dahin konnte man einem zuvor gebahnten Weg folgen, von nun an gilt es, kreativ und beharrlich weiterzuschreiten. Johannes vom Kreuz lebte diese Freiheit, als er sich dafür entschied, Unbeschuhter Karmelit zu werden, als er sich weigerte, sich dem Druck zu beugen, der ihm diese Lebensform verwehren wollte, als er aus dem Kerker floh. Wir können es Freiheit nennen, aber es gibt auch noch eine andere mögliche Bezeichnung dafür: Dickköpfigkeit; Johannes war ein großer Dickkopf wie alle Heiligen (womit nicht gesagt sein soll, dass alle Sturköpfe Heilige sind…). Es ist eine spirituelle Haltung. „Wo der Geist des Herrn, da ist Freiheit", sagt das berühmte Paulus-Wort; deshalb sind die geistlichen Menschen so beharrlich in ihren Entscheidungen.

In Lateinamerika verstehen wir die Freiheit als das Ziel der Befreiung; die Befreiung ist nicht unser Ziel, sie ist ein Prozess, sie ist der Weg, nicht die Ankunft. Während dieser Zeit erfahren wir auch, dass es auf diesem Weg zur Freiheit nichts Vorgezeichnetes gibt. Das biblische Bild von der Wüste, das Johannes vom Kreuz heranzieht, soll uns sagen, dass es keine ausgewiesene Route gibt, weder in der Wüste noch auf dem Meer. Auch bei uns erfordert dieser Weg der Befreiung zur Freiheit, dass wir unseren Weg finden und erfinden, dass wir ihn immer wieder neu einschlagen. „Frei, um zu lieben" – so lautet eine Formel, die wir gern benutzen, um von unserem Verständnis des Christseins zu sprechen; sie speist sich aus dem Brief des Paulus an die Galater

(5,1 und 13). Dies ist die Freiheit, die uns angeht, und deshalb ist Johannes vom Kreuz wie jeder geistliche Mensch ein freier Mensch, und deshalb auch oft so gefährlich für die Wohlanständigen und Selbstzufriedenen. So empfanden ihn viele seiner Zeitgenossen. Und so werden viele Christen in Lateinamerika gesehen.

2.4 Die Freude

Die Lust, würde Johannes vom Kreuz sagen, ist ein Wesenszug der christlichen Erfahrung. Diese Erfahrung findet sich deutlich ausgesprochen in den Liedern, im *Cántico Espiritual*, wo das Bild von der Liebe eines Menschenpaars, diese tiefe Erfahrung von Freude, ihm erlaubt, vom der Lust der Begegnung mit dem Herrn zu sprechen. Zugleich handelt es sich dabei um eine inmitten von Schwierigkeiten erlebte Freude beim Aufstieg auf einen Berg inmitten des Leidens. Ich weiß es nicht gewiss, aber hier sind ja Wissenschaftler, die mit dem Werk des Johannes vom Kreuz so vertraut sind, dass sie über diese Dinge mit einer Sachkunde befinden könnten, über die ich nicht verfüge; doch meine ich, dass die Erfahrung der Armut, die Juan de Yepes gemacht hat, der arm, der wirklich arm gewesen war, ihn in eine tiefe Empfindung von Schmerz getaucht haben muss. Die Erfahrung des Armen ist ja gerade, dass er eine gesellschaftlich bedeutungslose Randexistenz ist.

Dass er seine Mutter betteln sah, dass er selbst gebettelt hat, sind tief prägende Erlebnisse; unsere Begegnung mit den Armen heutzutage lässt uns sehen, dass ihre Existenzen ein Stigma tragen – nicht der Traurigkeit, sondern des tiefen Schmerzes. Und darum schätzen sie mehr als andere die Gründe zur Zufriedenheit. Vielleicht gehört die Gefängniserfahrung des Heiligen, der fürchten musste, im Kerker sein Leben zu verlieren, ja zu diesem Leiden; gerade deshalb ist seine Lust, um es christlich auszudrücken, österlich, das heißt, es ist die aus der Überwindung des Leiden resultierende Lust, die Lust des Schrittes hin zur Freude. Ich würde sagen, es gibt heute in Lateinamerika keinen Weg, dem Armen nahe zu sein, ohne die Teilhabe an seinem Schmerz und an seinen Gründen zur Freude. Als Christen wissen wir uns von Gott geliebt; das ist der Quellgrund unserer Lust.

Aber wie ich gerade sagte: Leiden bedeutet nicht notwendig Traurigkeit. Das habe ich von einer Frau gelernt, die zu einer christlichen Gemeinde in meiner Stadt gehörte. Als sie jemanden, der mit diesen Themen wohl vertraut war, reden hörte, unterbrach sie ihn mit den Worten: „Nein, nein, man kann leiden und trotzdem fröhlich sein; was man nicht kann, ist traurig und froh zugleich sein.“ Sie hatte vollkommen recht. Die Traurigkeit ist der Rückzug des Menschen auf sich selbst, eines Menschen, der sich einschließt in die Grenzen der Bitterkeit; das Leiden hingegen kann in uns einen Raum der Einsamkeit und der persönlichen Vertiefung eröffnen. Die Einsamkeit, das Alleinsein ist ein weiteres wichtiges Thema bei Johannes vom Kreuz, Einsamkeit als Bedingung für echte Gemeinsamkeit. Nach allem wurde der Schrei Jesu: „Mein Gott, mein Gott, warum hast du mich verlassen?“ am Vorabend der größten Gemeinsamkeit der Geschichte ausgestoßen: der Gemeinsamkeit der Auferstehung, des Lebens, das den Tod besiegt. Die Einsamkeit ist also eine Bedingung der Gemeinsamkeit.

2.5 Die Sprache

Johannes vom Kreuz erklärt, er wolle sich den genannten Punkten von der Erfahrung und von der Wissenschaft her, aber auch, wie er treffend sagt, „in Umarmung mit der Heiligen Schrift“ annähern. Das Ergebnis ist Poesie in Versen oder in Prosa. Und die Poesie ist wohl das größte Geschenk, das einem menschlichen Wesen gewährt werden kann. Wie sollte man denn auch von der Liebe reden ohne Poesie? Immer hat die Liebe die Poesie inspiriert. Auch wir auf diesem von ungerechtem und vorzeitigem Tod gezeichneten Kontinent denken, dass die Erfahrung der Liebe die Bedingung dafür ist, dass man überhaupt von Gott sprechen und zu dem Armen sagen kann: Gott liebt dich. Erfahrung des Mysteriums Gottes.

Ich habe immer die Philosophen und Theologen bewundert, die davon reden, was Gott denkt und will, als ob sie mit ihm jeden Tag frühstückten… Johannes vom Kreuz dagegen erinnert uns, dass das nicht möglich ist und dass wir von Gott und seiner Liebe nur mit großer Ehrfurcht reden können in dem Bewusstsein dessen, was sein Lehrmeister Thomas von Aquin sagte, dass wir nämlich „von Gott mehr nicht wissen als wir von ihm wissen“. Ohne die Dinge vollends zu verstehen, aber doch überzeugt, dass es auf die Liebe ankommt, sagte meine Freund, der peruanische Dichter Gonzalo Rose: „Warum habe ich die Rose und die Gerechtigkeit lieben sollen?“ Genau dazu aber sind wir in Lateinamerika aufgerufen: die Gerechtigkeit und die Schönheit zu lieben. Gott ist die Quelle von beidem. Unser Reden über ihn, das heißt unsere Theologie, muss diese beiden Aspekte im Auge behalten.

Ich habe zu Beginn gesagt, ich käme von einem Kontinent, der gezeichnet ist vom Tod, aber ich möchte auch sagen, dass ich von einem Erdteil komme, auf dem ein Volk auch eine ganz tiefe Erfahrung des Lebens macht. Sie drückt sich aus in seinen Organisationen, mit denen es erreichen will, dass seine elementarsten Rechte respektiert werden, und in seinem reichen religiösen Erleben. Von diesem Erleben, um nicht zu sagen: von dieser Mystik aus bringen die Armen unseres Kontinents ein tiefes Gespür für Gott zum Ausdruck. Es ist kein Widerspruch zu seiner Armut oder seinem Leiden. Und ich möchte Ihnen sagen, dass ich von einem Kontinent komme (auch wenn dies allzu optimistisch klingen mag), auf dem es viel Heiligkeit, viel großzügige und anonyme

Hingabe gibt. Zahlreich sind die Menschen, die in äußerst schwierigen Gebieten leben und dabei täglich ihr Leben aufs Spiel setzen.

Heute ist es genau ein Jahr her, dass der Terrorismus in meinem Land eine Nonne vom Guten Hirten, María Agustina Rivas, genannt „Aguchita", eine Frau von siebzig Jahren, umgebracht hat. Kurz bevor sie zur Arbeit in dem Viertel ging, in dem sie dann ermordet wurde und das scherzhaft „La Florida" hieß, hat diese Frau einen Brief geschrieben, in dem sie sagte: „Ich möchte bei den Armen von La Florida arbeiten, weil ich nicht mit leeren Händen vor den Herrn hintreten will." Wenn sie in Wirklichkeit mit vollen Händen vor ihn hingetreten ist, dann deshalb, weil sie in ihrer Demut glaubte, sie seien leer.

Ganz zuletzt möchte ich sagen, dass es etwas gibt, was heute in Lateinamerika mit großer Intensität erlebt wird: der Wert des Lebens. Ignacio Ellacuría hat oft gesagt: „Hier in El Salvador ist das Leben nichts wert." Aber sein eigenes Zeugnis hat diesen Satz widerlegt. Das Leben der Salvadorianer muss ihm und seinen Gefährten so viel wert gewesen sein, dass sie in El Salvador ausharrten. Leute von hohem intellektuellen Niveau und zugleich engagiert für dieses Land unter Einsatz ihres Leben, Tag für Tag; da musste ihnen das Leben der Salvadorianer doch viel gelten, wenn sie so handelten.

Wir sind immer mehr überzeugt, dass nicht der Tod das letzte Wort der Geschichte ist, sondern das Leben. Daher ist das christliche Fest immer auch eine Verspottung des Todes: „Tod, wo ist dein Sieg?" Jedes Fest ist Ostern. Vielleicht nennen wir deshalb in der hispanischen Tradition jedes Hochfest „Pascua", Ostern. Wir sind, glaube ich die einzigen auf der Welt, die an Weihnachten und am Fest der Erscheinung einander „Felices Pascuas" wünschen (in der Vergangenheit wurde auch Pfingsten „Pascua" genannt). Jedes christliche Fest ist ein Osterfest, weil wir den Sieg über den Tod feiern.

Erlauben Sie mir, auf eine vielleicht wenig akademische Weise zu schließen. Ich möchte Sie bitten, dass sie in Ihr Gebet und Ihre Gedanken ein Volk einschließen, das sich weigert, den vorzeitigen, ungerechten Tod hinzunehmen. Ich bitte Sie, seien sie derer eingedenk, die auf meinen Erdteil mit dem großen peruanischen Dichter César Vallejo sagen können: „Ich besitze nichts, um mein Leben auszudrücken, außer meinem Tod". Derer, die inmitten der Bedrängnis ihren Glauben an und ihre Hoffnung auf den Gott des Lebens bekennen. Dies ist die Situation vieler Christen dort, und darum ist Johannes vom Kreuz, der Mann der Nacht, der Einsamkeit, des Weges und der Begegnung mit Gott, uns nicht fremd.

Aus dem Spanischem übersetzt von Michael Lauble

IV. TEIL

GLOBALISIERUNG
ALS THEOLOGISCHE AUFGABE

Lateinamerika und Europa

Begegnung und Entzweiungen einer gemeinsamen Vergangenheit*

Ich möchte das mir gestellte Thema als eine Kreuzung verschiedener Blicke angehen. Es gibt Blicke, die den Anderen als solchen respektieren, die seinen Blickpunkt zu verstehen suchen und vielleicht sogar ein gemeinsames Projekt ins Auge fassen. Die Geschichte hat uns gezeigt, dass es sich dabei um einen langwierigen und schwierigen Prozess handelt.

Wir kennen aber auch Blicke, die uns auf Abstand zueinander gehen lassen und verhindern, dass wir in allzu rasche Übereinstimmung verfallen. Und nicht selten stellen wir ein völliges Fehlen von Blicken, eine Blindheit gegenüber dem Anderen fest.

Deshalb gibt es Begegnungen, die in Entzweiung münden. So haben zum Beispiel vor vielen Jahren die Einwohner einer kleinen, abgelegenen Insel, von der wir heute annehmen, dass sie in der Karibik lag, mit nicht geringem Erstaunen einige Immigranten entdeckt, die soeben einer – allerdings mit Kanonen bestückten – „patera", einem Flüchtlingsboot, entstiegen waren. Die Neuankömmlinge sprachen natürlich die Sprache der Insel nicht, machten aber durch Zeichen deutlich, dass sie nicht gekommen waren, um Arbeit zu suchen, sondern Gold. Als sie feststellten, dass dort keines war, zogen sie sich zur Erleichterung der Ureinwohner zurück. Die Entdecker der Immigranten erfuhren nie, wer die eiligen Besucher waren, und sie fragten auch nicht danach. Heute jedoch wissen wir, dass es Leute waren, die von einem gewissen Christoph Kolumbus angeführt wurden. Es war die erste Begegnung zwischen Bewohnern zweier Kontinente, ein Geschehen, das die Geschichte beider verändern sollte, aber schließlich in einer gewissen Entzweiung endete. Das Gold war die treibende Kraft dieses Nichtverstehens. In den folgenden Jahrhunderten hat das Gold bei weiteren, wichtigeren und gewichtigeren Entzweiungen dieselbe Rolle gespielt, die sich unter anderen Umständen ereigneten und schwerwiegende Konsequenzen hatten.

Wir kennen aber auch fruchtbare, herausfordernde Begegnungen, deren Intensität sie zu einer bleibenden, offenen Aufgabe macht. Auf sie werde ich in dieser Einführung den Akzent legen und dabei insbesondere jene im Auge behalten, die mit den Lebensbedingungen der Ärmsten und Bedürftigsten Westindiens zu tun haben. Dieser mein Blickpunkt ist inspiriert von einem biblischen Text aus dem Buch Exodus, der uns angesichts bestimmter Situatio-

---

* Der Aufsatz wurde erstmals publiziert in: *R. Mate* (Hg.), Responsabilidad histórica. Preguntas del nuevo al viejo mundo (Pensamiento crítico 7 / Pensamiento utópico 162), Barcelona 2007, 26–38.

nen ganz schlicht fragen lässt: Wo werden sich die Armen zum Schlafen hinlegen? Eine ganz simple Frage, die aber vielleicht gerade wegen ihrer Einfachheit an die Wurzel der Dinge rührt.

Ich beginne mit der Erinnerung an einen bekannten Text aus dem Evangelium, unternehme dann einen kurzen historischen Streifzug und schließe mit der Skizze einiger Aufgaben, die wir noch vor uns haben.

1. Seite an Seite

Das Lukasevangelium bringt ein vielschichtiges Gleichnis, von dem wir für den Augenblick nur zwei kurze Sätze zitieren wollen: „Es war einmal ein reicher Mann... Vor der Tür des Reichen aber lag ein armer Mann" (Lk 16,19f). Dieses Nebeneinander – das natürlich mehr als nur ein Nebeneinander ist – stellt im Großen und Ganzen die Situation der heutigen Menschheit dar. Wie wir wissen, hat sich die Lage der beiden Männer am Ende umgekehrt. Es ist ein harter, fordernder Text, der populare Mythen und Erzählungen inspiriert hat; ich denke da zum Beispiel an die Zeugnisse, die José María Arguedas in der andinen Welt Perus gesammelt hat. Doch heute sind die Dinge komplizierter; es dürfte deshalb angebracht sein, zunächst einige Bemerkungen zu den Beziehungen zwischen den beiden Teilen der Menschheit zu machen.

Die armen Nationen liegen wie im biblischen Gleichnis neben den reichen Nationen und werden von diesen nicht beachtet; doch – und das ist eine wichtige Präzisierung – der Graben zwischen beiden (hier genügt ein Blick in das Entwicklungsprogramm der Vereinten Nationen) wird immer tiefer. Gleiches geschieht zwischen den sozialen Sektoren innerhalb jedes Landes, auch der ärmsten. Die Weltbevölkerung gruppiert sich in wachsendem Maße an den äußersten Enden des sozialen und ökonomischen Spektrums. Die Asymmetrie, die auf die Globalisierung in ihrer jetzigen Form zurückgeht, zieht den Ausschluss eines Großteils der Menschheit nach sich.

Doch der lukanische Text überrascht uns: Er gibt dem Armen einen Namen, und gerade das eröffnet vielleicht einen Horizont. Der Mensch heißt Lazarus. Der Reiche, Mächtige dagegen, der am üppig gedeckten, aber geizig gehüteten Tisch sitzt, ist namenlos. Dass ein Reicher keinen Namen haben sollte, schien so unwahrscheinlich, dass sich im Lauf der Geschichte manche veranlasst fühlten, ihm einen solchen zu geben; so tauften sie ihn Epulon, davon steht aber nichts im Evangelium. Die heutige Situation ist umgekehrt: Die Armen sind anonym und scheinen zur Unsichtbarkeit verurteilt, sie werden geboren und sterben, ohne dass jemand Notiz von ihnen nimmt. Sie sind der Ausschuss einer Geschichte, die ihren Händen entgleitet und sie ausschließt.

Fügen wir zum Vorangegangenen noch hinzu, dass die Armen jetzt nicht mehr nur vor der Tür der reichen Länder liegen. Viele kämpfen darum, hineinzugelangen auf der Suche nach Arbeit, die sie in ihren Heimatländern nicht finden, und nach besseren oder einfach anderen Lebensbedingungen. Sie lassen dafür ihre Familien zurück, riskieren die drohende Vertreibung und setzen sogar ihr Leben aufs Spiel.

Die Migration, wie sie sich heute vor unseren Augen abspielt, ist ein Vorgang, der den industrialisierten Nationen zahllose Probleme bereitet, über die ihre Kommunikationsmedien tagtäglich berichten. Dies hat Furcht und Abneigung vor den legalen oder illegalen Immigranten geweckt, zuweilen bis zum Rassismus. Das können wir sehen in Samuel Huntingtons Buch *Who are we?* aus dem Jahr 2004.[1] In ihm vertritt der Autor des so interessanten wie irrigen Werks *Kampf der Kulturen* die Meinung, die Immigration von Lateinamerikanern in die Vereinigten Staaten gefährde wie keine andere Einwanderungswelle zuvor die Identität der Nation. Wie stets gilt es zwar Verallgemeinerungen zu vermeiden, doch kann man sich des Eindrucks nicht erwehren, dass die Haltung der Ablehnung und des Misstrauens gegenüber dem Immigranten sich ausbreitet und verhärtet – auch in Europa.

Zweifellos ist die Sache komplex und weist viele Schnittlinien auf. Doch die Wanderungsbewegung ist, in der Form und in dem Stil, den sie heute annimmt, eine Tatsache, und sie wird von Dauer sein. Kreative Antworten sind gefragt. Es stehen Menschenrechte auf dem Spiel, die nationale Grenzen überschreiten, wie schon Francisco de Vitoria gesehen hat, der „Sprecher einer Menschheit, die im Begriff steht, ihre Herrschaft über den Planeten auszudehnen" (J. Pérez de Tudela). Als Theologe mit einem wachen Blick für die historischen Ereignisse würde er nicht verstehen, wie man heute behaupten kann, dass die Ethik in der Welt der Ökonomie und der Politik nichts zu sagen hat.

2. Ein erster Schnittpunkt von Blicken

Im 16. Jahrhundert gab es, inmitten schrecklicher Ereignisse und verstockter Blindheit, trotz allem einen ersten Schnittpunkt der Blicke zwischen Europa und dem, was wir heute als Lateinamerika kennen. Seine Protagonisten waren unter anderen ein Spanier, genauer gesagt: ein Sevillaner, nämlich Bartolomé de Las Casas, und ein peruanischer Indio, Guamán Poma.

Las Casas kam 1502 im Alter von knapp achtzehn Jahren nach Westindien; sein Vater war Mitarbeiter von Kolumbus gewesen. Er lebte, wie man in den Anfangsjahren der Kolonisation üblicherweise lebte, bis die Schrecken, die er als Priester auf der Insel Juana (später unter dem Namen Kuba bekannt) mit ansah und auf die ihn die ersten Anklagen einer Handvoll Dominikanermissionare auf der Insel La Española (heute Haiti und Dominikanische Republik)

[1] Deutsch: *S. Huntington*, Who are we. Die Krise der amerikanischen Identiät, München 2006.

aufmerksam machten, seinem Leben eine Wendung gaben. Sein langer Kampf zur Verteidigung der Indios ist bekannt; ich will daran nur hervorheben, was wir eine methodologische Perspektive zur Sichtung der indianischen Realität und zur Relektüre der christlichen Botschaft nennen können.

Ich meine seine Forderung, den Blickpunkt des Indios einzunehmen, um wirklich zu verstehen, was damals geschah. Er erhebt sie in der Auseinandersetzung mit John Major, einem Schotten und Magister der Theologie in Paris, der als Erster ein mögliches Recht der Europäer auf den Besitz Westindiens theologisch untersuchte. Major rechtfertigte die Eroberung der bislang unbekannten Gebiete und die Unterwerfung der autochthonen Völker hauptsächlich mit zwei Gründen: der Notwendigkeit, diesen Menschen von barbarischen Sitten das Evangelium zu verkünden, und ihrer menschlichen Minderwertigkeit, die sie unfähig mache, sich die richtige Gesellschaftsordnung zu geben. Ausgehend von einer Unterscheidung, die angeblich bei Aristoteles zu finden war, meinte er, die Indios gehörten zur Kategorie derer, die zur Sklaverei geboren seien, während die Europäer zum Herrentum bestimmt seien.

Las Casas erwiderte, dass Major, „wäre er Indio", so nicht spräche.[2] Das ist nicht nur so dahingesagt; immer wieder kommt er auf diesen Gesichtspunkt zurück und erläutert ihn auf verschiedene Weise. Las Casas hat aus dem Versuch, die indianische Realität und die christliche Botschaft vom Indio aus zu untersuchen und zu beurteilen, eine Lebensform gemacht. Sein kühnstes Unternehmen war es, jenes Argument als unwirksam und ungerecht zu erweisen, dem sich die besten Theologen und Juristen seiner Zeit (einschließlich Vitorias) beugten, nämlich, dass man die Indios bekriegen müsse wegen der Menschenopfer, die sie vollzogen. Bartolomé lehnt sie aufgrund seines christlichen Glaubens ab, aber er versucht die Gründe zu verstehen, weshalb jene Völker solche Opfer praktizierten. Er untersucht die Sache ausführlich und kommt zu dem Schluss, dass die Indios durchaus gemäß ihrem Verständnis und Denken handelten. Der Fall ist in der Theologie bekannt als „conscientia erronea", als irriges Gewissen, das moralisch verpflichtet. Damit sind die Kriege gegen die Indios also nicht zu rechtfertigen. In Las Casas' Augen sind sie überhaupt niemals zu rechtfertigen.

Im Indio sah er das Andere zum Abendland. Keine leichte Aufgabe für jemanden, der in eine neue, unbekannte Welt kam, die, wie es ja nicht anders sein konnte, von ihrer eigenen Kultur, ihrer Religion und ihren Verstehenskategorien geprägt war. Aber genau dies: dass er fähig war, im Indio den Andersartigen, aber an Menschenwürde Gleichgestellten zu erkennen, verleiht dem Werk und Zeugnis des Las Casas bleibende Geltung. Er war in seiner Überzeugung gewiss unerschütterlich, doch die Aufgabe war schwierig, denn die vollkommene Kohärenz mit einem so anspruchsvollen Ausgangspunkt erlangt

---

[2] *Bartolomé de Las Casas*, Obras Completas, Bd. 9: Apologia, hg. v. *A. Losada*, Madrid 1988, 604.

man nicht von heute auf morgen, sondern nur in einem langen Lernprozess. So hatte er zum Beispiel anfänglich wie alle Menschen seiner Zeit das Sklaventum der afrikanischen Bevölkerung akzeptiert, doch mit den Jahren gelangte er zu der Überzeugung, dass diese Situation ungerecht war. Darum erklärte er nunmehr, dass sie als Tatsache und als Prinzip ganz und gar zu verwerfen sei, weil „die Afrikaner dieselben Rechte besitzen wie die Indios".[3] Für Las Casas, den ersten Abendländer überhaupt, der das Prinzip der Sklaverei der Afrikaner ablehnte, hat das einiges bedeutet: Auf persönlicher Ebene war er sogar der Meinung, am Tag des Gerichts werde Gott ihm den Standpunkt, den er früher einmal vertreten hatte, nicht verzeihen.

Doch nicht genug damit. In einer am Evangelium Maß nehmenden Perspektive erinnert Las Casas daran, dass man im Indio den Armen aus dem Evangelium zu sehen hat. Das Verhalten gegenüber dem Indio ist Verhalten gegenüber Jesus Christus. „Ich lasse in Westindien", so sagte er einmal in Spanien, „Jesus Christus, unseren Gott, zurück, während man ihn nicht einmal, sondern tausendfach geißelt, quält, ohrfeigt und kreuzigt".[4] Dies war der Kern seiner Position und seines Engagements.

Die Sache war ihm so wichtig, dass er versuchte, vom Indio her auch seine Heimat und den ganzen europäischen Kontinent zu sehen, der sich mehr und mehr in die Kolonisation dessen verstrickte, was man damals die neue Welt nannte. Die zahlreichen Kritiken an der Politik der spanischen Krone, am König von Portugal und an den Kolonisatoren aus anderen europäischen Ländern, aber auch an den Thesen vieler europäischer Theologen über Westindien, wie er sie in seinen Schriften formulierte, rühren zum großen Teil aus dem von ihm übernommenen Blickwinkel her. Mit anderen Worten: Er hat versucht, Europa und seine Kultur mit den Augen der Indios zu sehen. Das hat dazu geführt, dass er sein Leben lang immer wieder mit Projekten versuchte, die Dinge in Westindien zu verändern. Immer präzisere und radikalere Pläne kulminierten schließlich in dem Vorhaben (dem er seine letzten drei Bücher widmete), das Inkareich in Peru dem rechtmäßigen Erben der Inkas zurückzugeben, der dann, nach seiner Inthronisierung, entscheiden sollte, ob die Spanier in seinem Land bleiben dürften.

Während wir in Las Casas einen Europäer vor uns haben, der, ohne seine Wurzeln zu kappen, sich die Perspektive der indianischen Völker zu Eigen machte, begegnen wir in dem peruanischen Indio Guamán Poma, der im 16./17. Jahrhundert lebte, einem aus Westindien Gebürtigen, der zum Christentum konvertierte. Aus dem Glauben, in dem er nicht geboren wurde, den er

---

[3] *Bartolomé de Las Casas*, Werkauswahl, Bd. 2: Historische und ethnographische Schriften, hg. v. *M. Delgado*, Paderborn u.a. 1995, 278 (Geschichte Westindiens).

[4] *Las Casas*, Werkauswahl, Bd. 2 (Anm. 3), Paderborn u.a.1995, 291 (Geschichte Westindiens). Das Zitat enthält eine deutliche Anspielung auf Mt 25; der Text hat im Übrigen Felipe Guamán Poma inspiriert.

vielmehr empfangen und sich angeeignet hat, und aus seiner rassischen und kulturellen Situation verfasst er ein gewaltiges Buch, dessen Illustrationen die Qualen schildern, die die Indios erlitten. Er präsentiert es als einen Brief an Philipp III., König von Spanien, in dessen Hand es sicherlich nie gelangt ist; die Handschrift wurde Anfang des 20. Jahrhunderts in der Kühle einer Kopenhagener Bibliothek gefunden. In diesem Brief-Buch (das wir unter dem Namen *El primer nueva corónica y buen gobierno* kennen) hilft ihm die von den Europäern gebrachte Religion zu sehen, wie tief die Tragödie und die Leiden seines Volkes sind. Er spricht als Indio und als Christ. Als Leser und Bewunderer von Luis de Granada hat er zwar nicht die theologische Bildung des Las Casas, reflektiert aber als Christ der ersten Generation eingehend über diese Situation. Das aber heißt nichts anderes, als Theologie zu treiben.

Guamán erzählt, niedergedrückt vom Leiden seiner Brüder der Rasse nach und altersbeladen habe er das Gebiet des alten Inkareichs „auf der Suche nach den Armen Jesu Christi“ durchwandert, damit diese nicht weiter missachtet und verfolgt werden.[5] Er mischte sich unter die Indios, um die Gewalttaten, die sie erlitten, aus der Nähe zu erfahren. Die Indiofresser (ein Wort mit biblischen Anklängen) „fraßen auch mich“. Es kommt vor, so Guamán, dass sie die Indios bedrücken und gleichwohl behaupten, Christen zu sein; sie wissen nicht, dass nach dem christlichen Glauben „da, wo der Arme ist, Jesus Christus selbst ist, und da, wo Gott ist, die Gerechtigkeit ist.“[6] Die Bezugnahme auf das Matthäusevangelium (Kap. 25, das auch Las Casas häufig zitiert) ist eindeutig. „Gott, unserem Herrn, zu dienen“, schreibt er mit einer treffenden christlichen Intuition, „und den Armen Jesu Christi zu helfen“, sind untrennbare Aspekte.[7]

Angesichts der Ungerechtigkeit und Not der Indios, die er hört und sieht in den Landen, „in denen man die Armen Jesu Christi schindet und knechtet“, ruft Guamán aus: „Wo aber bist du, mein Gott? Du erhörst mich nicht um der Rettung deiner Armen willen.“[8] Ein Protestgebet von biblischer Wucht, das wir Christen vielleicht schon fast vergessen haben, das aber nicht nur die Ablehnung des ungerechten Leidens, sondern in seiner Sprachlosigkeit auch einen tiefen Glauben an den Gott der Liebe ausdrückt.

Texte auf dieser Linie ließen sich vermehrt finden. Mit dem Evangelium in der Hand lehnt Guamán, der Indio, der den christlichen Glauben angenommen hat, das Verhalten derer ab, die sich auf Jesus Christus berufen und sogar von ihrer religiösen Vorstellung her die Indios verachten. Wie Las Casas, aber von der anderen Seite der Schranke aus unterzieht der Blick des Guamán Poma die Art und Weise, wie sich die Begegnung zwischen den beiden Welten damals

---

5 *Guamán Poma*, Primer Nueva Corónica y Buen Gobierno, Mexiko 1980, 903 (alle Zitate dt. vom Übersetzer).

6 Ebd., 903.

7 Ebd., 1105.

8 Ebd., 1104.

abspielte, einer radikalen Kritik. Interessanterweise beschränkt er sich nicht darauf, sondern schlägt seinerseits ein ambitioniertes – manchem vielleicht naiv erscheinendes – politisches Projekt vor, wie die Welt jener Epoche zu organisieren sei. Es ist ein Vorschlag im planetarischen Maßstab, der allem Anschein nach das Inkareich als Modell wählt (warum eigentlich nicht?) und die universale Regierung einer in vier Teile (Europa, Afrika, muslimische Welt und Westindien) aufgeteilten Welt vorsieht, um so den Frieden und die Gerechtigkeit unter den verschiedenen Nationen der Erde zu sichern.

Guamán Poma und Las Casas kreuzen ihren Blick; ohne das Wertvolle an der Welt, in der sie geboren sind, preiszugeben, bemühen sie sich beide, die jeweilige Sicht des Universums, das sie gerade entdecken, zu übernehmen. Daher finden wir bei ihnen ungeachtet ihrer je eigenen Akzentsetzungen wichtige Konvergenzen. Keiner von ihnen bleibt eingeschlossen in seiner Welt, beide privilegieren die biblische Forderung nach Gerechtigkeit und sind der Auffassung, die Nachfolger Jesu müssten sie praktizieren – selbst, wie im Falle des Las Casas, gegen die politischen Interessen ihrer Länder. Daher rührt denn auch der starke Impuls, den sie ihrer Zeit vermitteln. In beiden Fällen treffen wir auf die Solidarität mit dem Armen und Entrechteten, die wir als den Dreh- und Angelpunkt unserer Überlegungen gewählt haben. Beide Versuche brachten Gewinn und Verlust; auf beides können wir nicht im Einzelnen eingehen, wohl aber lässt sich, ohne Überbewertung und in dem Bewusstsein, dass wir von einem historischen Rahmen sprechen, der nicht unser heutiger ist, sagen, dass sie eine Spur hinterließen, die uns einen Weg weist, den es einzuschlagen gilt.

3. Bereiche der Begegnung und der Aufgaben

Zum Schluss wollen wir einige Aufgabenbereiche umreißen, vor denen die uns interessierende Begegnung steht. Natürlich kann das nur in aller Kürze geschehen. Wenn wir von diesen Aufgaben sprechen, so sprechen wir von der kommenden Zeit. Wir tun das freilich in der Überzeugung, dass die Zukunft uns nicht zu-kommt, sondern entworfen wird: Wir schmieden sie mit unseren Händen, unseren Hoffnungen, unserem Scheitern, unseren Illusionen, unserer Hartnäckigkeit. Drei dieser möglichen Bereiche möchte ich hier erwähnen.

(a) Der erste ist zentriert um die historischen Möglichkeiten einer *sozialen Transformation*, der Schaffung einer gerechten Gesellschaft in Lateinamerika und der Karibik, in der die Rechte aller respektiert werden.

Ohne Übertreibung können wir sagen, dass heutzutage bei vielen Menschen in Europa und auch in Lateinamerika so etwas wie Enttäuschung und Skepsis gegenüber sozialen Projekten und der Möglichkeit eines Wandels auf diesem Gebiet herrscht. Gewiss gibt es beachtliche Ausnahmen, doch sie heben die

Wahrheit unserer Aussage nicht auf. Man kann sogar eine gewisse Endzeitstimmung ausmachen, die besagt, wir stünden am Ende der liberalen Epoche, der Ideologie, der Utopie, der Philosophie, der industriellen Ära, der Metaphysik, und es fehlt auch nicht an Leuten, die erklären, wir seien ans Ende der Geschichte gelangt. Von diesen und anderen Todesfällen haben wir in diesen Zeiten reden hören. Mark Twain würde sagen: „Verfrühte Nachrichten".

Und trügerische noch dazu, denn sie machen uns glauben, wir erlebten einen radikal neuen Augenblick, einen Bruch mit allem bisher Gewesenen. Natürlich geht es nicht darum, die gewaltigen Veränderungen zu leugnen, die sich in unseren Tagen abspielen. Aber es ist doch eine Sache, anzuerkennen, dass wir bislang Unerhörtes erleben, das sich da vor unseren Augen ausbreitet, und etwas ganz anderes, sich von der Neuheit des Augenblicks blenden zu lassen. Gewiss erleben wir eine Situation mit vielen Facetten von großer Tragweite, die uns nötigt, vieles einer Revision zu unterziehen. Eine beträchtliche Zahl von Analysen, Kategorien und Vorschlägen, die in den vergangenen Jahren vorgelegt wurden, hat ihre Gültigkeit verloren. Stellt man die Dinge aber absolut und unkritisch dar, so kann das dazu führen, dass die Erinnerung an die Armen ausgelöscht wird und ein gewisser Skeptizismus entsteht, dessen Konsequenzen von der Passivität bis zur Verzweiflung an der Möglichkeit einer Veränderung des herrschenden Zustands reichen.

Zu einer solchen Einstellung trägt sicher bei, was man sich aus Bequemlichkeit „Postmoderne" zu nennen gewöhnt hat. Sie stellt sich dar als herbe Kritik an der Modernität, der sie unter anderem vorwirft, allzu leicht in Totalitarismus (Faschismus, Nazismus, Stalinismus) zu münden – im Widerspruch übrigens zu ihrer glühenden Forderung nach Freiheit – und sich in einer verengten und rein instrumentellen Sicht der Vernunft einzuigeln. Die postmoderne Einstellung ihrerseits verschärft noch einmal den Individualismus, der schon die moderne Welt charakterisierte. Zudem führt sie zu einem tiefen Misstrauen gegenüber festen Überzeugungen im Bereich des menschlichen Handelns und Wissens; so entsteht eine Relativierung der Erkenntnis, der zufolge jeder seine eigene Wahrheit hat und somit letztlich alles gleich gilt. All das nährt die lustlose Haltung, von der wir sprachen, und führt zum Desinteresse gegenüber dem Sozialen und Politischen, das viele heute pflegen.

Dass die Postmoderne ein Nein zur Moderne oder aber ihre raffiniertere Fortsetzung ist, ändert nichts an dem, was uns hier wesentlich interessiert. Wir haben es mit einem kulturellen und intellektuellen Klima zu tun, dem die Theologie, wie sie in der Ersten Welt betrieben wird, keineswegs fernsteht. Das Ganze stellt eine große Herausforderung an das menschliche Bewusstsein und damit auch an die theologische Reflexion dar. Dieses Klima erreicht auch manche politische und intellektuelle Sektoren Lateinamerikas und breitet sich durch die Kommunikationsmedien aus; man muss es aber von der Welt der Armen aus bedenken, in der es nicht heimisch ist. Dazu gehört auch, dass man über den christlichen Glauben von den Opfern der Geschichte aus reflektiert. Wie Walter Benjamin in seiner scharfsinnigen und intuitiven Art sagte: Man muss die Geschichte gegen den Strich bürsten.

Wenn man so lebt und stirbt wie die Armen, kommt man nicht umhin zu sehen, wie dringend es ist, eine andere Gesellschaft zu schaffen. Dies zu sagen bedeutet nicht, die Missbräuche zu leugnen, deren Zeugen wir in dem zu Ende gegangenen Jahrhundert geworden sind, gerade von Seiten derer, die den Anspruch erhoben, gewisse soziale Utopien mit Gewalt durchzusetzen. Norberto Bobbio hat im Hiblick auf sie mit Recht von der „utopia capovolta", der kopfstehende Utopie, gesprochen. Diese realen Gegebenheiten und Kritiken muss man gewiss im Auge behalten, doch die – im besten Sinne – utopische Einstellung dessen, der denkt, eine andere Situation als Ungerechtigkeit und Marginalisierung sei möglich, ist etwas tief in unserer armen Welt Verwurzeltes. Einmal mehr kann eine Kreuzung der Blicke unsere Perspektiven und Möglichkeiten bereichern.

(b) Ein weiterer Aufgabenbereich betrifft die *Erkenntnis des Anderen* und die Achtung vor der Differenz. Wir haben darüber schon im Zusammenhang mit Las Casas und Guamán Poma etwas gesagt, doch es bleibt ein unerledigtes Thema.

Wir haben uns auf den Armen in unterschiedlichen Momenten bezogen, das heißt, dass wir im Rahmen der theologischen Reflexion, wie sie in Lateinamerika geschieht, denken, dass es wichtig ist, sich die Komplexität dieser Lebensbedingungen klarzumachen. Sie beschränken sich ja nicht nur auf ihre ökonomische Dimension, so entscheidend diese auch sein mag. Arm ist derjenige, der als „bedeutungslos", als „Unperson" betrachtet wird, als jemand, dem die Anerkennung seiner vollen Rechte verwehrt wird. Menschen ohne soziales und individuelles Gewicht, die in unserer Welt wenig zählen. So werden sie gesehen oder, genauer gesagt, nicht gesehen, weil sie umso unsichtbarer sind, als sie in der Gesellschaft von heute die Ausgeschlossenen bilden. Die Gründe für diese Bedeutungslosigkeit sind vielfältig: sicherlich zunächst der ökonomische Mangel, dann aber auch die Hautfarbe, das Frausein, die Zugehörigkeit zu einer Kultur, die geringgeschätzt wird (oder nur wegen ihrer Exotik interessant ist, was auf dasselbe hinausläuft). Die Armut ist in der Tat eine komplexe und bunte Realität.

Der Arme, der Bedeutungslose, ist „der Andere" einer Gesellschaft, die außerhalb seiner elementarsten Rechte oder gegen diese errichtet wird, die mit seinem Leben und seinen Werten nichts zu tun hat. Sodass die von diesem Anderen her gelesene Geschichte zu einer anderen Geschichte wird. Die Geschichte so noch einmal neu zu lesen, ist aber keine rein intellektuelle Übung, es heißt vielmehr, sie auch neu zu entwerfen. Mit anderen Worten: wir behaupten, dass trotz allen Einschränkungen und Schwierigkeiten, die wir kennen und die in der jüngsten Zeit noch größer geworden sind, die Armen selbst die

Protagonisten ihrer Geschichte sein müssen. Es geht nicht darum, die Stimme der Stimmlosen zu sein – wie eine wirklich anerkennenswerte, großmütige Einstellung meint –, außer im Fall extremer und zeitlich begrenzter Dringlichkeit. Unsere Position muss lauten: Diejenigen, die heute noch keine Stimme haben, sollen eine haben.

In diese Richtung bewegen sich gegenwärtig unterschiedliche Bestrebungen in Lateinamerika, unsere Geschichte kritisch zu prüfen und den Glauben zu denken – ausgehend von der Marginalisierung und Beraubung verschiedener indigener Völker und der schwarzen Bevölkerung, die seit Jahrhunderten gewaltsam in unsere Geschichte hineingezwungen wurde, und von der inakzeptablen Lage der Frau in unserer Gesellschaft, insbesondere sofern sie den popularen Klassen angehört und zu den ethnischen Schichten und Gruppen zählt, von denen oben die Rede war.

Die Herausforderungen, vor die uns diese Problembereiche stellen, sind besonders drängend und neu. Sie alle gehen aus von der Forderung nach dem Recht des Armen auf ein würdiges Leben und auf die Anerkennung seiner persönlichen und kulturellen Identität gegen eine unterjochende Verwestlichung in allen Lebensbereichen und angesichts einer Homogenisierung, die den Verlust hoher menschlicher Werte bedeutet. Es geht nicht darum, sich defensiv abzuschotten und sich auf einem vertrauten, beherrschbaren Terrain zu verschanzen, sondern, wie wir oben sagten, darum, eine fruchtbare Verschiedenheit unter Gleichwertigen zu bejahen. Die Komplexität der Welt des Armen und die Perspektive des Anderen treten so immer deutlicher zutage – mit all ihren Schwierigkeiten und ihrer in der gegenwärtigen Situation unvermeidlichen Konfliktivität, aber eben auch mit all ihren Verheißungen.

Aus der Anerkennung der Hindernisse auf dem Weg und aus jenen Verheißungen muss unser Dialog von heute gemacht sein. Das war es, was seinerzeit Las Casas (und in gewisser Weise auch Guamán Poma) versuchte, indem er es vermied, etwas durchzusetzen, aber ebenso wenig in einen hurtigen Relativismus verfiel. So sieht es William Talbott in einer vorzüglichen Studie – *Which Human Rights Should be Universal?* aus dem Jahr 2005[9] –, einem Werk, in dem er das Experiment Bartolomés als Modell für heute darstellt; seine Perspektive war universal, aber zugleich versuchte er auch die anderen Blickpunkte zu verstehen. Aus diesem Grund gelangt er zu der Aussage: Wenn die so genannte Entdeckung Amerikas „die Entdeckung neuer Länder war, wurde sie für Las Casas zu einer tiefen moralischen Entdeckung". Das muss man beim heutigen interkulturellen und interreligiösen Dialog im Auge behalten. Ein weiterer Anstoß, unsere Blicke zu kreuzen!

---

9 Oxford 2005. Vgl. auch *I. Wallerstein*, Die Barbarei der anderen. Europäischer Universalismus, Berlin 2007.

(c) Wir wollen noch einen dritten Aufgabenbereich andeuten, der die *Globalisierung* der Welt von heute betrifft, einen Prozess, der im 16. Jahrhundert begann, als die Menschheit wahrnahm, dass der Planet Erde eine Kugel ist.

Die so benannte Situation hängt bekanntlich zunächst mit dem Informationssektor zusammen, hat aber erhebliche Auswirkungen auf ökonomischem und sozialem Gebiet und auf anderen Feldern menschlicher Aktivität. Das Wort ist freilich trügerisch, weil es glauben macht, wir seien auf dem Weg zu einer einzigen Welt, während die Globalisierung in Wirklichkeit ein unvermeidliches Gegenstück mit sich bringt: den Ausschluss eines Teils der Menschheit aus dem Wirtschaftkreislauf und aus den vermeintlichen Wohltaten der zeitgenössischen Zivilisation. Diese Polarisierung ist die Konsequenz der Globalisierung, wie sie aktuell erlebt wird; an sich lässt sie ein Moment erkennen, das nicht notwendig diese Richtung nehmen muss. Daher geht es nicht an, die Globalisierung in ihrer heutigen Form einfach hinzunehmen, so als wäre diese nicht nur die beste, sondern auch die einzig mögliche. Wollte man gegen die Tatsache der Globalisierung zu sein, so wäre das gerade so, als wäre man gegen den elektrischen Strom. Dennoch darf das nicht dazu führen, dass wir uns mit der Gestalt zufrieden geben, in der sie sich heute präsentiert, da sie die bestehende ungerechte Ungleichheit zwischen unterschiedlichen Sektoren der Menschheit verschärft und den sozialen, ökonomischen, politischen und kulturellen Ausschluss eines Großteils der Weltbevölkerung verstärkt. In diesem Kontext ist das bereits erwähnte Phänomen der Immigration situiert.

Der ökonomische Neoliberalismus fordert im Huckpack mit dieser Mundialisierung mit neuem Nachdruck einen Markt ohne Restriktionen, der sich aus eigener Kraft regulieren soll, und unterzieht jede Art von sozialer Solidarität auf diesem Gebiet einer herben Kritik, indem er ihr nicht nur vorwirft, dass sie gegenüber der Armut versage, sondern auch, dass sie eine der Ursachen sei, die diese überhaupt hervorbringen (wir denken da zum Beispiel an die Thesen von Hayek, einem führenden Kopf des Neoliberalismus). Dass es in diesen Dingen Missbräuche gegeben hat, ist klar und anzuerkennen, doch hier stehen wir vor einer prinzipiellen und umfassenden Ablehnung, die die Schwächsten der Gesellschaft den Unbilden der Geschichte überlässt. Eine der schmerzlichsten und ungerechtesten Auswirkungen dieses Denkens, das sich heutzutage als das einzig mögliche darstellt, ist die Auslandsverschuldung, die die armen Nationen knebelt und niederdrückt – eine Verschuldung, die unter anderem deshalb spektakulär angewachsen ist, weil die Kreditgeber selbst die Zinsen bestimmen.

Die Entmenschlichung der Ökonomie, die schon vor geraumer Zeit begonnen hat und dazu neigt, alles, auch die Menschen, in Waren zu verwandeln, hat eine bemerkenswerte theologische Reflexion veranlasst, die um den Wert der menschlichen Person kreist, an der sich die wirtschaftliche Aktivität ausrichten müsse. Eine Aufgabe, die in unseren Tagen umso notwendiger ist, als wir in der entwickelten Welt den Versuch beobachten, den Primat des Reichtums theologisch zu rechtfertigen. Wir meinen die so genannte Theologie des Wohlstands, die über große (und wohlhabende) Medien zur Verbreitung verfügt.

Gefordert sind ein Engagement und eine historische Analyse und eine theologische Reflexion im Ausgang von den Armen, von der Rückseite der Geschichte her. Die Relevanz der theologischen Reflexion auf diesem Felde, die die Autonomie der ökonomischen Disziplin respektiert, kann dazu beitragen, uns den Widersinn einer Ökonomie sehen zu lassen, die zynisch und auf lange Sicht selbstmörderisch den Menschen vergisst, ganz speziell diejenigen, die auf diesem Gebiet wehrlos sind, nämlich die Mehrheit der Menschheit. Es handelt sich hier um eine ethische Frage im weitesten und tiefsten Wortsinn; sie verlangt das Eindringen in die Mechanismen, die das menschliche Tun, das wir Wirtschaft nennen, von innen her verzerrt.

Was können wir von beiden Seiten des Atlantik aus nach alldem tun? Die Geschichte verbindet uns seit fünf Jahrhunderten. Wir wären nicht dieselben ohne unsere Begegnungen und unsere Entzweiungen von gestern und heute, ohne unsere Blickwinkel, ohne unsere Blicke, wie wir sie in diesem Beitrag nannten.

Aus dem Spanischem übersetzt von Michael Lauble

Befreiung und Entwicklung: eine Herausforderung an die Theologie*

„Befreiung und Entwicklung“ sind wichtige Punkte für das Verständnis der lateinamerikanischen Realität, und das Verhältnis zwischen beiden hat Anlass zu zahlreichen Studien und zu nicht wenigen Kontroversen gegeben.

Nimmt man das eine oder das andere – oder beide – als Lösung für die Armut und Ungerechtigkeit, die in Lateinamerika erlebt werden, so setzt das eine bestimmte Wahrnehmung dieser Situation und eine bestimmte Weise ihrer Analyse voraus. Wir sprechen hier nicht von etwas Abstraktem, diese Lage der Dinge bestimmt vielmehr das Alltagsleben des lateinamerikanischen Volkes und entscheidet über die Richtung, die die Solidarität mit den Armen im Blick auf eine zu schaffende Welt einschlagen muss, die gerecht für alle geordnet sein soll. Diese Realität gibt auch der evangelisatorischen Aufgabe der Kirche den Rahmen vor. Das Evangelium richtet sich ja an konkrete Personen; aus seiner historischen Situation erwachsen für uns ganz präzise Herausforderungen, denen wir nicht ausweichen können und die unser Glaubensverständnis schärfen. Aus dieser Überlappung von Elementen entsteht die Theologie der Befreiung.

Daher interessieren uns vor allem die Veränderungen, die auf sozialem Gebiet geschehen, und die Wandlungen, die sich legitimerweise in deren Verständnis ergeben. In den letzten Jahren sind wir Zeugen von beidem gewesen. Es sind Realitäten und Perspektiven, die im Lauf der Jahre Veränderungen, zuweilen radikale Veränderungen durchgemacht haben. Unsere Kategorien und Bezugsgrößen können nicht mehr dieselben sein. Dringend geboten ist eine bewertende und ausblickende Fragestellung. Unser Seminar, das auf dem Gebiet der Sozialwissenschaften angesiedelt ist, möchte ein Beitrag zu dieser Aufgabe sein. Aus diesem Grund schien es uns wichtig, sowohl alte Vordenker in diesen Kämpfen als auch jüngere Forscher einzuladen.

Ohne dass ich mich in die eigentliche Thematik unseres Dialogs einmischen möchte, ist es doch an mir, ein paar kurze Worte darüber zu sagen, dass die Sozialwissenschaften von Interesse für die Christen sind, die in diesen Jahren in ihrem Glauben und in einer Reflexion über ihn eine Inspirationsquelle für ihr Engagement an der Seite der Armen und Unterdrückten des Kontinents gefunden haben. Solidarität verlangt, wenn sie wirksam sein soll, eine angemessene Kenntnis der wirtschaftlich-sozialen Realität Lateinamerikas.

* Der Aufsatz wurde erstmals publiziert in: Páginas Nr. 124 (1993) 14–23.

1. Die Herausforderung der Armut

Es gibt in den letzten Jahrzehnten einen deutlichen und bestimmenden Punkt im Leben der lateinamerikanischen Kirche: Die Art und Weise, wie die Aufgabe der Verkündigung des Evangeliums aufgefasst wird, ändert sich in dem Augenblick, in dem ein neues Bewusstsein von dem „unmenschlichen Elend" (Medellín, Armut 1) entsteht, in dem die große Mehrheit der Bevölkerung lebt. Die Armut ist noch immer die große Herausforderung für das christliche Zeugnis auf unserem Kontinent, die Versuche, im Hinblick auf Puebla – und auch auf Santo Domingo – die Aufmerksamkeit für diese Situation abzuschwächen und auf andere Fragen zu lenken, sind fehlgeschlagen. Die Realität und der Anspruch des Evangeliums verhindern gemeinsam jeden Eskapismus.

Folglich wird auch die theologische Reflexion nicht mehr dieselbe sein. Sie schlägt bislang unbekannte Wege ein, die – gewiss nicht ohne Schwierigkeiten und Missverständnisse – vielfältige Möglichkeiten für die Verkündigung des Reiches Gottes eröffnen; das haben diese Jahre gezeigt.

1.1 Die Anwesenheit der Abwesenden

Die Beteiligung der Christen am Prozess der Befreiung in Lateinamerika, die wir vor einiger Zeit den „Hauptfakt" des Lebens der Kirche genannt haben, ist nur ein Ausdruck des größeren historischen Prozesses, den wir als *das Auftreten des Armen* kennen. Mit ungewohnter Klarheit und Schärfe ist uns die alte, grausame Armut der großen Bevölkerungsmehrheit Lateinamerikas bewusst geworden, jener Mehrheit, die die gesellschaftliche Bühne betreten hat „mit ihrer Armut auf dem Rücken", wie seinerzeit Las Casas von den indigenen Völkern sagte. Diese Situation hat aber auch bewirkt, dass die Energien und die Werte dieses Volkes endlich in ihrem Wert begriffen werden.

Daher trägt diese Zeit das Gepräge einer neuen Präsenz der Armen, Marginalisierten und Unterdrückten. Diejenigen, die in unserer Gesellschaft und in der Kirche lange „abwesend" waren, sind jetzt anwesend. Ihre Abwesenheit war nicht physisch, sie lag vielmehr darin, dass sie geringe oder gar keine Bedeutung hatten und sich deshalb nicht in der Lage sahen (und in vielen Fällen heute noch nicht sehen), ihre Leiden, ihre Projekte und ihre Hoffnungen zu bekunden. Hier hat ein Wandel eingesetzt.

Es ist immer schwierig, den Anfang historischer Prozesse genau zu datieren, in solchen Fällen sind die Daten häufig nur Annäherungswerte oder Annahmen. Man kann dennoch sagen, dass der besagte Prozess nun schon seit dreißig bis vierzig Jahren andauert. Zu Beginn äußerte er sich in einzelnen Ereignissen wie etwa in einer Zunahme der popularen Bewegungen, einer Intensivierung des Kampfes für Gerechtigkeit, einer Steigerung der Erwartungen, in neuen sozialen und politischen Organisationen, einem stärkeren Bewusstsein für die

Personwürde und die Rechte der alten indigenen Völker, in Bestrebungen seitens der Staatsmacht, wichtige soziale Reformen durchzuführen und in bestimmten Fällen sogar in gewaltsamen Guerrillaaktionen. All das hatte, im Kontext des damals noch herrschenden Kalten Krieges, als Reaktion einen neuen Typ von autoritären und repressiven Regierungen zur Folge.

Die Fakten sind komplex und nicht frei von Zweideutigem und Unwertem. Zudem ist die Form, die sie heute annehmen, nicht mehr dieselbe wie noch vor einigen Jahrzehnten. Doch auf jeden Fall stehen wir vor etwas Herausforderndem, in vieler Hinsicht Verheißungsvollem, das außerdem dazu geführt hat, dass der Arme beginnt, sich als Subjekt seiner eigenen Geschichte wahrzunehmen, als jemanden, der die Zügel seines Geschicks allmählich selbst in die Hände nimmt. Dies ist zweifellos eine wichtige Wahrnehmung und tiefe Überzeugung, die soziale und pastorale Konsequenzen birgt. Es geht um das, was man heute das Selbstbild und das Auftreten neuer gesellschaftlicher Akteure nennt. All das übt einen starken Einfluss zum einen auf das politische Verhalten in der lateinamerikanischen Gesellschaft und zum anderen auf das Handeln der Kirche aus.

Die Herausforderung für die Evangelisierungsaufgabe wird noch handgreiflicher, wenn man bedenkt, dass das Volk, das da die historische Bühne betritt, ein zugleich armes und christliches Volk ist. Der christliche Glaube prägt die Art, wie es die Armut und Unterdrückung erlebt, und diese wiederum hinterlassen ihre Spuren in seiner Erfahrung mit dem Evangelium.

1.2 Armut und theologische Reflexion

Diese Ereignisse haben um die Mitte des vergangenen Jahrhunderts das Thema „Armut" in der Weltkirche neu aufs Tapet gebracht und in eine neue Richtung gelenkt. Wir meinen damit die Forderung eines authentischen, radikalen Zeugnisses, die sich im Umkreis der neu entstandenen religiösen Gemeinschaften erhob, in Kreisen, die in Sorge waren wegen der Distanzierung gegenüber dem Glauben, die in der Arbeitswelt oder sogar in der Entwicklung der Soziallehre und in gewissen spirituellen oder pastoralen Tendenzen Platz griff. Diese Sorge hat ihren anspruchsvoll-prophetischen Ausdruck gefunden in der berühmten Aufforderung Johannes' XXIII. an das Konzil: die Kirche aller und vornehmlich „die Kirche der Armen" zu sein.[1]

Das II. Vaticanum hat aus bekannten und leicht verständlichen Gründen den Vorschlag des Papstes nicht hinreichend aufgegriffen, obwohl er während der konziliaren Arbeit immer wieder an die Pforten pochte. Gehört wurde er jedoch – nicht ohne anfängliches Zögern und Misstrauen – auf dem mehrheitlich

---

[1] *Johannes XXIII.*, Rundfunkbotschaft vom 11. September 1962, in: Herder Korrespondenz 17 (1962/63) 43–46, 45; vgl. AAS 54 (1962) 678–685.

armen und gleichzeitig christlichen Kontinent Lateinamerika. Zusammen mit der neuen Präsenz des Armen hat das Projekt einer Kirche der Armen die theologische Reflexion angeregt.

So findet bis Juli 1967 die Unterscheidung zwischen drei Deutungen des Terminus „Armut" ihre Formulierung: die reale (oder materielle) Armut als ein Übel, spirituelle Armut als spirituelle Kindschaft, Armut als Solidarität mit dem Armen und als Protest gegen die Situation, in der er lebt. Diese Sicht setzt eine bestimmte Analyse der Armut und ihrer Ursachen voraus, sie impliziert ein biblisches Fundament sowohl der Ablehnung dieser inhumanen Situation als auch des Verständnisses von spiritueller Armut, und sie präzisiert schließlich, fern einem jeden Idealismus, die Gründe für das Engagement des Christen auf diesem Gebiet.

Diese Formel wird ein Jahr später in Medellín (1968) aufgegriffen und wirkt klärend auf das Engagement, das viele damals einzugehen beginnen. Aus der besagten Unterscheidung wird in den Jahren zwischen Medellín und Puebla (1979) in den christlichen Gemeinden der Ausdruck „vorrangige (spirituelle Armut) Option (Solidarität und Protest) für die Armen (reale Armut)" entstehen. Diese Option wird zur richtunggebenden Achse des pastoralen Handelns der Kirche und zu einer wichtigen Richtschnur für eine Weise des Christseins, das heißt für das, was wir Spiritualität nennen, ein Haupt- und Kernanliegen in der Theologie der Befreiung. Die Perspektive hat bekanntlich auch ins Lehramt der Weltkirche Eingang gefunden.

In enger Verbindung mit dem Punkt der durch eine Unrechtssituation hervorgerufenen Armut tritt das Thema der Befreiung hervor, das vielfältige Perspektiven in sich vereint. Als ein Begriff aus der sozialen und politischen Welt ist der Terminus „Befreiung" auch von altehrwürdiger biblischer und theologischer Abstammung. Mit ihm wollte man anfänglich die schöpferische Entwicklung aller menschlichen Fähigkeiten auf dem ökonomischen und sozialen Feld bezeichnen, doch dann erweiterte sich seine Bedeutung auf die personale Dimension und auf die Veränderung des Verhaltens gegenüber der Organisation der Gesellschaft.

Genauso umfasst der Begriff aber auch die Befreiung vom Egoismus und von der Sünde, die in gläubiger Sicht als die letzte Wurzel der Ungerechtigkeit erscheint, die es zu beseitigen gilt – eine Überwindung, die zur Wiederherstellung der Freundschaft mit Gott und mit den Mitmenschen führt. Diese Realitäten sind zugleich differenziert und miteinander verknüpft, und so prägen sie eine integrale und radikale Realität, einen weit ausgreifenden Prozess, der seinen letzten Sinn von der Erlösung in Christus empfängt. Daher rühren denn auch in unseren Tagen die bleibende Geltung und der herausfordernde Anspruch des Begriffs der Befreiung.

Alles bisher Gesagte umreißt die Perspektive, die zum Richtungsweiser für die Evangelisierungsmission der Kirche im Lateinamerika von heute geworden ist. In ihr verbindet sich ein tiefes Gespür für die Gratuität der Liebe Gottes mit einer Solidarität mit den Letzten der Geschichte. Das Thema der Begegnung mit dem Herrn in den Gesichtern der Entrechteten und Verachteten unseres Kontinents, auf das wir gleich zu Beginn unserer lateinamerikanischen theologischen Reflexion über das Matthäusevangelium gestoßen sind und das Puebla und Santo Domingo aufgreifen, fasst auf treffende Weise einen jahrzehntealten Prozess zusammen.

2. Theologie und Sozialwissenschaften

Der Auftritt des Armen auf dem sozialen Feld setzt einen Prozess in Gang, der sich von dem bisher geschilderten unterscheidet. Bewegungen, die auf den ersten Etappen parallel gingen, überkreuzen sich bald und bereichern sich gegenseitig, wobei aber jede ihre eigene Dynamik behält.

2.1 Eine neue Sozialwissenschaft

Lange lebten wir Lateinamerikaner in tiefer Unwissenheit über die Wirklichkeit unserer Völker. Vereinzelte Stimmen warnten – zum Teil mit großer Autorität – in der Vergangenheit vor den Problemen, die durch die gewaltigen sozialen Unterschiede hervorgerufen würden, doch sie wurden durch die Gleichgültigkeit und mangelnde Sensibilität gegenüber der Marginalisierung der Armen zum Verstummen gebracht. In den 1950er Jahren führen verschiedene Faktoren zu einer Beschäftigung mit der so genannten wirtschaftlichen und sozialen Entwicklung. Seit der Konferenz von Bandung (1955) dienten diese Termini zur Bezeichnung des Bestrebens der zurückgesetzten Völker, die auf humanere Lebensbedingungen aus waren. In Lateinamerika kam es zu Politikformen, die den Entwicklungsgedanken hochhielten in der Absicht, die Länder aus ihrem Rückstand herauszuholen. Doch ihr Optimismus ist bald verflogen.

Im Gegenzug zum Desarrollismo, der Entwicklungsideologie – nicht der Entwicklung, die zum einen ein Fachbegriff und zum anderen eine Notwendigkeit für die Völker ist –, entsteht die Dependenztheorie. Ihre ersten Elemente werden in den neostrukturalistischen Kreisen des CEPAL (des Consejo Económico para América Latina, eines Organs der UNO) erarbeitet. Die Perspektive gewinnt mehr und mehr an Kraft dank der Beiträge aus verschiedenen Ecken der Sozialwissenschaften und des politischen Denkens, zum Teil mit, zum Teil ohne Beeinflussung durch Begriffe aus der marxistischen Analyse. Im Unterschied zur Entwicklungsideologie unternimmt die Dependenztheorie eine ins Einzelne gehende, anhaltende Untersuchung der Ursachen für die lateinamerikanische Armut und situiert sie im internationalen Panorama. Außerdem sucht sie – und das ist ein zentraler Punkt – spürt sie dem Weg nach, der zu diesen Umständen geführt hat; dabei insistiert sie darauf, dass die Nationen in einer Geschichte leben, die immer universaler wird. Wege zu finden, wie sich die Abhängigkeit von den großen Machtzentren durchbrechen lässt, stellt sich folglich als eine Grundforderung dieser Perspektive dar.

Dies Letztere sowie die Benennung der Gründe für die Armut verbindet diese Fokussierung mit dem – auf den vorangegangenen Seiten erwähnten – Weg, der aus der neuen Sensibilität für die Situation der Mehrheit der lateinamerikanischen Bevölkerung und aus dem daraus sich ergebenden pastoralen und spirituellen Kurs entstand. Auf diese Weise wurde die in den 1960er und 1970er Jahren mächtige Dependenztheorie zu einem wichtigen Instrument für das Verständnis der sozio-ökonomischen Realität Lateinamerikas. Sie ermöglichte eine Strukturanalyse der heutigen Missstände und schlug Wege zur Abhilfe vor.

Zweifelsohne stellt diese Theorie einen qualitativ neuen Schritt in der Kenntnis der lateinamerikanischen Realität dar. Ihre Präsenz innerhalb der Theologie der Befreiung (und in den Dokumenten von Medellín) liegt exakt auf dem Feld der sozialen Analyse, dem einzigen, auf dem es überhaupt etwas zu sagen gibt. So erfüllt sie ihre Aufgabe als Instrument für die Kenntnis jenes Aspekts der Realität, auf den sie abzielt. Ihr Beitrag war in den ersten Jahren der in Lateinamerika in Gang gekommenen theologischen Reflexion von großer Bedeutung. Das ist ja allgemein bekannt. Aber wie immer in der Geschichte der Theologie ist das Glaubensverständnis nicht einfach identisch mit dem intellektuellen Weg, den es einschlägt, um sich einer Dimension der Existenz zu nähern. Das heißt natürlich nicht, dass der Einsatz dieser Theorie, die ja die Herausforderungen für den Glauben schärfer zeichnet, nicht zu Prioritäten führt, die sich dann in einer Reflexion bemerkbar machen, die auf die Transformation der Wirklichkeit – in diesem Fall durch die Evangelisierung – ausgerichtet ist. Man muss in diesen Dingen sehr genau sein, was Zusammenhänge und Unterscheidungen angeht.

Wie von jeder Theorie ist auch von der Dependenztheorie verlangt, dass sie sich auf ihrem Weg im Takt der Veränderungen der Situation, die sie zu verstehen sucht, selbst verändert. Im Lauf der Zeit variieren ja die Instrumente der Gesellschaftsanalyse, je nach ihrer Fähigkeit, die Phänomene, die sie beschreiben, zu verstehen, und entsprechend der Effizienz der Lösungen, die sie vorschlagen. Das Besondere der Wissenschaft besteht also darin, dass sie kritisch gegenüber ihren Voraussetzungen und gegenüber den erzielten Resultaten ist; wissenschaftliche Erkenntnis schreitet nur fort auf dem Weg über neue Interpretationshypothesen.

In diesen Jahren haben sich verschiedene gediegene Studien einer kritischen Bilanz der Dependenztheorie gewidmet. Für viele stellt sie heute – ohne dass damit ihr Beitrag in einem bestimmten Zeitpunkt gering geschätzt würde – ein

Instrument dar, dem es nicht gelungen ist, die bestehende Realität zu erklären, und sie selbst ist sich im Rückblick der Grenzen, die sie immer hatte, deutlicher bewusst geworden (beispielsweise ihrer übersteigerten Betonung der externen Faktoren der Unterentwicklung). Das ist ganz normal, so geht es immer bei Versuchen, auf einem in Bewegung befindlichen, sandigen Gelände etwas zu erkennen. Dafür ließen sich innerhalb der Humanwissenschaften zahlreiche weitere Fälle anführen. Die Zeit geht mit solchen Verstehensversuchen eben unerbittlich um.

Es wäre ein schwerer Fehler, würde man die Leistungen dieser Theorie nicht beachten, nicht minder falsch wäre es, würde man ihre Mängel nicht deutlich sehen. Aber noch schlimmer wäre es, würde man starrköpfig immer weiter ein Werkzeug benützen, das der komplexen Wirklichkeit und vor allem ihren neuen Aspekten offensichtlich nicht mehr gerecht wird. Viele dieser Aspekte ergeben sich aus den wichtigen Veränderungen auf der internationalen Szene und aus einer neuen Wahrnehmung von Elementen, die zwar schon lange Teil des sozialen Gefüges von Lateinamerika sind, aber heute ihre Konturen schärfer und nachdrücklicher zeigen.

2.2 Die Situation von heute

Als Erstes ist beim heutigen Stand der Dinge daran zu erinnern, dass die Armut unerbittlich zugenommen hat. Der Abstand zwischen den reichsten und den ärmsten Nationen ist größer als noch vor einigen Jahrzehnten; Gleiches trifft zu für die einzelnen Sektoren innerhalb jedes lateinamerikanischen Landes. Dies hat zum fast völligen Verschwinden der Mittelschichten geführt, die in die Armut abgestürzt sind; damit ist es zum so genannten „Neodualismus" gekommen: Die Bevölkerung sammelt sich mehr und mehr an den beiden Enden des ökonomischen und sozialen Spektrums. Deshalb spricht man im Rückblick auf die 1980er Jahre von einem „verlorenen Jahrzehnt"; für einige Länder der Region bedeutete freilich einen noch viel tieferen Fall. Dennoch muss man auch zur Kenntnis nehmen, dass diese Länder damals lernten, ihre Strategien zur Linderung oder Lösung ihrer Probleme besser herauszuarbeiten.

Auch im internationalen Rahmen hat sich vieles geändert. Angesichts des Verfalls der autoritären Sozialismus im Osten, der Grundrechte der Menschen nicht respektierte und den vielfältigen menschlichen Strebungen nicht Rechnung trug, sind wir politisch und militärisch von einer bipolaren zu einer unipolaren Welt gelangt; auf wirtschaftlichem Gebiet ist die Situation allerdings komplexer. Genau dies hat dazu geführt, dass in der Wirtschaft die Rolle des Marktes neu betont wird, auch wenn diese angemessen nur innerhalb bestimmter Parameter erfüllt werden kann, die ihrerseits breite soziale Bestrebungen mit humanem Gehalt reflektieren. Die technologische Revolution auf wissenschaftlichem Gebiet transformiert den Akkumulationsprozess von

Grund auf und vermindert das Interesse an den Rohstoffen, welche die armen Länder zu bieten haben; damit fällt eine ganze Reihe von Kategorien dahin, die man früher verwendete, um die wirtschaftlichen Phänomene zu verstehen. Der Druck der Außenschulden hat die Wirtschaft der armen Länder deformiert, und die Härte der internationalen Organisationen hat wie eine Zwangsjacke gewirkt, die die Möglichkeiten zur Bedürfnisbefriedigung der Ärmsten einschränkte.

Das alles hat neue Formen des Austauschs zwischen Norden und Süden gebracht. In vielen Fällen verstärkt sich die Ungleichheit, die bis zu abgrundtiefem Missverhältnis führen kann; in der Folge gerät selbst der Weltfriede in Gefahr, auch wenn man meint, die wirtschaftliche und militärische Macht habe die Situation einstweilen noch unter Kontrolle.

Die neoliberale Ideologie (einer ihrer Spitzenleute spricht nicht ohne unfreiwilligen Humor vom „Ende der Geschichte“) interpretiert das historische Werden der Menschheit auf ihre Weise neu; so beraubt sie die armen Nationen ihrer Vergangenheit und maskiert einen wirtschaftlich-gesellschaftlichen Prozess, der die Asymmetrie verstärkt. All das führt zur Konzentration der Macht in verschiedenen Bereichen des sozialen Lebens, die den armen Ländern und den Armen in diesen Ländern die Wege ins Freie eng machen. Die Verschleißerscheinungen, die der wirtschaftliche Neoliberalismus bereits zeigt, könnten zwar darauf hindeuten, dass sich dieses Bild in Zukunft verändern wird, aber die augenblickliche Dynamik ist eindeutig.

Andererseits ist es im Lauf der Zeit möglich geworden, die konkrete Situation des Armen und Unterdrücken Lateinamerikas besser zu erkennen. Von Anfang an haben wir innerhalb der Theologie der Befreiung von unterjochten Völkern, ausgebeuteten Klassen, verachteten Rassen und marginalisierten Kulturen gesprochen. Bald meldete sich die Sorge wegen der Diskriminierung der Frau, einer oftmals verdeckten, zur Gewohnheit, zum Alltag und zur kulturellen Tradition gewordenen, aber deshalb nicht weniger harten und unsinnigen Einstellung. Eines ist jedoch sicher: Diese verschiedenen Strömungen traten in ihrer ganzen Härte und mit ihrem ganzen Anspruch nur in dem Maß in Erscheinung, in dem in jenen Jahren eine Solidarität mit der Welt de Armen wuchs und sich vertiefte. Die rassischen, kulturellen und sexuellen Faktoren werden immer wichtiger für ein genaueres Bild von der Lage des Armen in Lateinamerika. Dank dieses Engagements gewinnen wir ein wachsendes Bewusstsein dafür, dass die Armut letztlich – natürlich unbeschadet ihrer wirtschaftlichen und sozialen Dimension – Tod bedeutet, ungerechten und vorzeitigen Tod.

Daher denn auch die neue Bejahung des Lebens als des ersten Menschenrechts und, christlich gesehen, als eines Geschenks Gottes, das wir verteidigen müssen; dieses Ja zum Leben hat unserer Erfahrung und Reflexion seit dem Ende der 1970er Jahre (so zum Beispiel in Peru und in Mittelamerika) geprägt und ist zum Kristallisationspunkt vieler Anstrengungen und Engagements geworden. Dies hat dazu beigetragen, den (in Menschen wie Las Casas im 16. Jahrhundert so wachen) evangelischen Blick auf den ökonomischen Reichtum zurückzugewinnen, auf diesen Götzen eines „wilden Kapitalismus", der die Würde der Menschen mit Füßen tritt und sie zu Opfern eines grausamen, sakrilegischen Kultes macht.

Gleichzeitig ist zu beachten, dass die Armut nicht nur im Mangel besteht. Der Arme ist jemand, in dem viele Möglichkeiten und Fähigkeiten schlummern. Der Arme besitzt häufig eine Kultur mit eigenen Werten, die aus seiner Rasse, seiner Geschichte, seiner Sprache stammen; mit einer Energie, wie sie sich auf dem ganzen Kontinent in den Frauenorganisationen im Kampf für das Leben gezeigt hat; mit einer Erfindungsgabe und Kreativität, die trotz allem der heute zu beobachtenden so genannten Krise der Paradigmen widersteht. Die Rede ist von einem armen Volk, das zwar von Ereignissen betroffen wurde, die – in einem zuweilen nicht unbeträchtlichen Ausmaß – seine Präsenz und seine Energie geschwächt haben, das sich aber dennoch gegen die Verstümmelung oder Manipulation seiner Hoffnung wehrt.

3. Offene Fragen

Es stellen sich Fragen über Fragen: Welche Möglichkeiten bestehen, sich von den gegenwärtigen Bedingungen auf der internationalen Bühne zu befreien, die den Aufbau einer humanen und gerechten Welt verhindern? Wer sind die neuen sozialen Akteure, wer sind heute die Armen? Sind die Länder des Südens fähig, eigene Projekte zu präsentieren und voranzubringen – entsprechend ihren Traditionen und ihren Bedürfnissen? Wie lässt sich sicherstellen, dass die armen Nationen Zugang zum wissenschaftlichen und technologischen Wissen bekommen, das heute ja eine scharfe Trennlinie zwischen Arm und Reich zieht? Wie sieht die Bilanz der Diskussion über die Dependenztheorie aus, die wir ziehen müssen? Welche Rolle spielt die historische Erinnerung dieser Völker in ihrem Kampf für Gerechtigkeit? Wie ist die Armut zu verstehen, wie sind ihre Ursachen zu beschreiben? Welche Rolle kann die Marktwirtschaft innerhalb der von uns skizzierten Gegebenheiten beim Aufbau einer gerechten Gesellschaft spielen? Welches sind die Utopien und die mobilisierenden Wege für diejenigen, die aus einer Situation der Verrandung und des Verlassenseins ausbrechen wollen? Welches Verhältnis stellen wir heute zwischen Befreiung und Entwicklung her?

Es gibt keine Fragestellung, der nicht bereits ein erster Entwurf einer Antwort entspräche; völlige Sprachlosigkeit stellt gar keine Fragen, sie hat nicht die Kraft dazu. Doch es liegt auf der Hand, dass es die Hauptaufgabe erst noch anzupacken gilt. Es gibt wichtige Suchbewegungen in Bezug auf Lateinamerika; in diesem Seminar wollen wir sie zu Wort kommen lassen. Sie sind entscheidend, wenn es darum geht, der Verteidigung des Lebens und dem Aufbau einer humanen und gerechten Welt historische Durchschlagskraft zu verleihen. Die einzig richtige Art und Weise, von Gesellschaftstheorien zu sprechen, besteht darin, dass man sich bewusst ist, dass das Verhalten, das seine Orientierung von ihnen bezieht, ganz konkret die alltägliche Existenz von Menschen betrifft.

Wir haben schon besagt, wie wichtig diese Fragen auch für die Evangelisierungsaufgabe und die Theologie sind. Sie stellen sich zwar auf dem Gebiet der Sozialwissenschaften, aber diese sind nicht ideologisch neutral. Sie können es gar nicht sein, weil die Themen, die sie behandeln, zu delikat und zu komplex sind. Darin muss man ganz klar sehen, um nicht allzu rasch und kritiklos durchgehen zu lassen, was aus unumgänglichen menschlichen und ethischen Stellungnahmen stammt.

Andererseits ist die Kenntnis der sozio-ökonomischen Realität von höchster Wichtigkeit für das Verständnis des Glaubens; das hindert uns aber nicht daran festzustellen, dass diese Disziplinen ihren eigenen Bereich und ihre eigenen Methoden haben. Wenn man das nicht im Auge behält, vermengt man theologische Reflexion und Sozialwissenschaften und verurteilt sich so zur Wirkungslosigkeit. Wir sind weit davon entfernt, eine aseptische Einstellung der Theologie gegenüber den Wirtschaftswissenschaften oder der Soziologie zu vertreten; worauf es ankommt, ist vielmehr, dafür zu sorgen, dass die Analyseinstrumente ohne irgendwelche Übergriffe ihr Bestes geben und dass wir die notwendige Distanz einnehmen, um dem Gesamt an Herausforderungen, die aus der Situation erwachsen, aufmerksam begegnen zu können.

Hier hat auch das Prinzip „unterscheiden, um zu vereinen" seine Geltung. Begeben wir uns also mit Interesse und Respekt auf das Feld, auf dem die soziale Interpretation der Fakten zur Sprache kommt; sie hat uns viel zu sagen. Nur auf diese Weise können wir die fruchtbaren Bande flechten, die zwischen der Kenntnis und der aktiven Veränderung konkreter, fordernder und sich stets wandelnder Realitäten geknüpft werden müssen. Unterscheiden wir also, was zu vereinen unsere Aufgabe uns nötigt.

Aus dem Spanischem übersetzt von Michael Lauble

Die kirchliche Koinonia angesichts der Globalisierung*

Derzeit jährt sich zum 25. Mal die Bischofskonferenz von Puebla. Ein Ereignis, das das Leben der katholischen Kirche auf dem Kontinent geprägt hat und auf lange Sicht seine pastorale und theologische Bedeutsamkeit steigert. Insbesondere in diesen Tagen, in denen an eine weitere lateinamerikanische Bischofskonferenz gedacht wird und in denen der Gesamtplan des CELAM für die Zeit 2003–2007 das Thema „Gemeinschaft" im Kontext einer globalisierten Welt mit einschließt.

1. Gemeinschaft und Mitbeteiligung

Im Blick auf die Herausforderungen, die sich für die Evangelisierungsaufgabe in Lateinamerika stellen, und nach einem langen Beratungsprozess hat die Bischofskonferenz eine „Leitlinie" beschlossen, die ins Thema einführen soll und sich in zwei Begriffen zusammenfassen lässt: Gemeinschaft und Mitbeteiligung.

Mit ihnen suchte Puebla die Identität der Kirche in Bezug zur Verkündigung des Reiches Gottes zu bringen, mit Johannes XXIII. gesprochen: „Wie kann man sagen: Dein Reich komme?". Paul VI. hat angeregt: „Wir meinen, es sei heute eine Pflicht für die Kirche, das Bewusstsein zu vertiefen, das sie von sich selbst haben muss, vom Schatz der Wahrheit, dessen Erbe und Hüterin sie ist, und von der Sendung, die sie in der Welt ausüben soll" (Ecclesiam suam 18). Johannes Paul II. seinerseits hat in seinem Schreiben „Tertio millenio adveniente" (19) die Geltung des Konzils unterstrichen und erklärt, es handle sich dabei um „ein Konzil, das sich auf das Geheimnis Christi und seiner Kirche konzentriert und zugleich offen ist für die Welt", in ihm, so fährt der Papst fort, „hat sich die Kirche [...] die Frage nach ihrer Identität gestellt". Diese doppelte Ausrichtung – auf das Sein und das Tun der Kirche – ist bestimmend für die Ekklesiologie des Konzils und der lateinamerikanischen Bischofskonferenzen.

Angestoßen vom Geist und von den Texten des Konzils, hat sich in jüngster Zeit eine Communio-Ekklesiologie entwickelt.[1] In ihrem Verlauf stellt die

---

* Der Aufsatz wurde erstmals publiziert in: Angelicum 81 (2004) 851–866.

[1] Bei dieser Reflexion sind die Werke von *Y. Congar* Pflichtlektüre; das gilt zumal für: Sainte Église, Paris 1963. Kurz vor dem II. Vaticanum hatte *J. Hamer* einige grundlegenden Gedanken zur Sache vorgelegt: L'Église est une communion, Paris 1962. Für eine Gesamtsicht der aktuellen Problematik ist heranzuziehen: *J. M. Tillard,* Église des Églises. L'Ecclésiologie de communio, Paris 1987; *J. Rigal,* L'ecclésiologie de commuion. Son évolution historique et ses fondements,

Außerordentliche Bischofssynode aus Anlass der 20. Wiederkehr des Konzilsendes (1985) einen wichtigen Markstein dar; sie vertritt die Auffassung: „Die Communio-Ekklesiologie ist der zentrale und grundlegende Gedanke der Konzilsdokumente", und ruft in Erinnerung: „Die *koinonia-communio,* die in der Heiligen Schrift begründet ist, nimmt in der alten Kirche und in den östlichen Kirchen bis in unsere Tage hinein eine Vorrangstellung ein."[2]

Die Koinonia ist ein Begriff von biblischem Zuschnitt und hat solide Wurzeln in der kirchlichen Tradition; seine Aktualität macht sichtbar, von welch großem Interesse ein Thema ist, das schon lange das Verständnis von Kirche begleitet. Verschiedene wichtige Arbeiten haben ihn zwar schon seit Mitte des 19. und 20. Jahrhunderts in Erinnerung gebracht,[3] aber neue Kraft haben ihm die konziliaren Perspektiven verlieren. Das II. Vaticanum hat bekanntlich das Volk Gottes samt seiner geschichtlichen Dynamik in den Fokus gerückt, wenn es von der Kirche zu sprechen galt (vgl. LG, Kap. II); doch wie es nicht anders sein konnte, hat es an zentralen Stellen seiner Überlegungen die Idee der Communio in ihren verschiedenen Dimensionen gebraucht.[4]

Es geht also nicht darum, eine Communio-Ekklesiologie einer Ekklesiologie des Volkes gegenüberzustellen.[5] Beide (und natürlich auch andere) haben viel beizutragen. Es ist ein klassischer Topos in der Theologie, dass die zugleich eschatologische und historische Wirklichkeit der Kirche sich nicht beschreiben lässt – und ebendarum geht es, nicht etwa darum, sie zu definieren – unter Verwendung eines einzigen Begriffs.[6] Wir haben es also mit etwas zu tun, was das Konzil ein Mysterium nennt (vgl. LG, Kap. I). Die verschiedenen Modelle und Bilder von Kirche sind notwendig und komplementär. Dies ist eine entscheidende Perspektive für jede Reflexion über das Thema.

Paris 1997. Und neuestens: *S. Dianich / S. Nocetti*, Trattato della Chiesa, Brescia 2002, 148–240; *S. Madrigal*, Vaticano II: Remembranza y actualización. Esquemas para una eclesiología, Santander 2002, 245–270.

[2] Text der Synode, der wenig später von *Johannes Paul II.* übernommen wurde in: Christifideles laici (1988), Nr. 19. Zur Rezeption des II. Vaticanums und der Synode siehe *A. Denaux,* L'Église comme communion, in: Nouvelle Revue Théologique 110 (1988) 16–37, 161–180.

[3] *Y. Congar* führt einige Theologen an, die auf diesem Weg vorausgingen (vgl.: Sainte Église, Anm. 1, 35–40). Doch die Sache geht noch weiter zurück; siehe *J. Ratzinger*, Der Heilige Geist als communio. Zum Verhältnis von Pneumatologie und Spiritualität bei Augustinus, in: *C. Heitmann / H. Mühlen* (Hg.), Erfahrung und Theologie des Heiligen Geistes, Hamburg/München 1974, 223–238.

[4] *A. Denaux* (L'Église comme communion, Anm. 2) zählt 80 Vorkommen in den Konzilstexten.

[5] Das gilt übrigens auch für andere ekklesiologische Begriffe und Bilder. Siehe dazu die Präzisierungen der *Kongregation für die Glaubenslehre* über das Verhältnis von Communio und Volk Gottes, Leib der Kirche und Kirche als Sakrament: Schreiben an die Bischöfe der katholischen Kirche über einige Aspekte der Kirche als Communio (Verlautbarungen des Apostolischen Stuhls 107, Bonn 1992).

[6] Siehe *Congar,* Sainte Église (Anm. 1), 21–44.

Allerdings müssen wir hinzufügen: Das Gleichgewicht kommt nur unter einer Bedingung zustande, dass nämlich in jedem dieser Modelle auf ihre Art und Weise bereits die beiden Grunddimensionen der kirchlichen Gemeinschaft präsent sind (Transzendenz und Geschichte bzw. Unsichtbarkeit und Sichtbarkeit); das heißt, dass man nicht nur einen dieser beiden Aspekte bejahen und den anderen ihm unterordnen darf, denn dann bestünde keine echte Komplementarität. Es geht vielmehr darum, Akzente ins Gleichgewicht zu bringen, nicht Leerstellen auszufüllen. Die Betonung, ganz gleich, worauf sie liegt, läuft zwar Gefahr, einseitig interpretiert zu werden, was ja oft genug vorgekommen ist;[7] aber genau da erweist sich die Unterschiedlichkeit in den Fokussierungen als fruchtbar und ausgewogen, weil und insofern sie eine Wirklichkeit respektiert, die sich nicht in Schubladen zwängen lässt.

Einige Jahre vor dem Durchbruch der Communio-Ekklesiologie hat Puebla das Thema „Gemeinschaft und Mitbeteiligung“ angeschlagen. Beide Wörter übersetzen treffend die Bedeutung von Koinonia (das zweite vielleicht buchstäblicher als das erste). Damit wollen wir nicht behaupten, die Konferenz sei die Trägerin einer systematischen Darstellung des kirchlichen Themas „Communio“, wohl aber glauben wir, dass sie interessante Perspektiven im Zusammenhang mit der Evangelisierungsaufgabe der Kirche in Lateinamerika beisteuert. Auf den folgenden Seiten werden wir uns darauf beschränken, diese Elemente hervorzuheben. Dabei werden wir auch die Bischofskonferenz von Medellín, auf deren Linie Puebla erklärtermaßen steht, sowie die Versammlung von Santo Domingo, die den Stempel von Puebla trägt, im Auge behalten. Zu diesem Zweck werden wir uns gleichfalls der drei Bedeutungen bedienen, die Yves Congar im biblischen Begriff von Koinonia unterscheidet: Die Wurzel bildet die Gemeinschaft der trinitarischen Personen; zu ihr gelangt man durch die Gemeinschaft mit Leben, Tod und Auferstehung Christi, die sich, als drittes Kennzeichen, in die brüderliche Gemeinschaft übersetzt.[8]

Wir werden von einem Puebla-Text ausgehen, der von einer „missionierenden Kirche“, einer „dienenden Kirche“ und einer „Kirche als Sakrament der Gemeinschaft“ spricht.[9] Hier klingt vertiefend nach, was Medellín in einem

---

[7] *C. M. Galli*, der die Bedeutung des Ausdrucks „Volk Gottes“ im lateinamerikanischen Kontext aufzeigt, weist zu Recht auf die Gefahr einer politisierenden Interpretation hin, die den Ausdruck schwächt; vgl.: La recepción latinoamericana del Pueblo de Dios, in: Medellín 86 (1996) 69–119.

[8] *Y. Congar,* Les biens temporels de l'Église d'après sa tradition théologique et canonique, in: Église et pauvreté, Paris 1965, 233–258. Siehe auch *J. Dupont,* Études sur les Actes des Apôtres, Paris 1967; *C. Bori,* Koinonia. L'idea della communione nell'ecclesiologia recente e nel Nuovo Testamento, Brescia 1972; Artikel „Koinonia“ in: Dictionnaire de spiritualité, Paris 1974, Fasz. LVII–LVIII, 1743–1769; Artikel „koinos usw.“, in: *G. Kittel,* Theologisches Wörterbuch zum Neuen Testament, Stuttgart 1938, Bd. 3, 789–810; Artikel „Koinonia“, in: *H. R. Balz / G. Schneider*, Exegetisches Wörterbuch zum Neuen Testament, Stuttgart 1981, Bd. 2, Sp. 749–755.

[9] Der vollständige Text aus dem letzten Dokument der Beschlüsse von Puebla lautet: „Wir entscheiden uns für eine Kirche, die das Sakrament der Gemeinschaft ist (vgl. LG 1), die in einer

schönen Satz ausdrückt: „dass sich in Lateinamerika immer leuchtender das Gesicht einer wirklich armen, missionarischen und österlichen Kirche zeige" (Medellín, Jugend 15).[10] Eine Aussage, die in den Horizont einer in der konziliaren Botschaft verwurzelten These gestellt werden muss: „Tatsächlich ist die Kirche vor allem ein Geheimnis der katholischen Gemeinschaft" (Medellín, Pastoral de conjunto 6; vgl. Santo Domingo 37).

So knapp diese Erwägungen auch sein mögen, hoffen wir doch, dass sie uns Gelegenheit geben, einige Punkte zu präzisieren, die sich aus den ekklesiologischen Erörterungen in den erwähnten Texten und in der lateinamerikanischen theologischen Reflexion ergeben.

2. Das Geheimnis der Evangelisierung

Die Kirche „ist da, um zu evangelisieren", hat Paul VI. gesagt (Evangelii nuntiandi 14). Das Reich Gottes zu verkünden, ist die Berufung der kirchlichen Gemeinschaft und folglich „ihre tiefste Identität" (ebd.); Medellín spielt darauf an, wenn es eine „missionierende Kirche" anführt, und Puebla spricht vom „Geheimnis der Evangelisierung" (Puebla 348). Diese Äußerungen sind zu verstehen in dem vollen und umfassenden Sinn, den das Wort „Mission" im II. Vatikanischen Konzil hat und wie ihn sowohl das Lehramt als auch die theologischen Reflexion in Lateinamerika in den letzten Jahren vertrat. Die Aufgabe der Kirche besteht darin, von Gott zu sprechen; genau das will die Welt hören, und genau das scheinen wir manchmal zu vergessen. Diese Aufgabe verweist auf die Kontemplation des Geheimnisses des dreieinen Gottes, das der Verkündigung erst ihre Kraft verleiht.

So hat sich, in Kontinuität mit der konziliaren Blickrichtung, ein großes evangelisatorisches und befreiendes Projekt für den Kontinent herausgebildet. Diese Arbeit hat sich gespeist aus neuen Texten des universalen Lehramts der Kirche wie auch aus den Errungenschaften, Schwierigkeiten und Möglichkeiten, die aus der Umsetzung dieser Perspektiven resultieren.

---

von Konflikten gekennzeichneten Geschichte menschliche Kräfte bereithält, um die Versöhnung und die solidarische Einheit unserer Völker zu fördern; eine dienende Kirche, die mit ihren verschiedenen Ämtern und Charismen durch die Zeiten hindurch Christus als den Diener Jahwes (Vgl. Mt 3,17; Jes 42) verkörpert; eine missionierende Kirche, die freudig dem Menschen von heute verkündet, dass er Kind Gottes in Christus ist; sie engagiert sich für die Befreiung des ganzen Menschen und aller Menschen (der Dienst am Frieden und an der Gerechtigkeit ist eine wesentliche Aufgabe der Kirche), und sie fügt sich solidarisch in die apostolische Tätigkeit der Universalkirche in einer innerlichen Gemeinschaft mit dem Nachfolger Petri ein. Missionar und Apostel zu sein, ist Aufgabe des Christen" (Puebla 1302–1304).

[10] Der Satz lautet weiter: „losgelöst von aller zeitlichen Macht und mutig engagiert in der Befreiung des ganzen Menschen und aller Menschen".

2.1 Die Initiative der Liebe des Vaters

In einem zentralen Text, dem ersten Kapitel des Dekrets „Ad gentes“, stellt das Konzil die Aufgabe der Kirche als eine Verlängerung der Sendungen des Sohnes und des Heiligen Geistes dar: „Die pilgernde Kirche ist ihrem Wesen nach ‚missionarisch‘ (d. h. als Gesandte unterwegs), da sie selbst ihren Ursprung aus der Sendung des Sohnes und der Sendung des Heiligen Geistes herleitet gemäß dem Plan Gottes des Vaters“ (AG 2). Die Gemeinschaft zwischen den trinitarischen Personen ist die Quelle der kirchlichen Koinonia; aus dem trinitarischen Leben bricht die Sendung der Kirche hervor. Daher kann diese Aufgabe nur eine universale Dimension haben.

Wir sind berufen, als Töchter und Söhne Gottes „Anteil an der göttlichen Natur zu erhalten“ (1 Petr 1,4). Ursprungsort der Gemeinschaft ist die ungeschuldete Liebe Gottes. Gemeinschaft mit dem Vater: „Wenn wir sagen, dass wir Gemeinschaft mit ihm haben, und doch in der Finsternis leben, lügen wir und tun nicht die Wahrheit“ (1 Joh 1,6). Mit dem Sohn: „Treu ist Gott, durch den ihr berufen worden seid zur Gemeinschaft mit seinem Sohn Jesus Christus, unserem Herrn“ (1 Kor 1,9; vgl. 1 Joh 1,3). Und mit dem Geist: „Die Gnade Jesu Christi, des Herrn, die Liebe Gottes und die Gemeinschaft des Heiligen Geistes sei mit euch allen!“ (2 Kor 13,13; vgl. Phil 2,1).

Zu dieser Gemeinschaft sind wir geladen, und diese Einladung ist eine Gnade, ein Geschenk. Es anzunehmen, heißt in Gemeinschaft mit Gott und „miteinander“ zu treten (1 Joh 1,7). In diesem für das Thema zentralen Brief verbindet Johannes die beiden Aspekte, indem er zweimal den Terminus *koinonia* einsetzt: „Was wir gesehen und gehört haben, das verkünden wir auch euch, damit auch ihr Gemeinschaft mit uns habt. Wir aber haben Gemeinschaft mit dem Vater und mit seinem Sohn Jesus Christus“ (1 Joh 1,3). Von der Verbindung mit dem trinitarischen Leben und den Sendungen des Sohnes und des Geistes her ist zu verstehen, was das Missionsdekret über die verschiedenen missionarischen Tätigkeiten der Kirche sagt. Die Gemeinschaft mit der Trinität ist zugleich Grundlage und Ziel der Verkündigung des Evangeliums „an alle Völker“. Durch diese Verkündigung „erscheint die ganze Kirche als das von der Einheit des Vaters und des Sohnes und des Heiligen Geistes her geeinte Volk“ (LG 4).

Das Missionsdekret erwähnt die Pilgerschaft der Kirche (vgl. LG 9) und erklärt: „In dieser Sendung setzt die Kirche die Sendung Christi selbst fort, der den Armen frohe Botschaft zu bringen gesandt war, und entfaltet sie die Geschichte hindurch. Deshalb muss sie unter Führung des Geistes Christi denselben Weg gehen, den Christus gegangen ist, nämlich den Weg der Armut, des Gehorsams, des Dienens und des Selbstopfers bis zum Tode hin, aus dem er dann durch seine Auferstehung als Sieger hervorging“ (AG 5). Diese Sicht haben die lateinamerikanischen Bischofskonferenzen übernommen. Puebla sagt klar und deutlich: „Die Evangelisierung gibt uns Jesus als den Herrn zu erkennen, der uns den Vater offenbart und uns seinen Geist mitteilt“ (Puebla 352), und „ist ein Aufruf zur Teilhabe an der dreifaltigen Gemeinschaft“ (Puebla 218).[11]

Die Kirche entsteht also aus der Selbstmitteilung des dreieinigen Gottes, nicht aus einem einfachen menschlichen Verlangen nach religiöser Gesellung. Aus der Koinonia mit dem trinitarischen Leben erwachsen die Dichte und die Kraft des evangelisatorischen Engagements der Kirche.[12]

2.2 Die Communio mündet in die Mission[13]

Die Mitteilung des Evangeliums drückt einen Willen zur Gemeinschaft aus und schafft Gemeinde. Die Inhalte dieser Termini überlagern sich und bilden zusammen das Grundgewebe, in das sich die Sendung der Kirche einträgt.

In Puebla finden wir wichtige Aussagen in einem Text über die menschliche Freiheit und integrale Befreiung im Zusammenhang mit Gal 5,1: „zur Freiheit hat Christus uns befreit“. Dort heißt es, es sei notwendig, „eine Gemeinschaft und Mitbeteiligung aufzubauen, die endgültige Wirklichkeit werden muss auf drei untrennbaren Ebenen: in der Beziehung des Menschen zur Welt als Herr, zu seinen Mitmenschen als Bruder und zu Gott als Sohn“ (Puebla 322). Diese Aspekte sind, ohne sich zu vermischen, in der Evangelisierungsaufgabe aufs Engste vereint und finden ihren vollen Sinn in der Gemeinschaft mit Gott. Daher heißt es am Ende des Abschnitts zunächst, die Sünde sei der Bruch mit Gott, der den Menschen erniedrige (Puebla 328), und dann: „Wir müssen uns von dieser Sünde befreien, die die menschliche Würde zerstört. Wir befreien uns durch die Teilhabe an dem neuen Leben, das uns Jesus Christus bringt, und durch die Gemeinschaft mit ihm im Geheimnis seines Todes und seiner Auferstehung unter der Bedingung, dass wir dieses Geheimnis auf den soeben dargelegten drei Ebenen leben, ohne eine von diesen Ebenen auszuschließen“ (Puebla 329). Das Heil in Christus, das uns von der Sünde, dem Bruch mit Gott, befreit, rührt an die Wurzel jeder Befreiung.

---

[11] Kurz zuvor hatte die Bischofskonferenz präzisiert: „Christus offenbart uns, dass das göttliche Leben die dreifaltige Gemeinschaft ist. Vater, Sohn und Geist leben in einer vollendeten Gemeinschaft der Liebe, des höchsten Mysteriums der Einheit, und von dort gehen alle Liebe und alle Gemeinschaft aus, die Grundlage für die Größe und Würde der menschlichen Existenz sind“ (Puebla 212).

[12] „*Communio* und Sendung sind zutiefst miteinander verbunden, sie durchdringen und bedingen einander, sodass die *communio* zugleich Quelle und Frucht der Sendung ist: die communio ist missionarisch und die Sendung gilt der *communio*“ (*Johannes Paul II.*, Christifideles laici, 1988, 32).

[13] Der Satz stammt aus einem Aufsatz, den *M. McGrath* dem uns beschäftigenden Thema widmet: La comunión de la Iglesia desde la perspectiva de América Latina, in: Medellín 90 (1997) 265–301, hier: 283. Santo Domingo (55) spricht von der Dynamik „Gemeinschaft-Sendung“.

So werden verkürzende Interpretationen der Botschaft des Evangeliums vermieden, die den Sinn der Erlösung in Jesus Christus entstellen: „Auf diese Weise beschränken wir es [das Geheimnis] weder auf einen Vertikalismus einer geistigen Verbindung mit Gott ohne Einbeziehung des Leiblichen, noch auf einen einfachen existenziellen Personalismus von Bindungen Einzelner oder kleiner Gruppen untereinander und noch viel weniger auf einen Horizontalismus sozio-ökonomisch-politischer Art“ (Puebla 329).[14] Eine klare und berechtigte Warnung.

Medellín betont die universale Berufung der Kirche; sie ist „vor allem ein Geheimnis der katholischen Gemeinschaft, denn im Schoß ihrer sichtbaren Gemeinde können durch den Anruf des Wortes Gottes und durch die Gnade seiner Sakramente, besonders dem der Eucharistie, alle Menschen brüderlich an der gemeinsamen Würde der Gotteskinder teilhaben“, um so „die gemeinsame Sendung zu verwirklichen: Zeugnis von dem Gott zu geben, der sie gerettet und zu Brüdern gemacht hat“ (Medellín , Pastoral de conjunto 6).

Puebla greift diese Blickrichtung auf: „Die evangelisierende Kirche hat den Auftrag, die Umkehr zu predigen, den Menschen zu befreien auf dem Weg zum Geheimnis der Gemeinschaft mit der Dreifaltigkeit und der Gemeinschaft mit allen Brüdern“ (Puebla 563). „Jenes Geheimnis, das seit ewigen Zeiten und Generationen verborgen war, jetzt wurde es seinen Heiligen offenbart“ (Kol 1,26). Die Schaffung von Brüderlichkeit ist ein Erfordernis aus dem Geschenk der Kindschaft, zwei Dimensionen der vollen Gemeinschaft.[15] Beide sprechen von der Gegenwart der Liebe Gottes in unserem Leben, die die Schatten der Sünde vertreibt und vernichtet. Die Treue zu Jesus verlangt, dass keiner dieser beiden Aspekte verstümmelt wird: Wenn man einen von beiden beibehält und darüber den anderen vergisst, steht man am Ende mit leeren Händen da.[16]

„Eine missionierende Kirche“ ruft, so Puebla, das Geschenk der Kindschaft aus, indem sie „freudig dem Menschen von heute verkündet, dass er Kind Gottes in Christus ist“; und ebendarum engagiert sie sich „für die Befreiung des ganzen Menschen und aller Menschen (der Dienst am Frieden und an der Gerechtigkeit ist eine wesentliche Aufgabe der Kirche)“.[17] Eine Aufgabe, die

---

[14] Der Text verweist auf die Eröffnungsansprache von Johannes Paul II. in Puebla.

[15] Die Gemeinschaft umfasst immer eine doppelte Dimension: „die vertikale (Gemeinschaft mit Gott) und die horizontale (Gemeinschaft der Menschen)“. *Kongregation für die Glaubenslehre,* Schreiben (Anm. 5), 3.

[16] Die kontemplative oder mystische und die geschichtliche oder prophetische Dimension sind Grundzüge des Sprechens von Gott und von der christlichen Existenz. Vgl. *G. Gutiérrez,* Hablar de Dios, Lima 1986.

[17] Die Evangelisierung beschränkt sich natürlich nicht auf diesen Dienst, doch er stellt einen „unverzichtbaren Bestandteil“ der Verkündigung des Evangeliums dar (*Johannes Paul II.*, Eröffnungsansprache in Puebla, 1979). „Die menschliche Förderung ist“ in der Tat „ein Bestandteil der Evangelisierung, denn diese richtet sich auf die integrale Befreiung der Person“ (*Johannes Paul II.*, Ansprache an die Bischöfe von Honduras, 3. Dezember 2001). In diesem Sinn kann die *Internationale Theologenkommission* (Zum Verhältnis zwischen menschlichem Wohl und christlichem

der gesamten Körperschaft der Kirche obliegt; sie „fügt sich solidarisch in die apostolische Tätigkeit der Universalkirche in einer innerlichen Gemeinschaft mit dem Nachfolger Petri ein". Eine Gemeinschaft, die deckungsgleich ist mit einer Sendung, von der nichts ausgenommen ist: „Missionar und Apostel zu sein, ist Aufgabe des Christen" (Puebla 1304).

Das Wort „freudig" verdient eine Hervorhebung. Evangelisieren heißt nämlich, die Freude zu teilen, die das Wissen in uns weckt, dass wir von Gott geliebt werden. Die Mission der Kirche schafft und bekundet, was Paulus die „Gemeinschaft im Evangelium" nennt (Phil 1,5), eine Gemeinschaft in der Freude, die man erlebt, wenn man an der Evangelisierungsaufgabe teilnimmt. Dass dies sich im Fall der Philipper bewahrheitet hat, ist für den Apostel Anlass zum Dank an Gott (ebd. 1,1–4).

Der Terminus *koinonia* drückt treffend einen Schlüsselgedanken der Anthropologie und Ekklesiologie von Puebla aus: Gemeinschaft und Mitbeteiligung.[18] Eine missionarische Kirche ist eine „evangelisierte und evangelisierende Gemeinschaft", sagte Paul VI. (Evangelii nuntiandi 13).

3. Eine dienende Kirche

Der Dienst der Kirche besteht in der Verkündigung des Evangeliums, im Sprechen von Gott. Der biblische Terminus *koinonia* erlaubt es, innerhalb einer semantischen Einheit eine Facette der Gemeinschaft tiefer zu ergründen, die wir mit dem Leben, dem Tod und der Auferstehung Jesu haben und mittels deren wir zur Gemeinschaft mit dem trinitarischen Leben gelangen. Die Eucharistie, der zentrale Vollzug des kirchlichen Lebens, feiert diese Koinonia.

Puebla bezeichnet die Kirche zunächst als „dienende Kirche" und fügt dann hinzu: „die mit ihren verschiedenen Ämtern und Charismen durch die Zeiten hindurch Christus als den Diener Jahves (vgl. Mt 3,17; Jes 42) verkörpert" (Puebla 1303). Die Anspielung auf Jesaja deutet an, wie weit die Hingabe Jesu bei seiner Verkündigung der ungeschuldeten Liebe des Vaters ging. Im Hinblick auf den Sinn und den Anspruch dieses Zeugnisses spricht Medellín von einer österlichen Kirche und erinnert daran, dass das Kreuz Ausdruck einer Liebe ist, die in der Auferstehung den Tod besiegt und Leben schenkt.

Heil: Stimmen der Weltkirche 3, hg. vom Sekretariat der Deutschen Bischofskonferenz, Bonn 1977, 4 c) sagen, dass die Kirche zwar nicht mit einem bestimmten gesellschaftlichen Entwurf oder System identifiziert werden kann (vgl. GS 58), dass sie aber auch nicht neutral oder gleichgültig bleiben kann, wenn ethische Werte und grundlegende Menschenrechte auf dem Spiel stehen.

[18] Vgl. *O. Ruiz,* La doctrina antropológica de Puebla. Hacia un humanismo de comunión y participación, Bogotá 1992.

3.1 Die Gratuität feiern

Das Brotbrechen ist Ausgangs- und Ankunftspunkt der christlichen Gemeinschaft. Wie ein altes patristisches Motto sagt: Die Kirche feiert die Eucharistie, und die Eucharistie schafft die Kirche. Mit einem Konzilszitat ruft Medellín in Erinnerung, dass „keine christliche Gemeinschaft [...] aufgebaut [wird], wenn sie nicht Wurzel und Angelpunkt in der Feier der Eucharistie hat" (Medellín, Volkspastoral 9).

Die Eucharistiefeier ist Gedächtnis und Danksagung. In ihr kommt zweierlei zusammen: das in Jesus Christi Leben, Tod und Auferstehung ausgedrückte liebende und ungeschuldete Gedächtnis Gottes – die Liebe zu allen, aber vorrangig für die Unbedeutendsten und Vergessensten – und die Erinnerung, die die Jünger Jesu von seiner Lehre bewahren müssen, eine Erinnerung, die vor allem vertrauensvoll der bleibenden Liebe des Vaters gilt, welche die Danksagung motiviert.

Die Eucharistie manifestiert die Hoffnung auf die Gemeinschaft mit Gott und mit den anderen, die vom Evangelium gestiftet wird. Zu ihr sind wir in der Geschichte unterwegs, in dem Wissen, dass ihre volle Verwirklichung sich jenseits dieser Geschichte ereignen wird. Dies zeigt die eschatologische Dimension der Eucharistie an, zugleich ruft es dazu auf, das aktuelle Zeugnis, das die Jünger Jesu geben sollen, immer authentischer zu machen, und es erinnert daran, dass es keinen Moment und keinen Bereich der menschlichen Existenz gibt, der nicht von dem Geschenk der Liebe Jesu betroffen wäre. Daher müssen die Gläubigen „aus der eucharistischen Feier den Ausdruck ihrer persönlichen und gemeinschaftlichen Handlungseinheit mit dem Herrn [...] machen" (Santo Domingo 43).

Dem Gebot des Herrn „Tut dies zu meinem Gedächtnis" zu folgen, heißt die Liebe zu vergegenwärtigen, die sein Leben und sein Tod ausdrücken, und es heißt, ein Leben im Zeichen des Kreuzes und in der Hoffnung auf die Auferstehung zu akzeptieren.

3.2 Das Reich des Lebens

Der Sohn Gottes „ist Fleisch geworden und hat unter uns gewohnt" (Joh 1,14), er ist in diese Welt gekommen, um das Reich des Lebens, den Ausdruck der Liebe des Vaters zu verkündigen. Das war seine Sendung. Er vollzog sie „in Tat und Wort, die innerlich miteinander verknüpft sind" (Dei Verbum 2), und zeigt dabei, „dass das angekündigte Reich bereits gegenwärtig ist, dass er das wirksame Zeichen der neuen Gegenwart Gottes in der Geschichte ist" (Puebla 191).

Die Proklamation des Reiches, dessen „Natur [...] die Gemeinschaft aller Menschen untereinander und mit Gott" ist (Johannes Paul II., Redemptoris missio 15), stößt auf Widerspruch und ruft Feindseligkeit hervor in einer Welt, auf der Sünde und Tod schwer lasten. Aber sie findet auch Zustimmung und weckt Hoffnung. Ostern ist der endgültige Schritt ins Leben. Wer von Gott berufen ist „zur Gemeinschaft mit seinem Sohn Jesus Christus, unserem Herrn" (1 Kor 1,9), erwirbt ein österliches Bewusstsein vom Übergang aus der Sünde in die Gnade, vom Tod zum Leben. Gefährten (*koinonoí*; 2 Kor 1,17) in Christi Leiden zu sein, ist der Weg des Dienstes am Reich und hin zum vollen Leben, in dem Maß, in dem er Liebe und Totalhingabe ausdrückt. Eine erlösende Liebe, die bewirkt, dass wir uns als Sünder erkennen, die uns aber auch zur Gnade der Vergebung und des Lebens ruft.

Aus seiner persönlichen Erfahrung erklärt Paulus, die Kenntnis Christi lasse ihn „die Macht seiner Auferstehung und die Gemeinschaft mit seinen Leiden [spüren]; sein Tod soll mich prägen" (Phil 3,10). Das letzte Wort der menschlichen Existenz ist nicht der Tod, sondern das Leben, das Geschenk des Herrn; es anzunehmen heißt, in die Gemeinschaft mit Ihm einzutreten, und schließt ein, dass man liebt, wie Jesus geliebt hat: „Liebt einander, so wie ich euch geliebt habe" (Joh 15,12).

Das Erleben der Kirche in Lateinamerika bestätigt das alles nachdrücklich. Die Armut, die auf dem Kontinent herrscht – Medellín und Puebla nennen sie „unmenschlich" und „antievangelisch" –, verfestigt die Bedingungen eines vorzeitigen und ungerechten Todes eines Großteils der Bevölkerung. Zweifellos hat sie sozio-ökonomische und kulturelle Ursachen, aber wenn Medellín von einem „Zustand der Sünde" spricht (Medellín, Friede 1), weist es mit dem Finger auf die wichtigste Ursache der herrschenden Verhältnisse: den Egoismus, die Sünde, die das Herz und die Hand für den Bruder verschließt (vgl. Dtn 15,4–11). Und nur die Vergebung Gottes befreit von der Sünde.

In der Eucharistie gedenken wir nicht eines in den Mauern der Vergangenheit eingeschlossenen Geschehens, wir vergegenwärtigen vielmehr das Heilswerk des Herrn im Heute unseres Lebens. Wie Augustinus in einem schönen Satz gesagt hat: „Das Gedächtnis ist die Gegenwart des Vergangenen." Die Gemeinschaft im Leib und Blut Christi (vgl. 1 Kor 10,16) lässt uns in die Gemeinschaft mit seinem Leben, seinem Tod und seiner Auferstehung eintreten.

Der eucharistische Kontext des Paulus-Verses, den wir zitiert haben, und ein Abschnitt aus dem darauffolgenden Kapitel desselben Briefes machen das enge Band deutlich, das Paulus zwischen der Eucharistie und der brüderlichen Beziehung unter ihren Teilnehmern herstellt.[19] Die Eucharistie ist eine Agape.

---

[19] In seiner Botschaft an den Eucharistischen Kongress in Huancayo (Peru) im August 1965 sagte *Paul VI.*: „Das brüderliche Brotbrechen unter denen, die daran teilnehmen [...]. Dass sie an derselben Messe teilnehmen, muss eine praktische Anwendung in der Beachtung der Nächstenliebe und der Gerechtigkeit in den sozialen Beziehungen finden." Anschließend formuliert er eine klare Forderung: „Die Teilnahme am eucharistischen Mahl ist eine Einladung, die ungerechten Ungleichheiten zwischen Menschen, Sektoren oder Völkern zu korrigieren. Daher muss mit der Austeilung des übernatürlichen Schatzes durch Christus, unseren Erlöser und Bruder, die Solida-

Brot und Wein, Gaben Gottes, in den Leib und das Blut des Herrn verwandelt, bedeuten seine liebende Hingabe, die jeden Menschen von Sünde und Tod erlöst. Dadurch schafft die Eucharistie eine Gemeinschaft von Söhnen und Brüdern, sie „versammelt das Gottesvolk als Familie, die an einem einzige Tisch teilhat, wo das Leben Christi, das als Opfer hingegeben wurde, zum einzigen Leben wird“ (Puebla 246). Sie ist eine Feier der Versöhnung, ein Opfer, das Danksagung an Gott und Ausdruck brüderlicher Gemeinschaft ist.[20]

Bekanntlich enthält das Johannesevangelium keinen Bericht von der Einsetzung der Eucharistie. Vor einigen Jahren fragte sich Johannes Paul II. in Haiti, weshalb wohl die Fußwaschung an die Stelle des Berichts über die Einsetzung der Eucharistie getreten sei. Er ist der Auffassung, der Evangelist selbst liefere uns den Schlüssel zur Beantwortung, „indem er den Bericht [...] zwischen einen Hinweis auf die übergroße Liebe – ‚er erwies ihnen seinen Liebe bis zur Vollendung’ (Joh 13,1) – und die Aufforderung einreiht, das Beispiel, das er soeben gegeben hat, nachzuahmen: ‚Wenn nun ich, der Herr und Meister, euch die Füße gewaschen habe, dann müsst auch ihr einander die Füße waschen’ (Joh 13,14).“ Der Papst kommentiert: „Wer an der Eucharistie teilnimmt, ist dazu berufen, das Beispiel Jesu nachzuahmen, den er in sich aufgenommen hat, seine Liebe nachzuahmen und seinem Nächsten in einem Maße zu dienen, das die Fußwaschung nicht ausschließt.“ Das gilt für die ganze Kirche: Sie muss sich „restlos für das Wohl der Brüder und Schwestern einsetzen, für das Wohl aller, insbesondere aber für das der Ärmsten“, denn: Die „Eucharistie ist das Sakrament der Liebe und des Dienstes“.[21]

Eines Dienstes, der sehr teuer zu stehen kommen kann. Die Erwähnung des leidenden Gottesknechts Christus spielt auf den Leidensweg und die Feindseligkeiten an, denen die Kirche in ihrem Dienst am Evangelium begegnet. Wenn man weiß, was in Lateinamerika in diesen Jahrzehnten geschehen ist, dann gewinnt der Text von Puebla geschichtliches Fleisch, verletztes Fleisch. Zahlreich sind die Christen (Bischöfe, Laien, Ordensleute, Priester), die ihr Leben hingegeben haben, um die Liebe Gottes zu jedem Menschen und besonders zu den am meisten Vergessenen zu bezeugen.

---

rität und die gerechtere Verteilung der irdischen Güter unter den Mitgliedern der menschlichen Gemeinschaften einhergehen.“

[20] „Auch ist es notwendig, der ganzen Kirche in Amerika die Verbindung, die zwischen der Eucharistie und der Nächstenliebe besteht, in Erinnerung zu rufen. Diese Verbindung brachte die Urkirche dadurch zum Ausdruck, dass sie das eucharistische Mahl mit dem ‚Agape’-Mahl vereinte“ (*Johannes Paul II.*, Ecclesia in America 35).

[21] Etwas später kommt der Papst auf den Wandel aufgrund der „dringenden Notwendigkeit größerer Gerechtigkeit“ zu sprechen und sagt da: „Ja, die Tatsache, dass ihr Glieder des mystischen Leibes Christi seid und an seinem eucharistischen Mahl teilnehmt, verpflichtet euch, diesen Wandel herbeizuführen. Es ist eure Art, einander die Füße zu waschen, dem Beispiel Christi folgend“ (*Johannes Paul II.*, Predigt beim Schlussgottesdienst des Eucharistischen Kongresses in Port-au-Prince, Haiti, am 9. März 1983).

Die Kirche begegnet auf ihrem Weg dem Kreuz (vgl. LG 8). Aber das Blut der Christen ist Same einer neuen Hoffnung (vgl. AG 5; 25). Johannes Paul II. bestätigt in seinem Brief zum Jubiläumsjahr eine schmerzliche Tatsache: „In unserem Jahrhundert sind die Märtyrer zurückgekehrt, häufig unbekannt, gleichsam ‚unbekannte Soldaten' der großen Sache Gottes". Darum „muss von den Ortskirchen alles unternommen werden, um durch das Anlegen der notwendigen Dokumentation nicht die Erinnerung zu verlieren an diejenigen, die das Martyrium erlitten haben" (Tertio millennio adveniente 37). Viel bleibt uns noch zu tun für die Erinnerung an eine Erfahrung, eine schmerzliche Erfahrung, die die ganze Kirche bereichert und – frei nach Paulus – Zeugnis gibt von der Aufrichtigkeit des Glaubens derer, die an verschiedenen Orten der Welt ihr Leben gegeben haben.

4. Sakrament der Gemeinschaft in einer gespaltenen Welt

Das Konzil hat darauf bestanden, dass die Kirche in der Welt präsent sein muss. Zeugnis von Gemeinschaft in einer komplexen menschlichen und sozialen Realität, in der es – wie in Lateinamerika – menschliche und religiöse Werte von hohem Wert gibt, in der sich aber auch eine „von Konflikten gekennzeichnete Geschichte" (Puebla 1302) abspielt.[22] Es sind verschiedenartige Konflikte, die die Menschen spalten.[23] Die Stellungnahme der Kirche kann durchaus eine soziale und kulturelle Analyse vorschalten, mittels deren sich die Herausforderung, die diese Realität für ein gesundes soziales Zusammenleben und für die Evangelisierungsaufgabe darstellt, besser umreißen lässt, doch ihr eigentlicher Beitrag ist es, als Sakrament der Communio „die Versöhnung

[22] Ähnliche Wendungen finden wir in der Vorlage der Bischöfe des Kontinents, die *Johannes Paul II.* übernimmt: „Angesichts einer geteilten und nach Einheit verlangenden Welt ist es notwendig, freudig und fest im Glauben zu verkünden, dass Gott Gemeinschaft ist; er ist Vater, Sohn und Heiliger Geist" (Ecclesia in America 33).

[23] Die sozialen Konflikte sind ein unseliger Fakt der menschlichen Geschichte, auf ihn zielen die zitierten Texte. Eine leidvolle Realität, die wir nicht ignorieren, aber auch nicht akzeptieren können. Sie zu schüren und zu einer politischen Strategie zu machen, ist von Grund auf verwerflich. Erhellend ist in dieser Hinsicht die von *Johannes Paul II.* eingeführte Unterscheidung zwischen dem „realen Konflikt" und dem „programmierten Klassenkampf, der nicht nur mit ideologischen, sondern gerade und in erster Linie mit politischen Mitteln geführt wurde" (Laborem exercens 11). Es lohnt sich, den ganzen Abschnitt zu lesen, der insgesamt diesem Thema gewidmet ist; vgl. dazu *G. Gutiérrez,* Teología y sciencias sociales, in: Il Regno 29 (1984), Nr. 516, und: *ders.*, La verdad los hará libres, Lima 1986, 74–112. Diese Position gilt übrigens auch für den heute so viel besungenen „clash of civilizations". Was diesen angeht, so ist weder Rechtfertigung noch Täuschung (in welcher Absicht auch immer) am Platz: Die Vorbereitung von Gewalt ist inhuman und stellt eine radikale Verneinung der christlichen Liebe dar. Alte und neue historische Erfahrung zeigt das überdeutlich. Viel mehr Grund besteht zu der Auffassung, dass heute das Zeugnis einer authentischen, von der Universalität der christlichen Liebe beseelten Gemeinschaft notwendig ist.

und die solidarische Einheit unserer Völker zu fördern" (ebd.). Oder, wie das Konzil sagt: „Zeichen und Werkzeug für die innigste Vereinigung mit Gott wie für die Einheit der ganzen Menschheit" zu sein (LG 1).

4.1 Auf dem Weg der Armut

Wie die geistliche Kindheit bedeutet auch die geistliche Armut, dass wir unser Leben in die Hände Gottes legen, dass wir uns vom Willen des Vaters nähren (vgl. Joh 4,34). Zugleich schenkt sie das Gespür für Liebe und Brüderlichkeit, über das ein Leben in Armut und Solidarität mit den Armen und Unbedeutenden dieser Welt verfügen muss. Paulus schreibt an Philemon und bittet ihn in Kenntnis seiner Nächstenliebe um eine brüderliche Behandlung für den entlaufenen Sklaven Onesimus: „Ich wünsche, dass unser gemeinsamer Glaube in dir wirkt und du all das Gute in uns erkennst, das auf Christus gerichtet ist" (Phlm 1,6; vgl. Gal 5,6). Das ist die Umsetzung des Glaubens, wie sie einem Jünger Jesu eigen ist.

Die Nachfolge Christi ist in der Tat die Grundlage für das Zeugnis der Armut, das die Christen bei ihrer Verkündigung des Reiches zu geben haben. Das II. Vaticanum hat es eingeschärft: „Wie aber Christus das Werk der Erlösung in Armut und Verfolgung vollbrachte, so ist auch die Kirche berufen, den gleichen Weg einzuschlagen, um die Heilsfrucht den Menschen mitzuteilen" (LG 8). Ähnlich heißt es in „Ad gentes": „Deshalb muss sie [die Kirche] unter Führung des Geistes Christi denselben Weg gehen, den Christus gegangen ist, nämlich den Weg der Armut, des Gehorsams, des Dienens und des Selbstopfers bis zum Tode hin" (AG 5).

Den Weg gehen „im Geist des Evangeliums" – das verlangt, so sagen die Bischöfe in Medellín, „eine wahrhaft biblische Armut zu leben, die sich in echten Bekundungen und klaren Zeichen für unsere Völker ausdrücken soll"; die letzte Begründung dafür ist – wie beim Konzil – christologisch: „Nur eine solche Armut wird Christus, den Erlöser der Menschen, transparent machen" (Botschaft an die Völker Lateinamerikas). Das Licht Christi erhellt, so sagt schon „Lumen gentium", den Sinn des Zeugnisses der Armut, zu dem die Kirche und zu dem jeder einzelne Christ berufen ist.

Jesus Christus „gründete seine Kirche als Zeichen dieser Armut unter den Menschen" (Medellín, Armut 7). Unter den aktuellen Bedingungen Lateinamerikas heißt das: „Die Armut so vieler Brüder und Schwestern schreit nach Gerechtigkeit, Solidarität, Zeugnis, Engagement, Anstrengung und Überwindung für die volle Erfüllung des von Christus anvertrauten Heilsauftrags" (ebd.). Dieser ganze Einsatz muss sich am Erlösungswerk Christi orientieren. Die unmenschliche Armut abzulehnen und Solidarität mit den Armen zu üben, ist eine Demonstration dessen, was den Kern des Engagements der Kirche ausmacht: „Sie predigt und lebt die geistliche Armut als Haltung der geistlichen

Kindschaft und Öffnung zu Gott“ (Medellín, Armut 5). Solche Solidarität, wird Johannes Paul II. sagen, ist die „Frucht der Gemeinschaft, die auf dem Geheimnis des einen Gottes in drei Personen und auf dem Geheimnis des Sohnes Gottes gründet, der für alle Mensch geworden und gestorben ist“ (Ecclesia in America 52).

Dies ist das Ziel, und wir dürfen es nicht aus dem Auge verlieren. In dieser Perspektive ist der Einsatz für die Armen nicht in erster Linie durch soziale Gründe motiviert, so wichtig diese auch sein mögen, sondern durch den Glauben an einen liebenden Gott, vor dem wir uns als Söhne und Töchter und ebendarum untereinander als Geschwister erkennen sollen. Solidarität im Rahmen einer vollen Befreiung, die keine menschliche Dimension vernachlässigt (vgl. Medellín, Katechese 6).

Die Koinonia impliziert ein Verhältnis auf Gegenseitigkeit, ein Geben und Nehmen (vgl. Phil 4,15 und Röm 15,27). Diese Reziprozität gilt hinsichtlich der evangelischen Werte, aber auch in Bezug auf die materiellen Güter. In diesem Zusammenhang ist der Text aus der Apostelgeschichte bezeichnend: „Und alle, die gläubig geworden waren, bildeten eine Gemeinschaft und hatten alles gemeinsam“ (Apg 2,44). Und im Hebräerbrief heißt es in Anlehnung an alte prophetische Aussagen: „Vergesst nicht, Gutes zu tun und mit anderen zu teilen; denn an solchen Opfern hat Gott Gefallen“ (Hebr 13,16). Die Gemeinschaft unter den Gläubigen ist nichts Statisches, sie ist dynamisch, schließt stetigen Austausch der geistigen und materiellen Güter ein. Sie ist das, was traditionell „Communio sanctorum“ genannt wurde. In diesem stetigen Austausch gibt es zwar verschiedene Charismen und Verantwortlichkeiten innerhalb der Kirche, aber alle ihre Glieder haben die Aufgabe, das Zeichen der Einheit mit Gott und der Einheit des ganzen Menschengeschlechts hochzuhalten.

Puebla gibt entscheidende, innovative Schritte vor, um die Nähe und Solidarität gegenüber den Armen unseres Erdteils zu vertiefen. Santo Domingo seinerseits reflektiert über Neuevangelisierung und Inkulturation und sieht im Beispiel Christi eine Aufforderung, „in unserem Lebensstil und unseren kirchlichen Strukturen ein echtes Zeugnis der evangelischen Armut abzulegen, so wie er es tat“ (Santo Domingo 178).

4.2 Sich der Armen erinnern

Paulus, der reichen Gebrauch von dem Ausdruck macht, bezeichnet mit *koinonia* auch die Kollekte, die er zugunsten der Kirche von Jerusalem initiiert (vgl. 2 Kor 8,4 und Röm 15,26). Es geht dabei nicht um „strenge Weisung“, erklärt er, „aber ich gebe euch Gelegenheit, angesichts des Eifers anderer auch eure Liebe als echt zu erweisen“ (2 Kor 8,8).

Die Kollekte hängt mit einem Augenblick und einer Entscheidung von größter Wichtigkeit für das Leben der Kirche zusammen: der Begegnung des Paulus mit denen, die als „die Säulen" der Kirche galten (Jakobus, Kephas und Johannes). Sie reichten Paulus und Barnabas „die Hand zum Zeichen der Gemeinschaft" (Gal 2,9). Nachdem die jeweiligen Missionsfelder umschrieben worden waren, trugen sie ihnen lediglich auf, sie sollten „an ihre Armen denken" (Gal 2,10). In dieser Episode sind zwar ausdrücklich die Christen in Jerusalem gemeint, aber die Aufforderung reicht doch weiter. Die Erinnerung an die Bedürfnisse der Armen wachzuhalten ist Bestandteil des Gemeinschaftszeugnisses.

Ganz auf dieser Linie liegt auch einer der berühmten Sammelberichte im Buch der Apostelgeschichte, wo von der Urkirche gesagt wird: „Die Gemeinde der Gläubigen war ein Herz und eine Seele. Keiner nannte etwas von dem, was er hatte, sein Eigentum, sondern sie hatten alles gemeinsam. [...] Es gab auch keinen unter ihnen, der Not litt" (Apg 4,32.34). Beide Aspekte sind nicht zu trennen.[24] Teilen ist eine Demonstration der Nächstenliebe.

Bei der Verkündigung des Evangeliums – so Medellín – wird es zu einer Verteilung der Kräfte und des Personals kommen müssen, „die den ärmeren und bedürftigeren und aus irgendwelchem Grunde ausgeschlossenen Sektoren wirklichen Vorrang gibt" (Medellín, Armut 9). Dieser Vorrang ist nicht in Opposition, sondern in fruchtbarer Beziehung zur universalen Liebe Gottes zu sehen. Da bleibt nichts am Rande liegen. Das macht die Kirche zu einer „demütigen Dienerin aller Menschen unserer Völker" (ebd. 8). Folglich wird es der Gratuität der Liebe Gottes nicht gerecht, wenn man den Vorrang in Exklusivität verwandelt oder aber nur ihre Universalität behauptet. Die Herausforderung besteht darin, gleichzeitig die Universalität und die Präferenz der Liebe Gottes zu leben. Das ist nichts Leichtes, aber es ist das, was es in Treue zum Evangelium Jesu zu tun gilt.

Eine arme Kirche ist eine solidarische, auf allen Ebenen Gemeinschaft stiftende Kirche.[25] „Die Kirche", sagt Johannes Paul II. in seiner Enzyklika *Laborem exercens,* „setzt sich in diesem Anliegen kraftvoll ein, weil sie es als ihre Sendung und ihren Dienst, als Prüfstein ihrer Treue zu Christus betrachtet, um so wirklich die ‚Kirche der Armen' zu sein" (LE 8).[26] Es geht um die Würde

---

24 Wie *J. Dupont* (Etudes sur les Actes des Apôtres, Paris 1967, 509–510) festgestellt hat, verweist diese Passage auf die Vorschrift im Buch Deuteronomium: „Unter euch soll es keine Armen geben" (Dtn 15,4), die so den Wert eines messianischen Zeichen bekommt. Siehe auch *Johannes Paul II.*, Tertio millennio adveniente.

25 Die Gemeinschaft „umfasst das Sein von Grund auf mit ihrer Liebe und muss sich im ganzen Leben offenbaren, sowohl in seiner wirtschaftlichen, sozialen wie auch politischen Dimension" (Puebla 215).

26 In diesem Zusammenhang ist die vor einigen Jahrzehnten gemachte Feststellung immer noch gültig: „Anfangs wollte man mit dem Ausdruck ‚Volkskirche' oder ‚Kirche des Volkes' die Kirche der Armen bezeichnen, also die Berufung der ganzen Kirche und nicht eine Alternative zu dieser; daher sagte man auch ‚Kirche, die unter dem Einfluss des Geistes aus dem Volk hervor-

der Kinder Gottes, ein Kernthema dieser Enzyklika. Angesichts einer Globalisierung, die häufig Menschen und ganze Völker in der Welt von heute ausschließt, hat der Papst mehrmals zu einer „Globalisierung der Solidarität" aufgerufen, in der die Kirche eine wichtige Rolle zu spielen hat.[27]

Puebla macht sich „die Auffassung der 2. Vollversammlung zu eigen, die eine klare und prophetische, vorrangige und solidarische Option für die Armen zum Ausdruck brachte" (Puebla 1134); gleichzeitig aber lenkt es die Aufmerksamkeit auf die „Abweichungen und Deutungen, mit denen manche dem Geist von Medellín seine Kraft genommen haben, [und auf die] Unkenntnis und sogar Feindseligkeit anderer" (ebd.).[28] Deshalb tritt es vereinfachenden Interpretationen entgegen und erklärt: „Das vorrangige Eintreten für die Armen hat als Ziel die Verkündigung Christi, des Erlösers, der ihnen ihre Würde kundtut, ihnen bei ihren Bemühungen um die Befreiung von allen Nöten hilft und sie zur Gemeinschaft mit dem Vater und den Brüdern durch das Erleben der evangelischen Armut hinführt" (Puebla 1153).[29] In Bezug auf die Gemeinschaft mit Christus (vgl. Medellín, Friede 15; Puebla, Botschaft 3) regt Puebla an, in den Gesichtern der Armen „das Leidensantlitz Christi" zu erblicken (Puebla 31). Santo Domingo (1799) hat diesen Text kreativ aufgenommen: Die Begegnung mit dem Herrn ist das Ziel, und die Mittel, es zu erreichen, müssen ihm angemessen sein.

Die Kirche ist aufgerufen, „das Sakrament der Gemeinschaft [zu sein], die in einer von Konflikten gekennzeichneten Geschichte unersetzliche Kräfte bereithält, um die Versöhnung und die solidarische Einheit unserer Völker zu fördern" (Puebla 1302). Santo Domingo (123) bezieht sich auf die Kirche als „Sakrament der evangelisierenden Gemeinschaft". Sakrament des Heils, wirksames Zeichen der Einheit mit Gott, Trägerin einer Frohen Botschaft von

---

geht' (vgl. Puebla 263). Doch heute muss dieser Ausdruck (Puebla nannte ihn lediglich ‚wenig glücklich gewählt', ebd.) wegen seiner Ambivalenz und der seltsamen Bedeutungen, mit denen man ihn befrachtet hat, konsequent vermieden werden. Sein Gebrauch stiftet gegenwärtig nur unnötige Verwirrung". *G. Gutiérrez*, Die Kirche und die Armen in lateinamerikanischer Sicht, in: *H. J. Pottmeyer / G. Alberigo / J.-P. Jossua* (Hg.), Die Rezeption des Zweiten Vatikanischen Konzils, Düsseldorf 1986, 221–247, hier: 241, Anm. 36.

[27] „Die wirtschaftliche Globalisierung muss im Lichte der Grundsätze sozialer Gerechtigkeit analysiert werden, wobei die vorrangige Option für die Armen zu achten ist, da sie befähigt werden sollen, sich in einer globalisierten Wirtschaft und angesichts der Ansprüche des internationalen Gemeinwohls zu schützen" (*Johannes Paul II.*, Ecclesia in America 55; der ganze Abschnitt trägt die Überschrift „Globalisierung der Solidarität").

[28] Alles das gab es nämlich in den auf die besagte Bischofskonferenz folgenden Jahren. Die Betonung der historischen und sozialen Auswirkungen der Erlösung in Christus ist – einschließlich dessen, was wir selbst dazu geschrieben haben – manchmal irrig interpretiert worden, als ob die Aufgabe der Kirche mehr oder weniger ausschließlich in ihnen bestünde. Es sollte klar sein, dass dies nicht unserem Verständnis des Heilswerks Jesu entspricht.

[29] Einige Zeilen später heißt es: „Dieses Eintreten […] muss dazu führen, ein würdiges und brüderliches menschliches Zusammenleben herzustellen und eine gerechte und freie Gesellschaft aufzubauen" (Puebla 1154).

Kindschaft und Brüderlichkeit, von Frieden und Gerechtigkeit inmitten von Verhältnissen, die dem Lebenswillen des liebenden Gottes häufig widersprechen.

Gewiss hat die Communio-Ekklesiologie noch weitere wichtige Bedeutungsdimensionen. Darunter die Beziehung zwischen der Weltkirche und den Ortskirchen oder die Beziehung und den Dialog mit den anderen christlichen Konfessionen; von ihnen ist in verschiedenen von uns zitierten Texten des Lehramts die Rede. Unsere Intention beschränkte sich allerdings, wie gesagt, auf diesen Seiten auf die Behandlung des Themas „Gemeinschaft" durch die Konferenz von Puebla unter Berücksichtigung des biblischen Begriffs der Koinonia. Wir haben uns bemüht, dies unter Bezug auf das beherrschende Anliegen besagter Konferenz zu tun, nämlich die Verkündigung des Evangeliums in der lateinamerikanischen Realität. „Wir dürfen nicht vergessen, dass die erste Form der Evangelisierung das Zeugnis ist (vgl. Redemptoris missio 42–43), das heißt die Verkündigung der Heilsbotschaft durch die Werke und ein konsequentes Leben, um so ihre Inkarnierung im täglichen Leben der Menschen aufzuzeigen".[30]

Ein solches Zeugnis verleiht der „Neuevangelisierung" einer missionarischen, armen Kirche auf der Höhe der Zeit Authentizität und Kraft.

Aus dem Spanischem übersetzt von Michael Lauble

---

[30] *Johannes Paul II.,* Eröffnungsansprache in Santo Domingo, 29.

Bibelstellenregister

1. Altes Testament

2. Neues Testament

Personenregister

Studien zur christlichen Religions- und Kulturgeschichte

Herausgegeben von

Mariano Delgado (Freiburg Schweiz) und Volker Leppin (Jena)

Bd. 1: Delgado, Mariano / Koch, Klaus / Marsch, Edgar (Hrsg.), *Europa, Tausendjähriges Reich und Neue Welt.* Zwei Jahrtausende Geschichte und Utopie in der Rezeption des Danielbuches, 2003, 484 S.

Bd. 2: Delgado, Mariano / Fuchs, Gotthard (Hrsg.), *Die Kirchenkritik der Mystiker.* Prophetie aus Gotteserfahrung. Band 1: Mittelalter, 2004, 328 S.

Bd. 3: Delgado, Mariano / Fuchs, Gotthard (Hrsg.), *Die Kirchenkritik der Mystiker.* Prophetie aus Gotteserfahrung. Band 2: Frühe Neuzeit, 2005, 404 S.

Bd. 4: Delgado, Mariano / Fuchs, Gotthard (Hrsg.), *Die Kirchenkritik der Mystiker.* Prophetie aus Gotteserfahrung. Band 3: Von der Aufklärung bis zur Gegenwart, 2005, 608 S.

Bd. 5: Forte, Bruno, *Das Wesen des Christentums.* Aus dem Italienischen von Karl Pichler, 2006, 144 S.

Bd. 6: Bauer, John, *Christus kommt nach Afrika.* 2000 Jahre Christentum auf dem Schwarzen Kontinent, 2006, 524 S.

Bd. 7: Ciruelo, Pedro, *Verwerfung des Aberglaubens und der Zauberei.* Ein Inventar des Volksglaubens in der spanischen Renaissance, 2008, 192 S.

Bd. 8: Neuhold, David, *Franz Kardinal König – Religion und Freiheit.* 2008, 376 S.

Bd. 9: Langner, Dietlind / Sorace, Marco A. / Zimmerling, Peter, *Gottesfreundschaft – Christliche Mystik im Zeitgespräch.* 2008, 392 S.

Bd. 10: Gutiérrez, Gustavo, *Nachfolge Jesu und Option für die Armen – Beiträge zur Theologie der Befreiung im Zeitalter der Globalisierung.* 2008, 304 S.

Academic Press Fribourg
W. Kohlhammer Verlag GmbH, Stuttgart